지금, 여기, 여성적 삶과 문화

위태로운 시대와 그녀들의 일상적 응전

* 이 연구총서는 한국언론진흥재단의 2013년도 단체지원사업 후원을 받아 발행되었음.

여성커뮤니케이션 연구총서 11

지금, 여기, 여성적 삶과 문화

위태로운 시대와 그녀들의 일상적 응전

유선영 / 박지영 / 이동후 / 한선 / 김유리 / 이신혜 / 박지훈 / 윤현선 /
이설희 / 김숙현 / 김수미 / 이기형 / 황경아 / 김예란 / 이희은 지음

이화출판

책머리에

지금, 여기, 여성적 삶과 문화

지금 여기의 삶

여성의 삶은 크게 변화해 왔다고들 말한다. 교육과 사회적 기회로부터 상대적으로 소외되었던 여성의 삶은 이제 적어도 외형상으로는 과거의 모습과 달라져 있다. 그러나 정말로 그러한가? 여전히 여성의 삶은 하나의 집단일 때에만 간신히 사회적인 관심을 끈다. 이는 젠더가 계급이나 인종처럼 사회적 구조를 이루는 하나의 요소임을 잊은 채, 그저 다수의 여성을 일컫는 집합어로 잘못 이해하고 있어서 생기는 일이다. 이 사회 속에서 여성의 삶은 어느 잘난 한 명의 여성이 이끌어갈 만큼 만만하지 않으며, 그렇다고 구조에 휘둘릴 만큼 단순한 것도 아니다.

이 책은 미디어와 문화 지형에 대한 분석을 통해 여성의 삶을 살피고자 하는 기획에서 출발한다. 세대와 계급의 분화가 진행되고 그로 인한 갈등이 첨예화하는 가운데, 커뮤니케이션과 젠더의 관계 혹은 문화와 여성의 관계 역시 더욱 복잡해지고 있다. 탈언론, 탈전통의 시대에 서로 다른 정체성을 지닌 주체들의 공동적 삶의 가치 구축이란 그 어느 때보다도 더 절실하다. 이러한 위기와 절박함 속에서, 여성을 중심으로 벌어지고 있는 새로운 삶과 문화의 모습은 어떠하며 그 전망은 어떠할지, 또한 다양한 여성의 문화적 양식들이 어떻게 조화와 호혜를 도모할 수 있을지에 관한 실천적 사유가 필요한 것도 그 때문이다. 미디어와 문화의 지형 변화, 여성적 삶의 모습, 문화적 가치, 사회적 실천의 흐름을 진단하려는 이 책의 기획은 그래서 소중하다.

이 책에 실린 글들이 여성주의 시각을 대표한다고 말할 수는 없을지도 모른다. 커뮤니케이션 연구나 문화 연구의 관점에서 볼 때 '여성'의 삶을 따로 떼어내어 논의하는 것이 무슨 의미가 있을 것이냐고 생각할 이도 있을 수 있다. 그러나 변화하는 사회와 문화 환경 속에서 젠더 연구는 복잡하고도 모순적인 상황에 놓여 있고, 실제 여성의 삶 역시 체험적으로나 담론상으로 크게 변화하고 있다. 한편으로는 여성의 역할과 중요성이 학문적 성과로 이어지고 있지만, 다른 한편으로는 복잡한 현상과 상황에 필요한 새롭고도 비판적인 연구의 시각이 요구되고 있다.

신자유주의 시공간에서 여성의 삶이란 과연 어떠한 양상을 띠고 있는가? 새로운 테크놀로지나 미디어의 등장은 여성의 삶을 어떠한 방식으로 변화시켰는가? 혹은 아무런 변화가 없는 것은 아닐까? 10대나 20대 여성의 삶은 30대 이상 여성의 삶과 근본적으로 다른 생활 세계에 놓인 것일까? 정치적이거나 사회적인 참여는 여성들의 삶을 어떤 모습으로 바꿔 놓았을까? 초국가적인 미디어와 유동적인 정체성의 환경에서 '여성' 혹은 '남성'이라는 범주는 얼마나 더 유효할 것인가? 차이와 다양성의 가치가 시장 상품화로 환원되고 선택의 자유로 축소되는 시대에, 여성이라는 것 혹은 여성이 된다는 것은 어떤 의미를 지니는 것일까?

이러한 현실적인 문제들은 '여성'이라는 키워드를 중심으로 일어나고 있지만, 그저 여성들의 삶을 개선하거나 소수자로서 여성의 역사성을 강조하는 것만으로는 논의를 이끌어나가기 힘든 문제들이기도 하다. 사례들의 집합만으로는 여성 정체성의 게토화를 초래할 수 있고, 당위성에 대한 주장만으로는 공허할 수 있기 때문이다. 이 책의 글들이 여성주의, 젠더 연구, 미디어 연구, 문화 연구의 관점을 때로는 엄밀하게 따르면서도 때로는 느슨하게 관통하는 것도 이 때문이다. 무엇보다도 여성주의는 생물학적인 양성의 평등을 논의하는 것이 아니라, 사회의 불평등을 성찰하고 정의를 갈구하는 방법론이어야 한다.

사유와 실천의 교차로

이 책은 권두 논문에 이어지는 열 편의 글로 구성되어 있다. 이 열 편의 글은 다시 주제에 따라 3부로 나뉘어 있다. 물론 모든 글이 여성의 삶과 문화의 각 영역을 상호배타적으로 논의하고 있는 것은 아니다. 오히려 이 책의 주제가 그러하듯 각각의 글은 서로가 서로를 품으면서도 사유와 실천이 서로 교차하는 복잡다단한 모습들을 드러내준다. 그래서 여성들이 먹고 일하고 살아가는 일상의 모습에 대한 글을 1부에 배치하여 맥락에 대한 이해를 먼저 꾀했다. 이어서 2부에서는 미디어와 문화를 논의할 때 빼놓을 수 없는 젠더의 재현 문제를 주로 다룬 글들을 만날 수 있다. 마지막으로 3부는 점차 논의가 커지면서도 쟁점이 복잡해지고 있는 네트워크상의 담론적 실천과 정치적 참여의 문제를 제기한다.

사실 이 책이 출간되는 2013년 현재 여성의 삶이란 실제로나 담론상으로나 팍팍하기 그지없다. 권두 논문인 유선영의 "우경화 사회의 반反페미니즘: 신자유주의의 한 가지 징후"는 그러한 삶의 고단함이 금융 위기 이후 찾아온 신자유주의적 보수주의에서 기인하고 있음을 신랄하게 지적한다. OECD 국가 중 남녀 임금 격차가 가장 큰 나라이면서도, 어쩐 일인지 한국은 여성의 삶이 과거에 비해 상당히 많이 나아진 나라라는 인상 속에서 여성주의적 관점이 역풍을 맞는 일이 빈번하다. 유선영의 글은 '남성연대'와 '일베'라는 논쟁적인 두 단체의 흥망성쇠가 고스란히 드러내는 한국 여성의 삶 혹은 한국 여성주의의 현실을 진단한다. 그는 여성의 삶이 조금은 나아졌다는 몇몇 지표에도 불구하고, 신자유주의를 축으로 보수화되고 우경화되는 사회 속에서 아직은 여성주의를 포기할 수 없음을 주장한다. 이러한 권두 논문의 주장과 전망이 자못 우울하게 느껴질지도 모른다. 그러나 이 책의 제목이 상징하듯이, 2000년대 한국에서 여성의 삶과 문화는 여전히 위태로우면서도 동시에 일상 속의 응전이 활발히 일어나고 있다. 이 책의 3부를 거치며 이어지게 될 분석의 글은 그러한 위기와 응전의 역학 관계들에 대한 고찰이다.

제1부인 '여성의 일과 일상'에 속한 세 편의 글은 어쩌면 우리가 가장 간과하기 쉬운 일상의 면면에 분석과 애정의 눈길을 돌린 연구자들의 노고가 담겨 있다. 먹고 일하는 일상 속에서 여성의 삶이란 시민과 소비자, 주부와 전문경영인 등을 끊임없이 오가는 것임을, 이 세 편의 글이 생생하게 보여주고 있다. 박지영은 2천 년대 한국 사회를 살아가는 30대 기혼 여성들이 일상에서 느끼는 시간 부족감과 바쁨의 경험 형성 과정을 논의한다. 기존의 논의들이 일 · 가족의 갈등, 젠더화된 돌봄 · 가사노동, 교육 수준과 위세 좋은 직업 등의 요인들에 주목하면서 산술적인 시간 부족에 집중했다면, 이 글은 다양한 풍경 속에서 발현되지 못한 욕망에 더 주목한다. 특히 30대 여성의 생애주기적 특성과 젠더화된 역할에 따른 부담 등은 한국의 사회적 · 경제적 · 문화적 구조 변동의 맥락 속에 놓고 살펴볼 때에만 비로소 그 시간 부족감과 바쁨의 경험이 형성되는 지점을 이해할

수 있다고 지적한다. 이렇듯 구조 속에서 분주한 여성의 삶은 국면에 따라 구체적인 특수성을 띠는데, 이어지는 이동후와 한선의 글에서 그 사례를 찾아볼 수 있다. 먼저 이동후는 주로 사적 공간에 집중되어 있던 주부라는 정체성이 인터넷과 블로그라는 테크놀로지의 전유를 통해 새로운 의미를 획득하고 있음을 보여준다. '와이프로거'라는 신조어가 말해주는 것은 젠더 역할이 비교적 선명한 주부로서의 삶이 블로거라는 공적 의미를 획득했을 때 벌어지는 경험들이 또다시 얼마나 정형적일 수 있는가 하는 점이다. 그럼에도 불구하고 여성의 삶 혹은 주부의 삶이라는 가치와 의미는 결정론적으로 해석될 수 없음을, 블로거들의 목소리에 귀를 기울인 이 글이 풍부하게 전달한다. 한선은 근대 사회에서의 먹거리에 대한 관심을 음식 시민과 일반 소비자 사이의 딜레마에 집중해서 설명한다. 시민과 소비자라는 이 두 정체성 사이의 고민은 전자가 생태 환경과 의무를 대변하는 반면 후자는 경영 효율과 권리를 대변한다는 점에서 양날의 칼과 같다. 특히 지역에서 벌어지고 있는 생활협동조합의 상황을 구체적으로 검토한 이 글은 생활협동조합 활동이 여성주의적이면서도 동시에 젠더적 한계를 드러낼 수밖에 없는 현실을 비판적으로 검토한다.

제2부인 '젠더의 미디어 재현'에는 영화와 코미디와 광고에 나타난 젠더 이미지에 대한 고찰들이 담겨 있다. 미디어 재현에 관한 논의는 이미 어느 정도 연구 사례들이 축적되었다 할 수 있지만, 2부에 담긴 세 편의 글은 각각 10대, 남성, 노년을 다루고 있다는 점에서 새롭다. 김유리는 이제껏 정당한 학문적 관심에서 상대적으로 소외되어 있었던 미성년을 논의의 한가운데로 불러들인다. 그는 1990년대에서 2천 년대에 이르는 한국 영화를 검토하면서, 미성년 여성의 성을 가능성이 아니라 과거에 묶어두는 문화적 · 학술적 담론을 비판한다. 제 목소리를 내기 힘든 미성년 여성들에 대한 차이는 어쩔 수 없다 하더라도 최소한 그들을 정당한 독자로

대해야 할 필요성을 주장하는 것이다. 이신혜와 박지훈은 인기 코미디 프로그램에서 드러난 미디어 담론을 분석하여 포스트페미니즘의 징후를 읽어낸다. 여성 권익 신장을 역설적으로 비꼬는 개그 프로그램에 여성 수용자들이 동의하게 되는 이유는 무엇인지, 그 아이러니를 수용자 인터뷰를 통해 직접 탐색한다. 윤현선은 자본주의 소비 사회에서 가장 변경에 놓여 있다고 할 만한 노년의 미디어 재현에 주목한다. 광고를 중심으로 살펴본 노년의 이미지는 얼핏 다양해 보이는 외형적 요소들에도 불구하고 여전히 정형성을 벗어나지 못하고 있다. 노년을 적극적이고 독립적인 주체로서 바라보는 미디어 재현이 필요하다는 주장은, 여성의 삶이 결국은 사회의 여러 소수자와 연결될 때에만 의미가 있음을 간접적으로 보여준다.

제3부인 '담론적 실천과 문화정치'는 사이버 공간에서 일어나는 참여와 실천의 문제를 다루는 글들로 구성되어 있다. 네 편의 글이 모두 인터넷이나 SNS 등의 네트워크의 사례를 다루고 있다는 점은, 주제가 쏠린 탓이라기보다는 우리 사회의 현재 모습을 보여주는 하나의 징후로 보는 편이 옳을 것이다. 테크놀로지를 통한 실천적 참여의 가능성과 그마저도 흡수해버리는 신자유주의의 위세를 네 편의 글에서 서로 다른 양상으로 찾아볼 수 있다. 이설희와 김숙현은 '촛불 세대' 이후의 모습이라 할 수 있는 20대 여대생의 SNS 사용을 통해 정치적 관여의 다층적인 모습을 살핀다. 그러나 대학생들의 인터뷰는 예상했던 만큼의 정치적 관여나 정서적 감수성의 징후를 드러내주지 못했다. 이는 정치경제적 격동 속에서 사이버 공간이란 미디어 환경, 세대, 젠더의 특성이 모두 교차하는 실천의 위치로 고려해야 함을 보여준다. 김수미 역시 사이버 공간을 갈등과 충돌의 장소로 이해해야 한다고 주장하면서, 공적인 것과 사적인 것 그리고 일상적인 것과 정치적인 것을 이분법적으로 구분하는 본질주의를 거부한다. 테크놀로지 사용으로 인한 자기 표현이나 정치적 참여를 무조

건적인 대안으로 보기보다는, 국면에 따라 달라지는 여성 주체의 위치를 면밀히 살필 것을 제안한다. 이기형과 황경아는 남성이 주도하는 온라인 커뮤니티의 활동을 입체적으로 살펴봄으로써, 여성적 삶과 문화를 살피는 데 보완적인 시각을 제공한다. 특히 이러한 온라인 커뮤니티가 정치적인 보수와 진보의 대립 못지않게 젠더 관련 논쟁이 대립하는 공간으로 작용하는 내부 역학을 면밀히 살핌으로써, 디지털 행동주의나 정치적 참여에 대한 지나친 낙관의 시선을 경계한다. 김예란은 네트워크상의 담론을 중심으로 펼쳐지는 참여와 포섭의 이러한 이중적인 특성을 '신자유주의적 포스트페미니즘'이라 정의한다. 온라인과 소셜 웹 공간에서 펼쳐지는 여성주의적 가치가 오히려 신자유주의적인 지배 질서와 유착하는 현상을 비판적으로 해석하는 것이다. 유명인을 매개로 하여 벌어지는 소셜 웹의 담론적 특성을 사례로 살펴본 결과, 포스트페미니즘의 문화정치적 급진성이 대중 문화와 결합하면서 크게 사라지고 있음을 지적한다.

기획을 마무리하며

치열하게 진행 중인 삶을 논의한다는 것은 늘 어렵다. 누군가에게는 '지금 여기의 삶'이란 감히 다루기 힘든 커다란 주제일 수도 있고, 또 누군가에게는 찰나로 스쳐가는 일상일 수도 있다. 그 힘겨움과 찰나를 담아내려는 이 책의 기획 주제는 그 자체로 도전일 수밖에 없었다. 각자의 연구와 삶의 터전에서 노력하고 있는 저자들이 하나의 주제 아래 모여서 토론했던 이 책의 과정은 그래서 더욱 더 힘들고 감사한 여정이었다.

오랜 동안 함께 공부하고 연구했던 동료들이 함께 모인 즐거운 기획이었지만, 제한된 시간 안에 하나의 책을 완성한다는 것은 또 다른 고민을 필요로 하는 작업이었다. 다채로운 주제를 하나의 책에 담기 위해 연구 방법이나 글의 구성 등에서 다양한 시도가 이뤄졌다. 기획자와 저자들은 이메일로 주고받는 기획 방향에 대한 논의 외에도, 2013년 1월과 7월 두 차례에 걸쳐 내부 토론회를 가졌다. 2013년 4월에 열린 여성커뮤니케이션학회 봄철 정기학술대회에서는 기획 세션을 만들어 열띤 토론을 벌였다. 이러한 과정들은 서로 의견을 교류하고 비판적 시각으로 방향을 잡아나갈 수 있는 기회가 되었다. 또한 우리가 하는 이 작업이, 비록 지난한 일이라 해도, 함께 다양한 목소리를 담아낼 수 있는 소중한 장임을 확인할 수 있는 기회도 되었다.

기획자와 저자들이 공유했던 가장 큰 고민은 이 책이 독자들에게 말을 거는 방식에 관한 문제였다. 주제나 연구 방법이 다양한 만큼 글쓰기 방식 또한 다양했기에, 이 놀라운 장점을 어떻게 한 권의 책에 걸맞은 일관성으로 묶어낼 수 있는가에 대한 고민이었다. 자체 토론과 고민을 거쳐, 인위적인 통일성보다는 자율적인 다양성을 추구하는 것이 바람직하다는 결론을 얻었다. 이러한 자율성과 다채로움이야말로 이 책이 추구하는 '지금 여기의 삶'을 고스란히 드러낼 수 있으리라는 바람도 갖게 되었다. 편집자의 역할을 최소화하면서 다양한 삶의 결을 살려내려 했던 노력이 아무쪼록 독자에게 흥미롭게 다가갔으면 하는 바람이다.

이 책은 미디어와 관련된 여성의 삶과 문화에 관심을 갖고 있는 독자들을 염두에 두고 기획되었다. 기획자와 저자들은 흥미로운 사례를 접하면서도 이론적인 확장을 꾀할 수 있는 주제들을 담으려 노력했다. 그러나 책을 마무리하면서 드는 아쉬움도 적지 않다. '지금 여기의 삶'을 다루어 보겠다는 야심찬 기획으로 출발했으나 삶의 구석구석을 깊이 있는 시선으로 담아내기에는 여러 여건상 어려움이 컸기 때문이다. 너무나 중요한 내용들이지만 저술 과정을 거치면서 어쩔 수 없이 담아낼 수 없었던 목소리들도 있고, 책이라는 형식상 일정 부분 걸러내야 했던 논쟁이나 입장의 차이도 있었다. 한창 저술이 진행되는 와중에 사회 상황이 변화하여 글의 방향이 바뀌어야 했던 경우도 있었다. 토론에서 오갔던 생생한 언어들을 글로 모두 담아내지 못한 것은 이 책의 기획에 참여하면서 가졌던 큰 안타까움이자 앞으로의 숙제이기도 하다. 그러나 신진과 중견을 아우르는 여러 학자가 한데 모여 일반 학술지에서 다루기 힘든 주제들에 대해 과감한 목소리를 낼 수 있었다는 점은 이 책만이 지니는 큰 장점이 될 것이다. 이 책이 던진 고민거리와 논쟁들이 앞으로 학계에서 논의를 풍성하게 하는 데 밑거름이 되었으면 하는 마음이다.

많은 분에게 감사를 드리고 싶다. 무엇보다도 학술지가 아닌 단행본에 과감히 자신의 정열을 담아준 저자들에게 감사드린다. 그들은 학위 과정 중이거나 학위 논문을 쓰는 중이거나 연구와 강의로 바쁜 와중에도 이 기획의 의의를 믿고 참여해주었다. 저자들과 함께 한 토론의 자리는 늘 비판의 날이 서 있으면서도 우애가 함께 했던 유쾌한 자리였다. 기획과 저술의 과정에서 의견과 토론과 도움을 주신 다른 연구자들에게도 감사드린다. 이 모든 연구자를 한데 모으고 실질적으로 이 책의 색깔 및 방향을 정해준 김예란 교수님께 무한히 감사드린다. 책의 제목부터 주제와 구성에 이르기까지, 그의 독특한 시각은 이 책을 지탱하는 뼈대가 되었다. 무엇보다도 이 작업의 기획을 제안하고 물심양면으로 지원해주신 한국여성커뮤니케이션학회의 백미숙 회장님과 집행부에 진심으로 감사의 말씀을 드린다. 그리고 촉박한 일정에도 흔쾌히 출판을 맡아서 꼼꼼히 작업해준 이화여자대학교출판부에도 감사드린다.

2013년 10월

저자들을 대신하여, 이희은

차례

책머리에 지금, 여기, 여성적 삶과 문화 _ 이희은 5

권두 논문 우경화 사회의 반反페미니즘: 신자유주의의 한 가지 징후 _ 유선영 17

제1부 여성의 일과 일상

중산층 기혼 여성들의 바쁨의 경험, 그 이면의 욕망들 _ 박지영 43

와이프로거의 "조금 다른 궤도": 요리, 젠더, 그리고 블로그 _ 이동후 75

음식 시민과 젠더, 그리고 시장 주도적 대응 _ 한선 108

제2부 젠더의 미디어 재현

미성년 여성, 규율과 위반, 무지와 권능 사이에서 _ 김유리 143

포스트페미니즘과 코미디: KBS 개그 콘서트 '남성인권보장위원회'와 남성 역차별 담론 _ 이신혜 · 박지훈 174

텔레비전 광고에 재현된 노년 여성의 문화적 표상 _ 윤현선 208

제3부 담론적 실천과 문화정치

20대 여대생의 SNS 이용과 정치적 관여: 트위터, 페이스북 사용자를 중심으로 _ 이설희 · 김숙현 237

정치와 일상의 경계 지우기: 여성, 사이버커뮤니케이션, 그 정치성에 대한 소고 _ 김수미 272

한국 사회 말들의 풍경과 '넷파워net power'의 함의: 온라인 남성 주도 커뮤니티의 문화와 활동에 관한 소고 _ 이기형 · 황경아 301

소셜 웹의 신자유주의적 포스트페미니즘: 유명인 현상과 대중의 자기 통치성 _ 김예란 345

찾아보기 389

저자 소개 395

권두 논문

우경화 사회의 반反페미니즘
: 신자유주의의 한 가지 징후

유선영

카운터페미니즘이 아닌 반페미니즘의 기이한 행로

나는 카운터페미니즘counter-feminism을 페미니즘을 여성들의 특권화된 상징 권력으로 규정하면서 페미니즘을 주창하는 집단과 단체에 대항적인 담론을 생산하고, 양성 평등을 구현하기 위해 국가나 지자체가 시행하는 성인지적 법과 제도, 정책, 행정기관 및 공공기관의 폐지 내지 철폐를 주창하는 집단적 운동이나 이념, 주장이나 주의主義를 지칭하는 개념으로 사용한다. 한편 반反페미니즘anti-feminism은 페미니즘의 목적과 의미, 제반 실천을 부정하고 비판한다는 점에서 카운터페미니즘과 유사하지만 이론 및 사상적 논거 없이 사안에 따라 비난, 공격, 선동을 조직하는 반여성적 활동으로 정의한다. 카운터가 대항적 지향과 운동, 즉 현상을 유지하려는 기성의 권력 체제와 지배 집단의 정치적 · 도덕적 · 문화적 권위와 질서에 도전하고 이를 전복하여 대안적 체제를 구현하려는 운동이라면 반페미니즘은 반여성적 활동 또는 운동 그 자체에 의미를 두는 활동으로 구분하고자 한다.

OECD 28개 국가에서 성차별이 가장 심한 국가로 1위 자리에 수차례 등극했고 전 세계적으로도 양성 평등 면에서 항상 최하위권을 벗어나지 못하고 있는 대한민국에서 반페미니즘이나 카운터페미니즘은 어불성설인 듯 여겨지지만, 여성이 특권화되어 있다면서 페미니즘을 적대적 상징 권력이자 현실 세력으로 규정하는 한 무리의 반페미니스트 남성들이 존재를 드러낸 것은 자못 의미심장하고 징후적이다. 이들의 반페미니즘은 2013년 7월 매우 기이하면서도 절박하고 그래서 당혹스러웠던 '남성연대 성재기 대표의 마포대교 투신' 사건으로 정점을 찍었다. 죽음으로 귀결된 그의 한강 투신 이벤트는 그 후 잠시 일부 인터넷 카페와 블로그에서 논의되다가 잊혀졌다. 한국의 페미니스트들, 여성계, 여성단체 및 시민 사회에서도 별다른 영향이나 파장을 미치지 못한 채 일회성 해프닝처럼 기억에서 사라져버린 셈이다. 성재기 혹은 남성연대에 대해 여성단체나 페미니스트들의 공개적이고 진지한 반론도 성명도 비판도 논평도 없었다는 것은 그의 생명을 건 반페미니즘이 한국 사회에서 아직은 대중의 공감이나 동의를 얻기 어려운 문제 제기임을 시사하는 것이기도 하지만, 한편으로는 남성연대의 활동 방식이 이론적 및 현실적 근거도 없을 뿐 아니라 대중의 이목을 끌만큼 충분히 선동적이거나 공격적이지도 조직적이지도 않았기 때문일 수 있다.

여하튼 남성연대와 성재기 대표의 투신은 그들의 주장에 동의하고 안 하고의 여부와는 무관하게 2010년대 초 한국 사회의 변화를 읽는 몇 가지 단초를 제공했다는 점에서 징후적이다. 진보 진영과 여성단체, 페미니스트들의 비판이 없었다는 것은 그들의 사회적 존재감이 미약했다는 것이고 그만큼 위협적이지 않았다는 방증이지만 그럼에도 IMF 구제금융 이후, 2008년 금융 위기 이후 연이어 보수정권을 맞이한 가운데 반페미니즘을 주창하는 단체가 출현하고 일부 20~30대 남성들의 지지를 받았다는 사실은 주목할 필요가 있다. 신자유주의, 지구화, 경제 위기의 흐름 속에 보수파가 집권을 하고 대중이 우경화하는 경제적, 사회적, 정치적, 문화적 맥락 안에서 반페미니즘이 자발적으로 자생했다는 것은 징후적 해독을 필요로 하는 것이다.

'남성연대' 출현과 반페미니즘 활동들

2011년 3월에 영남대 교수인 성재기의 주도하에 결성된 남성연대는 "남성을 피해자로 전락시키는 가정 붕괴의 이유로 페미니즘을 들면서 국가와 남성 평등을 위해 페미니즘을 반대하고 남성 권리를 강화해야 한다"고 주장하는 남성단체 쯤으로 이해되어 왔다(서울신문, 2013.7.29). 그러던 중 성재기 대표가 사무실 운영의 어려움을 해소하기 위해 1억 모금을 목표로 마포대교 투신 이벤트를 기획했고 투신 후 사흘 만에 시신으로 발견되는 사태로 급전환하면서 언론과 미디어, 대중의 관심을 받았지만 그 기간은 그리 길지 않았다. 성재기 대표를 추모하는 카페와 블로그에서 그의 과거 행적과 언행을 트윗과 토론회 등에서 발췌하여 해석한 추모글이 몇 편 올라왔고 남성연대 회원이 약간 늘어난 변화 외에 별다른 영향은 없었다. 남성연대가 성재기 대표의 개인적인 헌신과 활동으로 명맥을 유지해 온 것을 감안하면, 또 투신 직후인데도 웹사이트 운영이 재개되지 않는 것으로 보아 남성연대가 다시 활동을 재개하기는 쉽지 않아 보인다.

남성연대는 그간 박원순의 서울시 행정을 비난하며 박근혜 대선 후보를 지지하는 등 정치적으로는 보수를 표방했다. 창립선언문(www.

manofkorea.com)이 "조국의 미래, 가족의 행복, 균형"의 3대 키워드를 근간으로 구성되어 있고, 첫 번째 키워드가 조국인 점으로 미뤄 애국주의, 국가주의, 반공주의를 모토로 하는 시대착오적 보수주의를 지향한다. 조국의 키워드는 이렇게 구체화된다. "너무나 작고 빈약한 조국에 대한 경외심만으로도 애국은 필연이다…… 분단 현실, 내 아버지들이 피흘리며 싸웠던 적을, 이념을 도구로 반사 이익을 위해 옹호하는 세력들이 판을 치는 현실이 부끄럽다. 프롤레타리아의 심장과 부르주아의 이성으로 조국과 함께한다"고 천명한 문장에서 이들의 이념 지향이 드러난다. 애국주의와 그것과 구분되지 않는 국가주의, 반북반공주의와 유착된 보수주의, '이념을 도구로 반사 이익을 위해 옹호하는 세력들'인 진보 진영에 적대적인 반진보주의가 이들의 가치인 것이다. 다소 생뚱맞고 흥미로운 구절은 '프롤레타리아의 심장과 부르주아의 이성'이라는 표현이다. 부르주아의 이성은 자유주의적 이성주의를 표방한 것으로 이해되지만 '프롤레타리아 심장'은 반공, 보수, 반진보, 애국주의 언술 사이에서 다소 생뚱맞다는 느낌을 주면서 한 자리를 차지하고 있기 때문이다. 다른 단편적인 주장들을 통해 유추하건대 '프롤레타리아의 심장'은 다수 남성연대 회원들의 사회 · 경제적 위치와 무관하지 않다. 하지만 노동자가 아닌 '프롤레타리아 심장'이라는 레토릭을 구사하고 곧바로 그것과 모순되는 '부르주아의 이성'과 병치시킨 데서 그들의 사상적 및 이론적 빈곤을 간파할 수 있다.[1]

가족 키워드는 세계 꼴찌의 출산율, 최고 이혼율, 남성의 가정경제 생활비 부담률은 세계 1위이지만 가정은 표류하고 침몰 중이며 그 원인을 페미니즘이 제공했다는 논리와 함께 등장한다. 페미니즘이 남성은 가해

1 여기서 '부르주아의 이성'이 17~18세기 부르주아 혁명기를 전후로 구성된 자유주의를 지칭하는 것이라면 자유주의적 시장주의와 프롤레타리아의 이익이 배치된다는 의미에서, 즉 병치할 수 없는 은유의 부적절한 병치라는 의미에서 이론적 빈곤을 드러내는 것으로 규정한다.

자이고 여성은 피해자라는 등식을 확산시키고 가정을 여성에 대한 억압과 착취의 공간으로 규정한 탓에 가족을 해체시키는 문제적 양상들이 전개되었다는 것이다. 이를 반영한 구체적인 반페미니즘의 실행 과제는 "아버지 존경합니다"를 배너로 내걸고 전쟁 시작을 선포한open war 남성연대 회원들의 카페에서 찾을 수 있다(cafe.naver.com/openwar/). 이들이 '페미니즘'에 대한 저항을 '전쟁war' 프레임으로 접근하고 있음을 확인할 수 있다. '정의로운 심장을 가진 남성연대'가 벌여야 할 전투에는 '정부와 사회의 무관심 속에 소외받고 차별받는 남성들'을 위한 일, 한 걸음 더 나아가 '국제결혼을 희망하는 남성들을 위해 국제결혼 환경이 위험하지 않도록 법과 제도 정착'을 위해 노력하는 것도 포함된다. 여기서 '국제결혼 환경의 위험'을 부추기는 존재는 물론 여성단체들이다. 여성단체들이 결혼이주 여성의 인권 유린과 폭력 피해 실태를 드러내는 한편 국제결혼 중개업소의 자격 기준을 문제삼고 국제결혼을 희망하는 한국 남성들의 허위 신상정보, 가부장적 자질, 인종 차별적 태도, 약자에 대한 가정 폭력, 인권 유린 등을 문제삼으면서 결혼이주 여성의 인권을 보호하는 운동을 전개하는 것이야말로 소외받는 남성에 대한 억압이라고 비난하고 있는 것이다. 그리고 다음과 같은 남성연대의 활동 과제를 제시한다.

> 의무와 책임에 비례해서 권리가 주어지는 성균형/남성에게 과도한 의무와 책임이 부여되는 법, 제도, 통념의 개선/가족이 사회와 국가의 중심이라는 전제하에 행복한 가족문화 정착/정부와 사회의 무관심 속에 소외받고 차별받는 남성들을 지원하고 재기를 지원하기/병역 의무의 현실 보상/국제결혼을 희망하는 남성들에게 국제결혼 환경이 위험하지 않도록 법과 제도 정착에 노력/부계 혈통의 다문화가정의 아이들이 한민족임을 알리고 차별 방지를 위한 여론 조성.

이 남성연대의 할 일들에서 '프롤레타리아의 심장'이란 정부와 사회의 무관심 속에 소외받고 차별받는 남성, 그리고 국제결혼을 희망하는 남성들의 심장임을 간파할 수 있다. 남성연대가 반페미니즘의 전쟁을 치른 몇 건의 전투는 언론에서도 다룬 바 있다. 이들이 가장 중점을 두는 핵심 프로젝트는 여성가족부를 해체하고 여성단체들에 대한 지원을 중단하도록 정부에 압력을 행사하는 것이다. 지난 7월 26일 성재기 대표의 투신 예고문 '성재기, 내일 한강에 투신하겠습니다'에서 명시한 투신의 목적은 남성연대에 대한 대중의 인지도를 높이고 사무실 운영비에 충당할 후원기금을 기부받는다는 것이었다. 정부 지원을 받지 않는 남성연대에 '마지막 기회'를 달라고 호소하면서 전 세계에서 가장 규모가 큰 여성부와 수십여 개의 여성 관련 기관, 600여 개의 여성단체가 천문학적인 국민 세금으로 운영되고 있지만 남성단체는 단 하나밖에 없고 정부 지원조차 없는 불평등한 현실을 비장하게 호소한 것이다.

그가 생전에 시도한 반페미니즘 활동 중에는 2012년 6월 백지영과[2] 2013년 6월 아이돌그룹 달샤벳의 노래 등을 문제삼아 음원 유통 금지가처분신청을 한 해프닝도 포함된다.[3] 해프닝인 이유는 남성연대—성재기—가 두 건 모두 금세 소송을 취하하는 것으로 정리되었기 때문이다. 이는 애초부터 사실 관계에 대한 파악이나 정확한 문제 의식 없이 '딴지걸

2 백지영이 2013년에 내놓은 신곡 〈굿보이〉 가사가 '여성과 남성을 주인과 개의 관계처럼 설정, 남성을 비하한다'는 취지로 소송을 제기했으나 백지영 측은 남성 비하라기보다 위트로 이해해야 한다고 해명했고, 이에 성재기는 군말 없이 순순히 "진정한 양성 평등 의식을 제고한 기회가 되었다"고 자평하면서 소 취하 의사를 밝혔다(헤럴드경제, 2012.6.25. "백지영 굿보이 남성연대와 소송 끝나").

3 2013년 7월 달샤벳의 〈내 다리를 봐〉 가사와 뮤직 비디오가 군인을 비하한다는 이유로 음원 유통 금지 가처분신청을 했다가 10여 일 만에 취하했는데 취하 이유는 비하 의도가 전혀 없었음을 대화를 통해 알게 되고 원만히 합의했기 때문이라고 기획사가 밝혔다. 성재기는 자신의 트윗을 통해 양자가 오해를 풀었다면서 달샤벳 멤버 우희와 함께 찍은 사진을 올렸고 '대화를 제의해준 우희양에게 감사한다'는 멘트를 공개했다. 환하게 웃는 아이돌 우희와 마주앉은 성재기의 얼굴은 매우 평온해 보인다.

기' 수준의 소송 제기였음을 시사하는 것이기도 하다. 지명도 높은 연예인의 노래에 대해 남성 비하의 혐의를 씌워 소송을 제기하면 일단 미디어의 주목을 받고, 당사자들과 협의를 통해 소를 취하하는 일련의 과정에서 이들의 남성주의는 화해 국면에서 여성 아이돌과 마주앉은 성재기가 보이는 만족스러운 미소와 제스처만큼이나 허망한 해프닝으로 귀결되곤 했다. 이 밖에도 다양한 목적과 의미의 여성 행사에 딴지를 걸곤 했는데 남성연대를 일부 남성에게 각인시킨 중요한 변곡점이 된 사건이 충북 제천시립여성도서관[4] 앞에서 벌인 시위이다. 세금으로 운영되는 시립도서관을 여성 전용으로 운영하는 것은 1980년대에 끝났어야 하는 시대착오적인 행태라면서 남성도 정당하게 이용할 수 있게 하라며 벌인 시위는 인터넷 등을 통해 꽤 알려졌다. 양복을 말끔하게 차려 입고 선글라스를 쓴 성재기 대표가 도서관 앞에서 손마이크를 이용하여 연설하는 동영상을 보면 "부끄러운 줄 알아라"고 호통을 치는가 하면 제천시립도서관 관계자들과의 대화에도 통역이 필요함을 절감했다면서 이를 중국어, 영어로 다시 반복하는 등 흥미로운 시위 형태를 보여준다. 4~5명의 남성연대 회원들이 양복과 넥타이를 단정히 갖춰 입고 피케팅하고 항의하는 모습을 동영상으로 찍어 인터넷에 유포하는 방식으로 주목을 받은 이 시위에 힘입어 남성 지지자들이 늘어났다고 한다. 하지만 이 도서관 터를 기부한 여성이 애초에 여성도서관 건립이라는 명확한 기부 목적을 명시했다는 점은 언급되지도 고려되지도 않았다.

같은 논리로 2013년 5월엔 나이키와 서울시가 공동 주최하는 여성마라톤대회가 남성을 차별하고 있다면서 남성 평등을 위해 저지하겠다고

4 1991년 제천여성도서관을 건립해달라며 11억 상당의 땅을 제천시에 기부한 김학임 씨의 후의에 제천시가 8억 원을 투입하여 1994년에 개관한 시립도서관으로 1996년 제천시립도서관이 개관되기 전까지 시립도서관 역할을 수행했다. 직원은 총 5명으로 사서 1명, 일반직 1명에 기능직 2명, 청원경찰 1명으로 운영되는 지하 1층, 지상 3층 규모의 건물로 모유수유실을 갖추고 있다.

공표했다. 그러나 이 저지 시위는 싸잡아 박원순 서울시장에 대한 반대도 표명함으로써 반진보주의의 기반 위에서 남성의 피해를 주장하는 남성연대의 이념적 · 정치적 지향성을 드러낸 것이기도 했다. "박원순 서울시장이 임대주택 2,000여 호를 미혼 여성에게만 공급했다"면서 서울시의 아메바 같은 행태라고 비난한 것이다.[5] 여성 마라톤에 참가할 '결사대'를 모집한다는 트윗을 올리는 등 선동했지만 네티즌의 반응은 호의적이지 않았다. 정치적 편향을 드러낸 탓인지는 모르지만 제천여성도서관 시위 때만큼 주목을 받지 못했고 이후 성재기의 여성 관련 발언들은 이처럼 합리적 상식을 벗어나곤 했지만 표현의 공격성, 단순성, 선정성으로 일부 남성들의 지지를 받곤 했다. 일례로 2012년 최민희 의원이 주관한 '아동 청소년 성보호에 관한 법률' 개정안 토론회[6]에서 아동 음란물 규제와 관련하여 '교복을 입은 미성년자를 연기하는 성인을 잡아넣어야 한다면 차라리 표현의 자유를 헌법에서 없애라, 아동 포르노 제작자는 사형해도 마땅하지만 바바리맨 잡자고 모든 남자에게 바바리 코트를 못 입게 하지는 말자든가, 여성들이 월경축제를 하는 시대에 아청법을 만든 여성부를 비난했고 일부 남성 네티즌들은 이 발언을 지지했다.[7] 아청법의 아동 음란물 기준이 모호하다는 문제점은 내내 지적되던 것이기 때문에 네티즌의 호응을 끌어냈지만 발언 중 월경축제 등에 대한 공격적 언급은 비난을 받기도 했다.

5 중앙일보, 2013.5.22. "남성연대 '여성마라톤 저지할 것' 주장에…… 시대착오."

6 아동 음란물의 현행 조항은 "아동 청소년 또는 아동/청소년으로 인식될 수 있는 사람이나 표현물"로 정의하는데 이 기준이 모호하여 처벌 대상자가 광범위해진다는 성재기의 지적을 반영하여 표현물이라는 어구를 빼고 대신 "판정의 기준과 절차는 대통령령으로 정한다"는 조항을 신설했다.

7 헤럴드경제, 2012.11.13. "성재기 남성연대 대표 '아청법' 국회서 설전."

반페미니즘의 불안정한 내면

성재기 대표의 투신이 불의의 사고사로 마무리되는 동안 남성연대는 잠시 세간의 주목을 받았다. 주류 미디어들이 그의 죽음을 보도한 외에 주로 파급력이 크지 않은 일부 1인 미디어들이 그를 추도하거나 행적과 발언을 기억하는 내용의 글을 올리는 정도였다. 그중 『한국인권신문』의 추도사는 남성연대에서 말하는 '남성'이 어떤 이들인지 밝히고 있다.[8] "대한민국의 청년 남성들과 사회로부터 소외당한 서민 계층의 남성들이 '인권 투사' 성재기 님의 영전에서 세 번 우는 남성들이다. 기득권층 남성들의 억압과 부당한 편견과 고통, 서러움을 생각하며 한 번 울고, 선생이 그간 받은 편견과 고통과 멸시와 험담을 생각하며 울고, 여성부와 여성우월주의자들, 남녀역차별주의자들에 의해 마포대교 난간에 떠밀린 것을 생각하며 세 번 운 이들이 1999년 10월 페미니스트들에 의한 군가산점 폐지와 여성부의 준동이 시작되던" 그때부터 성재기가 대변해 온 남자들인 것이다.

성재기가 기득권층 남자와 여성우월주의자들에 맞서 지키고 확보했다는 남자들의 권리는 대체로 이런 것들이다. 남자들은 모두 성범죄자라는 망언과 싸웠고, 남성을 비하하던 모 타이어 광고를 철폐시키고, 드라마 내용을 삭제시켰으며, 남성을 비하하던 백모 여가수의 노래에도 강력 항의했다. 부인과 여자들의 부당한 소송과 위자료 요구에서 남자들을 구해주고자 법률 상담과 조언을 했고, 매 맞는 남편과 권리 침해당하는 남자들을 위해 남성긴급전화를 개설했으며, 남자들도 한 사람의 인간임을 알렸고, 남자는 무조건 강자라는 편견에 고통받아 왔음을 말해 왔다. 매 맞는 남편과 이혼당한 남자들에게 용기와 격려를 보냈고, 거짓 성폭행을 무고

8 한국인권신문, 2013.8.11., "성재기 님 추도사, 인권 투사 성재기 님을 보내며."

하는 여성들과 싸우고, 이혼한 싱글 아비들을 돕고, 일부 기득권층 남자들이 약자, 서민 남자들의 권리를 의도적으로 무시하는 것도 지적해 왔다. 또 여성이 돈과 권력을 쥐고 남성을 하인이나 성노리개로 삼을 수도 있으며 인사권자가 되어 남성 응시생에게 불이익을 줄 수도 있음을, 여성이 무조건 약자는 아니라는 진실을 말한 것이 성재기의 업적이라는 것이다.

성재기가 대변하고 옹호한 남성들이 동성의 기득권층 남성에게도 억압받는 남성들이라면, 그래서 우월적 지위의 여성에게 성노리개 취급을 당하고 있다고 믿는 남자들이라면 이 남성연대의 공포와 불안, 소외, 좌절과 무력감을 그냥 근거 없는 궤변 또는 어거지로 간주, 무시하거나 방관하는 식의 대응은 적절하지 않다. 그런 점에서 건전 보수를 자처하는 표창원이 성재기와 남성연대에 대해 『여성신문』에 기고한 글은 일고할 가치가 있다. 그는 남성연대를 성의 권리와 양성 평등 가치의 충돌로 규정하고 성대표 자살 퍼포먼스를 "시대에 뒤떨어지고 열등한 일부 남성들의 투정" 정도로 무시, 폄하해서는 안 된다면서 그 이유로 그를 따르는 사람의 절대 다수가 청소년과 청년들이기 때문이라고 했다. 이들의 주장을 무시하거나 방치하면 소수 남성의 반발이 점차 여성이나 성소수자를 향한 분노와 공격으로 악화될 위험의 소지가 있다는 것이다. 스스로를 약자, 피해자, 소수로 느끼는 남성들과 오랜 기간 약자였던 여성의 경험과 느낌을 나누며 대화하려는 접근이 필요하다고 제언했다.[9] 한마디로 표창원은 공격성을 극단적으로 드러내는 일베 회원들의 분노와 남성연대 회원들의 소외감이 본질적으로 다르지 않다고 진단한다. 남성연대에 대해서는 훨씬 순화된 표현을 구사했지만 소수 남성의 좌절과 소외, 분노를 무시하면 여성에 대한 공격으로 발전할 수 있다는 우려는 일베 사이트가

9 표창원, 여성신문. 2013.8.20. "성재기 남성연대 대표의 죽음, 그리고 그를 따르는 젊은 남자들."

행하고 있는 여성, 소수자, 전라도와 전라도민, 장애인, 심지어 5·18 유족과 일본군 정신대위안부 할머니들에 대한 무차별적인 욕설과 언어 폭력의 단초를 제공했다. 남성연대식 반페미니즘의 징후와 일베의 반진보주의의 징후는 상호 침투적인 것이다.

그가 분석한 일베 회원들의 사고와 행동 방식은 이렇다. 현실에선 조용한 점원, 자영업, 배달, 학생 혹은 무직이지만 사이버 공간에서는 강하고 공격적인 다른 인격을 사용하는 존재들로, 대부분이 남성이고 스스로를 드러내지 못하는 비겁자, 여성에 대한 열등감과 다가서지 못하는 무력감을 여성 비하와 공격으로 대체한다. 강하고 능력있는 남성이고 싶지만 경쟁에서 탈락해 인정 못 받는 현실에 좌절하고 약자에 대한 공격으로 분풀이하는 자이며, 보수를 표방하지만 보수의 가치와 철학은 전혀 무지하며 진보나 민주화 세력을 비판하고 반대하는 근저에는 그들이 받는 지지와 선망을 극단적으로 질투하는 심리가 작용한다. 일베는 변태적 일탈적 욕구를 상호 증폭하며 해소하는 것을 유일한 낙으로 삼는 인간들, 좌절과 소외, 그릇된 성인지와 낮은 자존감, 공격 욕구와 폭력 욕구의 해소를 목적으로 한 '사이버 찌질이'들의 사이트라는 것이다.[10] 다소 과격하고 공격적이긴 하지만 이 글을 쓴 시점이 일베가 윤창중의 성추행을 변호하는 것도 모자라 5·18민주화운동을 폄훼하고 유가족을 모욕한 직후라는 점을 고려하면 공감하지 못할 것도 없다. 표창원의 프로파일링이 흥미로운 것은 한국의 보수 중년 남성이 여성주의자나 여성들보다 젊은 남성들의 '일베류'의 병리적 편향을 더 잘 간파하고 이해하고 있다고 보여지는 때문이다.

그릇된 현실 인식과 불합리한 사변, 감정적이고 공격적인 발언과 욕설, 대중의 관심과 지지를 바라는 높은 사회적 인정에 대한 욕구, 여성을 한

10 이투데이. 표창원. 2013.5.28. "표창원, 일베 회원 대다수는 엽기 변태 일탈 온라인 활동에 중독된 사이버 찌질이."

국 사회에서 특권화된 존재로 규정하고 스스로를 피해자, 힘없고 소외된 남성으로 인식한다는 점에서 일베와 남성연대는 동일 계열에 속한다. 이런 추론의 근거는 성재기 대표의 투신 직후 그가 한 트윗, 투고 기사 등을 재구성하면서 반페미니즘의 취지와 운동에 동의를 보낸 인터넷 매체 『올인코리아』의 조영환 편집인의 글에서 찾을 수 있다. 조영환은 성재기의 발언을 통해 남성연대가 추구했던 가치, 지향, 이념을 자신의 시각으로 재구성하는데 이 재구성이 타당한지의 여부는 중요하지 않다. 중요한 것은 남성연대의 반페미니즘이 현 단계 한국의 사회문화 지형 안에서 자리한 위치이며 구체적으로는 그것이 다른 어떤 것들과 연관되고 유사한 범주로 묶이는지가 궁금하며, 조영환의 해석은 이 궁금증을 일부 해소해준다는 점에서 유용하다. 그가 해석한 성재기는 좌편향의 여성부와 여성단체들이 선동하는 역차별과 싸운 사람이다. 어쩌면 자신의 좌파와 진보 진영에 대한 극도의 혐오를 성재기의 반진보주의 성향에 덧씌워 극단화한 것으로 보이기도 하지만 반페미니즘의 논리가 일베의 좌파혐오주의와 상호 친화적이며 내적으로 한 통속임을 드러낸다는 점에서 참조할 만하다.

……성재기는 남성이 한국 사회에서 푸대접받는다는 피해 의식을 가진 것으로……여성부가 좌익 성향의 여성단체를 거느리고 (하는) 여권신장운동은 역차별적이고 변태적이라고 보고, 이들 좌익기관과 단체를 운영해 온 김대중-노무현 좌익 정권에 대한 일리 있는 항변을 했다. (조영환이 생각하기에) 한국은 좌익 정권에서 병적으로 비대해진 '차별받는 자'들에 대한 역차별(억압)이 도를 넘고 있다.……예를 들어 억압받는다는 광주 세력의 횡포는 최악의 역차별이다.……사실 군제대자들의 가산점 1%는 광주사태 유공자들이 누리는 10%의 특혜에 비하면 아무것도 아니다.……법원, 경찰서, 검찰청 직원들의 90% 이상이 전라도 언어를 사용한다.……그들이 나라를 지킨 유공자들의 자

> 식인가? 대한민국을 파괴한 빨갱이들의 자식들이요 사기꾼들의 자식들이다.……이런 사실은 언론에 보도되지 않는다. 이들의 특권과 특혜는 성역이다.…… 고시촌의 고시생들은 5·18 유공자들에 대한 불만이 폭발 직전에 있다.……여성단체는 이들의 특혜에는 침묵하고 있다.……여성단체는 좌편향적 계급 투쟁이다. 새로운 차별과 갈등, 분열을 조장한다.……페미니즘의 이름으로 여성부를 만들어 남녀를 대결시키고 좌익 세력의 여성 조직인 여성단체들의 위선을 감안하면 성재기의 자살은 잘못이지만 이해되는 부분이 있다.

5·18 유가족과 전라도, 진보 진영에 대한 공격은 일베의 그것이다. 좌파와 페미니즘을 한 부류로 엮으면서 여성부와 여성단체에 대한 공격과 5·18 광주 세력에 대한 공격이 동일한 세력에 대한 공격으로 등치되는, 설명하기도 이해하기도 어려운 그들만의 논리가 난무한다. 이는 자연스레 최근 화제가 되고 있는 일본의 넷우익 '재특회'의 논리와 사고 방식, 활동 방식을 연상시킨다. 재특회는 '재일조선인의 특권을 용납하지 않는 시민모임'이다. 재일조선인을 비롯한 외국인들이 일본에서 부당한 권리를 누리고 있다고 주장하면서 조선학교 무상교육 반대, 외국 국적 주민에 대한 생활보호지원금 지급 반대, 불법입국자 추방, 핵무장 추진 등의 우파 슬로건을 내걸고 전국 각지에서 연일 시위와 집회를 계속하는 회원 수 1만 1천 명에 이르는 재특회는 일본 보수단체 중 가장 선동적이고 과격한 활동으로 대중 인지도가 높아지면서 세력 범위를 넓혀가고 있는 단체이다. 엉뚱하고 황당한 논리와 주장 때문에 점차 일본 내 보수파들로부터 외면을 당하고 있지만 가장 열심히, 가장 공격적으로, 가장 과격한 욕설과 비속어를 구사하는 범죄와 퍼포먼스가 구분이 안 되는 시위로 유명하다. 이런 재특회를 밀착 취재한 자료를 토대로 연구 리포트를 출간한 저널리스트 야스다 고이치安田浩一는 일본 사회에서 주변인으로 살아

온 재일조선인이 특권을 누리는 반면 일본인들은 역차별을 당하고 있다고 주장하는 재특회 회원들이 대체로 사회적 · 경제적 약자의 위치에 있는 젊은 남성들, 주변 사람들에게 인정과 관심을 받지 못하고 홀로 고립된 생활을 해 온 우울하고 외로운 사람들이라고 추정했다. 누구보다 사회적 인정을 욕망하며 유사가족 같은 유대감을 갖게 하는 단체활동에 끌리는 사람들이라는 것이다.[11]

한국에서 여성이 특권을 갖고 있다는 말보다 일본에서 재일조선인이 특권을 누리고 있다는 말이 더 허황하고, 재특회가 항의를 조직하고 시위하는 방식이 훨씬 폭력적이고 과격하며 조직적이지만 이들이 사회 · 경제적으로 소외된 젊은 남성들이라는 점, 인터넷을 활동의 주무대로 활용한다는 점, 보수 혹은 극우의 지향성을 드러낸다는 점, 여성이나 재일조선인같이 특정 성과 민족성을 이유로 오랜 세월 차별받아 온 집단을 오히려 특권을 가진 집단으로 상정하고 자신들의 공격 대상으로 삼는다는 사실은 공통된다. 이들의 또 한 가지 유사점은 자신들의 소외 상황에 책임이 있는 국가 혹은 정부, 경제 및 사회 시스템의 문제와 싸우지는 않는다는 점이다. 이는 이들의 모든 야비하고 잔인한 시위에 명분을 제공하는 애국주의 노선이 일사불란한 국가 통합, 국민 단결, 일체화를 지향하기도 하지만 그보다는 강자에게 약하고 약자에게 강한 '사이버 찌질이'의 속성 때문일 수 있다. 문재인 후보가 유세 중에 박근혜 후보의 여가부 축소안을 비판하는 것을 듣고 박근혜 후보를 지지하기로 했다는 성재기의 결정은 기득권층의 억압을 말하면서도 국가, 지배 집단과 강자를 공격하기보다 자신들과 비슷한 약자와 경쟁하여 비교 우위를 점하는 방식을 선택하는 약육강식의 노선이다. 여가부를 설치하고 예산을 배정하는 정부

11 야스다 고이치, 2012, 거리로 나온 넷우익 : 그들은 어떻게 활동하는 보수가 되었는가, 김현욱 옮김, 후마니타스. 참조.

에 항의하지 않고 오히려 여가부를 공격하고 여성단체, 페미니스트를 공격하는 것이 적절한가? 페미니스트들과 여성단체들은 언제나 국가, 정부, 기득권 남성 집단, 차별적 법과 제도에 대항해 왔고, 그 결과 여성의 공간과 기회를 점차적으로 늘려왔다.

그럼에도 자신들의 소외와 무력감을 아직도 차별에 고통받는 여성들의 책임으로 전가하는 이 찌질한 남성 무리의 부상은 어디서 유래하는가? 하나의 가설은 신자유주의 체제에서 가속화된 고도경쟁주의, 시장주의, 지구화, 성과주의와 실적주의, 계량 가능한 능력주의가 경쟁에서 밀려나고 뒤처지는 부적응자들을 만들어내면서 이들의 삶을 위협하고 있다는 것이다. 체제의 주변 또는 하위에 배치된 사람들은 자신들의 낮은 지위와 부적응을 체제의 효과로 보기보다 옆자리와 주위의 경쟁자들의 탓으로 전가하곤 한다. 그도 안 되면 자신보다 못하거나 만만한 약자를 공격하면서 자신의 행위를 정당화하기 위해 그들의 근거 없는 '특권'을 창안하여 자신들의 사회적 정체성을 표상하고 사회적 존재감을 성취하고자 하는 것이다.

신자유주의의 '하층민화'와 페미니즘을 용납하지 않는 남성들

1997년 IMF 구제금융 지원을 계기로 급속히 확산되어 간 신자유주의는 기업은 물론이고 교육, 대학, 문화 영역을 침습했고, 성장 · 경쟁 · 개발, 능력과 스펙은 사회와 개인의 사고와 행동 양식을 규정하는 무의식과 욕망의 나침반이 되었다. 구조조정으로 해고 노동자가, 노동유연성 제고를 위해 비정규직 노동자가 양산되었고, 민주노총의 세력 약화가 함축하듯이 일부 대기업 노조를 제외한 다수 노동자의 삶은 연속성과 지속성을 보장할 수 없는 상태로 내몰렸다. 계급 양극화는 2000년대 한국 사회가 해결해야 할 가장 긴급한 문제가 되었으며, 이를 반영하듯 중산층의 복원은 대통령 선거 때마다 등장하는 공약空約이 되었다. 그리고 2008~2009년간의 글로벌 금융 위기는 금융자산을 가진 자와 직장에서 내쫓긴 다수 서민의 간극을 넓히면서 경제적 위기감과 그것에 깊이 연동된 사회적 지위의 하락, 가정과 가족의 해체, 빈곤화의 위기감이 일상의 감정으로 뿌리내렸다. 일례로 2012년 서울시 조사에 의하면, 서울 시민의 절반 이상이 스스로 중하계층으로 분류했고, 하층민으로 자인하는 인구도 4명 중 1명 꼴이었다. 이러한 하층민 의식은 1년 전에 비해 5%나 늘어난 것이다. 계층 인식의 하향화가 뚜렷해지고 있는 것이다. 그리고 과반수 이상이 우리 사회의 차별적 요소로 소득 수준(56.4%), 교육 수준(48.2%), 직업(36.7%) 요인을 꼽았고, 예년에 비해 외모(14.5%), 성별(11.3%), 국적(11.6), 출신 지역(6.9)도 비중이 높아졌다. 지난 1년간 가정의 위험을 경험한 비율은 31.8%에 달하고, 이 중 떨어져 살기(33.5%), 직업 불안정(19.5%), 투자 손실(17.6%), 실직이나 파산(15.1%)을 위험 경험으로 지적했다.[12]

일상이 경쟁과 효율, 가시적이고 물리적인 성과와 실적, 노동유연성과 양적 평가 시스템으로 재편되면서 계층도 교육 수준, 직업 유무, 소득 고하에 따라 명확하게 갈리는 한편 계층 상승의 기회도 희소해지는 명실상부한 계급 사회에 도달하게 된 것이다. '개천에서 나온 용'이 자수성가

12 서울시가 2013.6.17. 발표한 '2012 서울 서베이 도시정책 지표조사' 결과로 서울시민 2만 가구를 표본 집단으로 하여 시행한 면접조사 결과이다. 하층민으로 의식하는 집단은 27.1%이다. 흥미로운 것은 소득, 직업, 교육이 3대 차별 요인이라는 의식은 유지되고 있지만 전년 대비 다소 감소한 반면 외모, 성별, 국적, 출신 지역을 차별 요인으로 인식한 비율은 다소 늘어났다는 점이다. 이 조사에는 외국인 2,500명이 포함되어 있어 국적을 차별 요인으로 응답한 비율이 11%에 이른다(노컷뉴스, 2013. 6.17. "서울시민 27% "나는 하층민", 2가구 중 1가구 빚더미"; 헤럴드경제, 2013.6.17. "서울 시민 절반 이상 '나는 중하층', 4명 중 1명은 '나는 하층민').

의 상징으로 존재하던 한국 사회가 이제 가난의 대물림과 빈곤의 세습화를 당연한 현상으로 체념하듯 받아들이게 된 것이다. 현대 사회에서 상층부 고소득 자산가는 상관없겠지만 대다수의 소득은 그/그녀의 교육 수준과 직업 유형에 따라 결정된다. 그리고 교육과 직업은 다시 그/그녀들의 소득 수준에 의해 결정된다. 더 이상 개천에서 용은 나지 않는다는 말은 뛰어난 머리와 능력 혹은 인간성과 노력으로 자수성가하는 것이 가능하지 않다는 뜻이며, 재산과 부가 교육을 결정하고, 직업도 결정하는 계층 재생산 메커니즘이 안정화되었다는 의미이다. 지난 20여 년 간 신자유주의적 지향으로 글로벌 스탠더드를 지상 과제로 삼아 온 한국의 교육 현장에서 일어난 변화는 계층 양극화의 재생산 메커니즘을 정착시키는 데 기여했다. 자립형 사립고등학교와 국제중학교가 신설되었고 이내 폐지 논란에 휩싸이는가 하면, 외국어고가 새롭게 대한민국 상위 엘리트를 배출하는 명문학교로 부상하는 등 상위 계층의 계급 재생산을 위한 학교와 교육 제도의 재편은 가장 괄목할 만했다. 알튀세르 Louis Althusser가 간파했듯이 학교와 교육 제도의 신자유주의적 변신은 양극화된 자본주의 사회의 계급 재생산을 위한 명실상부한 최전방의 기관으로 재편되었다.

영어가 모국어보다 더 중요한 가치와 유용성을 인정받으며 초등학교부터 대학교까지 영어 강의가 개설되고, 영어권, 정확히 말해 미국의 학문 자원과 미국 국적의 백인 교수들이 석학의 우대를 받으며 한국 학계의 정점에 포진했다. 교수들은 SCI급 영어 저널 게재 편수로 역량을 평가받게 되고 논문 편수에 대해 금전적 보상까지 덤으로 주어졌다. 학생들은 영어로도 모자라 중국어 등 제2, 제3의 외국어를 유창하게 구사하는 것으로 글로벌 역량을 과시해야 했으며, 각종 자격증을 획득하는 것은 물론 해외 연수와 생활 경험, 자원 봉사 경력까지 완비해야 살얼음판 같은 취업 경쟁에 뛰어들 준비가 된 것으로 간주되었다. 소위 스펙을 쌓기 위한 다양하고 막대한 노력과 에너지가 투입되었고, 이 흐름은 자녀가 있는 모든 대한민국 가정과 가족의 생활과 의식에 영향을 미쳤다. IMF 사태 이후 10년의 진보 정권에서 시작된 이 변화의 흐름은 지난 이명박 정부를 거치면서 더욱 노골적이고 공격적으로 추진되었다. 고액의 유아 영어교육이 성행하고 방과 후 몇 개의 학원을 편력하다가 자정 무렵에나 취침을 하는 초등학교 저학년들의 삶이 보편화되어 간 것이다. 초등학교 입학 전에 이미 한글 읽기와 쓰기가 가능하고 영어 회화도 가능하게 하는 선행 학습으로 공교육은 붕괴되었다고 말해진다. 그런 중에도 경쟁은 자유주의적 시장 원리에 따르는 것으로 합리화되었고, 배낭 여행과 해외 자원봉사를 기본으로 장착한 스펙 쌓기 또한 능동적이고 주체적인 개인의 자유 의지에 따른 자아 실현의 일환으로 미화되었다.

초등학생 때부터 영어 습득을 위해 그리고 한국의 과열 경쟁 교육을 피해 조기 유학을 떠나는 아이들이 늘어나면서 기러기아빠로 불리는 독거 남성들도 늘어났다. 1970년에 제작된 영화 〈기러기아빠〉가 국가주의와 신파적 멜로드라마를 뒤섞어 월남전선으로 떠난 남편과 아버지를 그리워하는 여성의 서사였다면 2000년대 기러기아빠는 신자유주의 시대 지구화의 회로에 갇힌 우울한 남성 서사이다. 외국에서 유학하는 어린 자녀들을 돌보기 위해 아내마저 떠나보내고 이들에게 안정적으로 생활비를 공급해야 하는 의무와 책임을 떠맡은 중장년 남성들이 양산되면서 함께 거주하고 서로에게 위안을 주는 가족과 가정은 위기를 맞았다. '기러기가족'이란 신조어가 2002년 국어연구원에 등록되었고 펭귄아빠, 독수리아빠, 황금독수리아빠라는 가족을 만날 수 있는 횟수를 경제력으로 측정한 세분화된 신조어들 또한 파생되었다. 연간 10조 원이 넘는 조기 유학과 영어교육 비용을 홀로 감당하는 중장년 남성 가구들이 생겨난 것이고, 이는 다른 나라에서는 찾아보기 어려운 한국에 독특한 현상이다. 그리고 주의깊게 관찰해야 할 사회적 병리 현상이다. 국회에서 "기러기아빠로 인한 가정 붕괴를 염려하고 이것이 국가 사회의 불안 요인이 될 수 있다"고 사회문제화했을 만큼 생활 리듬 붕괴로 인한 신체 질환은 물론 우울증, 알코올 의존증에다 심지어는 돌연사, 자살하는 기러기아빠들이 늘어나고 있다. 사회가 기러기아빠를 관리할 시스템을 마련해야 한다는 소리가 나오기에 이른 것이다.[13]

그와 더불어 지난 10여년 간의 변화에서 주목되는 것은 1인 가구의 증가 추세이다. 1인 가구는 2012년 현재 400만에 이르고 이는 전체 가구에서 4가구당 1가구 꼴인 25.3%에 이른다. 이는 4인 가구보다 많은 수치이다. 1인 가구의 2/3는 20~30대 청년층이지만 특기할 점은 중년 남성 1인 가구가 크게 늘어난 것인데 2010년 조사에서 전체 1인 가구의 16.4%를 차지하기에 이르렀고 이는 10년 전에 비해 5.1%가 늘어난 것이다. 40~50대 미혼 남성과 50대 이혼 남성이 늘어난 것이 원인이다. 이들의 소득은 금융 위기 이후 큰 폭으로 감소하고 있고 2인 가구와의 소득 격차도 점점 벌어지고 있다. 2012년 1인 가구 월평균 가처분소득은 112만 원으로 2인 가구의 65%에 불과했다. 국가가 고시한 1인 가구 최저생계비가 60만 원 남짓으로 소득 대비 소비지출이 높은 것도 특기할 점이다. 낮은 가처분소득에도 불구하고 소득의 80% 이상을 주거비와 식품비 같은 필수 소비를 포함한 생계비에 소비하고 있는 것이다.[14] 다수가 고시촌, 원룸, 오피스텔, 쪽방 등의 안식처가 아닌 숙박 기능이 주가 되는 월세살이를 한다고 보면 한국에서 가족 해체 및 가정 붕괴는 빠르게 진행 중이다.

13 경향신문, 2013.8.21. "자발적 이산? 기러기아빠가 위험하다."
14 삼성경제연구소가 2013년 7월에 발표한 '인구와 가계 통계로 본 1인 가구의 특징과 시사점'(한국경제, 2013.7.16. "1인 가구 소득 줄어 2인 가구의 65%"; 연합뉴스, 2013.7.16., "三省硏, '급증하는 1인 가구 맞춰 상품 내놔야'").

가족과 떨어져 사는 삶은 인간이 성장하고 살아가는 데 필요한 '집'이 없는placeless 느낌을 야기한다. 인간에게 존재적 안정감을 부여하는 가장 기본적인 단위인 집의 부재 혹은 결여는 소속감, 유대, 애착, 친밀감과 같은 인간적 감정의 유지가 어렵다는 것을 의미하고 이는 곧 그의 자아 관념과 정체성이 흔들리는 위기감을 초래한다.[15] 인간성의 형성에 가족 관계가 미치는 영향, 집이 주는 안전감과 심리적 안정감을 고려하면 일과 직장 때문에, 자녀의 해외 유학 때문에, 실직과 파산 때문에, 취업을 하지 못해 가족이 흩어지거나 집―家을 이루지 못하는 상태가 인구의 일정 집단에게 오래 지속된다는 것은 결국 공동체에 균열을 내는 위기 요소로 작용할 수밖에 없다. 삶의 불안정성이 지속되면 그/그녀의 성격과 퍼스낼리티도 불안정해진다. 시대와 사회가 사회에서 도태되거나 주변화될 수밖에 없는 인구 집단을 양산하면서 심리적 · 정서적 · 정신적으로도 불안정한 상태로 내몰고 있는 것이다. 2000년대 드라마에서 간혹 인기를 모으기도 하는 새로운 캐릭터가 찌질이 남성인 것은 그래서 별로 이상하지 않다. 드라마의 찌질남은 찌질해도 순수하거나 마마보이 유형의 남자들이지만 현실의 찌질남은 위험하거나 위협적이라는 차이가 있을 뿐이다.

윤창중 전 청와대 대변인의 미국대사관 인턴 여직원 성추행사건의 전말을 정리하면서 찌질, 비열, 비루의 세 낱말만 생각난다고 한 『한겨레』 신문의 칼럼은 재특회나 남성연대, 일베를 우려의 시선으로 바라보는 이들의 심정과 크게 다르지 않을 것이다. 윤창중 성추행사건을 박근혜 대통령 주변에 포진한 다수의 찌질이들이 만들고 키운 사건으로 일축하면서 성추행하는 비열함, 줄행랑을 기획하고 책임 떠넘기기에 급급했던 비

15 Yi, Fu Tuan(1975), "Place: An experiential perspective." *Geographical Review*, 65(2): 151–165.; Lee Cuba & David M. Hummon(1993), "Constructing a sense of home: Place affiliation and migration across the life cycle," *Sociological Forum*, 8(4): 547–572.

루함, 사과조차도 눈치보고 번복하는 등 찌질함의 모든 것을 보여주었다는 필자의 일갈에 공감한다. 이 찌질함의 극치는 한국의 우익과 보수를 자처하는 인사들이 대사관 여직원의 성추행 폭로를 종북 세력의 음모로 몰아간 일이다. 이는 과거 '부천서 성고문사건'을 은폐하기 위해 안기부, 검찰, 경찰 등 관계기관대책회의에서 공식적으로 친북좌경운동권이 성을 혁명의 도구로 삼고 있다는 공식 의견을 내놓았던 것의 데자뷰이다.[16] 이는 다시 말하면 대한민국 2000년대 집권 세력 보수의 찌질함이기도 하며, 이 집단적 찌질함 속에서 여성의 특권을 주장하는 찌질한 반페미니즘이 싹을 틔운 것이다.

아직도 오지 않은 밀레니엄

여성 혐오의 언설을 퍼뜨리는 일베, 그리고 여성단체 전부를 특권적인 세금 낭비 단체로 규정한 남성연대가 인구에 회자되는 가운데 한국은 최초의 여성 대통령을 갖게 되었다. 일베, 남성연대, 박근혜 대통령은 보수진영에 속한다는 공통점이 있다. 여성계는 박근혜를 '유사상표 여성 대통령'으로 규정하고 박근혜 선거 캠프의 여성대통령론 담론 자체가 훼손하고 왜곡한 여성성의 의미를 성찰할 것을 촉구했다. "여성들이 일터에서 쫓겨나 거리에서 울부짖을 때, 반여성적 제도와 법률을 바꾸기 위해 몸을 던졌을 때, 60%에 이르는 비정규직 여성 노동자들이 고통스러워할 때 그는 무슨 말을 하고 어떤 실천을 했는가?"를 되물었고 일본군 위안부 문제 등 여성 수난사에 대한 인식이 없는 점을 문제삼아 보수의 여성대통령론

16 한겨레, 곽병찬 대기자, 2013.5.13. "님의 주변엔 왜 이렇게도 찌질이들이 많은지……."

을 반박했다. 여성대통령론은 사기라는 것이다.[17] 보수주의자가 여성주의자가 될 수 없는 것처럼 그 역도 마찬가지이다. 한국 사회에서 보수의 행태는 여성주의적 가치와 양립하거나 타협하기 어려운 양상으로 전개되고 있다. 그것은 박근혜 대통령의 딜레마이기도 하지만 여성 대통령에게 여성주의적 인식과 정책을 아예 기대하지 못하는 한국 여성과 여성주의자들의 딜레마이기도 하다.

보수와 여성주의를 결합시키려는 시도는 왕년의 진보지식인 김지하의 여성대통령론에서 시대착오적인 발상으로 희화화되고 사상의 빈곤함을 드러냈을 뿐이다. 그는 자신이 여성 대통령 프레임을 박근혜 캠프에 제안했다면서 "DNA에 모성이 새겨진 여성이므로 결혼도 안 하고 애도 안 낳아보고 돈을 벌어보지 않아도 세상을 바꿀 수 있으며, 본래적 여성성으로 국민 대통합을 이루고 마침내 후천개벽을 이룰 것"이라고 설득했다고 자랑했다. 보수단체 강연과 보수 매체 인터뷰를 통해 박근혜 지지를 선언하면서 "강한 정신력과 모성의 리더십으로 위기의 순간에 국가를 구하고 국민의 힘을 결집시키며 양성 평등을 넘어 국격을 상승시키는 역할"을 할 것이므로 "따뜻한 모성, 깨끗한 정치로 모든 국민의 꿈과 행복을 실현시키라고, 어머니 육영수 여사를 닮은 부드럽고 따뜻한 정치하라고 조언했다"는 것이다. 따뜻한 모성의 DNA, 모성의 리더십, 따뜻하고 부드러운 정치, 행복과 꿈을 주는 여성 대통령이라는 보수의 레토릭은 아직도 양성 평등의 천년왕국에 도달하지 못한 한국의 여성들에게는 반페미니즘의 레토릭에 불과하다. 여성 대통령의 출현이 여성의 지위가 전반적으로 상승한 사실과 무관하지 않겠지만 정확하게 여성의 위치를 반영하는 것도 아니다.

17 한겨레, 2012. 12.14. 사설: 준비된 여성 대통령 주장이 낯뜨거운 이유.

여성의 사회적 지위와 위치를 나타내는 지표들은 다양하다. 그중에서도 가장 실질적이고 기본적인 지표는 여성의 경제 활동 참가율, 남녀 임금 격차, 의사 결정 과정에서 여성의 참여 비율(고위 임원직 비율) 같은 경제/직업 지표들이다. 비단 여성뿐 아니라 이 경제 활동 지표는 특정 인종, 민족, 소수집단의 사회적 지위와 대표성을 평가할 때도 중시되는데 그 이유는 특정 집단의 경제/직업 활동의 성격은 다른 사회 구성원과 사회적 관계 형성 정도, 사회적 지위와 효능감, 시민권의 성취 여하를 판단하는 필수 조건이기 때문이다. 특정한 직무를 기반으로 한 타자와의 지속적이고 일상적인 관계 형성, 일정 소득의 지속적 획득을 통한 삶의 안정감과 존재적 안정감의 성취, 적정한 소비 생활을 통한 삶의 질의 유지와 관리, 문화 생활, 사회적 관계망의 형성이 가능하고, 이를 기반으로 사회 구성원으로서 존재감과 정체성을 확보할 수 있다고 보면 아무 경제 활동을 하지 않는 상태는 이 모든 것이 가능하지 않거나 최소한 순조롭지 않다는 것을 의미한다. 인간을 인간답게 하는 것은 생존 자체가 아니라 타자와의 지속적인 관계 형성과 그것이 확장된 관계망 안에서 적절하게 자리 잡는 것이다. 다양한 인종과 민족이 공존하고 혼거하는 것이 일상이 된 신자유주의적 지구화 국면에서 트랜스내셔널 삶의 방식을 특권적으로 향유하는 메트로폴리스의 코스모폴리탄과 노동 및 결혼이주 등의 형태로 변경의 주변적 삶을 영위하는 소수민족들의 차이와 차별이 발생하는 근본 요인은 그들이 수행하고 있는 경제 활동의 질적 차이라고 해도 틀리지 않는다.

이런 이유로 여성의 경제 활동에 관한 지표들의 현황은 여성들의 사회적 지위와 문화적 위치를 가늠하는 데 실질적이고 유용하다. 2013년 7월 OECD 발표에 의하면 한국은 남녀 간 임금 격차가 가장 큰 국가이다. 여성 임금이 남성 평균 임금의 61%에 그치는데 이는 2위를 기록한 일본의 71%보다 적고 OECD 회원국 28개 국가의 평균인 85%에도 훨씬 미치지 못한다. 한국은 2000년에도 불명예스럽게 임금 격차 지표에서 1위였으며, 지난 10년간 고작 1%밖에 격차를 줄이지 못한 것으로 나타났다. 또 최저임금도 안 되는 임금을 받는 노동자의 63.1%가 여성 노동자였다(2013.7.30. OECD 발표). 한국에서 경제 활동에 참여하는 여성은 절반에 그치며, 비정규직 노동자의 61.8%가 여성이고, 고용보험 가입률은 40%가 되지 않으며, 비정규직 중에서도 가장 열악한 노동 조건에 노출된 특수고용 노동자의 68%가 여성이다. 또 법정 최저임금 이하를 받는 노동자의 61.5%도 여성이다.[18] 결론적으로 한국에서 여성의 낮은 경제적 위치는 여성이 여전히 사회적 차별을 받고 있는 소수자임을 나타낸다.

여성주의를 보수화, 우경화하는 신자유주의 상황에서 더욱 포기할 수 없는 이유이다. 신자유주의 하에서 고소득, 고학력의 문화자본과 사회자본을 많이 가진 계층의 여성들이 더 높은 천장, 더 많은 기회, 더 많은 의사 결정 권한을 누리게 된 것도 사실이다. 남성연대는 이 지점에서 상대적 박탈감을 표출한 것이지만 그것이 여성 현실의 전부도 진실도 아니다. 여성 안에서도 소득, 교육, 직업에 따른 양극화가 진행되고 있으며, 하층민화의 흐름 속에 여성들이 더 많이 노출되고 휩쓸리고 있는 것이다.

신자유주의 사회 변화에 적응하지 못하고 주변으로 밀려난 젊은 남성들의 보수화가 반페미니즘을 기치로 세우고 자신들의 소외감과 좌절을 분출하는 것은 일본의 재특회가 재일조선인을 특권 계층으로 매도하고 폭력을 구사하며 공포심을 조장하는 현상과 본질적으로 유사하다. 사회 우경화의 변화 안에서 약자가 되고 타자화된 남성들이 여성 특권 타도를 부르짖는 현상을 징후적으로 읽어야 하는 이유이다. 이 징후가 시대의 흐름과 사회 변화 안에서 배양되었기 때문이다.

18 한국여성민우회, 2013.3.7. 성명서, "박근혜 여성 대통령은 여성노동에 대한 현실 인식부터 해야 한다."

제1부

여성의 일과 일상

중산층 기혼 여성들의 바쁨의 경험, 그 이면의 욕망들 _ 박지영

와이프로거의 "조금 다른 궤도": 요리, 젠더, 그리고 블로그 _ 이동후

음식 시민과 젠더, 그리고 시장 주도적 대응 _ 한선

중산층 기혼 여성들의 바쁨의 경험, 그 이면의 욕망들

박지영

시간 부족감과 바쁨을 구성하는 풍경들

2000년대 한국 사회에서 살아가는 이들은 "바쁘다", "시간이 없다"는 말을 일상적으로 하고, 듣는다. 현대인은 빠른 세상의 속도에 발맞춰 살아가기 위해 분투한다. 그 과정에서 이들은 바쁨을 토로하며, 해야 할 일 대비 사용할 수 있는 시간이 부족하다는 느낌에 시달린다. 2004년 통계청 생활 시간 조사에 '시간 부족감'이 한국인의 하루 일과를 설명하는 주요 변인으로 새롭게 포함되기 시작했고, 2009년에는 10세 이상 전 국민의 69.7%가 평소 바쁘거나 시간이 부족하다고 느낀다는 결과가 보고되었다(통계청, 2009). 또한 여가사회학, 여성학 등 다양한 사회과학 분야에서 시간이 부족하다는 주관적 인식에 대한 연구가 수행되기 시작했던 것 역시 2000년대 중후반을 전후로 일어난 변화이다.

이러한 변화들은 바쁨에 대한 체감이 전 사회적으로 확산되고 있음을 보여주는 징후들이다. 그렇다면, 각종 사회조사 및 학계의 담론들이 비슷한 시기에 바쁨의 감정에 관심을 가지게 된 것은 어떠한 연유에서일까? 과연 2000년대 한국 사회에서 바쁨이 중요한 키워드가 되기 시작한 근저에는 어떠한 변화들이 자리 잡고 있는 것일까? 이러한 질문에 대한 답을 찾는 작업은 생산 활동 및 사회적 상호작용, 각종 인간의 행위에 영향을 미쳐온 테크놀로지의 발달, 그와 더불어 일어난 경제 · 사회적 구조 변동에 대한 복합적인 조망을 필요로 한다. 근대 사회의 발전 과정에서 일어난 경제 · 사회적 변화들은 인간과 시간의 관계에 변화를 가져왔고, 이는 이들의 일상적 행위와 시간에 대한 감각 역시 다르게 만들어 왔다. 시계의 발명과 인간의 노동 규율에 대한 톰슨Edward Palmer Thompson의 역사적 고찰(Thompson, 1967)에서부터, 서구 근대 사회의 발전 과정을 시공간 압축time-space compression으로 볼 수 있다는 하비David Harvey의 경험적 자료에 근거한 통찰(Harvey, 1994), 인류 문명의 발달을 속도라는 키워드로 새롭게 설명했던 비릴리오Paul Virilio에 이르기까지 인간, 시간, 경제 · 사회의 발전 간의 밀접한 연관성은 학계의 중요한 관심사로 논의되어 왔다(Virilio, 2000[1998]).

이러한 거시적인 변화의 흐름을 진단하고 해석하는 것은 추후의 작업으로 미뤄두고, 이 글에서는 오늘날 한국 사회에서 살아가는 이들이 시간과 맺고 있는 관계를 보여주는 일상생활의 조각들을 모아보고자 한다. 인류의 역사 속에서 이러한 조각들은 경제 · 사회적 변화의 시기를 중심으로 분포되어 있다. 초기 자본주의가 태동하던 중세 말 상인들은 속도의 중요성을 깨닫기 시작했다. 상품이 소비자에게 도달하기까지의 시간을 줄이는 것이 이윤을 높일 수 있는 방법임을 깨달으면서, 이들은 소금 선적선이 들어오는 항구에서 판매지인 유럽 전역까지의 운송 시간을 단축하기 위해, 이를 담당하는 사환들 간의 운송 속도 경쟁을 부추기기도 했다(Borscheid, 2008). 보르샤이트Peter Borscheid는 이를 가속화에 대한 인류의 집착의 시작이자 자본주의의 시작이었다고 지적했다. 한편, 18세기를 전후로 기계 동력에 의존한 산업이 발전하게 되면서, 노동의 시작과 종료 시간을 엄수하고, 규율하는 문화가 새롭게 대두하기도 했다(Thompson, 1967). 이전까지는 '오늘 못하면 내일 하는 식'으로 노동 시간을 운영했으나, 이즈음부터는 계산원들이 노동자들의 근무 시간을 기록, 계산하기 시작했고, 이들의 노동은 시작과 종료를 알리는 벨 소리와 함께 개시되고 끝을 맺게 되었다. 이렇듯, 작업 공정을 체계화함으로써 노동 시간을 동시화했던 것은 산업자본주의의 태동이자, 시간이 곧 돈으로 여겨지는 문화의 출발이었다.

이러한 예시들은 경제 · 사회적 발전과 변화의 시기에 인간과 시간의 관계가 급격히 변화했음을 보여주는 것이다. 장원 밖으로 교역이 확대되고 상공업이 발전했던 중세 말기, 그리고 기계 동력을 이용한 생산 방식이 확산되었던 18세기를 전후로 인간의 속도에 대한 인식이 싹트기 시작했고, 시간의 체계화와 산술적 계산의 중요성이 대두하기 시작했던 것이다. 요컨대, 서구 사회가 자본주의 사회로 이행해 가던 역동기에 인간의 시간에 대한 인식이 고양되었고, 시간을 사용하는 방식이 변화하면서 일상적인 행위 차원의 변화들이 일어났다는 것이다. 이를 고려했을 때, 시간 부족감, 바쁨 등에 대한 관심이 커지고 있는 2000년대 한국의 맥락은 현 시점에서는 그 변화를 명확히 진단하기 어렵지만, 경제 · 사회 · 문화 등 다양한 측면에서 어떤 거시적인 변곡점에 접어들고 있는 시기이지 않을까?

시간에 대한 인식 및 일상생활을 영위하는 방식의 기저에서 일어나고 있는 거시적인 경제 · 사회적 구조 변동에 대한 논의는 차치하더라도, 2000년대에 접어들면서 시간 부족감과 바쁨에 대한 사회적인 관심과 학문적인 논의들이 증가하고 있다는 것, 일상생활 속에서 '시간이 없다',

'바쁘다'고 느끼는 이들이 증가하고 있다는 것은 오늘날 한국인들이 시간과 관계 맺는 방식이 변화하고 있음을 보여주는 중요한 징후이다. 이에 이 글에서는 시간 부족감과 바쁨의 경험이 생성되는 다양한 지점들에 대한 단상을 적어보고자 한다. 오늘날 한국 사회에서 시간 부족감과 바쁨의 경험은 어떠한 지점에서 생성되고 있으며, 그에 대한 논의들은 한국 사회의 어떠한 변화에 주목하고 있는가?

풍경 1. 기혼 여성의 노동 시장 참여

한국 학계에서 시간 부족감과 바쁨에 대한 관심은 맞벌이 가족이 증가하면서 시작되었다. 한국에서 기혼 여성의 노동 시장 참여가 일반적인 삶의 방식으로 자연스럽게 받아들여지기 시작한 것은 IMF 경제 위기 이후였는데(배은경, 2007), 이후 여성들의 유급 노동이 증가하면서 가족의 일과가 새롭게 재편성되었고, 가족 내 성인 남녀들이 시간 부족감에 시달리게 되었다는 것이다. 남성 부양자의 유급 노동과 풀타임 전업 주부의 무급 노동에 의존해서 가계가 운영되던 근대적 성별 분업 체계가 와해되면서, 가족 내 성인 남녀의 총 유·무급 노동 시간이 증가한 것이 가족 내 시간 자원을 희소하게 만들었다는 것이다.

특히, 시간 부족감이 하나의 사회학적 연구 주제로 정착되면서 집중적으로 논의되었던 것은 맞벌이 가구의 성인 여성들이 지는 이중 부담이었다. 맞벌이 가구의 여성들의 경우, 가사 및 돌봄노동으로부터 상대적으로 자유로운 남성들이나 유급 노동에 종사하지 않는 전업 주부들에 비해 총 노동 시간이 길기 때문에(손문금, 2004), 상시적 시간 빈곤, 시간 부족감을 경험하게 된다. 시간 부족감에 대한 논의들에서 맞벌이 가구의 여성은 일터에서는 유급 노동에 시간을 할애하고, 집에 돌아와서는 자녀를 돌보고, 가사노동을 하면서, 휴식과 여가의 기회를 박탈당한 시간 빈곤 집단으로 주목받았다(박기남, 2009; 조주은, 2008; Hooyman & Gonyea, 1995). 여성들의 경제 활동이 증가한 만큼 남성들이 가사와 돌봄노동에 참여하는 변화가 이뤄져야 하는데, 남성들의 변화가 여성들의 노동 시장 참여 증가 속도보다 느리게 이뤄지면서 맞벌이 가구의 여성들이 시간 부족에 시달리고 있다는 것이다(Hoschschild, 1989).

분명, 오늘날 한국 사회에서 기혼 여성 노동자들은 다른 어느 집단보다 강도 높은 바쁨에 시달린다. 그 이유의 큰 부분은 젠더화된 역할 규범에 의거한 이중 부담이다. 통계청 생활 시간 조사(2009)에 따르면, 맞벌이 가구의 아내는 하루 평균 3시간 20분을 가사 · 돌봄노동에 할애하는 반면, 남편이 그에 사용하는 시간은 불과 37분에 지나지 않는다. 또한, 맞벌이 가구 여성들의 일일 총 노동 시간은 맞벌이 가구의 남성들보다 약 110분 길고, 전업 주부에 비해 166분 더 길다(손문금, 2004: 177). 이는 여성들의 경제 활동 여부에 관계없이 가사 및 돌봄노동이 여전히 여성들에게 집중되어 있으며, 이러한 젠더화된 역할 규범이 기혼 여성 노동자들이 자유 의지에 따라 사용할 수 있는 시간 자원을 박탈하는 주범임을 보여준다. 이러한 젠더화된 환경 속에서 기혼 여성 노동자들은 주어진 역할들을 한정된 24시간 안에 모두 수행하기 위해 여러 활동을 동시다발적으로 수행하거나, 서로 다른 활동을 사이사이에 끼워넣으면서 짧은 시간 안에 최대한 많은 일을 해치우기 위한 시간관리 전략들을 구사하게 된다(조주은, 2008; Hochschild, 1997).

특히, 시간 부족감과 바쁨은 여성 노동자들 중에서도 어린 자녀 양육이 집중되는 30대, 일터에서의 업무 요구가 큰 전문직 · 사무직 여성들에게서 두드러지는 것으로 보고되고 있다(박기남, 2009; 손문금, 2004). 실상, 직업 위세가 있고 상대적으로 소득 수준이 높은 전문직 · 사무직 여성들은 이중 부담의 짐을 덜 수 있는 여지를 가진다. 커리어적 성취와 그에 따른 경제적 보상은 가사 · 돌봄노동을 소홀히 하는 것에 대한 일종의 면죄부로 인식되기도 한다. 또한, 이들은 가사 · 돌봄 도우미를 고용할 수 있는 경제력을 가지고 있기 때문에, 무급 노동을 외주화함으로써 해결할 수 있는 선택권을 가지고 있다. 오히려 이중 부담의 굴레에 꽁꽁 얽매어 있는 이들은 전문직 · 사무직 여성들이 아니라, 가사와 돌봄을 외부의 도움 없이 오롯이 스스로 감당해야 하는 노동 계급 여성들이다.

그럼에도 불구하고, 중산층 여성, 그것도 위세 좋은 직업을 가진 젊은 기혼 여성들이 가장 강도 높은 시간 부족감과 바쁨을 경험한다는 것은 이에 대해 새로운 시각을 가지고 접근할 필요가 있음을 말해준다. 시간 부족감에 대한 기존의 논의들이 산술적인 시간 개념과 젠더화된 이분법의 논리를 토대로 일 · 가족 간의 시간 갈등에 초점을 두었다면, 시간에 대한 감수성이 높아가고 있는 2000년대 한국 사회의 풍경을 이해하기 위해서는 이를 넘어서는 좀 더 유연한 사고가 필요할 것으로 보인다. 이에 이 글에서는 시간 부족감과 바쁨을 시간 사용과 관련해 가지는 주관적인 인식 및 감정이라고 경험 차원에서 정의하고, 오늘날 한국 사회에서 시간 부족감과 바쁨이 확산되는 두 번째 풍경으로 이야기를 옮겨가 보도록 하겠다.

풍경 2. 어머니 노릇이라는 이름으로 확대되는 관리노동과 감정노동

오늘날 중산층 전업 주부는 풀타임 노동자 못지않게 해야 할 일이 많다. 사교육을 중심으로 한 교육 경쟁이 치열해지면서, 자녀 교육을 위해 필요한 양질의 최신 정보를 얻기 위해 학부모 모임에 나가고, 이렇게 얻은 정보를 토대로 심혈을 기울여 고른 학원에 아이들을 이쪽저쪽 데리고 다니는 것 역시 엄마의 역할이 된 지 오래이다. 또한, 인스턴트 음식을 사주는 엄마는 '나쁜 엄마'로, 친환경 음식 재료로 직접 조리하는 엄마는 '프로 주부, 전문 주부'로 여겨지는 세태(오화영, 2005: 188) 역시, 주부들의 할 일을 가중시키는 원인 중 하나이다. 나아가 각종 의료 · 환경 담론들은 질병으로부터 가족의 건강을 지키기 위해, 주부들이 환경에 대한 지각을 가지고 좀 더 정교하고 복잡한 가사노동을 수행할 것을 기대하는 사회적 분위기를 조성하고 있다. 생산 중심의 자본주의가 야기한 위험이 환경과 인간의 생명을 위협하는 요소로 작용하면서, 쓰레기 분리 수거, 환경을 고려한 살림과 요리, 가족의 건강을 고려한 쇼핑, 건강 정보의 수집 및 실천 등을 포함하는 '사회적 가사노동'(오화영, 2005)이 주부의 역할로 정의되고 있다. 또한, 각종 심리 담론이 범람하고, 아동 심리의 중요성에 대한 사회적 인식이 높아지면서, 근대 가족의 특징으로 여겨지는 친밀성과 가정중심성domesticity을 관리하기 위한 감정노동이 어머니 노릇의 중요한 부분으로 여겨지고 있다.

취업 주부들은 이러한 사회적인 기대로부터 자유롭지 못하다. 중산층 전업 주부들과 마찬가지로, 취업 주부들 역시 이러한 젠더화된 역할 기대의 영향을 받는다. 전업 주부들이 바쁘다면, 취업 주부들은 이러한 기대와 사회적 규범을 실행에 옮길 물리적 시간이 부족하기 때문에 더더욱 바쁘다. 시간 부족감과 바쁨은 활동에 대한 욕구와 의지, 해당 활동에 대한 의무가 가용 시간보다 클 때에 경험하게 되기 때문이다. 해야 할 일이 산적해 있어도, 이를 완수할 수 있는 시간이 충분히 주어질 경우와 그렇지 않은 경우는 시간의 희소성에 대한 체감이 달라진다. 이러한 시각에서 보았을 때, 중산층 여성들에게 영향을 주는 젠더화된 역할 규범을 공유하고 있는 취업 주부들은 자신에게 주어진 24시간을 중산층 어머니 노릇에 할애하는 이들에 비해 활동 열망 대비 가용 시간의 제약을 더 크게 느끼게 된다.

미국의 맞벌이 부부를 대상으로 에스노그라피ethnography를 수행했던 혹실드Arlie Russell Hochschild는 여성들이 일터에서 보내는 시간이 증가하고, 가정 내의 돌봄과 가사노동에 공백이 생기면서 가족 생활이 정돈되지 않은 아수라장으로 변하게 되고, 그 결과 가정이 아닌 일터가 오히려 편안한 휴식의 공간이 되고 있음을 보여주었다. 여성들이 일터에서 머무는 시간이 길어지면서, 친구들에게 이메일을 쓰거나 동료들과 가십거리를 이야기하는 등, 일터가 유급 노동뿐만 아니라 사교와 휴식 공간으로서의 성격을 가지게 되었다. 반면, 가정은 설거지 더미가 쌓여 있고, 돌봄을 애청하는 아이의 울음소리가 끊이지 않는 곳, 통제하기 어려운 감정노동의 장이 되었고, 여성들은 가정을 회피하게 되었다는 것이다. 혹실드의 연구 결과에 따르면, 자녀가 있는 맞벌이 가족에게 가정은 '빠르게 해치워야 할 일'들이 산적한 공간이 되고, 여성들은 관계 지향적이고, 감정노동의 성격을 띤 돌봄과 가사를 일터에서 업무 처리하듯이 체계화하고, 압착해서 수행하는 경향을 보였다(Hochschild, 1997).[1]

한국의 어머니들 역시 가정 내에서의 시간을 체계화해서 관리하고, 시간을 압착해서 사용하고 있다. 하지만, 이는 돌봄과 가사를 빠르게 해치

1 혹실드는 여성들의 유급 노동으로 인해 부부의 총 노동 시간이 증가하는 변화를 "제1혁명the first shift", 가족 내에서의 시간이 압착되는 현상을 "제2혁명the second shift"으로 명명하면서, 여성들의 경제 활동이 증가하는 속도와 이들의 무급 노동에 대한 부담이 덜어지는 변화의 속도 간의 불균형을 지적한 바 있다. 나아가, 가족 내의 일을 빠르게 처리하거나 압착하고, 교육, 휴식, 감정적 욕구 충족 등을 외부로 아웃소싱하게 되면서 생기는 부작용들은 고스란히 다시 가족들에게 전가되어서, 결국, 맞벌이 가족의 성인 남녀들은 자녀들과의 친밀성을 회복하기 위해 추가적인 노력을 기울이게 되는 "제3혁명the third shift"을 겪게 됨을 지적한 바 있다(Hochschild, 1997).

우기 위함이 아닌, 좀 더 양질의 돌봄노동을 수행하기 위함이었다(조주은, 2008). 대학 도서관 사서로 근무하는 맞벌이 가구의 한 여성은 "애들이랑 놀아야겠다[는] 그런 게 좀 있어서 밥 차리고 그런 시간도 좀 사실 아까워요. 누가 좀 해주면 좋은데, 요즘 어머님이 밥 같은 건 다 해놓고 가시고, 반찬도 [해놓고 가신 거 꺼내기만 해서] 그냥 먹을 때 많아요. …… 그래야 된다고 생각을 하고, [아이들과] 살을 붙이고 있어야 된다고 생각을 하고. 우리 신랑은 과학적으로 그래야 뇌가 발달을 한다"고 말하며, 자녀들과 보내는 시간에 집중하기 위해 단순 반복적인 가사노동은 친족에게 의존해서 해결하고 있었다. 대기업 직원인 또 다른 기혼 여성 역시 "회사에 못 가거나 빠지거나 거짓말을 해야 되는 상황이 있다 하더라도, 애한테 대해서는 내가 정말 완벽하게 챙겨주고 싶은 욕망이 막 생기는 거야"라고 말하면서, 아이와 양질의 시간을 함께 보내고, 자녀 교육을 위해 필요한 관리자 어머니 역할을 해주는 것을 그 무엇보다 최우선에 두고 있었다. 한국의 취업 어머니들은 가정 내에서의 시간을 체계화해서 관리하고, 시간을 압착해서 사용하고 있었지만, 이는 양질의 친밀성을 쌓고, 자녀 교육을 위한 관리노동 시간을 확보하기 위함이었다(박지영, 2013 ; 조주은, 2008).

한창 맞벌이 가족에 대한 미디어 담론이 급증하기 시작했던 2000년대 초반, 한 신문 기사는 다음과 같이 적고 있다. "아이에게 돈과 시간을 몽땅 쏟아부으며 뜨거운 교육열을 과시하는 전업 주부 엄마들이 적잖은 요즘, 맞벌이 엄마들은 불안하기 그지없다. 직장 나가느라 아이들 숙제며 공부를 챙겨줄 짬이 없기 때문"이라고 적고 있는 이 기사는 완벽한 전업 어머니와 부족한 취업 어머니 간의 대결 구도를 제시했다. 이 기사에서 전업 어머니는 자신의 모든 것을 아이에게 투자하고 완벽한 모성을 구현하는 존재로, 취업 어머니는 자녀를 경쟁의 대오에서 뒤처지게 만드는 부족한 어머니, 그로 인해 불안감과 죄책감을 느끼는 존재로 구성되고 있다(조선일보, 2002. 2. 18). 이러한 구도는 지난 10여 년 간 크게 달라지지 않았다. 대입 전형 요강의 복잡성을 다룬 2012년 신문 기사는 직장에 다니느라 자녀의 입시 뒷바라지를 하지 못하는 '직장 맘'의 고충을 시작으로 이야기의 포문을 연다. "전업 주부가 아니다 보니 입시 공부를 할 시간도 없고, 주변 엄마들 통해 듣는 정보도 없어서 조바심"이 나는 취업 어머니의 이야기를 독자들의 공감대를 자아내기 위해 기사 서두에 배치하고 있는 것이다(한국일보, 2012. 9. 25).

자녀 교육 경쟁과 관련해서 취업 어머니들의 불안감, 죄책감, 조바심을 자극하는 신문 기사들은 IMF 직후 남녀 불문 고용률이 회복세에 접어들었던 2000년을 전후로 급증했던 맞벌이 가족 담론(Park, 2009)과 1990년대 후반 이후 폭증한 자녀 양육에 대한 담론(이재경, 1998; 차우미, 1997)이 접합된 결과물이다. 이 시기의 자녀 양육 담론은 어머니를 가족생활의 적극적 · 자발적인 관리자이자, 고도로 정교화된 전문적인 역할을 수행하는 존재로 새롭게 정의했고(박혜경, 2010; 오화영, 2005), 이러한 역할을 수행하지 못하는 맞벌이 가구의 어머니들에게 조바심, 불안감, 죄책감을 유발했다. 이러한 양상은 학력을 통한 계급 재생산이라는 어머니 역할이, 가족의 일상 자체를 일종의 기업으로 관리해야 하는 이른바 "신자유주의적 모성"으로 확대 · 재규정되는 과정이었다(조은, 2010).

위의 신문 기사들이 구성하는 전업 어머니상, 즉 자신에게 허락된 시간을 전적으로 자녀 교육 경쟁 지원에 투자하는 규범화된 역할에 충실한 어머니상은 취업 어머니들에게는 자신들이 실천하지 못하는 완벽한 모성이자, '시간만 있다면', '직장 맘만 아니라면' 적극적으로 실현할 수 있을 텐데 그렇지 못하는, 끊임없이 바라보고 추구하는 욕망의 모성이다. 신자유주의 사회의 모성 담론들은 완벽한 전업 '프로 주부'(박혜경,

2010 ; 오화영, 2005), 가족 생활의 적극적 경영자인 관리자 어머니상을 구성하고, 취업 어머니들의 결핍을 강조했다. 그 결과, '기업가', '관리자' 어머니로 호명된 전업 어머니는 좀 더 완벽한 모성을 구현하기 위해 분투하게 되고, 결핍의 어머니로 호명된 취업 어머니는 교육 경쟁에 뒤처지고 있다는 불안함과 조바심 속에 '완벽한 전업 어머니'라는 준거 타자를 좇아가기 위해 애쓰게 된다. 퇴근 후, 주말을 이용해 집중적으로 학원을 순례하고, 학부모들과의 관계를 유지하기 위해 짬 시간을 이용하고, 각종 관계노동, 감정노동을 압착해서 수행하며 결핍된 모성을 채우기 위해 분투하는 취업 어머니들의 모습은 2000년대 한국 사회의 시간 부족감과 바쁨을 구성하는 두 번째 풍경이다.

풍경 3. 시장 중심의 라이프스타일을 선도하는 젊은이들

맞벌이가 새로운 삶의 방식으로 자리잡기 시작했던 IMF 직후 1990년대 후반, 각종 미디어 담론들은 맞벌이 여성을 '자아 실현을 위해 일하면서 아이 돌봄에 소홀한 어머니', '자신을 위해 살기 위해 출산을 포기하는 여성'으로 재현했다. 당시의 미디어 담론들에서 이들은 어머니 역할보다 개인의 욕망을 추구하는 이기적인 젊은 여성, 전통적인 가족의 가치에 위배되는 존재로서 그려지고 있었다. 하지만, 2000년 이후 미디어는 태도를 바꿔, 맞벌이 여성들에 대한 우려 섞인 비판의 잣대를 들이대기보다 다양한 전략들로 가사·돌봄노동의 공백을 메우는 것이 이른바 똑똑한 신세대 여성상에 부합하는 것임을 강조하기 시작했다(Park, 2009).

당시 미디어 담론들이 제시했던 전략들은 전통적인 모성을 발휘하는 것(조선일보, 2003. 7. 29), 감정노동을 통해 남편을 구슬려 협조를 얻어내는 방법(조선일보, 2003. 6. 24), 여성들끼리의 협동과 품앗이(조선일보, 2003. 6. 10) 등이다. 하지만, 그 무엇보다 두드러지고 빈번하게 제시되었던 것은 반조리 식품, 반찬 배달 서비스, 자녀 교육 관련 상품 등을 구매함으로써, 주어진 시간 제약 속에서 현명하게 당면 과제를 해결하는 센스 있는 젊은 여성이 되는 전략이었다. 예컨대, 돌잔치 아이디어를 담은 서적에 대한 홍보성이 짙은 한 신문 기사는 "돌잔치 때문에 걱정이라고요? 몇 가지 아이디어와 약간의 발품, 그리고 인터넷만 다룰 줄 알면 맞벌이 주부라도 거뜬히 해낼 수 있습니다"라는 조언으로 말문을 연다. 이와 함께, 어린 자녀를 둔 맞벌이 주부들이 전업 주부 못지않게 아이들에게 추억을 만들어 줄 수 있는 센스 있는 엄마 노릇을 할 수 있는 방법들을 소개한다(조선일보, 2003. 4. 22). 또 다른 기사는 "어느 날 갑자기 아내의 음식 솜씨가 바뀌었다면? 예전 같으면 '요리학원 다녔냐'고 물었겠지만, 요즘은 '백화점이나 할인점에 새 메뉴가 들어왔냐'고 물어보는 편이 빠르다"고 운을 떼며, "맞벌이 부부가 늘고, 주 5일 근무제가 확산되는 등 라이프스타일이 바뀌면서 만들어진 음식을 사다 먹는 가정이 늘고 있다"고 말한다. 또한, 퇴근길에 백화점 식품매장에 들러 조리된 식품을 구매하는 것이 직접 음식을 조리할 시간이 없는 젊은 맞벌이 주부들이 취할 수 있는 좀 더 합리적인 선택임을 강조하며, 점심 시간을 이용해 인터넷 슈퍼마켓에서 물품을 주문하는 것이 시간을 절약하는 현명한 장보기 전략이자, 새로운 쇼핑 트렌드임을 나서서 소개하기도 했다(조선일보, 2003. 8. 8).

이들 미디어 담론은 합리성의 원칙을 최우선시하는 신세대 이미지에 기대어 새로운 라이프스타일을 구성해 냄으로써, 절대적인 가용 시간량이 부족한 맞벌이 가구의 여성들, 그중에서도 가사노동을 여성의 일로 보는 전통적인 젠더화된 역할 규범에 대해 유연성을 발휘할 수 있는 젊은 기혼 여성들을 호명했다. 이러한 미디어 담론들은 새로운 라이프스타일을 선도하는 젊은 맞벌이 주부상을 구성하며, 시장에 의존해서 돌봄과 가사를 해결하는 것이 합리적인 '신세대다운' 것이며, 변화를 유연하게 수용할 줄 아는 능력을 갖춘 현명한 여성의 선택이라는 메시지를 구성했다.

한편, 오늘날 한국 사회에서는 결혼 여부, 자녀 유무에 관계없이 여성이라면 외모 가꾸기에 힘써야 된다는 인식이 널리 확산되어 있다. 1990년대 중반 등장한 '미시족'이라는 용어가 미혼 여성과 같은 외모와 차림새를 한 주부, 가족들을 돌보는 것 못지않게 스스로를 가꾸고 자기에 대한 투자에 당당하고 적극적인 주부상을 구성해낸 이래로(김민주, 2007: 96), 여성이라면 결혼 여부에 관계없이 외모 관리를 필두로 한 자기 관리에 적극적인 태도를 갖추는 것이 미덕으로 인식되고 있다. 이제는 더 이상 결혼 및 출산과 동시에 푸근하고 편안한 '아줌마'가 되는 것이 자연스러운 시대가 아니다. 각종 미디어 담론은 여성의 몸을 결점이 많은 몸으로 정의하고, 이상화된 몸의 이미지를 함께 제시함으로써 노화의 시간 법칙에서 벗어나고자 하는 욕망, 남편의 시선을 받고자 하는 욕망, 자기계발에 소홀한 '아줌마'로부터 자신을 차별화하고자 하는 욕망 등을 자극한다. 나아가, 이들에게 성형, 다이어트를 통해 더 젊고, 아름다운 몸을 가꾸고(이희영, 2010), 지속적인 의상, 가방, 장신구 구매를 통해 빠르게 변화하는 패션 트렌드에 맞는 외모를 새롭게 만들어가는 기술을 발휘하도록 권유한다.

신자유주의 사회에서, 몸 관리, 외모 관리에 필요한 상품과 서비스를 구매할 수 있는 구매력과 스스로를 변신시키고자 하는 자기 계발적 태도를 가지지 못한 상태는 혐오와 반감을 불러일으키는 대상으로 구성된다. 텔레비전의 변신 프로그램make-over program들은 전문가의 서비스와 고액의 상품을 구입하면, 혐오와 반감을 자아내는 노동 계급의 여성성을 지우고, 중산층 여성으로 탈바꿈할 수 있음을 스펙터클화하여 보여준다. 아름다운 여성으로 거듭나기 위해 외모를 변형시키고 가꾸어 나가는 것은 옷을 구입하고, 헬스클럽에 등록하고, 다이어트 식단을 사고, 피부 및 몸매 관리 서비스를 받는, 시장에 의존한 자기 관리의 산물이다. 나아가 이를 통해 구현되는 아름다움과 '관리된 상태'는 구매력을 지닌 이들만이 가질 수 있는 중산층 여성성, 혹은 부르주아 여성성이다(Ringrose & Walkerdine, 2008).

한편, 2002년 주 5일 근무제가 시작된 이래로 여행, 스포츠, 레저 활동 등 옥외 여가 활동을 추구하고자 하는 이들이 증가하고 있다(박소라, 2003; 윤소영, 2002). 주 5일제가 실시되면서, 휴일에 별다른 활동을 하지 않고 휴식을 취하거나, 텔레비전을 시청하는 수동적이고 정적인 여가 활동은 감소 추세에 있으며, 야외로 나가 즐기는 레저 활동, 여행 등의 적극적인 여가 활동이 증가하고 있다(김현주 등, 2002). 이러한 일상생활의 변화는 노동 시간의 제도적 단축, 여가 및 레저산업의 급속한 발전과 함께, 여가에 대한 '집단 도덕의 강제'가 확산되면서 일어났다. '집단 도덕의 강제'란 여가 활동이 진정한 휴식과 즐거움이라는 여가의 본질에 대한 추구이기보다는, 경쟁적 자기 과시와 신분 상징의 의미를 띤 일종의 사회적인 의무가 되는 현상을 지칭한다(김문겸, 2002: 37). 여가 활동이 규격화된 상품으로 판매 · 소비되고, 경쟁적 · 과시적 여가 소비 욕구를 자극하는 방식으로 여가산업이 작동하면서, 여가 생활을 즐긴다는 것은 소비자본주의 사회가 제공하는 여가의 기회를 구매할 수 있는 경제력과 동일한 것으로 간주되고 있다. 해외 여행을 가고, 주말을 이용해 펜션 여행과 멋진 레스토랑을 방문하는 것은 사회적으로, 혹은 시장에 의해 처방된 즐거움과 자유로움이며, 시장 의존적인 향유 방식을 위해 필요한 경제력을 과시하는 의미 역시 가지게 된다.

여가 활동과 관련된 '집단 도덕의 강제'와 여가의 결핍으로 인한 소외는 페이스북, 블로그 등 SNS를 통해 자신이 무엇을 먹고, 어디에 가고, 무엇을 향유하는지를 공개하고 과시하는 문화가 확산되면서 더욱 극심해지고 있다. 자신이 방문했던 멋진 레스토랑에서의 경험과 음식 사진을 올리고, 방문했던 여행지의 풍경과 다양한 활동을 소개하는 것은 일정한 수준의 라이프스타일을 향유하는 자라는 자격 조건을 과시하는 의미를 가지게 되며, 소비자본주의 사회가 제공하는 여가 기회를 누릴 만한 경제력을 지니지 못한 이들에게는 박탈감으로 다가온다. 또한 경제력과 별개로, 내가 선택하지 않은 다양한 여가 소비 활동에 대한 재현들은 — 아직 가보지 못한 멋진 휴양지, 새로 뜨고 있는 레스토랑 등 — 24시간이라는 제약 속에서 어떠한 활동을 해야 할지 선택할 수밖에 없는 인간에게 끊임없는 소외와 박탈감을 생성하게 된다. 시간의 유한성이 고려되지 않는 SNS가 구성하는 이미지와 상징들의 세계, 하루가 다르게 없어지고 새로 생겨나는 '핫 스팟'들은 여가와 소비에 대한 '집단 도덕의 강제' 효과를 강화하고, 그만큼 박탈감과 소외감을 심화시킨다.

2000년대 한국 사회를 살아가는 이들은 여행, 맛집 순례 등 활동적인 여가 활동을 즐길 줄 아는 적극적인 향유자이자, 몸 관리 · 외모 관리에 소홀하지 않은 것을 미덕으로 권유하는 문화 속에서 살아가고 있다. 오늘날, 이러한 권유는 시장 중심으로 규정되는 여가 활동 · 자기 관리 행위를 즐길 수 있는 구매력을 지닌 계층의 라이프스타일을 제시함으로써 이뤄진다. 또한, 이러한 권유에 화답하는 것은 개인이 가진 구매력의 증거로 받아들여지고 있다. 1990년 후반 IMF 경제 위기 이후 새롭게 등장했던 각종 라이프스타일에 대한 담론들은 전통에 도전하는 젊은 여성들에 대한 담론과 결합하여 가사노동, 자녀 교육, 여가 활동, 자기 관리를 위해 시장에 의존하는 것이 고리타분한 전통적인 역할 관습에 메이지 않는 세련된 여성의 선택이고, 일의 경중을 파악할 줄 아는 합리적인 것이며, 일상을 즐길 줄 아는 여유와 멋을 아는 것이라는 의미 지도를 만들었다. 이러한 담론들이 구성하는 주체는 새롭고 즐거운 활동을 찾아다니면서 여가를 즐기고, 시간을 쪼개어 자기 관리에 매진할 시간을 마련한다. 또한, 이들은 가사노동과 같이 시간 집약적이고 단순 반복적인 일은 시간의 효율성이라는 이름으로 시장에 일임한다. 이렇듯, 전통적 역할 관습으로부터 자유롭고 현재를 만끽할 줄 아는 감수성을 지닐 만큼 젊은, 시장 중심적인 라이프스타일을 구현하는 주체들의 삶의 모습, 이것이 2000년대 한국 사회의 시간 부족감과 바쁨을 구성하는 세 번째 풍경이다.

풍경 4. 양극화된 노동 시장에서 생존을 위해 분투하는 이들

1990년대 점진적으로 진행되어 왔던 한국 경제의 변화는 IMF 직후 부실기업 정리, 금융기관의 인수 합병, 노동의 유연화와 그에 따른 각종 법적 · 제도적 변화를 겪으면서 본격화되었다. 이러한 변화 속에서 기업들이 비정규직을 늘리면서 고용이 양극화되었고, 이러한 양극화된 노동 시장에서 경제 활동을 하는 노동 주체의 윤리 역시 변화하게 되었다는 점이다.

서동진(2009)은 이런 변화의 과정을 섬세하고 구체적으로 그려낸 바 있다. 거칠게 요약하자면, 1990년대 한국에서는 기업의 파산, 공기업 민영화, 대규모 해고 등 제도적 · 실재적 차원의 변화와 더불어, 그가 '경제적 가상'이라고 일컫는 경제적 현실에 대한 재현 차원의 변화 및 노동자 주체성의 변화가 함께 일어났다. 1990년대 경제에 대한 각종 담론은 '위기', '구조 조정', 디지털 경제', '지식기반 경제' 등을 이야기하며 한국의 경제적 현실을 새롭게 정의했고, 탈규제와 시장에 의한 자율규제, 지표화 · 측정 · 평가를 토대로 한 경제 운영을 정당화했다(서동진, 2009). 더불어, 이렇듯 새롭게 정의된 경제적 현실 속에서, 노동 주체의 윤리, 바람직한 인재상 역시 새롭게 제시되었다. 성과와 역량을 중심으로 한 새로운 인재상, 자기 계발적 의지를 지닌 노동자상은 대량 해고, 비정규직화 등 기업의 구조 조정에서 살아남은 자들에게는 생존을 위한 필수적 덕목이었고, 전 사회적으로는 바람직한 노동자 규범을 구현한 이상형으로 인식되기 시작했다.

이러한 변화 속에서, 오늘날의 노동 시장은 업무 시간이 길고 오버타임 노동을 하는 이들과, 업무 시간이 매우 짧거나 일이 없는 사람들로 양극화되는 추세에 있다(Edwards & Wajcman, 2005; Fagan, 2001; Harvey, 1989). 이러한 상황에서 양극화의 상단에 있는 풀타임 노동자들은 일터에서의 성과 경쟁에서 살아남기 위해 지속적으로 노동자로서의 역량을 계발해야 된다는 압박감에 시달린다. 개인의 업무 능력, 자기계발적 의지와 열정이 생존 경쟁에서 살아남기 위한 유일무이한 방법이 된 지 오래인 사회에서, 오늘날의 직장인들은 외국어 습득, 직업 능력 교육, 지속적인 독서를 통해 끊임없이 스스로를 발전시켜야 한다는 규범적 인식을 가지고 살아간다(이범준, 2009; 전상진, 2008). 또한, 양극화된 노동 시장의 상단에 있을 특권을 가진 이들은 일터의 요구에 따라 자신의 시간을 언제든지 반납하고 커리어에 헌신해야 한다는 암묵적 노동규범의 영향을 받는다. 특히, 모바일 기기를 사용하여 시공간의 물리적 제약에서 자유롭게 일할 수 있는 환경이 되면서, 직장의 요구에 항시 '대기 중'인 상태를 유지하는 것이 일에 대한 열정과 의지를 나타내는 척도로 인식되기도 한다.

이러한 시대에 가장 고통받는 이들은 자녀를 둔 어머니 노동자들이다. 새로운 노동자 규범에 부합하기 위해서는 "일터에서 가외의 프로젝트를 하겠다고 대답해야 하고, 사업을 활성화시키기 위해 인근 대학에서 수업을 들으며 무보수의" 시간을 투자할 정도로 일에 대한 열정을 지닌 적극적인 노동자가 되어야 하지만, 자녀 돌봄의 책임을 진 어머니 노동자들이 이러한 이상적인 인재상에 부합하는 삶을 살기가 어렵기 때문이다(McGee, 2005: 136). 특히 한국의 일터는 장시간의 노동 시간과 남성 중심적인 회식문화를 특징으로 한다. 이러한 상황에 노동자들은 주기적으로 야근을 하거나 주말 근무를 감수하는 등 장시간의 노동 시간을 감내해야 하는 현실에 처해 있다(이재경 · 이은아 · 조주은, 2006: 56). 이러한 상황에서 자녀가 있는 대다수의 여성은 오버타임 근무가 당연시되는 풀타임 직업을 감수하거나, 업무 시간이 짧은 파트타임 직업 혹은 노동 시장으로부터의 후퇴라는 양 극단의 선택권만을 가지게 된다(Fagan, 2001; Schor, 1992).

이때, 양극화된 노동 시장의 상위 권역에 남아 풀타임 직업을 유지하고 있는 여성들은 일에 대한 헌신과 열정, 지속적인 자기 계발, 장시간 노동 시간에 대한 일터의 요구와 이상적인 노동자 규범에 맞춰 살아가게 된다. 일에 대한 열정과 자신의 미래에 대한 꿈을 가지고 자기 계발하는 것을 이상적인 규범으로 인식하고, 끊임없이 자신을 채찍질하며 살아가는 노동자들, 그중에서도 강도 높은 노동을 요구하는 고소득 전문 · 사무직 종사자들의 삶이 2000년대 한국 사회의 시간 부족감과 바쁨을 구성하는 네 번째 풍경이다. 이러한 풍경이 극대화된 한 장면은 강도 높은 일터의 요구와 어머니 노릇에 대한 부담을 동시에 받고 있는, 자녀를 둔 고소득 전문 · 사무직 여성들이다.

신자유주의적 욕망과 시간 부족감의 경험

이상으로 시간 부족감과 바쁨에 대한 흩어져 있는 논의들을 모아, 2000년대 한국 사회에서 시간 부족감과 바쁨이 경험되는 다양한 풍경들을 제시해 보았다. 시간 부족감에 대한 기존의 논의들은 일 · 가족의 갈등, 젠더화된 돌봄 · 가사노동, 교육 수준과 위세 좋은 직업 등의 요인들에 주목하면서, 시간 부족감을 평면적이고 산술적으로 건조하게 조망했다. 이 글에서는 2000년대 한국 사회라는 맥락적 특수성을 보여주는 다양한 학문 · 미디어 담론들을 살펴봄으로써, 시간 부족감과 바쁨의 경험이 형성되는 지점들을 한국의 사회 · 경제 · 문화적 구조 변동의 맥락 속에서 보고자 했다.

앞서 제시했던 풍경의 조각들을 모아 보자면, IMF 경제 위기를 계기로 1인 부양자 모델의 보편성이 약화되고 여성들의 경제 활동 참여가 증가하면서, 가족들에게 전적으로 자신의 시간을 내어주던 역할을 수행하는 성인이 없어졌고, 그 결과 가족 내에 시간이 부족하다는 인식이 싹트게 되었다. 또한, 자녀 교육 경쟁이 심화되고, 각종 사회적 위험 요소들이 가정으로 전가되면서, 각종 담론은 정교화 · 확대된 어머니 노릇을 하는 중산층 어머니들을 신자유주의적 주체로 구성했다. 이는 어머니들이 해야 할 일이 증가한다는 것을 의미했으며, 중산층 가족을 중심으로 바쁨이 확산되는 중요한 요인이 되었다.

또한, IMF 위기 전후로 평생 직장과 안정적인 고용이 보장되는 시대가 끝이 나면서, 풀타임 노동 시장에서 생존한 이들은 응당히 장시간 노동을 감내해야 했다. 동시에 이들은 업무 역량을 지속적으로 계발해 가는 이상적인 노동자가 되기 위해 시간과 노력을 투자해야 했다. 마지막으로, 1990년대 중후반 이후의 각종 담론은 '젊은 세대'라는 기표가 가진 새로움의 의미를 빌려 가족 생활, 여가 생활을 시장 의존적인 것으로 새롭게 정의했다. 또한 시장에 의존한, 정교화된 몸 · 외모 관리 기술들을 제시하면서, '관리된 상태'를 자기 계발의 의지와 구매력을 가진 이들만이 구현할 수 있는 부르주아 혹은 중산층 남성성, 여성성으로 제시했다. 이렇듯 새롭게 정의된 가족 생활, 여가 생활, 자기 계발하는 삶은 가사노동 서비스를 구매하기 위한 정보노동, 여행, 맛집 순례 등의 옥외 여가 활동, 외모를 가꾸기 위한 쇼핑, 몸을 관리하기 위한 각종 서비스 등에 돈과 시간을 투자하는 것을 전제로 했다. 요컨대, 1990년대 중후반 이후 새롭게 정의된 이상적인 노동자상, 남성상, 여성상, 가정주부상, 어머니상 등은 자본 집약적이고 시간 집약적인 행위들에 기반한 것이었다.

IMF 경제 위기를 전후로 한국 사회가 겪었던 수많은 변화는 경제적 · 사회 제도적인 변화이기도 했지만, 어떠한 삶을 살아야 할 것인가, 어떠한 주체가 되어야 할 것인가와 관련된, 행위 양식과 존재 양식의 변화이기도 했다. IMF 경제 위기 이후 본격적으로 신자유주의 사회에 진입하게 된 한국 사회에서 존재 양식의 합리성이 무엇인지를 탐구했던 학자들은 자신의 행복을 북돋기 위해 능동적으로 자신을 변신시켜 나가는 '자기 계발에의 의지'(서동진, 2009), 도구화된 성찰성에 대한 반성 없이 세속적 성공과 생존을 추구하는 것을 떳떳하게 여기는 '스노비즘snobbism'(김홍중, 2009)으로 이 시대의 정신을 규정한 바 있다. 이들에 따르면, 1997년 이후 한국 사회를 지배하는 시대정신은 끊임없이 자기의 모습을 바꾸면서 변신해 나가는 자발적인 욕망, 자신을 적극적으로 경영, 관리하고자 하는 자유에 대한 욕망이자(서동진, 2009: 365-369), "인간 관계에서, 사회 생활에서, 치부에서, 노후 생활에서 성공"하고자 속물적 욕망을 거침없이 드러내는 것이다(김홍중, 2009: 81).

앞서 살펴보았던 풍경들에는 이러한 존재 양식, 시대정신과 관련된 다양한 이상과 그에 대한 자발적인 욕망들이 숨겨져 있다. 예컨대, 적극적인 여가 활동에 대한 선호와 이를 추구하는 의지 안에는 자신의 삶의 주도권을 일에 넘겨준 워커홀릭, 집구석에 처박혀 가사와 돌봄노동에 치인 어머니가 아닌, 삶의 여유를 만끽할 줄 아는 감수성과 경제력을 지닌 '자유로운' 부르주아 인간형에 대한 이상과 욕망이 숨어 있다. 가족 생활의 관리자로서 분투하는 중산층 어머니의 모습에는 자신을 끊임없이 결핍의 지표로 만들면서 불안감과 조바심에 추동되어, 아동심리학 지식, 자녀 교육 정보, 인맥을 토대로 가족 생활을 효율적으로 관리하는 가족의 CEO(박혜경, 2008)가 되고자 하는 의지가 담겨 있다. 또한, 경쟁 사회에서의 노동자로서, 자신을 적극적으로 책임지고 자신의 생존을 확보하기 위해 당당하고 뻔뻔하게 세속적인 풍요를 추구해 가는 '스놉snob'이 되고자 하는 신자유주의적 욕망들이 그것이다.

이런 다양한 욕망은 24시간이라는 시간의 유한성 속에서 현실로 구현되지 못한 채 잉여 욕망들을 남긴다. 이상형에 도달하고자 하는 의지가 완전히 실현되지 못한 채 남은 잉여 욕망들은 하루가 25시간, 26시간이 되었으면 좋겠다는 바람, 시간의 희소성에 대한 아쉬움을 낳게 된다. 이때의 시간 부족감은 욕망하는 이상형에게 다가가기 위한 노력 자체가 좌절되는 경험이며, 경쟁 사회에서 생존을 위해 강박적이고 공격적인 시도를 하지 못하면서 느끼게 되는 불안감이다. 요컨대, 2000년대 한국 사회에서 시간 부족감과 바쁨의 경험은 경쟁 사회에서 자신의 생존권을 확보하기 위해 당당하고 뻔뻔하게 세속적인 풍요를 추구해 가는 것을 당연한 것으로 여기는 '스놉'들이 24시간이라는 시간의 유한성 앞에서 느끼는 좌절감과 불안감이다. 시간 부족감과 바쁨의 경험은 산술적인 노동 시간의 증가와 여가 시간의 부족, 젠더화된 시간 규범만으로는 단편적으로 설명될 수 없는 다층적인 결들을 가지며, 이러한 결들이 중층적으로 작용하여 생긴 결과이다. 이렇게 보았을 때, 시간 부족감과 바쁨은 앞서 살펴보았던 다양한 풍경들이 중첩되는 지점에서 가장 극심하게 경험되고 있지 않을까?

신자유주의적 욕망들이 중첩되고, 불안감이 극대화되는 지점

다양한 신자유주의적 욕망과 시간의 유한성이 만나는 지점에서 시간 부족감과 바쁨의 경험이 형성된다고 보았을 때, 관건은 그러한 욕망이 얼마나 큰지, 주체가 자신의 의지대로 가용할 수 있는 시간량이 어떠한지에 있을 것이다. 우선, 유·무급 노동이라는 의무노동 시간이 길수록 주체가 자율적으로 운용할 수 있는 시간이 적어지고, 이상적인 노동자, 관리자 어머니, 적극적인 여가 생활 향유자, 자기 계발적 주체가 되기 위해 자신을 가꾸어 나가는 데 사용할 수 있는 시간이 줄어들기 마련이다. 이러한 욕망을 추구하기 위해 필요한 가용 시간이 적은 이들에게 현실화되지 못한 욕망에 대한 집착은 더 강하게 나타나며, 이는 시간의 희소성에 대한 아쉬움과 더 많은 시간 자원에 대한 갈망으로 이어지게 된다.

이렇게 보았을 때, 첫째, 유·무급 노동의 이중 부담에 시달리는 맞벌이 가구의 여성, 그중에서도 장시간 노동을 당연시하는 좋은 직업을 가진 이들, 시간 집약적인 중산층 어머니 역할 규범의 영향을 받는 이들일수록 개인의 자유 의지에 따라 사용할 수 있는 시간, 자발적 욕망을 추구하기 위한 물리적 시간 제약을 더 느끼게 된다. 좋은 직업을 가진 맞벌이 가구의 여성들이 더욱 극심한 시간 부족감을 느끼는 것은 긴 의무노동 시간 자체가 아니다. 이들이 경험하는 시간 부족감은 신자유주의 사회의 이상적인 주체가 되고자 하는 채워지지 않는 욕망이 좌절되면서 느끼는 일종의 결핍 감정과 그에 따른 불안감에 가까워 보인다.

둘째, 다양한 신자유주의 담론들이 구성하는 이상적 주체가 되고자 하는 욕망이 크면 클수록 시간 자원이 충분치 못하다는 느낌은 더 커지게 된다. 앞서 살펴보았듯이, 이러한 욕망을 가진 신자유주의 사회의 이상적 주체는 1990년대 후반~2000년대 초중반에 집중적으로 정의되었다. 이 시기의 담론들은 각종 변화와 새로운 삶의 방식을 수용하고, 변화에 대한 저항과 두려움의 감정을 해소하기 위해 특정한 방식으로 젊은 여성상을 구성했다. 변화의 시기를 휩쓸었던 자기 계발서들은 20대, 30대 여성들을 대상으로 자기의 행복을 위해 인맥, 외모, 몸매, 사랑 등 모든 것을 자본화하는, 현실에 눈뜬 여성이 되라는 조언들을 쏟아냈다(정가영, 2007). 동시에, 이 시기의 담론들은 쇼핑, 외모 · 몸매 관리 등 자기 투자에 아낌없고, 결혼을 신분 상승의 도구로 삼는 것에 거리낌없는 젊은 여성상을 구성했다. 이는 1997년 이후 새롭게 등장했던 자기 생존을 위한 노골적 처세, 적극적으로 자신의 행복을 위해 돈과 시간을 투자하는 새로운 삶의 방식에 대한 저항감의 표현이자, 해소 방식이기도 했다. 나아가, 실제 젊은 여성들이 전통적인 가치들을 깨고, 적극적으로 '스놉'(김홍중, 2009)이 되어 새로운 변화를 선도하라는 호명이기도 했다.

젊은 여성들이 결혼하여 자녀를 가지게 되면서 고급 육아용품 시장이 성장했다는 평가가 제기되었고, 마케팅 전문가들에게 이들은 시장이 타깃으로 삼는 핵심 소비자이자, 쉽게 지갑을 여는 층으로 간주되었다(파이낸셜 뉴스, 2006. 4. 18). 동시에, "여성은 타고난 재테크 유전자에 관한 한 남성보다 한 수 위"라는 등, 맞벌이 가구의 젊은 여성들은 재테크에 능숙하고, 다양한 금융상품, 부동산에 투자하면서 자신의 미래를 대비하는 자기 돌봄에 능한 이들로 그려졌다(조선일보, 2005. 4. 13). 한 신문은 "돈관리, 선택 아닌 '필수', 돈 밝히는 여자가 아름다운 이유"라는 제목으로 "돈 잘 버는 남편에게 기대어 안방 간수만 하면 복"인 시대는 지났으며, 이혼율이 높아지고 남성들의 돌연사가 많아지는 상황에서 여성들이 스스로 돈과 친해지는 것이 자아실현이자, 제2의 인생을 위한 대비책이라고 말하며, 여성을 대상으로 한 자기 계발서를 홍보하기도 했다(한겨레, 2004. 4. 13). 나아가, "생계형 맞벌이가 대다수인 40대와는 달리 2030세대는 '자기성취형' 맞벌이가 많다. 결혼 후에도 여성이 직장 생활을 하는 것은 당연하고 경우에 따라서 배우자와 언제든지 이혼도 할 수 있다고 생각한다. 따라서 젊은 맞벌이들은 직장 생활에 장애물이 되는 아이를 가급적 적게 낳으려고 한다"고 말하며, 젊은 기혼 여성들을 자기 성취를 위해 전통적인 어머니 역할, 아내 역할로부터 거리를 두는 존재로 그리기도 했다(조선일보, 2006. 5. 2).

이들 담론은 1990년대 후반~2000년대 초중반, 변화의 시기에 등장했던 탈전통적 · 타산적인 생존 방식, 물질적 풍요가 삶의 목표가 되는 속물스러움에 대한 수용과 저항 과정들을 잘 보여준다. 맞벌이 가구의 젊은 기혼 여성들은 전통과 탈전통의 경계선에 서 있는 이들로서, 전통을 부인하고 새로운 존재 양식을 규정할 수 있는 적임자였다. 또한, 노동 시장에서 아직 자신의 위치를 확고히 하지 못한 세대인 20, 30대 여성들은 IMF 전후 변화의 징후와 그 과정에서 생성된 생존의 불안감을 가장 강력하게 느끼는 존재였다. 이러한 변화와 불안감의 상징인 젊은 여성들, 맞벌이 가구의 젊은 기혼 여성들은 신자유주의 사회의 존재 양식을 규정하는 담론들에 의해 많은 역할을 새롭게 부여받았고, 앞서 이러한 역할들이 정의되는 다종다양한 풍경들을 살펴보았다. 이들은 경계에 위치했기 때문에, '스놉'되기의 좀 더 다양한 측면에 노출되었고, 좀 더 다양한 종류의 욕망을 가진 존재로 호명되었다.

또한, 세대론적으로도 맞벌이 가구의 젊은 여성들은 1997년 이후 사회에 팽배해 있던 불안감과 좌절감이 교차되는 지점에 있다. 2000년대 초중반 당시, 20~30대로 통칭되던 세대, 당시 마케팅 담론들이 콕 집어 25~35세로 지칭하던 세대는 2013년인 오늘날 30대 중반~40대 초반이 되었다. 마케팅 담론들은 이들을 '신세대', 'X세대', '서태지 세대' 등 다양한 이름으로 규정해 왔다. 각 개념은 미세한 차이는 있으나, 소비 문화와 대중 문화가 본격적으로 만개하던 1990년대에 청소년기와 대학 시절을 보내면서, 정치적인 관심보다는 개인의 즐거움과 성공을 적극적으로 추구하는 세대를 지칭한다는 점에서 공통점을 지닌다(LG경제연구원, 2012; 강윤정, 2006). 이들은 1990년대 초반부터 대중적으로 확산되기 시작한 배낭 여행과 어학 연수 등의 해외 경험, 글로벌 브랜드 상품들이 국내에 수입되면서 이뤄진 브랜드 소비 등, 소비와 여가 향유를 통해 글로벌한 소비 시민이 되는 것의 즐거움에 익숙해진 이들이다(LG경제연구원, 2012; 제일기획, 2005).

하지만, 이들은 경제적 풍요와 발전에 대한 낙관적 기대가 확산되고, 여전히 공유되던 1980년대~1990년대 초중반과, 그러한 경제적 성과가 급격하게 물거품이 되어버린 IMF 이후를 젊은 시절에 연달아 겪었다. 한마디로 이들은 모순적인 경험으로 점철된 청년기를 겪었다. 이들은 급격히 재구조화된 노동 시장에서의 생존 방식에 대한 전례가 없는 상황에서, 나름의 생존 방식을 터득했다. 이들은 선배들을 보면서 직업이 한 개인의 생애 기간 동안 안정적으로 유지되던 평생 직장의 시대가 저무는 것을 목도했고, 커리어가 개인의 역량을 계발하고, 지속적인 관리를 통해서만 유지될 수 있다는 것을 몸소 체득했다. 이에 혹자는 1970년대 태어나 1980년대 소비 문화의 태동기에 어린 시절을 보내고, 1990년대의 짧은 경제적 호황기와 글로벌 소비 문화의 본격적 발전 시기를 겪었으며, IMF 경제 위기와 함께 치열한 경쟁적 노동사회에 진입한 오늘날의 30~40대 초반의 세대를 자본주의의 요구에 가장 부합하는 최초의 '자본주의 세대'라고 일컫기도 했다.

나는 IMF 경제 위기 전후로, 풍요와 박탈의 두 극단을 오갔던 이들 세대의 청년기의 경험이 추락에 대한 불안감과 활수滑手한 소비·여가를 통한 향유라는 상반된 감수성을 가지게 해주었다고 본다. 현재 20대들이 어린 시절부터 경쟁 시장에 익숙해졌던 것과 달리 이들은 준비되지 않은 상태에서 치열한 생존 경쟁 싸움에 내던져졌다. 최초의 '자본주의 세대'로 일컬어지는 30대 중반~40대 초반의 '신세대'들은 사회에 진출하면서 생존 방식을 체득하기는 했다. 하지만, 선례가 없던 시기에 자기 관리의 기획과 생존의 틀을 만들어 가는 과정이 오늘날의 20대들과 다르지 않았을까? 풍요와 낙관의 1990년대를 보내면서 겪었던 소비와 향유의 낭만들이 한순간에 깨져버리고, 재구조화된 사회·경제 속에서 살아남는 방법을 체득해가면서, 이들의 마음 속에는 뼛속 깊은 불안감이 자리 잡고 있지 않을까?[2]

특히, 이러한 불안감은 어머니의 역할이 가족의 계급적 차별화를 위한 필수 요건으로 규정되는 중산층 가족, 그중에서도 맞벌이 가족의 성인 여성들에서 극대화된다. 이들은 어머니가 자녀 교육 경쟁의 선봉에 서고, 재테크를 통해 가족 구성원들의 경쟁 지원을 위한 자본을 마련하며, 각종 사회적 위험을 관리하고 불안정한 미래를 대비하는 것이 중산층으로서의 계급적 지위를 유지하기 위해 필수적인 요건으로 정의되는 환경에서 젠더화된 역할을 외면할 수 없게 된다. 이들이 어머니 역할을 외면한다는 것은 가족들이 경쟁 사회에서 낙오할지도 모른다는 불안감을 유발하며, 불안정한 노후에 대책 없이 노출되면서 중산층의 대오에서 탈락할

2 이러한 불안의 또 다른 이면은 1990년대를 향한 노스탤지어이다.

수 있다는 두려움을 낳는다. 중산층으로서의 지위를 유지하고, 자녀들에게 자신들이 누려봤던 풍요를 물려주기 위해, 이들은 풀타임 노동자로 살아남아 소득 활동을 해야 하고, 자녀 교육에 집중 투자함으로써 계급 재생산에 성공해야 한다. 또한, 자신들이 청년기를 겪으면서 키워온 소비와 향유에 대한 감수성을 표현하고 갈망하며, 주중에는 집중적으로 일하고, 주말에는 집중적으로 여가를 즐기는 생활을 이어가게 된다.

시간 부족감에 대한 논의들은 좋은 직업을 가진, 맞벌이 가구의 여성, 그중에서도 30대 여성이 가장 시간 부족감과 바쁨을 경험하는 집단임을 밝혀낸 바 있다. 이들 논의는 돌봄노동이 집중되는 여성의 생애주기적 특징, 젠더화된 역할 규범에서 비롯된 이중 부담 등을 들며 유·무급 노동 시간이 길어지는 현상을 이야기했다. 하지만, 좋은 직업을 지닌 맞벌이 가구의 여성들, 그중에서도 한국의 중산층 젊은 여성들이 겪는 고도의 시간 부족감과 바쁨의 경험에는 다양한 신자유주의적 욕망들이 중첩되어 있으며, 그 안에는 극대화된 형태의 세대론적·계급적 불안감이 자리 잡고 있다.

좋은 직업을 가진 중산층의 젊은 기혼 여성들이 내뱉는 "시간이 없다", "바쁘다"는 말은 고된 삶에 대한 탄식 이상의 의미를 가진다. 일터에서의 생존 경쟁은 점점 더 치열해지고, 자녀 양육 및 교육에 대한 사회적 기대가 더더욱 높아지며, 경쟁적·과시적 여가 소비에 대한 '집단 도덕의 강제'가 증대되는 맥락 속에서 이들이 느끼는 시간 부족감과 바쁨의 경험은 신자유주의적 욕망과 물리적 시간 자원 간의 간극에 대한 체감이자, 위기를 겪으면서 가까스로 유지하고 있는 중산층이라는 얄팍한 기득권의 상실에 대한 두려움과 불안감은 아닐까? 역사 속에서 시간에 대한 감수성이 고양되었던 시기가 경제·사회적인 지각 변동이 일어났던 거시적인 변곡점이었던 것을 고려했을 때, 2000년대 한국 사회에서 시간 부족감과 바쁨의 경험이 확산되고 있는 현상, 중산층으로서의 지위를 지켜내기 위해 시간을 쪼개며 살아가는 모습들은 우리가 너무도 쉽게 '신자유주의 사회로의 변화'라고 이야기하는 것 이상으로, 자본주의 사회의 거시적인 변화의 한 지점일는지도 모르겠다.

참고 문헌

강윤정 (2006). 글로벌라이제이션과 젠더: 고학력 여성들의 글로벌 욕망과 불안에 관한 연구(1986-2006). 연세대학교 사회학과 석사 논문.

김문겸 (2002). 자본주의와 여가. 『사회연구』, 4: 11-42.

김민주 (2007). 『앞으로 3년 대한민국 트렌드: 트렌드로 바라본 한국, 한국인의 미래』. 서울: 한스미디어.

김현주 · 이창현 · 박소라 (2002). 주 5일제 실시에 따른 근로자들의 주말 여가 변화. 제1회 여가문화포럼. 한국여가문화학회.

김홍중 (2009). 『마음의 사회학』. 서울: 문학동네.

박기남 (2009). 기혼 취업 여성의 일 · 가족 양립을 위한 시간갈등 연구: 연령계층별, 성역할 태도별 차이를 중심으로. 『한국여성학』, 25(2): 39-71.

박소라 (2003). 주 5일 근무제, 텔레비전의 운명은? 업코리아 주 5일 근무제 특집기사, 6.

박지영 (2013). 가속화 사회의 시간 경험에 대한 연구: 전문직 여성들의 생애시간, 일상적 시간, ICT가 생성한 시간을 중심으로. 서울대학교 언론정보학과 박사 논문.

박혜경 (2010). 신자유주의적 주부 주체화 담론의 계보화: 신문기사를 중심으로. 『한국여성학』, 26(2): 127-158.

배은경 (2007). 경제위기와 젠더 관계의 재편. 정운찬 · 조흥식 엮음, 『외환위기 10년, 한국 사회 얼마나 달라졌나』. 서울: 서울대학교출판부.

서동진 (2009). 『자유의 의지 자기 계발의 의지: 신자유주의 한국 사회에서 자기 계발하는 주체의 탄생』. 서울: 돌베개.

손문금 (2004). 맞벌이 주부의 시간 부족(time famine) 인식. 『여성연구』, 67: 159-197.

오화영 (2005). 2000년대, 현대 한국 사회에서 주부로 살기: 후기 자본주의 사회와 가사노동에 관한 연구. 『아시아여성연구』, 44(2): 167-195.

윤소영 (2002). 주 5일제 실시에 따른 가족 관계의 변화. 제1회 여가문화포럼. 한국여가문화학회.

이범준 (2009). 한국의 자기 계발 담론과 젊은 직장인들의 수용과 실천에 대한 연구. 서울대학교 언론정보학과 박사 논문.

이재경 · 이은아 · 조주은 (2006). 기혼 취업 여성의 일 · 가족생활 변화와 한계: 계층 간 차이를 중심으로. 『한국여성학』, 22(2): 41-77.

이희영 (2010). 섹슈얼리티와 신자유주의적 주체화: 대중 종합여성지의 담론 분석을 중심으로. 『사회와 역사』, 86: 181-217.

전상진 (2008). 자기 계발의 사회학: 대체 우리는 자기 계발 이외에 어떤 대안을 권유할 수 있는가?. 『문화와 사회』, 5: 103-140.

정가영 (2007). 한국의 칙릿 담론에 관한 연구: 재현과 현실 사이의 여성들: 성별화된 자기 계발서와 그 수용자를 중심으로. 2007 후기 한국 사회학 대회. 한국사회학회.

제일기획 (2005). 우리 시대의 미드필더, 2635세대. 제일기획 보고서.

조은 (2010). 젠더 불평등 또는 젠더 패러독스: 신자유주의 통치성과 모성의 정체경제학. 『한국여성학』, 26(1): 69-95.

조주은 (2013). 『기획된 가족: 맞벌이 화이트칼라 여성들은 어떻게 중산층을 기획하는가?』. 서울: 서해문집.

_____ (2008). 압축적 시간성을 통한 '바쁨': 서울지역 중간계급 유배우 취업여성을 중심으로. 『한국여성학』, 24(3): 212-240.

통계청 (2009). 『생활시간조사보고서』.

_____ (2005).『생활시간조사보고서』.

LG경제연구원 (2012). 90년대와 通한 2012년의 복고형 감성코드. LG경제연구원 보고서.

Borscheid, P. (2004). *Das Tempo-Virus*. 두행숙 옮김 (2008). 『템포 바이러스: 인간을 지배한 속도의 문화사』. 서울: 들녘.

Edwards, P. & Wajcman, J. (2005). *The politics of working life*. Oxford: Oxford University Press.

Fagan, C. (2001). The temporal reorganization of employment and the household rhythm of work schedules: the implications for gender and class relations. *American Behavioural Scientist*, 44(7): 1199-1212.

Harvey, D. (1989). *The Condition of Postmodernity: An Enquiry into the Origins of Cultural Change*. 구동회 · 박영민 옮김 (1994). 『포스트모더니티의 조건』. 서울: 한울.

Hochschild, A. R. (1997). *The time bind: When work becomes home & home becomes work*. New York: Metropolitan Books.

Hooyman, J. & Gonyea, J. (1995). *Feminist Perspectives On Caregivings: Policies for Gender Justice*. London: Sage.

McGee, M. (2009). *Self-Help, Inc.: Makeover Culture in American Life*. Oxford: Oxford University Press.

Park, J. (2009). On and Beyond the Margins: Korean Media Discourses on Double-income Families, 1999-2004. paper presented at Inter-Asia

Cultural Typhoon.

Ringrose, J. & Walkerdine, V. (2008). Regulating the Abject: The TV Make-over as site of neo-liberal reinvention toward bourgeois femininity. *Feminist Media Studies*, 8(3): 227-246.

Thompson, E. P. (1967). Time, Work-Discipline, and Industrial Capitalism. *Past and Present*, 38: 56-97.

Schor, J. (1992). *The Overworked American: The Unexpected Decline of Leisure*. New York: Basic Books.

Virilio, P. (2000). *The Information Bomb*(Turner, C. Trans.). New York: Verso(Original Work published 1998).

조선일보 (2006. 5. 2). [맞벌이 탐구] 번만큼 더 써… 신용불량 25%가 맞벌이.

_______ (2005. 4. 13). 재테크 시장에도 강력한 여성 파워.

_______ (2004. 2. 17). 주부들이여, 무거운 장바구니 내려놓고 컴퓨터 앞에 앉자!

_______ (2003. 8. 8). "와! 백화점 음식도 맛깔스럽네" 할인점 등 식품매장 변신 또 변신.

_______ (2003. 7. 29) '엄마젖 먹이기 수기공모' 1등 김경란 씨, "퇴근해 아이 젖 물리면 스트레스가 싹~".

_______ (2003. 6. 24). [김혜경의 살림노트] '집안일 분담' 5단계 작전.

_______ (2003. 6. 10). 이 가족이 사는 법. (6) 김혜장 · 신재정 씨네.

_______ (2003. 4. 22). '돌잔치 노하우' 책내는 채지연 · 배명선 씨.

_______ (2002. 2. 18). "방과후 교실" 아세요? 학습 · 생활지도에서 특기교육까지.

쿠키뉴스 (2013. 3. 20). SKY 전업맘' 아니면 과외도 안 끼워줘?"

파이낸셜 뉴스 (2006. 4. 18). 30대 '키티맘' 지갑을 연다.

한겨레 (2004. 4. 13). 돈관리, 선택 아닌 '필수', 돈 밝히는 여자가 아름다운 이유.
한국일보 (2012. 9. 25). 수험생 · 학부모 "어쩌라고…" 4년제 대입 전형 3186가지 전문가들도 "단순화 필요."

와이프로거의 “조금 다른 궤도”
: 요리, 젠더, 그리고 블로그

이동후

와이프로거의 등장

처음 요리를 시작하던 때를 반추해 보면 나 자신으로서가 아닌 ‘엄마’로서 시작하던 게 사실이다. 아이의 건강을 생각하며 만들던 끼니 요리는 물론이고 집에서 빈번하게 벌어지는 친구들과의 밤샘파티를 준비해 주던 게 좋은 계기가 되었다. ‘어떻게 하면 아이들의 눈에 드는 예쁘고 맛난 것을 만들어 줄 수 있을까?’ ‘어떻게 하면 내 딸 어깨에 힘이 실리도록 도와줄 수 있을까?’ 어떤 요리든 사진만 보고도 척척 만들어낼 수 있는 지금의 내 모습은 이때부터 차근차근 형성되고 있었던 게 아닐까 싶다. 그렇게 딸의 행복을 나의 행복으로 생각하면서 계속 살아갔다면 어땠을까? 여느 엄마들의 모습과 크게 다르지 않았을 거라고 생각한다. 딸과 남편, 그리고 우리 집을 둘러싼 아담한 세계 안에서 알콩달콩 지지고 볶으며 살고 있겠지. 거기에도 나름의 잔잔한 행복이 존재할 것임에 틀림없지만, 지금 나의 인생은 조금 다른 궤도로 올라서 있다.

그 계기는 두말 할 것도 없이 블로그다. 아이의 이름이 아닌 나의 이름을 걸고서, 내 블로그는 오늘도 성황이다. (『우먼파워블로그』 중 '로즈'의 이야기)

와이프로거wifelogger는 와이프wife와 블로거blogger의 합성어로서, 인터넷 사전에 따르면 개인 블로그를 통해 주로 주부 생활과 밀접한 분야의 콘텐츠를 생산하고 공유하는 주부를 일컫는다. 2008년에서 2009년 사이 대중매체나 기업의 마케팅 캠페인을 통해 통용되기 시작한 와이프로거라는 용어는 요리, 인테리어, 리폼, 육아, 교육 등 주부들의 '살림'에 관한 개인적인 경험을 자신의 웹블로그를 통해 공유함으로써 살림 정보와 마케팅 차원에 대중적 영향력을 갖게 된 주부 블로거들을 가리킨다. 한국인터넷진흥원의 인터넷 이용 실태조사에 따르면, 국내 만 3세 이상 인구의 남성 및 여성의 인터넷 비율(1개월 이내 이용자 비율)이 2008년에는 각각 81.6%와 71.5%를 차지했고, 2009년에는 82.4%와 71.9%, 2010년에는 83.2%와 72.4%, 2011년에는 83.4%와 72.5%, 2012년에는 83.6%와 73.2%로 나타났다. 지난 5년간 남성 이용률이 여성 이용률보다 10%가량 높았고, 이러한 격차가 꾸준히 유지되어 왔다. 그런데 이러한 이용률 격차는 직업군을 나눠 볼 때 더 크게 나타난다. 주부의 인터넷 이용률은 2008년 63.4%, 2009년 65.8%, 2010년 66.4%, 2011년 66.3%, 2012년 67.2%로서 해마다 조금씩 늘어나고 있지만, 전문/관리직, 사무직, 학생 등의 거의 100%에 가까운 이용률이나 서비스와 생산직 종사들의 포함한 여타 직장인 이용률 비율(80.3%, 2012년)에 비해 상대적으로 낮다.

이렇게 기술 이용의 측면에서, 그리고 더 나아가 공적 혹은 경제적 측면에서 주변화된 여성 집단 가운데 가정 영역에서의 경험을 가지고 블로그를 운영하는 '와이프로거'라는 사람들이 인터넷 공간 한편을 차지하기 시작했다. 이들은 블로그를 통해 자신의 일상 경험을 드러내고 공유하며 더 나아가 일반인들의 소비와 판매를 돕는 '사이버 판매원'으로 부상했다. 와이프로거라는 명칭 자체가 마케팅 담론 차원에서 이들을 명명하고 호명하는 것에서 출발했지만 이들의 커뮤니케이션 실천은 좀 더 복합적인 의미를 가질 수 있다.

블로그는 시간의 역순으로 최근 글이 가장 먼저 올라오는 '웹상에 기록하는 일지'로서, 글, 이미지, 사운드 등 다중 미디어 양식의 텍스트, 독자의 덧글, 그리고 태그, 트랙백, 링크 등의 기술적 지원으로 구성된다. 이용자들은 블로그를 통해 정보의 생산, 개조, 개작, 혼합, 유포 등에 참여할 수 있다. 자신의 콘텐츠를 만들고 기존 콘텐츠를 브리콜라주bricolage식으로 전유하면서, 소비자로서의 능력을 확장시키고 자신의 필요와 관심사에 대해 능동적으로 말할 수 있는 '생산이용자produser' 혹은 '공동제작자'가 될 수 있다(Bruns, 2007). 블로그의 유형은 다양하여 하나의 틀로 이해될 수 없지만(Bruns & Jabobs, 2006), 가장 대중적인 블로그의 형식은 개인의 이야기를 공적 시선에 노출시키는 개인 일지 형식의 블로그로서, 특히 공적 영역에서 주변화되거나 비가시적이었던 사회적 집단이 자신의 세상사에 대한 관심과 이야기를 표면에 드러내 '공적으로 사적인' 공간을 가질 수 있다.

와이프로거 블로그는 주부가 쓰는 주체가 되어 주로 여성, 아내, 엄마로서의 관심사를 반영하는 다양한 콘텐츠를 전달하고 공유하는 블로그라고 볼 수 있다. 와이프로거는 요리, 양육, 인테리어, 교육, 살림 등에 관한 콘텐츠를 축적해 가고, 이러한 콘텐츠를 통해 방문자들과 사회적 상호작용을 가지며 공적 신뢰를 쌓아갈 수 있다. 이에 따라 출판사와 상품판매업체들은 이들 집단이 갖는 대중적 소구력에 관심을 갖게 되고, 특히 많은 방문자를 가지며 '경험과 정보의 공유와 소통'에 높은 활동성을 보인 소위 주부 '파워블로거'를 주목하게 된다. 이들은 블로그 활동을 통해 소비자 친화적이면서도 기업 친화적인 제품 정보를 직·간접적으로 제공하며 물질적·금전적 보상을 받을 수 있는 기회를 갖게 된다(구혜경 외, 2009; 윤명애 외, 2010; 천경희 외, 2010). 상품 협찬을 받고 공동 구매를 주도하며, 상품의 직접 판매나 간접 광고에 나서기도, 또한 블로그 내용을 책으로 출판하기도 한다.

와이프로거는 블로그 활동을 통해 대중적 명성뿐만 아니라 금전적 이익까지 누리는 일종의 유명인이 될 수 있는 기회를 갖게 된다. 이와 함께 이들의 블로그는 상업적 이익과 사적인 관심사가 타협하거나 긴장 관계를 형성하는 공간이 될 수 있다. 이 글은 이렇게 표면적으로 드러난 현상 뒤에 배경이 되는 기술과 성정체성의 관계를 주목해 보고자 한다. 와이프로거는 블로그 활동을 통해 자기 표현과 사회적 교류의 기회를 갖게 되고, 이러한 주부 개인의 '힘돋우기' 실천이 전통적 성역할의 수행 과정과 맞물리면서 개인 정체성이 재구성될 수 있다. 블로그는 여러 가치 체계의 맥락이 혼존하며 경쟁을 벌이는 '논쟁적 현장contested sites'일 수 있다. 이 글은 특히 요리를 주제로 파워블로거가 주부들의 사례를 살펴보면서, 이러한 커뮤니케이션 실천이 갖는 문화적 함의, 다시 말해 블로그를 통해 아내, 엄마, 소비자, 문화 생산자로서의 역할을 수행하면서 이뤄지는 미시정치적 측면을 주목해 보고자 한다.

블로그의 여성주의 가능성

젠더와 인터넷

젠더는 사회적으로 정의된 성으로서 생물학적 성별에 기초해 남성성과 여성성을 구분하며 그에 적합한 성역할과 성정체성을 갖게 하는 체제를 구축한다. 젠더는 현실 내의 권력 관계를 반영하는 사회적 제도로서 성별 특성이 자아와 타자를 분류하고 정의하는 중요한 수단이 된다(Lorber & Farrell, 1991). 따라서 가부장제 이데올로기나 남녀 간의 권력 관계라는 사회적 · 문화적 요인들과 분리될 수 없다. 사람들은 어렸을 적부터 사회화 과정을 통해 젠더 체계를 내재화시키고 젠더 스테레오타입에 따라 자신의 성정체성을 나타내는 법, 즉 여성다움과 남성다움을 익히게 된다. 현실 세계에서의 젠더는 사람들의 정체성을 파악하는 중요한 범주로서, 성차별적인 권력 관계를 내포하고 있음에도 불구하고 뒤집거나 불투명하게 만드는 것이 쉽지 않다. 버틀러(Butler, 1990/2008)는 이러한 성의 범주가 자연적인 사실이 아닌 정치적 범주로서, 특정 성정체성 규범을 반복적으로 수행되는 과정 속에서 의미화되고 인식되는 것이라고 본다. 젠더가 반복적인 발화發話를 통해 수행된 사회적 구성물이라고 볼 때, 항상 '되어가는' 것이지 결코 완결된 혹은 미리 주어진 것은 아니다. 따라서 그동안 지배적이었던 젠더 규범은 이것의 수행 과정 속의 실천적 해체나 재의미화를 통해 전복될 가능성을 갖게 된다. 이러한 수행적 시각은 블로그의 수행적 성격을 주목하며, 블로거들이 일상생활의 서사를 통해 자기 성정체성을 구체화하고 재의미화하는지를 살펴볼 수 있는 중요한 이론적 근거를 제공한다.

그동안 인터넷에서 이뤄지는 성정체성 표현과 관한 다양한 연구가 있어 왔다(Van Doorn et al., 2007). 이들 연구는 크게 실제 삶의 자아와 온라인 페르소나persona가 불가분의 관계를 갖는다며 보는 시각과 온라인 공간에서 대안적 성정체성 창조 가능성을 주목한 시각으로 나눠볼 수 있다. 특히 후자의 시각은 인터넷 공간의 탈물질성, 익명성, 접근성, 상호연결성 등의 특성 때문에 젠더로 고정된 성정체성 범주에서 벗어난 자아를 연출할 가능성이 있다고 보고 이를 타진해 보았다. 하지만 기술적 가능성만으로 탈젠더적 해방을 현실화시키는 것은 어려워 보였다. "테크놀로지가 젠더 관계의 원천이자 결과"라는 와이즈먼(Wajcman, 2004)의 주장처럼, 인터넷 이용 문화는 젠더 관계를 반영하고 구조화하고 있다(Herring et al., 2004; Doorn et al., 2007). 특히 이 글이 주목하고자 하는 와이프로거의 요리 블로그는 여성의 성역할을 재확인하며 '반복적으로' 수행해 가는 또 다른 현장이 될 수 있다.

요리 + 블로그

근대 사회에서 가정중심성domesticity은 일하는 공간과 안락한 안식처로서의 가정을 분리하며 "가족의 생계를 책임지는 남성과 남편의 내조와 자녀의 돌봄을 책임지는 여성이라는 성별 분업이 구현될 수 있는 물질적 토대가 갖춰진 중간계급의 이념"이 되어 왔다(조주은, 2013: 15). 가정중심성의 개념을 통해 공적 공간은 일터나 직장처럼 사회적으로 필요한 재화를 만들어내는 생산 공간으로, 그리고 사적 공간은 집이라는 장소로 대변되는 가정이나 거주지가 위치한 공간으로 간주되어 왔다. 이와 함께 "공적 남성, 사적 여성", "여성화는 한 인간의 가치를 떨어뜨리는 것"이라는 인식이 오랫동안 자리를 잡아왔다(Elashtain, 1981; Peterson, 2005; 안숙영, 2012, 재인용). 가부장제 이데올로기를 중심으로 사적 영역과 공적 영역이 구분되었고, 여성은 가족의 공간 혹은 출산과 양육의 사적 영역으로 끊임없이 귀속되어 왔다. 조주현(2000)은 한국 사회가 역사적으로 여성을 모성으로 본질화시키며 모자 관계만을 인정하는 제도적 모성을 강화시켜 왔다고 말한다. 가정이라는 사적 공간으로 여성을 주변화시키는 가부장적 사회 지배 구조는 자신의 삶과 정체성을 정의하는 과정에도 영향을 미친다.

여성은 남성의 시선에서 스스로를 타자화시키는 데 익숙해져 왔다. 특히 여성이 가정에서 음식을 준비하는 활동은 가족 구성원을 돌보고 배려하는 여성성을 수행하는 주요 실천 방식으로서 가사노동의 성별 분업과 젠더화된 권력 관계를 반영한다. 드볼트Marjorie De Vault는 돌봄이 "여성 정체성의 중심이 되는 불확정의 공인받지 못한 활동"(De Vault, 1991: 4)이었다고 말한다. 따라서 돌봄을 수행하는 여성은 "알아볼 수 있는 정도로 여성적인"(De Vault, 1991: 149) 행동을 해야 하고, 요리는 이러한 돌봄의 여성성을 수행하는 주된 방식이 된다. 남성에게 요리는 의무가 아닌 가족에게 서비스를 베푸는 이벤트가 될 수 있지만, 식사 준비를 소홀히 하는 여성은 "제대로 여성적이지" 못하다고 비춰진다. 전통적으로 부엌은 여성적 행위와 남성적 행위가 극명하게 구분되는 젠더화된 공간으로서, 여기서의 음식 준비는 여성의 정체성을 규정해 왔던 비생산적 활동의 일환으로 인식된다. 자본주의 가부장제하에서 자녀 양육과 음식 만들기와 같은 여성의 가사노동은 사랑의 행위로 이상화되고 따라서 대가를 지불하지 않아도 되는 무보수 노동으로 정당화되어 왔다(Mies & Bennholdt-Thomsen, 1999/2013). 이러한 가사노동은 가족을 돌보기 위한 의무이자 자신의 여성성을 발현하는 활동이고, 또한 '일'로서 가치를 인정받지 못한 비가시적인 노동이었다.

그런데 신자유주의 후기 근대 사회에 접어들면서 여성은 어머니이자 아내로서 가족을 정서적으로 지지하고 돌보고, 관리까지 하는 감정관리자 역할을 담당하게 되고, 더 나아가 가족과 합목적적인 관계를 맺는 가정관리자로서의 모습이 나타나게 된다(조주은, 2013). 또한 전업 주부라는 비취업 기혼 여성의 경험과 위치가 더 이상 가사 전담자이자 부불不拂 노동자라는 개념으로 단일하게 재현할 수 없게 된다(박혜경, 2008). 그러면서 가사 활동의 가치에 대한 인식이 재구성되고, 이것의 가치가 어떤 땐 가족 웰빙과 사회 안녕을 위한 핵심 노동으로 평가 절상되기도 하고, 또 어떤 때는 외주화시켜 대체해버릴 수 있는 사소한 노동으로 폄하되기도 한다. 가치 절상과 폄하의 양 극단을 오가며 모호하게 의미 부여되는 현재의 가사노동은 젠더 체계를 재생산하는 동시에 변화가 일어나는 핵심적인 현장이 되고 있다.

블로그 활동은 가사 활동이 의미화될 수 있는 맥락을 인터넷 공간으로 확장시킨다. 와이프로거의 요리 블로그는 부엌에서 체득한 자신의 요리법을 블로그 텍스트로 만들어 공개하면서 자기 표현의 수단으로 삼고 이를 통해 가사노동의 주변성을 극복하며 가사노동의 가치를 재발견할 수 있다. 살보(Salvo, 2012)는 음식 블로그를 운영하는 주부들이 일종의 "자기 부엌에서 일하는 작가들"로서, 포스트모던 페미니즘 시대에 음식 준비 작업과 가사노동을 좀 더 공적이고 보상받는 것으로 만들려는 욕망, 그리고 서로 함께함에 목말라하는 여성 사이의 관용적이고 믿을 만한 친교성을 계발하려는 욕망에 충실하다고 말한다. 그는 이러한 블로그가 성차별은 이미 지나간 과거라고 말하면서도 역설적으로 이성애주의적 과거 시대로부터 이상적인 남녀 관계 이미지를 빌려오고 자연스러운 성차 개념을 부활시키는 포스트페미니즘적 감수성을 반영하고 있다고 본다. 하지만 다른 한편으로는 가정의 노동을 공적 세계의 노동과 결합시킴으로써 공적인 것과 사적인 영역의 분리 방식에 균열을 가할 수 있다고 보았다. 여성에게 음식 준비는 "사교 행위 혹은 젠더 특유의 창의적 표현 행위"일 수 있고(Williams-Forson, 2010: 455), 그러면서도 하나의 틀로 이해할 수 없는 '차이'나는 젠더 규범의 실천이자 국가, 인종, 계급, 성정체성 등이 긴밀하게 뒤엉키는 현장일 수 있다(Avakian & Haber, 2005).

와이프로거는 자신의 가정 내 사적 경험을 공적으로 표현하고 이를 통해 가정 밖의 새로운 정체성과 사회적 위치를 부여받는 기회를 가질 수 있다. 블로그 활동을 통해 공적인 영역에 참여하고 공적으로 인정받음으로써 개인으로서의 자율성을 갖고 스스로 자존감을 갖는 '힘돋우기 empowerment'를 할 수 있게 된다. 또한 임금노동 위주의 가부장제 자본주의 체제에서 간과된 가사노동의 가치를 재발견할 수 있다. 그뿐만 아니라 이들이 들려주는 '가정중심성에 대한 불편함의 서사', 예를 들어 외로움, 집 밖에서의 삶에 대한 부러움, 아이 키우기의 피곤함, 가사노동의 요구에 대한 불만 등이 공적 담론에 포함되면서 고정된 성정체성과 젠더화된 가정중심성에 저항의 목소리를 낼 수 있다. 블로그를 통해 여성이 딸(처녀성)과 어머니(모성)로 환원되지 않는 여성의 공간을 확보하며 여성의 언어와 재현 체계를 마련해 볼 수 있고(Irigaray, 1993), 성차별적으로 제도화된 사적 · 공적 영역의 숨겨진 가정들을 여성의 목소리(The Personal Narratives Group, 1989)로 들려줄 수 있다. 그러나 다른 한편으로는 블로그 활동으로 가질 수 있는 자신의 공적인 힘을 성별 분업에 충실한 가정적인 것에 국한시킴으로써 전통적 젠더 질서를 재생산할 수 있다. 더 나아가 집안일을 잘하고 이러한 자기 경험을 부지런히 공적 영역에 알리며 사회적 · 경제적 보상까지 받는 주부의 모습은 다중적 주체로 살아가도록 요구하는 지금 시대에 발맞춰 확장된 여성성의 수행일 수 있다(Carlson, 2011). 공유와 소통을 위한 주부들의 블로그 활동이 신자유주의 자본경제 체제에서 확장된 값싼 혹은 무보수 노동의 한 형태로서, 주부로서의 경쟁력을 보여주는 또 다른 지표 역할을 할 수 있다.

이 글에서는 와이프로거들이 블로깅이라는 커뮤니케이션의 실천을 통해 어떻게 개인의 성정체성을 수행하고 만들어 가는지를 살펴보고자 한다. 특히 요리 블로그 텍스트에 가사노동과 젠더화된 정체성이 의미화되는 방식을 살펴보면서 이러한 커뮤니케이션의 실천이 갖는 문화적 의미

〈표 1〉 와이프로그의 사례

블로그명	사이트 주소
1. 리즈쿡 잠꾸러기 이현주 블로그	http://blog.naver.com/cooklhj
2. 로즈 월드	blog.naver.com/julie7000
3. 또띠랑의 푸드톡톡	http://blog.naver.com/sakwanamu
4. 국산마늘의 일상생활	http://blog.naver.com/sakwanamu
5. 배꽃의 소박한 밥상 이야기	http://blog.naver.com/phpnet
6. 다소마미가 차려주는 맛있는 오늘 요리	http://blog.naver.com/dasomammy
7. 두리마미의 살림재미	http://blog.naver.com/doorimami
8. 배고픈 맘의 행복 레시피	http://blog.naver.com/0807twins
9. 늘뫼별마지 이야기	http://blog.naver.com/lemonjin7088
10. 둥이맘 문성실의 이야기가 있는 밥상	http://blog.naver.com/shriya
11. 상휘맘의 따뜻한 밥상이야기	http://blog.naver.com/heeju001
12. 요안나의 행복이 팍팍	http://blog.naver.com/hyleeyan
13. 러브체인의 맛있는 이야기	http://blog.naver.com/teaser1
14. 예예의 참살이 푸드 뱅크	http://blog.naver.com/yeye3377

를 논의해 보고자 한다. 일반론이 아닌 좀 더 구체적인 논의를 위해 2008년 이후 네이버 포털 사이트 요리 부분의 파워 블로그가 선정되었고 '주부'임을 공개적으로 드러낸 총 14개의 와이프로그의 게시글을 사례로 삼아보았다(〈표 1〉 참조). 2013년 5월에 게시된 요리법 소개글과 이에 달린 덧글을 대상으로 이들 텍스트의 서사 구조, 자기 표현의 형식과 내용, 그리고 서술자로서의 와이프로거가 독자와 사회적 상호작용의 방식 등을 살펴보았다. 이 글은 특정한 이론적 가정에서, 예를 들어 이들 블로그 텍스트가 젠더 규범을 재생산(강화나 되찾기 등)하고 있다, 혹은 젠더 체계에 대해 저항(부정과 재구축 등)하고 있다 식의 가정에서 출발하기보다는,

이들 텍스트 사례 속에서 발견되는 성정체성이 의미화되는 동학을 미시적으로 관찰해 보고자 했다. 여성들이 사적 영역과 공적 영역의 사이에서, 상품 판매인과 장보는 살림꾼의 사이에서, 미디어 제작자와 소비자의 사이에서, 요리전문가와 가정주부의 사이, 개인주의와 가정중심주의의 사이에서 어떻게 자기 정체성을 재현해 나가는지를 보면서 이것이 갖는 함의를 생각해 보고자 했다.

블로그의 형식: 구술적 성격과 미학적 시각주의

와이프로거는 인터넷 공간에 연결된 다수를 대상으로 정보를 전달하는 대중 소통자mass communicator가 되어 자신의 경험을 공적으로 표현할 수 있는 기회를 갖게 된다. 불특정 다수의 수용자를 대상으로 자신의 이야기나 요리법을 담은 텍스트를 게시하며 자아 표현을 하고 저자로서의 지위를 가질 수 있게 된 것이다. 이 글에서 사례로 살펴본 와이프로거의 요리 블로그는 포털 사이트에서 제공하는 블로그 사이트의 웹 페이지 양식의 구성에 따라 첫 페이지는 사이트의 이름, 간단한 자기 프로필, 게시글로 이어지는 목록이나 카테고리, 최신 순으로 게재된 게시글의 일부와 사진들, 최신 덧글, 파워블로거로서의 경력이나 이웃 혹은 방문자 수, 블로그 활동 내역, 광고나 사이트 관련 링크 등이 담겨져 있다. 그리고 목록에 있는 게시글로 들어가 보면 요리법을 담은 본문, 관련 페이지 링크, 태그, 광고, 목록의 다른 게시글 제목, 덧글과 공감, 덧글쓰기란 등으로 이어진다. 블로그의 기본적인 구성 요소는 비슷하지만, 블로거들은 블로그의 제목, 게시글의 주제와 소재들, 그리고 언어적 표현과 이미지 등을 자기 나름대로 꾸미고 선택하고 묘사하고 공유함으로써 자아를 표출한다. 이들은 글과 이미지 등 다중 미디어 양식의 텍스트를 생산하는 포괄적 의미의 '쓰기' 행위, 그리고 네트워크로 연결된 수용자와 느낌과 생각을 공유하는 상호작용을 통해 블로거로서의 정체성을 묘사하고 구축해 간다.

이 글이 사례로 삼은 블로그는 요리법을 담은 텍스트를 주로 게시하는 와이프로거의 요리 블로그들이다. 요리법은 어떻게 요리를 만드는지를 설명한 텍스트로서, 텍스트 형식, 커뮤니케이션 상황, 텍스트 기능, 텍스트 내용 등에서 여타의 텍스트와 구분이 될 수 있다(Dimter, 1985). 다시 말해, 문장 대부분이 주어가 없고, 텍스트의 발화자와 수신자가 서로 다른 시간과 장소에서 커뮤니케이션을 하며, 요리 만들기에 관한 정보를 제공하는 목적을 갖고 있고, 내용은 늘 음식 준비에 관련되어 있다. 그런데 이러한 요리법 텍스트가 블로그란 인터넷 커뮤니케이션 형식으로 매개되면서 텍스트의 특성에 변화가 생긴다. 요리 블로그 텍스트는 글과 이미지의 다중 미디어 양식으로 작성되어 널리 유포될 수 있기 때문에, 어떤 재료를 어떻게 한다 식의 간단한 조리법 설명 외에 음식 만들기의 배경을 담은 개인 이야기나 홍보 메시지를 담아낼 수 있고, 링크를 통해 또 다른 주제의 텍스트와 공존하며 상호 연결될 수 있다. 텍스트의 확장이 손쉽게 이뤄지는 것이다. 또한 커뮤니케이션 상황도 독백식으로 요리법을 서술하고 전달하는 데 머무는 것이 아니라 덧글을 통해 수용자와의 비동시적 혹은 동시에 가까운 사회적 상호작용을 할 수 있다. 또 텍스트의 기능이나 내용이 요리법 정보를 제공하는 것 외에, 자기 표현, 일상의 이야기 공유, 혹은 마케팅 정보 제공과 같이 서로 다른 의도의 내용을 포함시킬 수 있다.

사적 영역에서 입에서 입으로 전수되거나 교육기관이나 요리책을 통해 표준화된 형태로 유포되던 조리법이 와이프로거의 요리 블로그를 통해 다중 미디어 양식의 텍스트로 표현되고 업데이트된 순서대로 유포되어 대중적 반응을 즉각 확인할 수 있게 된다. 인터넷 커뮤니케이션의 다중 양식성과 연결성에 기반을 둔 요리 블로그 텍스트는 구술口述 커뮤니케이션에 더 가까이 다가간 대화체의 수사적 표현을 구사하면서도 시각 중심의 미학을 추구한다. 사례에서 살펴본 블로그 텍스트는 대부분 요리하게 된 배경을 설명하는 소개글로 시작하여 완성된 요리 사진, 요리 재료의 소개, 요리 준비 과정, 조리 과정, 요리의 완성과 세팅 등의 순으로 서사가 구성되어 있다. 텍스트는 인터넷으로 연결된 '상상의' 수용자를 대상으로 마치 앞에 사람을 두고 이야기하듯이 대화체로 전개된다. 텍스트의 시작과 끝은 "오늘은 ○○를 해볼 생각입니다. ○○ 해보시는게 어떤가요"라는 친절한 권유나 제안으로 이뤄진다. "ㅋㅋㅋ", "ㅎㅎㅎ", "~^^*" 등 개인의 감정과 비언어적 커뮤니케이션 요소를 드러내는 비공식적 통신 용어들이 종종 등장하고, 요리 행위의 성격(예: "후다닥"), 음식의 맛(예: "느끼하지 않은", "쌉싸레한")이나 질감(예: "아삭아삭한", "촉촉한") 등 행위와 감각을 묘사하는 부사와 형용사들이 많이 사용되며, 요리를 표현하는 정형구(예: "새콤달콤 아삭하고 상큼한 피클", "촉촉하고 목넘김이 좋은 꿀꺽꿀꺽 덮밥", "쫀득쫀득 건강한 우리 반찬 무말랭이볶음")가 자주 등장한다. 텍스트를 통해 요리라는 신체적이고 통감각적인 활동을 이야기하고 더 나아가 자아를 연출해야 한다는 점, 그리고 비가시적 '상상의' 수용자의 반응을 확인할 수 있고 텍스트를 매개로 상호 교류할 수 있는 점 등으로 텍스트는 구술 커뮤니케이션의 요소를 일정 정도 담게 된다. 이 점이 기존의 요리책 텍스트와 차별화되는 지점일 수 있다. 그리고 무엇보다 사진이 텍스트의 중요한 구성 요소로서 요리의 모든 과정을 시각적으로 전달하는 중요한 역할을 담당한다. 지면의 제약 없이 상세하게 그리고 세련된 방식으로 요리 과정을 시각화함으로써 요리법에 대한 일반인들의 접근성을 높이고 있다.

음식 재료의 소개, 재료를 다루는 방법, 조리의 과정, 예쁜 그릇에 담아 최종적으로 세팅하기까지 모든 단계의 과정이 사진으로 상세히 소개되고, 완성된 요리는 다양한 각도와 배경을 가진 여러 장의 사진으로 게시된다. 모든 사진을 클로즈업으로 찍어 모든 조리 과정을 단계별로 상세하게 이해할 수 있도록 해주고, 동시에 '입으로뿐만 아니라 눈으로도 맛있어 보이는' 음식의 이미지를 만들어낸다. 사진은 텍스트의 내용을 시각적으로 제공할 뿐만 아니라 텍스트에 대한 관심을 불러일으키며 감각적으로 소구하는 역할을 담당한다. 요리 블로그에서는 요리법에 대한 정보만큼이나 요리를 멋있게 보이게 준비하는 것이 중요하다. 사진이 저자의 요리 솜씨를 전시하고 저자의 노하우와 스타일을 표현하는 수단이 되면서, 더 나아가 대중적 인기와 신뢰를 얻는 근거가 되며, 저자들은 "잡지에서 보던 그런 느낌"의 사진을 찍을 수 있는 능숙한 촬영 기술을 습득하려고 한다. 블로거 '예예'는 이러한 사진 언어를 습득하는 과정을 다음과 같이 언급한다(강지연, 2009: 121).

> 내가 처음으로 블로그라는 걸 시작하던 순간을 돌이켜보면 피식 웃음이 나온다. 나는 요리에도 사진에도 전혀 재주가 없었다. 어디서 본 건 있어서 요리하는 과정이나 일상의 풍경들을 찍어다 올리긴 했어도 작품성은 정말 처참할 정도로 결여돼 있었다. …… 그러다 조금만 더 예쁜 사진을 찍고 싶어서 한 걸음을 올랐고 유명한 블로그에 올라온 것처럼 멋진 요리를 만들고 싶어서 다음 계단으로 올라섰다. …… 거짓말처럼 내 블로그가 모든 네티즌에게 소개되는 꿈 같은 일이 일어나는 식이었다.

요리를 통해, 그리고 이것을 전시하는 시각적 소구력을 갖는 사진을 통해 일상에서의 가정 요리는 시각적으로도 보기 좋은 음식으로 가시화된다. 블로거가 자신의 요리 과정을 직접 찍기에 몸을 이용한 조리 행위 자체나 신체적 경험은 이미지에 암시될 뿐 보이지 않는다. 그리고 음식 자체에 포커스를 맞추고 음식 외의 배경은 프레임 바깥에 둠으로써, 요리를 준비하고 조리하는 노동 자체, 개인의 일상적 가사노동이 이뤄지는 부엌 공간 전체의 이미지, 재료를 다듬고 음식물 쓰레기를 정리하고 청소하고 설거지하는 등의 부엌 노동 일반, 가사노동의 어려움과 고단함 등이 생략된다. 대신 요리의 이상적인 이미지를 카메라에 담음으로써 일상의 음식을 특별한 음식으로 보이게 하는 효과를 가질 수 있다. 저자의 미학적 감각이 강조되고, 이러한 이미지는 개인의 스타일을 발현하는 중요한 매개체가 된다. 하루 세 끼를 해결하기 위한 가사 역할을 수행하면서 얻은 노하우를 가지고 시각적인 텍스트를 만들고 이를 통해 자신의 능력과 스타일을 표현하면서 와이프로거는 사적 영역에서 사회적으로 평가 절하된 가사 활동을 세련된 방식으로 가시화시킬 수 있고, 그것의 창의성을 사회적으로 소통하고 인정받을 수 있는 기회를 갖게 된다. 일본의 도시락 블로그를 연구한 세도나(Seddona, 2011)는 일본의 도시락 블로그가 가정 주부의 젠더화된 가사일 뿐만 아니라 개인의 창의적 표현을 매개하고 수행하는 공간이 되었다고 말한다. 엄마의 도시락 준비 행위는 사회적으로 그리고 상업주의적으로 정의된 엄마 노릇을 수행하는 것이지만, 이것을 통해 창조적인 표현을 하고 도시락을 먹는 아이의 경험을 미학적 사건으로 고양시키고 있다고 보았다. 블로그를 통해 표현된 창의적 스타일은 개인의 공적 이미지를 구축하고 요리책 계약과 같은 사회적 보상으로 이어질 수 있다.

이 글이 사례로 살펴본 블로거들은 모두 가정주부 혹은 아내이자 엄마임을 프로필 전면에 내세우고 블로그 텍스트 내용도 주로 가정 요리법을 소개하는 데 초점을 맞춘다. 오이소박이, 열무김치, 겉절이와 같은 김치류에서부터 콩나물무침, 감자조림, 마늘쫑볶음 등의 밑반찬에 이르기까지 가정 식탁에서 손쉽게 접했을 법한 음식들이 많이 다뤄진다. 물론 때에 따라선 레스토랑에서 먹는 외식 요리를 가정 식탁에 소개하기도 하지만, 기본적으로 가정 요리를 다룬다. 집에서 흔하게 먹지만 막상 만들려면 요리 노하우에 관한 도움이 필요한 요리들을 다루면서 오히려 블로거들은 자신의 개성과 노하우를 발휘할 수 있는 기회를 얻게 된다. 같은 오이소박이라고 하더라도 블로거들마다 자신의 취향과 입맛에 따라 조금씩 조리 방식이 다르고, 같은 마늘쫑볶음을 하더라도 양념이나 첨가 식재료를 달리하면서 다른 맛과 모양의 반찬을 만들 수 있다. 또한 이들은 자신만의 미학적 감각을 드러내는 그릇이나 테이블 세팅을 통해 음식을 전시하고 이를 카메라 샷에 '작품성' 있게 담아낸다. 요리하는 주체의 성격에 따라 음식을 다루고 준비하고 차리고 소비하는 과정이 달라지고 또한 그것에 부여하는 의미도 조금씩 차이를 갖는다. 와이프로거는 요리법 내용의 디테일과 전시 방식을 통해 개인의 창의적인 아이디어나 스타일을 드러낸다. 일상의 요리 활동은 "어떻게 특정 실천적 요소를 강조하느냐" 혹은 "이미 받아들여지고 허용되고 만들어진 기법을 찾아 돌아다니며 개인적 방식으로 만드느냐에 따라"(Giard, 1998: 156) 자신만의 스타일을 만들어낼 수 있고, 블로깅 활동은 이러한 개인의 스타일을 공적으로 실험해 보이고 가시화하고 있다.

가정 요리의 재맥락화

전통적 젠더 체계에서 주부가 음식을 준비하는 것은 가족을 위한 의무이자 돌봄과 배려의 여성성을 수행하는 실천 행위이다. 음식은 엄마의 정성과 사랑을 표현하는 대상으로 가치가 부여되어 왔고, 어떤 음식을 만들고 차릴지를 선택하는 주체는 주부이나 이러한 선택 과정에선 늘 가족의 건강과 식성에 대한 고려가 우선되어 왔다. 가족을 위한 음식 준비를 당연하게 받아들이고 실천하는 행위를 통해 젠더화된 성역할 체계가 유지되었다고 볼 수 있다. 요리법을 소개하는 와이프로거의 블로그 텍스트는 주로 해당 식재료나 요리를 선택하게 된 배경 설명에서 출발한다. 그리고 이러한 선택의 배경에 가족의 입맛과 영양을 생각하는 자신의 마음이나 주부들의 고민을 담아내곤 한다. "동네 마트에 갔더니 살코기가 많이 붙어 있는 돼지 등뼈가 눈에 콕! 갑자기 우리집 남자들이 생각나더라구요." "아이들도 참 좋아할 만한 반찬으로 감자조림만한 게 없는 것 같아요" 등 가족을 먼저 생각하며 음식을 준비하는 주부의 모습을 요리 행위의 전제로 삼는다. 또한 음식의 가치도 단순히 음식 자체가 맛있고 영양이 풍부하다는 데에서 나오는 것이 아니라 집에서 정성껏 준비한 엄마표 음식이라는 점, 그리고 가족들의 반응이 좋다는 점에서 발견된다. "남편이 폭풍 흡입하고 있고," "식구들이 참 좋아하고," "아이들이 뚝딱 해치울 때" 신이 나고, 음식의 가치를 주장할 수 있게 된다. 가족을 위한 음식을 만들고, 음식에 담긴 엄마의 노력과 정성을 강조하며, 가족의 만족도로 음식의 가치를 평가하면서, 여성 스스로 가사노동에 관한 젠더화된 이데올로기 재생산에 참여한다.

와이프로거들은 요리의 가정적 가치를 강조하면서 동시에 여타의 가치들과 타협을 해나간다. 예를 들어, 이들은 종종 자신의 요리법이 무엇보다 많은 시간과 수고를 쏟아야 하는 요리 노동의 부담을 덜어주는 '초간단' 방법이라는 점을 내세우고 있다. 매일 반복적으로 가사노동을 해야 하는 주부들, 특히 직장에 다니면서도 가사노동의 부담이 줄지 않는 직장 주부들을 위해, '돌봄'의 가치를 수행하면서도 시간 부족의 문제에 효율적으로 대처할 수 있는 대안적 요리법을 소개하고 있는 것이다. 늘 무얼 먹을까를 고민해야 하고 시간에 쫓기는 주부들을 위한 간단하게 만들 수 있고 두고두고 먹을 수 있는 반찬은 '정성'과 '시간의 효율성'이라는 두 가지 가치를 동시에 만족시키는 해결책을 제시한다. 또한 가정 요리를 통해 낭비하지 않고 알뜰하게 살림하며 경제적인 가치를 추구하기도 한다. 유명 맛집에 가야만, 혹은 외식을 하며 비싼 돈을 지불해야만 먹을 수 있는 요리를 가정 식탁 위에 올릴 수 있도록 요리법을 제시함으로써, 외식의 맛과 이미지를 가져오면서도 저렴하게 그리고 풍성하게 즐길 수 있는 대안적 소비 방식을 제안한다. 이 밖에 냉장고에 남은 식재료를 활용하여 새로운 음식을 만들어내는 임기응변적 실용성이나 친환경적 식재료를 선택하는 친환경주의 등이 고려된다. 기본적으로 요리의 목적이 주로 가족을 돌보고 배려하는 데서 출발하기에 집에서 만든 음식은 사랑과 정성이 가득하고 경제적으로나 정서적으로나 가치가 있다고 본다. 그러면서 가정 요리의 가치에 간편성, 편리성, 경제적 소비주의, 실용성, 친환경주의 등의 가치가 포함되는 것이다.

한편 와이프로거는 블로그 활동을 통해 가족의 돌보미로서의 사회적 지위를 유지하면서도 개인을 표현할 수 있는 기회를 갖게 된다. 음식을 만드는 행위가 일차적으로 자신의 성역할을 충실히 수행하는 것일 수 있지만, 블로그에 올려 자신을 표현하고 자신의 노력에 대한 인정을 받는 데서 또 다른 가치를 발견하게 된다. 일상적인 음식 준비는 반복적으로 이뤄지지만 상황과 필요성에 따라 요리 방식을 수정하고 재해석할 필요가 있는 도전적인 일이다. 제철 식재료에 따라, 냉장고에 있는 식재료에 따라, 각기 다른 식구들의 입맛에 따라, 시간 부족과 경제적인 상황을 고려하여, "조금 다르게 만들어 보고자 하는" 개인의 창의적 욕망에 따라 개인의 능력을 발휘할 수 있다. 이러한 능력이 블로그를 통해 공적으로 가시화되고 그 가치를 인정받으면서, 와이프로거는 그냥 주부가 아닌 가정요리를 수정하고 재해석하는 탁월한 능력을 가진 개인의 정체성을 가질 수 있다.

> 요리를 좋아하는 평범한 주부. 큰아이 수험생 시절 도시락을 싸고 간식을 마련하던 중 갑자기 증거를 남겨야겠다는 생각이 들더라구요. 살림만 하는 주부들의 일이 다 그렇듯 집안일이라는 것이 대부분 표시가 나지 않잖아요. 어느 날 나만의 공간을 마련하여 나의 흔적을 간직해 두어야겠다는 생각에 블로그를 열었어요. …… 나의 솜씨들과 여행 이야기들을 기록해 두는 공간이었는데 지금은 많은 분의 사랑을 얻어 2011년 파워블로그가 되었네요. 더 많은 요리 이야기와 다양한 정보를 공유할 수 있는 곳, 많은 분들과 교감할 수 있는 공간으로 만들도록 노력하겠습니다.('국산마늘의 일상생활')

가정주부로서 일상적으로 수행했던 음식 만들기가 블로그를 통해 전시되면서 자신의 사회적 가치를 확인하고 확장해 가는 문화적 자본 역할을 하게 된다. 또한 블로그 텍스트는 단순히 요리의 노하우를 제공할 뿐만 아니라 개인의 삶, 경험, 느낌, 욕구 등을 드러내고 공유하는 장이 되고 있다. 음식 준비가 엄마나 아내라는 전통적 성역할을 수행하는 일임을 전제로 하고 있지만, 음식이 가족을 위한 것일 뿐만 아니라 나의 욕구와 '만족감'을 위한 것임을 감추지 않는다. 가족의 요구를 수용하고 구성원들의 개별 음식 선호도를 배려하는 '순종적' 여성이면서도 자신의 요구를 희생하지는 않는다. 가끔은 자신을 위한 요리 행위임을 전면에 내세우며 요리법을 공개하기도 한다. 젠더 체계에 따른 주부 이미지를 유지하면서 자신의 욕망과 자아감을 표현하고 있다.

요즘 날씨가 참 좋아서 가까운 곳으로 봄소풍 떠나시는 분들 많으시죠? 어제는 등산을 갔더니 가족 단위로 어찌나 사람들이 많던지. …… 이런 나들이에 빠질 수 없는 게 하나 있는 것 같아요~ 바로 봄소풍 도시락인데요. 가족을 위해~ 나를 위해. ('또띠랑'의 봄소풍 도시락)

바쁜 일상 속에서 차를 마시는 잠깐의 티타임 시간. 오늘은 저를 위한 모카모닝빵을 만들었는데요. 커피향 은은한 어떤 종류의 모카빵도 좋아라 하는 저인지라. 가끔은 저만의 빵을 굽기도 한답니다~ ㅎㅎ ('예예'의 모카모닝빵)

저두 이제 나이가 드니 라면보다 파스타가 더 좋아지네요. 아주아주 쉽게 만들 수 있지요. 혼자 먹는 점심에 우울해진다면 나를 위해 명란젓 오일파스타에 꼭 도전해 보세요. ('다소마미'의 명란젓 오일파스타)

또한 블로그를 통해 덧글을 남기거나 이웃을 맺은 다른 이들과의 사회적 상호작용이나 정서적 교류는 이들의 자기 표현과 창의적 가정 요리 개발에 든든한 힘이 된다. 전통적으로 음식 만들기는 여성들에게 주어진 의무이자 여성 간의 공동체적 교류와 나눔을 가질 수 있는 기회를 제공해 왔는데, 요리 블로그는 또 다른 형식의 교류와 나눔을 가능하게 한다. 비록 '덧글'과 '이웃'이라는 미디어 형식에 의해 혹은 '이벤트'라는 상업주의적 기획에 의해 제한적인 방식으로 교류가 이뤄지지만, 보이지 않는 가상 블로그 수용자의 반응은 와이프로거들이 블로그 텍스트를 지속적으로 쓰고 올리는 데 중요한 원동력이 되고 있다. 음식 준비는 가족과 자기 자신 그리고 더 나아가 보이지 않는 네트워크 수용자 혹은 '이웃'의 기대에 부응하기 위한 것으로서, 다양한 맥락에 놓이게 된다. 와이프로거는 주부가 가족을 위한 음식 준비를 책임져야 한다는 기대를 만족시키면서도 요리 블로그 활동을 통해 개인의 경험을 드러내며 자아감과 성취감을 느낄 수 있게 된다.

영국에서 가정 요리 프로그램을 진행하는 나이젤라 로슨Nigella L. Lawson의 사례를 연구한 할로(Hollow, 2003a)는 그녀가 타인을 즐겁게 해주기 위한 요리가 아니라 스스로의 요리하고 먹는 즐거움을 느낄 수 있는 모습을 제공하면서 여성주의자와 가정주부의 극단적 이미지 사이에서 타협하는 일종의 '포스트페미니스트' 요리사 이미지를 만들고 있다고 말한다. 한편으로는 가정 요리의 가치를 강조하고 다른 한편으로는 가사일을 개인의 선택과 자유의 문제 그리고 즐거움의 대상으로 만들면서, 가정 요리를 '미학화美學化된 레저 활동'으로 제시하고 있다고 주장한다. 반면 '네이키드 셰프Naked Chef'의 제이미 올리버Jamie Oliver는 여성성과 타협하는 남성 전문 요리사의 이미지를 구축하며 요리 행위를 '쿨한' 남성의 창의적 레저 활동으로서 바라보고 있다고 말한다(Hollow, 2003b). 요리 행위의 자기 만족감과 즐거움이 강조되면서 가정 요리는 전통적인 가사노동의 의미에서 해방된 '미학화된 레저 활동'의 이미지를 가질 수 있다. 여기서 개인의 즐거움은 일과 레저를 구분하는 중요한 기준이 되고 있다. 와이프로거들은 스스로 요리하기를 좋아한다고 밝히며 요리의 즐거움과 충족감을 역설하고 있기에, 블로그를 통해 재현하는 이들의 요리 행위는 의무로서의 전통적인 가사노동의 의미와 어느 정도 거리를 가질 수 있다. 하지만 그렇다고 젠더화된 가사노동에서 벗어난 창의적인 레저 활동의 의미를 갖는지는 의문이다. 이들에게 요리는 선택의 문제가 아닌 주어진 현실이고, 이들의 창의성은 주부가 일상에서 부딪히는 현실적 문제들, 예를 들어, 시간 부족이나 매끼를 준비해야 한다는 스트레스, 알뜰하게 살림살이를 해야 한다는 압박감, 주부의 고단함과 우울함 등을 다루는 데서 나온다. 그러면서도 자신의 가사 활동을 미학적으로 전시하고 이를 통해 자기 만족, 공적인 인정, 사회적 교류와 교감 등을 얻고자 하는 욕망을 추구한다. 이들의 요리 활동은 즐거울 만한 놀이나 파티 혹은 기념 행사를 위한 '특별한 사건'이 아니라 일상의 일부이고, 이러한 반복적 일상의 노동이 오히려 외부의 공감과 사회적 교류를 할 수 있는 자원이 된다.

경계 허물기

사적 영역의 공적 가시화

와이프로거의 요리 블로그 활동은 기존의 사회적 경계를 허무는 문화적 실천이 되고 있다. 우선 전통적인 의미의 사적 영역과 공적 영역의 경계, 특히 젠더화된 공간으로서의 부엌에서 이뤄지는 가사노동이 자아를 표현하는 자원이 되고 블로그를 통해 공적으로 가시화된다. 사적 영역에서 이뤄져 비가시적이고 사회적으로 인정받지 못했던 주부의 음식 준비가 블로그 텍스트를 통해 인터넷상의 '가상의' 수용자에게 전시되고, 사적 영역으로 제한되었던 개인의 경험적 노하우는 사회적 가치를 갖게 된다. 음식 준비를 하면서 보이지 않는 타인과 연결되었다는 느낌을 가질 수 있고, 부엌은 가정 내에서 가족의 돌봄을 수행하는 공간일 뿐만 아니라 많은 사람과 공유할 수 있는 요리법을 실험하고 개발하는 생산의 공간일 수 있다. 펠스키(Felski, 2000: 86)는 근대 사회에서 가정이 "여성성, 익숙함, 답답함, 정체" 등의 의미를 갖지만, 이러한 일상의 공간은 여성의 노력과 노동을 통해 '익숙함'이 만들어지는 능동적 실천의 장소라고 말한다. 가정은 반복적 일과가 이뤄지는 정체된 장소가 아니라 삶의 정동을 느끼고 새로운 실천이 이뤄지는 역동적인 장소일 수 있다. 블로깅이라는 쓰기 행위를 통해 가정 영역 내에서 일상적 가사노동이 삶의 능력으로 의미화되고 행위 주체로서 여성의 실천이 공적으로 인식 가능한 것이 된다. 더 나아가 가정 내부의 실천이 가정 외부의 많은 이가 따라하고 응용하는 참고 대상이 된다. '가족들이 맛있게 먹었다'라는 만족감 외에 표도 안 나게 지나가버리는 반복적인 일상의 수고가 블로그 텍스트에 고정되어 축적됨으로써 본인이 지우지 않는 이상 네트워크상에 지속적으로 존재하며 공적으로 공유할 수 있는 정보 자원이 되고 있다.

미시 유명인과 이웃 사이에서

와이프로거는 블로그를 통해 가정 영역 바깥에 있는 사람들과 덧글, 공감, 구독하기, 퍼나르기, 이웃맺기 등 다양한 형식의 피드백을 통해 사회적 교류를 한다. 이들의 피드백은 블로그를 운영하는 데 활력소가 되고 있고, 따라서 와이프로거들은 이러한 네트워크 수용자를 대상으로 텍스트를 작성하고, 가족을 위한 음식 준비 역시 이들을 염두에 두고 수행하는 것이다. 네트워크 수용자와의 교류를 통해 개인의 능력을 인정받고 점차 여러 사람이 찾는 블로그가 되면서 '미시 유명인micro-celebrities'(Thompson, 2007)의 지위를 얻게 되고 블로거로서 권위를 갖게 된다. 덧글을 보면, 해당 요리에 대해 저자가 부여하는 의미나 가치에 대한 공감, 저자의 건강과 안녕을 기원하는 안부의 말, 요리에 대한 찬사, 감사, 자기도 해보겠다는 동참 의사, 요리에 대한 재해석 등이 주를 이룬다. 찬사의 내용도 "아이디어가 굿이네요", "대단하십니다, 담아갑니다", "완전 예술이네요" 등 저자의 아이디어와 표현 방식에 대한 직접적인 칭찬도 있지만, "군침이 도네요", "배고파요", "먹고 싶어요", "향이 느껴지네요"와 같은 자신의 신체적 반응을 묘사하며 간접적으로 표현하기도 하고, "오늘 아이들에게 해줘야겠어요"와 같이 만들어봐야겠다는 의지를 나타냄으로써 요리법을 칭찬하기도 한다. "○○로 ○○를 해보았는데 이렇게도 해보면 좋겠네요" 식으로 요리법에 대한 자신의 경험담을 나누거나, "이 음식은 ○○○ 할 때 만들면 좋겠어요", "저도 냉장고에 ○○○가 남아서 (저자의 요리법을 응용하여) ○○를 담았어요" 등 자신의 맥락으로 가져와 재해석하는 덧글도 많이 올라온다. 덧글을 통해 요리법은 이미 끝나버린 과거 시제의 행위가 여러 사람에게 재생산과 재해석의 행위를 유발하는 미래 시제가 될 수 있다. 블로거 중에는 덧글에 대한 피드백을 달고 좀 더 친밀한 교류를 나누는 사람도 있다. 덧글에 대한 감사나 공감을 표시하고, 격려의 말을 남기며, 개인적인 인사말을 나누기도 하고, 다른 블로거와 이웃을 맺으며 교감을 하기도 한다. 수용자와의 수평적 교류와 공감은 오히려 와이프로거를 신뢰하게 만들고 미시적 유명인으로서 그녀들의 권위를 형성하는 데 일조한다.

전문 셰프와 가정주부 사이에서

전문 셰프는 개인의 전문 학력이나 경력으로 전문 요리사로서의 신뢰성과 권위를 구축해 간다. 반면 와이프로거들은 가정 영역을 넘어 요리 실력을 발휘하고 네트워크 수용자들에게 인정을 받으면서 자신의 명성을 쌓게 된다. 요리법도 특정 범주의 전문적 기술과 용어를 사용하는 요리 담론이 아닌, 초보자도 쉽게 접근 가능한 텍스트의 형태로 가족과 본인 혹은 네트워크의 수용자들이 공감할 수 있는 가정 요리의 노하우를 전달한다. 그리고 이러한 요리법의 공유를 통해 얻은 공감과 지지가 이들 권위의 기반이 된다. 와이프로거 중에는 '쿠킹 클래스'를 수강하며 레저로서 쿠킹의 즐거움을 전하기도 한다. 이들은 전문 셰프의 '멋진' 요리 행위에 매혹되고, 요리의 과정을 즐기며, 음식의 미학적 아름다움을 칭찬한다. 와이프로거 스스로 전문 셰프가 아닌 일반인과 동일시하고, 이러한 동일시를 통해 네트워크 수용자들의 공감을 얻는다. 유명 레스토랑이나 전문 셰프의 요리를 자기 것으로 재해석하고 재생산하는 시도를 해보지만 그것을 통해 전문가로서의 권위를 구축하려 하지는 않는다. 이들의 권위는 오히려 일상에서 체득된 경험적 지식, 일상적 삶의 조건의 공유, 요리법의 접근성에서 나온다.

판매원과 소비자 사이에서

와이프로거의 요리 블로그를 보다 보면 식자재나 조리 도구 등 요리와 관련된 상품을 리뷰하고 판매 사이트로 링크해 주는 광고성 텍스트를 자주 접할 수 있다. 소비자의 입장에서 상품의 가치를 평가하고 상품을 활용한 요리를 선보이면서 구매를 유도하는데, 이때 와이프로거는 소비자일 뿐만 아니라 사업자와 네트워크 수용자 사이를 매개하는 '사이버 판매원'의 역할을 자발적으로 맡는다. 사례로 살펴본 블로그 가운데 어떤 블로그는 특정 상품에 대한 공동 구매나 광고성 텍스트가 많은 부분을 차지하는가 하면 또 어떤 블로그는 요리법과 개인의 일상사에 대한 이야기가 주를 이룬 가운데 간혹 식재료의 협찬을 받은 요리법이 제공된다. 상품 협찬이나 공동 구매 혹은 광고 활동은 블로거에 대한 공신력을 바탕으로 의뢰가 이뤄지기 때문에 이들이 어느 정도 사회적 인정을 받는지를 가늠하는 지표가 되기도 한다. 2011년 파워블로거 '베비로즈'가 안전성이 검증되지 않은 오존세척기를 과대 홍보하며 공동 구매를 실시했다가

부작용을 경험한 소비자로부터 환불을 요구받는 사태가 발생했다.[1] 또한 11월에는 '둥이맘 문성실' 등 4명이 특정 제품의 사용 후기를 올리고 공동 구매를 알선하면서 업체로부터 대가를 받고도 알리지 않아 공정위로부터 과태료를 부과받았다. 당시 많은 소비자가 자신이 신뢰했던 와이프로거들이 금전적 이익을 위해 순수하지 못했던 사실을 알게 되면서 크게 배신감을 느꼈고 비난을 쏟아내었다.[2] 하지만 이러한 사태에도 불구하고 파워블로거의 타이틀을 가진 와이프로거들 가운데 몇몇은 여전히 자신의 인지도를 이용한 판매 행위에 참여하여 수익을 올리고 있고, 이들이 벌이는 이벤트나 공동 구매에 많은 수용자가 참여하고 있다. 사례에서 살펴본 와이프로거들은 자신들의 블로그 활동과 금전적 이익을 추구하는 상업적 활동 간의 관계에 관해 조금씩 차이나는 시각과 태도를 보인다.

문제가 되었던 '둥이맘 문성실'은 '착한 소비'라는 가치를 앞세우면서 자신이 소개하는 상품은 제품 자체의 질뿐만 아니라 도덕적으로도 올바르다는 점을 강조한다. 예를 들어, 자신이 판매에 참여하는 상품을 홍보하기 위해 직접 공장을 찾아 제품이 생산되는 과정을 꼼꼼하게 점검하며 제품의 질을 평가하는가 하면, 업체 사장과의 인터뷰를 통해 "돈보다 사람을 중시하고 또 돈 벌어서 여러 사람에게 유익하게 하는 데 뜻을 가진 그런 사람"임을 알린다. 자신이 하는 것은 단순히 금전적 수익을 위한 것이 아니라 사회적 기업을 돕고 그 가치를 함께 추구하는 '동행'이라고 의미화한다. '배꽃'의 경우 제품을 소개하고 이벤트를 진행하는 홍보 활동을 인정하면서도 이것이 제품을 판매하는 동료 블로거에 대한 신뢰와 감사의 마음, 그리고 친환경적인 제품의 성격이라는 점을 기술한다. '요안

1 2011년 7월 4일자 한국일보의 "베비로즈 사태로 '파워블로그 공구' 찬물" 기사 참고.
2 2011년 11월 14일자 동아일보의 ""뒷돈을 8억 원씩이나, 왜 그렇게 사니?"… 문성실 씨 등 블로거 힐난!".

나'는 판매업체와 직접 연결해 좋은 제품을 "시중보다 저렴하게 장만하실 수 있어서 가계에 보탬"이 될 수 있다는 공동 구매의 가치가 강조하고, '배고픈 맘'은 업체의 의뢰로 상품을 리뷰했지만 "객관적인 시각과 진정성을 담아" 작성했음을 밝힌다. 한편 '러브체인'은 자신이 '양심과 자존심'을 가진 사람임을 강조하면서 협찬이 아닌 '자기 돈 주고 사는' 상품의 소비 경험을 공유하고자 한다. 그녀는 업체로부터 받는 대가를 상세히 밝히지 않는 사람을 '사기꾼'이라고 여긴다. 협찬, 공동 구매, 광고 등 각종 상업적 활동에 매우 직접적이고 적극적으로 관여하는 와이프로거에서부터 이에 대해 어느 정도 거리를 두는 와이프로거에 이르기까지 개인마다 상업적 활동에 대한 태도와 관여의 정도가 다르다. 이들이 블로그 활동의 상업적 · 경제적 가치에 대해 서로 다른 의견을 가지고 있는데, 흥미로운 점은 이들 모두 이러한 가치를 최우선으로 여기기보다는 판매업체와 소비자의 입장 사이에서 어느 정도 블로거 주체로서의 자율성을 보여주며 사회적 소통, 공유, 친밀한 관계맺기 등의 가치를 강조하려고 노력한다.

기술과 여성: 블로그 실천 되짚어보기

이 글은 공적 공간에서 그리고 정보 생산의 공간에서 주변화되었던 주부라는 집단이 블로그라는 인터넷 기반 '저작'과 '공유'의 미디어를 통해 어떠한 대안적 정보 생산 활동을 하고 이러한 기술의 전유가 어떠한 성 정체성을 만드는지를 질문해 보고자 했다. 이 글에서 살펴보았던 블로그 사례는 젠더화된 여성성을 수행하던 일상의 가사노동이 인터넷 공간 안에서 새롭게 의미화되고 있음을 보여준다. 가정 영역 내에서 반복적 노동을 통해 체득된 노하우나 능동적 재생산 행위가 가정 바깥에 가시화되어 새로운 맥락에 놓임으로써 전통적 돌봄과 배려라는 여성성의 가치가 다른 가치나 활동과 결합되기 시작했고, 이러한 블로그 경험은 다시 이들 일상의 가사노동의 의미를 바꾸고 있다. 이들의 블로그 '쓰기' 행위를 통해 전통적 젠더 체계의 주부 역할에 크게 벗어나지 않으면서도 자신의 목소리를 가진 개인의 정체성을 만들어가고 있다.

이를 통해 저평가되고 간과되었던 사적 영역에서의 음식 준비가 시간 부족에서부터 경제적 문제에 이르기까지 당면한 일상의 문제를 해결하기 위한 현실적이고 능동적 실천임을 가시화시킨다. 요리법은 가사노동이라는 몸의 경험(씻고, 다듬고, 썰어주고, 다지고, 휘젓고, 버무리고, 뿌리고 등)을 바탕으로 만들어지고 그것의 수용은 몸의 반응(군침이 돈다)과 또 다른 몸의 경험(음식 만들기)으로 이어질 수 있다. 블로그 텍스트는 이러한 몸의 경험이라는 맥락을 암시적으로만 보여주고 있지만 몸의 경험은 개인의 노하우와 스타일이 만들어지는 원천이다. 그리고 이렇게 만들어진 텍스트는 수용자들의 재해석이나 재생산 행위에 열려 있다. 와이프로거의 요리 블로그는 불특정 다수의 상상의 독자를 대상으로 요리법을 재현하지만 텔레비전으로 매개되는 요리쇼와는 차이를 갖는다. 애더마(Adema, 2000)는 미국의 푸드 네트워크가 오락과 요리를 결합시켜 시청자들이 누군가가 요리하는 것을 보고 즐기며 물리적·정서적 대리만족감을 얻을 수 있게 해주었다고 말한다. 텔레비전 요리쇼가 잘 먹고 건강하게 살기 위한 요리법 전수의 차원을 넘어 사람들이 집에서 요리하지 않으면서도 요리와 관련된 각종 욕구를 대리만족할 수 있도록 진화해 온 것이다. 반면 와이프로거의 텍스트는 음식 준비를 시각적으로 소비하는 데 그치는 것이 아니라 '자신을 위해' 혹은 '가족을 위해' 자신의 요리를 만들라고 권유한다. 요리법을 찾는 이들에게 상세한 사진 이미지와 함께 요리법을 차근차근 설명하고 있어 초보자도 쉽게 접근할 수 있다. 와이프로거들은 이러한 요리 블로그를 통해 개인의 창의성과 미학적 취향을 표현하는 동시에 공유를 통해 사회적 가치를 만들어 나간다.

와이프로거들이 일상적 경험을 표현하고 공유해 나가면서 젠더 체계의 규범이나 자본주의적 가치 체계에 완전히 포섭되지 않은 개인의 정체성이 만들어지고 있다. 이 글의 맨 앞에서 언급된 '로즈'의 이야기에서 그녀는 블로그 활동을 통해 엄마로서 아내로서의 삶에서 벗어나 "조금 다른 궤도로 올라선 삶"을 살게 되었다고 말한다. 우리는 이러한 '조금 다른 궤도'가 갖는 뉘앙스를 주목할 필요가 있다. 블로그 활동을 통해 갖게 된 '조금 다른 궤도'에 있는 주체의 정체성을 기존의 젠더화된 성역할이나 사회경제적 범주로 정의할 수 있을까? 젠더화된 규범에서 완전히 이탈한 것이 아니라 반복적으로 수행하고 있다 하더라도, 전통적 의미의 가정주부로 본질화시킬 수 없는 개인의 정체성을 만들어갈 수 있다. 엄마 혹은 주부로서 수행하는 노동의 가치가 드러나고 개인적 삶의 능력이나 창의성이 부각되며 돌봄으로서의 요리 행위가 또 다른 의미를 가질 수 있다. 이들의 요리 행위와 블로그 활동은 가사노동의 수동성과 비가시성, 노동 가치에 대한 화폐와 이윤 중심의 평가, 반복적 가사노동을 정체된 것으로 바라보는 시각 등을 왠지 부적절한 것으로 만들어버린다. 현재의 와이프로거들은 요리를 레저로서 선택하거나 온전한 자기 즐거움의 대상으로 바라보는 포스트페미니즘적 여유를 갖는 것처럼 보이지 않는다. 이들의 현실은 여전히 바쁘고 피곤하고 일상에서 부딪히는 압박과 문제를 해결해야 한다. 또한 이들의 블로그 활동은 신자유주의 정보 자본주의 체제에서 경제적 가치를 제대로 인정받지 못하고 손쉽게 착취되는 비물질 노동이 될 수 있다. 그럼에도 불구하고 이들의 블로그 공간은 언어적 형태로 가시화된 여성의 몸의 경험을 반추해 볼 수 있고, 일상 행위를 재해석하고 수정해가는 개인 행위성의 의미를 살펴볼 수 있으며, 더 나아가 여성 노동의 가치가 재평가되고 재해석되는 현장이 될 수 있다. 우리는 이곳에서 이뤄지고 있는 현재 진행형의 미시적 동학을 주목할 필요가 있다. 왜냐하면 이러한 공간의 대안적 가치는 주어진 것이 아니라 이들 행위를 새롭게 읽어내고 이야기해 나가는 과정에서 발견될 수 있기 때문이다.

참고 문헌

강지연 (2009). 『우먼 파워 블로그: 여자 당신의 심장을 뛰게 만들 희망스토리』. 서울: 청출판.

구혜경 · 나종연 (2009). 소비자-기업 협력에 대한 탐색적 연구: 소비자 참여 마케팅활동 사례의 비판적 고찰. 『소비자학연구』, 20(3): 99-133.

박혜경 (2008). 중산층 기혼여성의 경험 세계를 통해 본 가사노동의 성격과 가사노동 가치 인식. 『페미니즘연구』, 8(2): 159-196.

안숙영 (2012). 젠더, 공간 그리고 공간의 정치화. 『여성학논집』, 29(1): 157-183.

윤명애 · 송인숙 · 천경희 (2010). 블로그 소비자정보의 활용과 생산에 관한 연구. 『소비자정책교육연구』, 6(1): 79-105.

조주은 (2013). 『기획된 가족 맞벌이 화이트칼라 여성들은 어떻게 중산층을 기획하는가』. 서울: 서해문집.

조주현 (2000). 『여성 정체성의 정치학』. 서울: 또 하나의 문화.

천경희 · 송인숙 · 손상희 (2010). 기혼여성의 블로그 소비자정보 생산활동에 관한 연구. 『한국생활과학회지』, 19(6): 1013-1030.

Adema, P. (2000). Vicarious consumption: Food, television and the ambiguity of modernity. *Journal of American Culture*, 23(3): 113-123.

Avakian, A. V. & Haber, B.(2005). *From Betty Crocker to feminist food studies: Critical perspectives on women and food*. Amherst: University of Massachusetts Press.

Bruns, A. (2007). *Blogs, Wikipedia, Second Life, and beyond: From production to produsage*. New York: Peter Lang.

Bruns, A. & Jabobs, J. (Eds.) (2006). *Uses of blogs*. New York: Peter Lang.

Butler, J. (1990). *Gender Trouble: Feminism and the Subversion of Identity. Thinking Gender*. New York: Routledge. 조현준 옮김 (2008). 『젠더트러블: 페미니즘과 정체성의 전복』. 서울: 문학동네.

Carlson, J. (2011). Subjects of stalled revolution: A theoretical consideration of contemporary American femininity. *Feminist Theory*, 12(1): 75-91.

De Vault, M. (1991). *Feeding the family: The social organization of caring as gendered work*. Chicago: University of Chicago Press.

Dimter, M. (1985). On text classification. In T. A. van Dijk (Ed.), *Discourse and literature: New approaches to the analysis of literary genres*, Amsterdam: John Benjamin.

Doorn, N., van Zoonen, L., & Wyatt, S. (2007). Presentations of gender identity on weblogs. *European Journal of Women' Studies*, 14(2): 143-159.

Elshtain, J. (1981). *Public man, private woman: Women in social and political thought*. NJ: Princeton University Press.

Felski, R. (2000). *Doing time: Feminist theory and postmodern culture*. New York: New York University Press.

Herring, S., Kouper, I., Scheidt, L., & Wright, E. (2004). Women and children last: The discursive construction of weblogs, *Into the Blogosphere: Rhetoric, Community, and Culture of Weblogs*. Online: http://blog.lib.umn.edu/blogosphere/women_and_children.html.

Hollows, J. (2003a). Feeling Like a Domestic Goddess: Post-feminism and Cooking. *European Journal of Cultural Studies*, 6(2): 179-202.

_____ (2003b). Oliver's twist: Leisure, labour and domestic masculinity in *The Naked Chef. International Journal of Cultural Studies*, 6(2): 229-248.

Irigaray, L. (1993). *Je, tu, nou: Toward a culture of difference*. New York: Routledge.

Liu, J. E. (2010). Gendered performances and norms in Chinese personal blogs. *Gender Forum: An Internet Journal for Gender Studies*. Online: http://www.genderforum.org/index.php?id=576.

Lorber, J. & Susan, F. (Eds.) (1991). *The social construction of gender*. Newbury Park, CA: Sage.

Mies, M. & Bennholdt-Thomsen, V. (1999). *The subsistence perspective: Beyond the globalized economy*. London: Zed Books. 꿈지모 옮김 (2013). 『자급의 삶은 가능한가』. 서울: 동연.

Peterson, S. (2005), How (the meaning of) gender matters in political economy, *New Political Economy*, 10(4): 499-521.

Salvo, P. (2012). Dishing it out food blogs and post-feminist domesticity. *Gastronomica: The journal of food and culture*, 12(3): 31-39.

Seddona, K. (2011). Bento blogs: Japanese women's expression in digital food culture. *Women & Performance: A Journal of Feminist Theory*, 21(3): 301-319.

The Personal Narratives Group (Ed.) (1989). *Interpreting women's lives:*

Feminist theory and personal narratives. Bloomington: Indiana University Press.

Thompson, C. (2007). The age of microcelebrity: Why everyone's a little Brad Pitt. *Wired Magazine*, 15(12). Online: http://www.wired.com/techbiz/people/ magazine/15-12/st_thompson.

Van Doorn, N., van Zoonen, L., & Wyatt, S. (2007). Writing from experience: Presentations of gender identity on weblogs. *European Journal of Women's Studies*, 14(2): 143-158.

Wajcman, J. (2004). *Technofeminism*. Cambridge: Polity Press.

Williams-Forson, P. (2010). Other women cooked for my husband: Negotiating gender, food, and identities in an African American/ Ghanaian household. *Feminist Studies*, 36(2): 435-461.

음식 시민과 젠더,
그리고 시장 주도적 대응

한선

음식 시민의 탄생

인간에게 먹는 행위만큼 기본적인 것도 없다. 인간은 먹지 않고는 살 수 없고 안전하지 않은 음식을 먹으면 건강을 해치거나 심지어 생명을 잃을 수 있다. 그렇다고 먹는 행위가 영양학, 생리학적 측면에서만 중요한 것은 아니다. '코카콜라나 햄버거'처럼 특정 음식은 상징적 의미를 전달하는 효과도 갖고 있다. 음식(섭취)이 개인의 정체성 형성과 세대에서 세대로 이어지는 문화 전달 측면에서 중요한 의미를 가질 수 있다는 것이다.

그뿐만 아니라 먹는 행위는 어떤 음식을 선택할 것이며(할 수 있으며), 누가 조리한 것을, 어떤 취향을 가진 사람과 함께 먹을 것인지의 문제처럼 다양한 사회문화적 요소들도 아우르고 있다. 음식의 생산과 가공, 유통에 이르는 식품 체계 문제에서부터 가족 내 성별 분업과 같은 젠더 요소, 안전한 먹거리 확보에 관한 시민권 문제, 그리고 계층에 따른 취향과 구별짓기 등 광범위한 사회학적 이슈들이 스며들어 있다는 것이다.

그럼에도 '음식과 먹는 행위'가 사회학적 연구 대상으로 주목받기 시작한 것은 비교적 최근의 일이다. 가령 비어스워스와 케일(Bearswoth & Keil, 1997/2010)은 최근작 『메뉴의 사회학*Sociology on the Menu*』을 통해 먹는 행위 안에는 국가 사회적 불평등을 비롯해 젠더, 섹슈얼리티, 몸, 건강 등 매우 독창적이고 매혹적인 쟁점들이 포함되어 있다면서 먹는 행위에 대한 사회학적 관심을 촉구한 바 있다. 또 우리나라에서는 몇 번의 음식물 파동을 겪으며 먹거리 불안감이 누적되어 오다 미국산 쇠고기 파동 이후 먹는 행위를 둘러싼 문제가 본격적인 정치 · 사회적 이슈로 부각한 상태이다(예를 들어 김철규, 2008; 이해진, 2012; 박형신, 2010).

그런데 먹거리 정치와 관련된 논의들에서는 오늘날 우리가 마주하는 먹거리 위험이 근대적인 먹거리 체계가 확립되는 과정 자체에 내재적으로 포함되어 있다고 주장한다. 먹거리 파동이 양심 없는 누군가가 일으키는 우연적, 일회적 사고가 아니라 음식물 생산과 유통 체계 자체에 태생적으로 포함된 문제라는 것이다. 따라서 먹거리 파동은 언제 어디서든 상시적으로 발생할 수 있는 문제가 된다. 왜냐하면 근대적 먹거리 체계는 음식물 생산자와 소비자 사이의 시/공간 거리를 확장시키고 그에 따라 기업 식품 체계를 구축했기 때문이다.

그 이유를 간단하게 요약하면 다음과 같다. 우선 근대 먹거리 체계의 시공간적 확장은 소비자가 자신이 먹는 음식을 누가 어떤 방식으로 재배했는지 알 수 없는 공간적 확장과, 생산된 시점과 소비되는 시점 사이의 거리가 벌어지는 시간적 확장을 가져왔다. 시공간적 확장은 음식 생산과 유통의 범위를 그야말로 전 세계적 수준으로 확장시켜 주었는데 이 과정에서 글로벌 '기업 식품' 체계가 구축되었다. 재배지에서 수확한 농식품이 인근 공동체 범위 안에서 소비되는 것이 아니라 전지구적으로 유통되고 소비되는 기업화된 식품 체계가 형성되었다는 것이다(김철규, 2008). 요컨대 근대적인 먹거리 체계는 글로벌 기업 식품이 구축되는 역학과 긴밀한 연관 속에서 발전했다고 볼 수 있다. 문제는 기업 식품들이 음식물의 지구적 유통을 위해 자연적인 방법 대신 인공적인 가공 처리 과정을 도입하면서 먹거리 체계 안에 위험 요소를 포함시켜 버렸다는 점이다. 장거리 수송과 유통을 위해 재배지에서보다 더 많은 농약을 살포하고 화학물질을 첨가하는 것이 대표적인 예이다.

따라서 현대 사회의 소비자들은 일견 계절에 상관없이 다양하고 우수한 품질의 음식을 선택하는 것 같지만 사실은 농약과 방부제가 뒤섞인 음식을 선택하는 것에 불과할 수 있다. 특히 화학물질의 첨가는 인간이 그 위험과 안전성을 정확하게 파악하고, 경험하고, 인지할 수 없다는 점에서 현대 사회의 위험성 특징을 단적으로 보여준다. 내재된 위험을 직접 경험하기 어렵기 때문에 위험이 없는 것 같지만(비가시성) 일단 위험이 가시화되면 폭발적인 파괴력을 갖는다는 것이다. 또 설령 위험을 감지했다 하더라도 인간이 조치를 취하기에는 시기적으로 늦은 경우가 많아 파괴력은 더욱 증가하게 된다.

그뿐만 아니라 기업 식품 체계가 확립한 포드주의적 방식은 누가 어떤 과정을 거쳐 재배했는지 신뢰하기 어려운 재료를 원료로 사용하게 만들었지만 이 과정 역시 소비자의 시야 바깥에서 이뤄진다는 점에서 먹거리 파동의 위험을 내재적으로 포함하고 있다. 한마디로 현대 사회의 먹거리 위험은 우리의 인지, 경험, 감각의 바깥에 존재하면서 없는 듯하지만 언제든지 폭발적인 위험으로 드러날 수 있다는 점에서 그 자체로 불안과 공포의 대상이 되어버렸다(Beck, 1997). 먹거리 정치 관련 논의가 이와 같은 근대 기업 식품 체계의 비가시성을 가시화하고 환기하는 작업에서 출발하는 이유가 여기에 있다.

가령 음식 시민food citizen의 출현이 그것이다. 음식 시민은 일차적으로 불확실한 성분이 섞이지 않은 안전한 음식을 먹을 수 있고 음식에 대한 신뢰할 만한 정보를 얻을 수 있어야 한다는 권리를 뜻한다. 하지만 시민이라는 의미 안에 이미 권리와 동시에 책임이 들어 있는 것처럼 권리에 합당한 책임도 강조하고 있다(Wilkins, 2005). 안전한 먹거리를 요구하는 '소비자'의 권리 주장에 머물지 않고 권리에 합당한 이해와 책임을 질 줄 아는 '시민'으로의 변화를 촉구한다는 것이다(이해진, 2012; Welsh & MacRae, 1998; Hassanein, 2003; Wilkins, 2005; Johnston, 2008; Lockie, 2009). 따라서 음식 시민은 먹거리 문제를 음식을 선택하고 소비하는 개인적 차원의 문제로 환원하는 대신 집합적 연대와 책임을 통해 먹거리 체계에 근본적인 변화를 꾀할 수 있는 주체로의 전환에 더욱 관심을 둔다(Johnston, 2008).

그 결과 음식 시민은 매우 실천적이고 구체적인 수준의 논의를 지향한다. 이를테면 음식 시민은 현대 사회 소비자들이 음식 시민으로 변모해 갈 수 있는 구체적인 범주와 제도적 · 정책적 대안을 제시하는 데 주력하고 있다. 음식 시민 관련 프로그램 중의 하나였던 캘리포니아대학교의 '지속 가능한 농업 체계와 교육 프로그램'을 예로 들자면, ① 모든 공동체 구성원들이 적당하고 영양학적으로 좋은 것에 접근할 수 있도록 하기, ② 좀 더 지속 가능한 생산을 실천하는 소규모 가족농을 위한 안정적인 토대 마련하기, ③ 농민과 소비자를 직접 연결하고자 노력하는 마케팅과 가공 처리 지원하기, ④ 일자리 창출과 금융자본을 재순환시키는 관련 비즈니스 지원하기, ⑤ 농장 등 각종 음식 체계 안에서 일하는 노동자들의 노동 여건과 삶의 조건 향상시키기, ⑥ 지역 음식의 생산, 가공, 소비를 증진시킬 수 있는 음식과 농업 정책 지원하기 등 매우 구체적인 실천

방안을 제시하고 있다(Feenstra, 2002: 100-101).

요약하면, 음식 시민은 안전한 먹거리를 요구할 수 있는 시민들의 당연한 권리이자 그에 상응하는 책임 또한 수용하는 자세를 촉구하면서 안전 먹거리 체계를 확산할 수 있도록 매우 구체적인 실천 범주를 제안하고 있다. 나아가 먹거리 위험을 소비의 개인화 경향으로 환원시키려는 신자유주의적 개별화 시민권 모델에 포섭되지 않도록 집합적 연대와 협력을 강조하는 거시적 문제도 간과하지 않고 있다(이해진, 2012: 50).

그러나 여타 사회적 권리가 그러하듯 음식 시민이 상정하는 권리 또한 모든 사회 구성원에게 평등하고 자발적으로 주어지는 것은 아니다. 흔히 취향이나 선택의 문제로 환원되기 쉬운 음식의 계층적 분화 문제, 음식 소비의 주체로 간주되는 여성이 표상하는 가족 내 성별 분업 문제, 먹거리 문제를 시장 주도적으로 해결하려는 신자유주의적 대응과 그로 인해 파생되는 문제, 이상의 것을 뒷받침하는 미디어 담론 체계 등이 복잡하게 직조되어 있기 때문이다. 이 중 이 글에서는 '신자유주의적 체계 안에서 음식 소비의 개인화된 주체로 호명되는 여성'의 문제에 집중해 음식 시민 논의를 전개하고자 한다.

음식 시민이 제기하는 이슈

먹거리 시민권과 관련된 국내 논의를 살펴보면 음식 시민이 대단히 사회계층적으로 분화된 권리라는 것을 알 수 있다(김선업 · 김철규 · 이해진, 2012; 김선업 · 제프리 로렌스, 2012; 이해진, 2012). 일례로 이해진에 따르면, 한국의 음식 시민은 ① 교육, 직업, 소득 수준이 높으며, ② 먹거리 위험에 대한 인식과 시민 행동 성향이 높은, ③ 40~50대 여성 주부들로 구성되어 있다. 전형적인 '중산층' 이상 주부들이 음식 시민 집단이라는 것이다. 이 결과는 다른 연구에서도 유사하게 반복되는데 우리 사회의 음식 시민은 교육 수준이 높고 어느 정도 경제력을 갖춘 여성 집단에서 발전할 가능성이 높다는 것을 알 수 있다.

이상의 연구 결과가 시사하는 바는 무엇일까? 음식 소비가 사회계층, 젠더적 측면에서 상이하게 전개되고 있다는 점이다. 우선 음식 시민은 계층적 측면에서 계급과 계층에 따라 안전한 먹거리를 먹을 수도, 그러지 못할 수도 있다는 것을 보여준다. 경제적 하층에서는 먹거리 불안에 무관심하거나 설령 불안을 인지했다 할지라도 안전한 먹거리를 소비할 수 없지만 상층에서는 생협에 가입하거나 유기 농산물과 같은 대체식품을 개발하는 등 먹거리 위험에 대한 대응이 양극화된다는 것이다(김선업 · 김철규 · 이해진, 2012; 김선업 · 제프리 로렌스, 2012).[1] 또한 젠더적 측면에서 볼 때, 음식 시민은 호명하는 주체가 여성에 집중되어 있고 여성을 음식 소비의 대상으로 규정지으며 가족 내 성별 분업을 강화하거나 고착화시킨다는 문제를 보여준다. 여러 연구 결과에 따르면 한국에서 음식 시민으로 발전할 가능성은 가정에서 식사를 책임지고 있는 40~50대 기혼 여성에게서 주로 나타나며, 먹거리 위험에 대한 불안감이나 관심이 집중된 대상과 대안 소비 행위가 이뤄지는 대상 역시 주로 여성임을 알

1 음식 소비와 계급의 사회적 분화 양상에 대한 관심은 오랫동안 지속되어 온 논의의 한 축이었다. 노동 조건이나 경제 상황, 문화적 요인 등 계급 관련 요소들이 음식 소비의 질과 양상을 설명하는 중요 요인이라는 것이다. 가령 자녀에게 먹거리를 제공하는 방식이나 양육하는 방식은 계급별로 매우 차별화되어 있다. 즉, 중간 계급 주부가 노동 계급 주부보다 건강식품을 더 많이 구입하고, 식생활과 건강에 대한 좀 더 정확한 지식을 소유하고 있으며 먹거리 선택 시 가격보다 질을 중시한다(Calnan & Cant, 1990; Delormier et al., 2009; Wills et al., 2011). 현대 사회에서는 본질적인 계급 문제가 취향과 선택의 문제로 정교화되어 나타나기도 한다. 상층 계급은 '양이 적고 세련되며 부드러운 것'을 찾는 반면, 하층 계급은 '양이 많고, 기름지며, 거친 것'을 좋아한다는 식으로 드러난다는 것이다. 그러나 부르디외가 올바르게 지적한 것처럼 선택과 취향의 문제로 간주되는 음식 소비의 근본적인 이유는 경제적 토대이다. 음식 소비에 대한 경제적 제약에서 자유로운 중상층 계급이 점점 더 날씬함과 세련된 먹기를 강조하기 때문에 얼핏 취향의 문제로 보인다는 것이다(Bourdieu, 1979/1995: 301–307).

수 있다(예를 들어 이해진, 2012: 66).

이렇게 음식 문화를 젠더적 측면에서 고찰했던 논의는 동서를 가로질러 오래된 연구 주제였다. 이를테면 수많은 기록과 연구에 따르면 육체노동이 중요한 비중을 차지했던 전통 사회에서 남성은 관습상 희소 음식 자원에 대해 특권적 위치를 차지하고 있었고, 남성 가장의 경우 특히 그러했다. 차별적 구분에서 흥미로운 점은 그 구별이 에너지 필요량을 계산해 얻은 객관적 결과에 의존한 것이 아니라 단지 젠더화된 일의 구분 때문에 비롯되었다는 점이다. 즉, 여성의 일로 여겨졌던 '물 운반=수월한 일'로 규정된 반면 남성의 일이었던 '거름 운반=힘든 일'로 분류되는 식인데 둘 중 어느 작업을 수행할 때 더 많은 에너지가 필요하다는 객관적 근거는 없다는 것이다(Bearswoth & Keil, 2010: 136).

젠더적 구별을 토대로 한 가부장적 음식 소비는 육체노동의 비중이 현저하게 줄어든 현재도 동일하게 관찰되고 있다. 현대 도시 환경에 거주하는 핵가족 제도의 아내들도 전통 사회의 아내들과 마찬가지로 일하는 남성 가장에게 '연료를 공급하는' 일을 매우 중요하게 여기면서, 스스로를 음식 봉사자로 생각한다는 것이다(Charles & Kerr, 1988; Kerr & Charles, 1986). 또 여성들은 남편의 취향과 선호가 자신이나 자녀의 선호에 우선하며, 남편 취향에 맞춰 적절한 식사를 준비하는 것이 애정을 보여주는 방식이라고 간주하고 있었다. 한마디로 현대 사회에서도 여성들은 아무런 권위나 권한 없이 책임만을 안고 있는 위계적인 가부장적 음식 문화에 고착되어 있다는 것이다.[2]

2 물론 이를 모든 성인 남성으로 일반화할 수 없다는 반론도 있다. 가령 워드와 헤더링턴(Warde & Hetherington, 1994)은 여성의 전일제 고용 상태가 남성을 음식 요리로 유인하는 중요한 요인이라고 지적했다. 또 계급 요인도 주요하게 작동하고 있었는데 여성이 유급제이거나 자기 고용 상태에 있는 가구에서는 남성이 저녁 가족 식사를 준비할 가능성이 컸지만 부부가 노동 계급인 가구에서는 남자가 저녁 요리를 준비하는 경우가 전혀 없다는 것이다. 그럼에도 음식 소비와 관련된 연구에서 가족 내 성별 분업을 토대로 한 여성들의 불평등 조건에 대해서는 대체로 동의한다고 보아도 무방하다.

흥미로운 점은 가부장적 젠더 구별이 먹거리 시민권을 주장하는 최근의 흐름 속에서도 발견된다는 사실이다. 이를테면 대안 먹거리 운동과 관련된 윤리적 소비, 또는 생협 운동처럼 음식 시민 구성과 관련된 실천 대부분이 여성 네트워크를 중심으로 한 젠더적 구분 속에서 진행되고 있다. 또 생협 활동이나 윤리적 소비가 여성적 가치를 일깨우지만 바로 그 여성적 가치가 가족 내 성별 분업과 가부장적 젠더 질서에 순응하게 만드는 역설에서도 음식 시민이 제기하는 미묘하고 복잡한 젠더적 문제가 감지된다. 이에 대해서는 생협 사례를 중심으로 다음 절에서 자세히 다루겠다.

그 전에 간과하지 말아야 할 것은 음식 시민이 소비자의 권리와 선택의 자유를 강조하는 신자유주의적 시장 질서 속에서 관행적인 음식 소비 문화로 수렴되어 버릴 가능성에 대해서이다. 한 연구에 따르면, 우리나라에서는 상층을 포함한 다수의 소비자가 성찰적 구매나 안전성 동기를 갖고 있음에도 대안 소비 행위를 잘 하지 않고 있다(김선업 · 제프리 로렌스, 2012). 또 친환경 식품을 소비하는 것이 환경 의식과 지역 먹거리 체계 구축 등 대안적 가치에 근거를 두고 의도적으로 소비를 실천하는 것이기보다 안전하고 질이 좋은 물건을 근거리에서 구입할 수 있기 때문에 구매하는 경우도 많은 것으로 조사되었다. 한마디로 먹거리에 대한 불안과 공포로 인해 안전 식품에 대한 요구가 늘어났지만 이에 대한 해결은 대부분 대형 마트의 친환경 농산물이나 유기농 매장과 같은 기존의 시장 시스템 안의 판매처에서 관행적으로 이뤄진다는 것이다. 이는 대안적인 먹거리 체계를 구축하는 작업이 대단히 번잡하고 수고로운 윤리적 실천을 동반한다는 사실을 감안하면, 문제적인 현상이 아닐 수 없다. 대안적인 소비 행위가 음식 시민의 의무는 도외시한 채 경제적 여유를 가진 계급이 안전한 친환경 농산물을 구매하는 방식으로 축소 수렴될 가능성이 농후하기 때문이다.

달리 말하면, 최근에 나타나는 생협의 규모 확대가 먹거리 체계를 변화시키고자 노력하는 음식 시민의 증가라기보다 새로운 소비 시장의 출현과 그에 대한 경제력 있는 주부들의 대응에 불과한 착시 효과일 수도 있다는 것이다. 이는 음식 시민의 주체적 역능empowerment이 관행적 시장 체계에서 강조하는 건강한 먹거리에 대한 선택권 주장이라는 '소비자의 권리' 강화로 편협하게 이해되고 종국에는 이윤을 목표로 하는 기업 식품 체계의 프리미엄 전략에 취약할 수밖에 없다는 점에서 우려를 자아낸다. 실제로 대안 먹거리 시장이 '먹거리 불안과 위험'을 상업화하는 기업들의 '프리미엄 유기농' 제품 전략으로 단순화되어 버리는 경향이 감지되고 있기도 하다(박형신, 2010: 182).

그러나 대안 먹거리운동이 기업들의 고급 유기농 제품군과 경쟁해야 하는 선택의 문제로 귀결된다면, 자본과 유통 경쟁력을 갖추지 못한 대안 먹거리 체계는 살아남기 어려울 수밖에 없다. 또 사람과 상품의 관계를 넘어서 생명과 건강에 대한 가치를 호혜적으로 공유해야 하는 음식 시민의 윤리적 실천 또한 추상적인 구호에 머물 수밖에 없을 것이다.

음식 시민의 젠더적 재구성: 한국 생협 활동의 분화를 중심으로[3]

이상에서 우리는 현대 사회의 반복되는 먹거리 파동이 근대 먹거리 체

3 이후 내용은 '신자유주의적 시장주의 질서 속에서 음식 시민의 개별화된 주체로 호명된 여성' 문제에 초점을 맞춰 수행된 광주지역 생협 활동에 대한 조사와 활동가/소비자를 대상으로 한 몇 차례의 심층 인터뷰, 포커스그룹 인터뷰를 통해 얻은 내용을 중심으로 구성되어 있다.

계가 갖는 기업 식품 시스템에서 비롯된 구조적 문제라는 점, 이를 극복하기 위해서는 음식 시민처럼 권리와 책임을 동시에 강조하는 윤리적 실천을 통해 이뤄진다는 사실을 살펴보았다. 또 안전 먹거리에 대한 요구가 책임을 동반하지 않고 권리만 강조했을 경우 시장 내 개별적인 선택권의 문제로 환원되어 대안 먹거리 체계의 구축을 방해한다는 점에 대해서도 논의했다. 이를 토대로 한국 생협 운동의 역사와 분화를 통해 음식 시민의 가능성과 한계, 그것이 야기하는 젠더적 이슈에 대해 살펴보겠다.

생협 운동의 역사와 분화

이미 1980년대부터 우리 사회에는 건강하고 안전한 식품을 소비하고, 친환경적인 먹거리 체계를 구축하고자 노력했던 움직임이 존재했다. 생명운동과 환경운동의 일환으로 전개되었던 도농 직거래 장터부터 자신의 소비가 야기할 환경, 인권, 노동 문제를 고려하면서 윤리적 소비를 실천하고자 했던 흐름이 이어져 왔다는 것이다.

대표적으로는 생활협동조합(이하 생협) 활동을 들 수 있다. 생협 운동은 1980년대 안전한 먹거리를 확보하려고 했던 도시 소비자와, 농촌 황폐화를 막고자 했던 생산자들이 상호 연계해 친환경 농산물을 유통시키는 대안문화운동의 조직화를 기점으로 활성화되었다(허미영, 2008). 간혹 1970년대 후반 농약 살포 후 귀가하던 한 농부의 죽음으로 농약과 화학비료에 의존하던 화학 농법 대신 유기 농법으로의 전환을 주장했던 가톨릭농민회 산하 생명운동을 생협의 모태로 간주하기도 하지만(모심과 살림연구소, 2006) 대체로는 1980년대 들어 공동체 운동의 일환으로 활성화되었던 각종 도농 직거래 사업이나 지역 자립 활동을 생협 운동의 근간으로 간주하고 있다. 이후 국내 생협은 1986년 '한살림' 운동, 1989년 한국여성민우회생협이 조직되면서 본격화되었다. 또 시기에 따라 소비조합, 소비자협동조합, 소비자생활협동조합, 공동구매조합 등으로 불렸지만 현재는 생협이라는 이름으로 통용되고 있다(권오범, 2013). 즉, 한국의 생협 운동은 유기농, 환경, 생명, 먹거리 등과 친화적으로 조응하며 대안 먹거리 체계를 구축하고자 노력했던 '운동'의 한 흐름으로 이해되는 경향이 강하다.[4]

구체적으로 국내 생협 운동은 크게 네 가지 유형으로 나눠볼 수 있다(정은미, 2006). 첫째, 신협의 지역사회 개발사업 및 농산물 직거래 활동에서 시작한 것이다. 직거래사업은 중간 유통 마진을 줄이고, 도농 간 자매 결연을 통해 안정된 농산물 공급이라는 취지에서 발전되었다. 두 번째 유형은 생명운동의 영향을 받은 농민 운동가들이 도시에 매장을 개설하고 소비자를 끌어들인 '한살림'과 같은 형태로 생산자들의 안정적인 판로를 개척하기 위해 도시 소비자를 연계시킨 경우이다. 세 번째 유형은 시민단체 활동에 기초한 한국여성민우회생협을 들 수 있다. 여성민우회 생협은 여성운동을 전개하던 운동단체가 교육 문제, 환경 문제 등 생활 전반을 다룬 주부 대상 대중조직으로 운동 영역을 확장하기 위해 설립한 것이다(허미영, 2008). 마지막 네 번째 유형은 노동운동, 학생운동 등 민

4 한국의 생협은 협동조합의 형태를 띠지만 최근 대중적 관심을 끌고 있는 협동조합과 같은 듯 다른 점을 갖고 있다. 가령 2012년 유엔이 정한 협동조합의 해를 계기로 우리나라에서도 관련법이 제정되면서 대중적 관심이 늘어나고 있는 협동조합이 다양한 영역에 걸쳐 전개되고 있는 것과 달리 생협은 취급하는 품목의 95% 이상이 농식품에 집중되어 있다. 이는 한국의 생협 활동이 생명/환경 운동 속에 뿌리를 두고 전개되었기 때문이다. 하지만 협동조합은 조합원의 이해를 반영한다면 그것이 어떤 분야이든 조직되고 운영될 수 있다. 이를테면 세계 협동조합의 이데올로기와 조직 모델을 갖춘 것으로 평가받는 로치데일 협동조합을 들 수 있다. 산업화가 한창 진행 중이던 1844년 잉글랜드 북서부 지역 노동자들은 품질은 나쁘면서 가격만 비쌌던 독과점 형태의 지역 제빵업체에 저항해 자신들이 직접 음식물을 생산, 가공, 판매하는 제조업을 시작했는데 이것이 협동조합의 시작이었다. 이들의 경험은 이후 '사람들이 서로 돕는 자조' 모델을 구축, 조합원들의 이익에 부합하는 모든 분야로 진출할 수 있는 계기를 제공해주었다(Harrison, Newholm, & Shaw, 2005). 또 2007년 금융 위기 이후 성공적인 사례로 소개되었던 스페인의 몬드라곤 협동조합이나 이탈리아 볼로냐 협동조합도 제조업, 금융업, 생활재 등 광범위한 분야에 걸쳐 활성화되고 있다.

중운동 활동가들이 중심이 되어 지역자립운동의 일환으로 전개한 것인데 우리밀 살리기 운동이나 유기농업 또는 생명공동체 운동 등에서 파생된 생협을 들 수 있다. 이상의 흐름에서 확인되는 것은 신협을 제외한 대부분의 생협이 시민단체 또는 민중운동 활동가들이 주축이 되어 전개했다는 점이다. 이른바 '87년 체제'의 확립으로 절차적 민주주의가 달성된 이후 시민단체 운동의 활로를 모색하던 민주화 운동 세력 일부가 환경, 평화, 지역 운동의 일환으로 생협 운동에 합류해 생협 운동이 유지 발전되었다는 것이다.

그러나 1990년대 들어 생협은 경영난과 운영상 미숙함 등으로 어려움을 겪으며 일부가 없어지거나 통폐합되는 침체기를 맞이하게 된다. 환경, 생명, 유기농업 등의 가치에 동조하며 출발했지만 많은 생협이 비즈니스 노하우가 많지 않은 조직원들의 경영 미숙으로 적자가 누적되어 도산되거나 통폐합된 것이다. 이후 한동안 침체기를 겪으며 변화를 계속하다 농민운동이 중심이 된 한살림사업연합, 전국의 중소형 소비자생협이 통폐합된 아이쿱생협연합회(舊 21세기생협연대), 수도권 생협을 중심으로 만들어진 두레생협 등 크게 3분화되어 유지되고 있다. 그러다가 웰빙에 대한 소비자들의 욕구가 증가하고 먹거리 파동이 반복되면서 2000년대 접어들어 생협이 다시 활기를 찾고 있다. 특히 2003년과 2008년을 기점으로 생협이 크게 성장했는데 2003년에는 웰빙에 대한 관심이 늘면서 대중매체에서 안전 먹거리 문제를 다루는 과정에 생협을 소개했기 때문이고, 2008년에는 쇠고기 수입 파동으로 먹거리 위험에 대한 관심이 늘어났기 때문으로 풀이되고 있다(권오범, 2013).

즉, 〈표 1〉에서처럼 2011년 말 현재 우리나라 4대 생협 단체의 조합원 수는 57만 5천여 명으로 조합원 1명이 4인 가족을 대표한다고 가정할 경우 5%의 조직률을 보일만큼 크게 확대되었다. 총 매출액도 6천 1백억여

원에 이르고 있다.

〈표 1〉 주요 생협 연합체 현황(2011년 말)

구분	회원 조합 수 (개)	전체 조합원 수(명)	단위 생협 평균 조합원 수(명)	매출(억 원)	단위 생협 평균 매출액(억 원)
아이쿱생협	75	155,705	2,076	3,002.2	40
한살림생협	20	293,442	14,672	2,225.8	111.3
두레생협	23	103,874	4,516	750.7	32.6
여성민우회생협	5	22,795	4,559	170.4	34.1
합계	123	575,816	4,681(평균)	6,149	50(평균)

출처: 권오범(2013: 56).

흥미로운 것은 이와 같은 생협의 규모 확대가 아이쿱생협이 다른 생협 단체가 유지해 오던 기존의 '주문 접수 후 배달 시스템'에서 벗어나 매장 사업에 적극 진출한 데에서 비롯되었다는 점이다(권오범, 2013). 생협 활동의 원칙으로 간주되던 조합원주의에서 벗어나 핵심 조합원이 아니더라도 일반 매장을 통해 생협 물품을 구매할 수 있도록 변화를 꾀한 것이 대중적 참여를 확대시키면서 비즈니스 측면에서 크게 성공했다는 것이다. 표를 주의 깊게 살펴보면 이와 같은 아이쿱의 매장 중심 정책이 드러난다. 즉, 아이쿱은 매출 총액이 3천억여 원으로 4개 생협 중 가장 많지만 단위 생협별 매출액은 40억 원으로 111억 원에 이르는 한살림에 크게 못 미치고 있다. 심지어 아이쿱의 생협별 평균 매출액은 전체 평균에도 미치지 못하는 액수이다. 이는 아이쿱이 다른 생협 단체에 비해 상대적으로 많은 매장을 운영하고 있기 때문이다. 전체 매장 수가 많기 때문에 총 매출액은 높지만 단위 생협별 매출액은 낮을 수밖에 없는 것이다. 한마디로 아이쿱은 1990년대 말부터 '자연드림'이라는 매장사업에 진출한 뒤 유기농 친환경 농산물에 관심이 많은 주부들에게 '안전 먹거리' 브랜드로 인식되면서 생협 전체의 시장 규모를 확대시키는 데 크게 기여한 것으로 평가받고 있다.

그러나 역설적인 것은 생협이 대중과의 접촉면을 늘리면서 원래 추구했던 이념과 철학이 훼손되어 간다는 사실이다. 한 조사에 따르면 생협 이용자 중 대안적 소비 의식을 갖고 각종 교육이나 산지 체험, 공동 나눔 등 생협 행사에 적극 참여하는 핵심 소비자보다 시장 지향적 소비자의 비중이 훨씬 많은 것으로 나타났다(허미영, 2008). 지속가능성과 같은 환경 문제, 지역사회와 함께하는 공동체적 삶을 추구하기보다 좋은 먹거리 구입이라는 개인적 목표를 달성하기 위해 생협 물건을 구매하는 시장 지향적 소비자들이 많다는 것이다. 즉, 생협의 물건을 구매하는 사람 중에는 의도적으로 윤리적 소비를 실천하는 사람들부터 안전식품을 구매하려는 단순 소비자, 심지어는 유행성 라이프스타일을 좇는 사람에 이르기까지 광범위한 스펙트럼이 섞여 있다는 것이다. 그리고 이러한 생협 이용자층의 변화에 아이쿱의 매장 중심 정책이 자리하고 있다. 윤리적 소비가 시민적 덕성을 갖춘 의식 있는 소비 형태로 간주되는 사회 분위기 속에서[5] 까다로운 노력 없이 단지 물건을 구매하는 것만으로도 윤리적 소비에 참여할 수 있다는 사실이 매력적이었기 때문이다.

하지만 '소비'만으로 책임을 완수했다고 생각하는 구매자들은 대안적인 먹거리 체계를 구축하기 위해 의도적 노력과 구체적인 실천을 요구하는 음식 시민으로 변화할 가능성이 별로 없다. 더구나 이들 소비자는 안전한 먹거리를 찾아 생협을 포함해 친환경 농산물 취급업체, 인터넷 전

5 2012년 5월 대한상공회의소가 발표한 '윤리적 소비에 대한 소비자 인식' 조사에 따르면 국내 소비자 중 73%가 '가격과 품질이 비슷하면 윤리적 가치를 반영한 제품을 구매하겠다'고 답했고, 2011년 LG 경제연구원도 환경이나 윤리 등 사회적 가치를 추구하는 것이 한국 소비자들의 라이프스타일 중 하나라고 분석한 바 있다.

문점, 대형 할인마트나 백화점의 친환경 매장 등으로 빠르게 이동하면서 생협이 시장 지향적 시스템을 갖추도록 강제하고 있어 문제적이다(허미영, 2005). 예를 들어 시장 지향적 소비자들이 추구하는 편의성은 상품을 작은 단위로 포장해 판매하는 소포장제를 지향하지만 이는 포장의 과다 사용 문제 등 환경적으로 생협의 가치나 운영 방침에 어긋난다.

다시 말해, 근래 들어 생협이 외형상 성장을 거듭하고 있지만 그 이면에는 상품성과 시장 원리에 따라 물건을 구매하려는 시장 지향적 소비자들의 증가가 포함되어 있고, 이들로 인해 생협의 윤리적 실천에 다양한 문제가 파생될 수 있다는 것이다.

생협 활동은 여성주의적인가?

생협 운동의 흐름에서 잠깐 언급한 바와 같이 한국의 생협 활동은 '운동적' 성격이 강하다. 1987년 제도적 민주주의가 완성된 이후 시민운동 단체가 직면했던 근본적인 정체성 변화 요구와 생활, 여성, 지역, 생태, 환경에 주목했던 '풀뿌리 자치운동'이 결합하면서 생협 활동이 시민사회 전반에 새로운 활로이자 기회로 여겨졌기 때문이다. 현재 광주지역에서 운영 중인 생협 단체가 모두 시민운동단체를 모태로 출발했다는 점, 안전 먹거리 확보에서 시작해 학교 급식 문제, 청소년 건강권 문제, 나아가 대안경제 실현을 위한 생명공동체 운동 등 다양한 풀뿌리 시민운동 영역으로 확장해 나갔다는 점도 이를 반영하고 있다(박주희, 2007).

특히 생협 활동은 여성주의적 관점에서 볼 때 '주부들의 사적 모임에서 탈피해 사회적 자아를 발견하고 확장해 나갈' 기회를 제공했다는 측면에서 매우 긍정적인 가치를 부여받아 왔다(예를 들어 김명혜, 1997; 박주희, 2007; 우춘희, 2010; 백은미, 2012). 많은 연구가 가리키는 것처럼 비록 가족에게 건강한 먹거리를 제공하겠다는 사적인 이유에서 출발했다 할지라도 생협 활동은 생태, 환경, 여성, 지역 등 국가와 사회, 개인을 가로지르는 공적인 자아로 변화할 가능성을 내포하고 있기 때문이다. 또 사소하고 보잘것없는 것으로 여겨지던 보살핌과 살림에 대한 자각, 모성 가치의 재발견 등을 통해 여성적 가치를 일깨워 주었다는 점에서도 생협의 긍정적인 여성주의적 지향을 읽을 수 있다. 한마디로 생협은 자연과 여성에게 억압적이던 사회 체제를 비판할 안목을 기르고, 새로운 가치관과 대안적인 사회 경제구조를 상상하면서 생산 중심적, 남성 중심적 지배 체제가 파괴한 여성들의 살림 가치를 회복시키는 기회를 제공해주었다(이현희, 2004).

세심하게 살펴야 할 점은 생협에 참여한 여성 대부분이 전업 주부라는 고정되고 소외된 삶에서 벗어나 자신의 삶을 재조직할 기회를 갖게 되었다는 점이다. 아래 인터뷰 내용에서 확인되는 것처럼 과거 시민운동단체에서 활동한 경험이 없는 평범한 주부들도 가정과 살림, 모성이라는 자신의 틀을 유지하면서 '사회적 주부'로 발전할 수 있게 되었다는 것이다. 더욱이 생협 활동은 생활, 지역, 여성적 가치를 모색했던 시대적 흐름에도 부합한 것이었다.

> 저는 고향도 이쪽이 아니고 남편따라 내려왔다가 아이들 키우고 동네 아줌마들 만나 이런저런 이야기하는 것이 전부였어요. 그래도 가슴 한쪽에는 뭔가 의미 있는 일을 하고 싶다는 열망이 있었죠. 그렇다고 직장 생활을 한 것도 아니었으니까 뚜렷이 뭐를 할 수 있다는 생각도 없었죠. 아이들도 어렸구. 그러다가 장성의 한 목사님이 도농 직거래 판매처 겸 소비자 조직을 계획 중이라는 얘기를 전해 듣고 이거다 싶었어요. 전문적인 지식이 필요한 것도 아니었고, 늘 하던 식품 구매를 하는 것이었지만 그것이 농민단체에 도움이

된다고 하니 의미도 있었구요. 여러 가지로 좋았어요.

아이쿱 빛고을생협[6]의 전신으로 1994년에 설립한 '하남한마음생협'의 원년 멤버이자 광주지역 생협 활동의 산 증인격인 A의 증언이 제안하는 것처럼 생협은 주부 혹은 어머니로서의 역할을 유지하면서 사회적으로도 의미 있는 일을 할 수 있다는 것이 가장 핵심적인 여성주의적 가치였다. 살림 '노동'에 대한 새로운 가치 부여, 전업 주부라는 위치에 속하면서도 그 위치에 고정되지 않는 새로운 삶의 방식을 재조직할 수 있다는 것이다(백은미, 2012). 특히 주목해야 할 대목은 생협 활동이 돌봄노동, 보살핌노동과 같은 살림노동을 여성들을 억압하는 것으로 간주하기보다 그 가치를 복원하는 작업에 집중했다는 점이다. 이것이 과거 급진적인 여성주의 입장과 구별되는 생협 활동의 여성주의적 가치 부여이기도 하다. 가족 내 성별 분업의 부당성을 지적하며 살림노동 자체를 부인하기보다 그 의미를 새롭게 환기하는 방식으로 소외되고 평가 절하되어 있던 자신들의 역할과 삶을 의미 있는 것으로 복원시켜 주었다는 것이다. 장보는 일이나 늘 하던 소비 활동이 자본주의 횡포에 대응하고 먹거리 문제, 환경 문제 등을 해결할 수 있는 의미를 담고 있다는 사실을 일깨워줌으로써 자신이 담당하던 역할에 대해 자긍심을 갖게 하는 것이다. 또 생협 활동을 하다보면 시간적인 부족으로 가사노동이 부담스러워질 수 있는데 이를 반찬동아리 모임을 통해 해결하는 것처럼 생협은 가사노동을 공동체적 시각으로 접근하고 해결할 길을 열어주기도 했다. 그 결과 참여 주부들은 살림노동에 대한 가치관이 '자기 희생의 논리'에서 '평등

6 아이쿱생협은 1990년대 한국 생협이 침체기를 겪을 당시 전국 단위에 흩어져 있던 중소형 소비자생활협동조합이 결합해 만든 연합단체이다. 이 때문에 '아이쿱 빛고을생협'처럼 아이쿱이라는 이름과 과거 생협의 이름을 덧붙여 사용하고 있다.

한 관계성의 논리'로 전환되는 변화를 경험할 수 있게 된다.

그뿐만 아니라 생협 활동은 사적인 여성으로서 자긍심을 일깨우는 작업과 더불어 친환경 농업 육성, 도농 간 생태적 관계 회복, 대안 경제를 통한 생명공동체 실천 등 가족 내 보살핌 영역에 머무르지 않고 생태, 환경, 사회적 약자에 대한 보살핌으로 확장된 '사회적 주부'로 변화할 가능성을 내포했다는 점에서도 긍정적으로 평가할 수 있다. 주부들의 소박한 요구가 운동 영역의 확장으로 이어지고 사회의 변화, 관계의 확장을 경험할 수 있게 되었다는 것이다. 가령 2008년 쇠고기 촛불집회에서 단적으로 드러난 것처럼 나와 내 가족이 안전한 음식을 먹을 수 있어야 한다는 생활상의 소박한 요구들이 소비자의 권리 의식 강화, 아동 및 청소년 건강권 확보 운동, 학교급식운동을 통한 농촌공동체 활성화 등으로 이어지는 파급 효과를 낳았다는 것이다.

따라서 참여 주부들은 생협 활동을 통해 한 개인의 사적인 주체 변화가 주변의 사회적 관계를 비롯해 생태 위기 해결이라는 거시적 차원까지 확장되는, 이른바 '환경, 사회 관계, 인간 주체성 세 가지 영역에 대한 윤리-정치적 접합'을 경험하게 된다(Guattari, 1989). 그 경험이 중요한 것은 가타리Félix Guattari가 명민하게 파악한 바대로 전지구적 차원에서 진행되는 환경 파괴, 빈곤과 기아와 같은 생태학적 불균형을 해소하는 작업은 세 영역을 가로지르는 분열적 주체의 새로운 배열을 통해 가능하기 때문이다. 가족, 도시 생활, 노동 등에서 자신들의 존재 방식을 수정하고 재발명하는 데로 나아가는 특정한 실천을 발전시키는 것, 단순히 일반적인 지향에 머무르지 않고 대규모 제도적인 수준에서뿐만 아니라 미시 사회적 수준에서도 실효성 있는 실험적 실천을 실행에 옮기는 작업을 통해 지구적 생태불균형을 해소할 수 있다는 것이다(Guattari, 1989: 15).

그러나 역설적인 것은 생협 활동의 여성주의적 의미, 바로 그 점 때문에 생협 활동이 대단히 젠더적 한계를 드러낸다는 사실이다. 이를테면 생협 활동은 살림/보살핌노동에 대한 가치 부여를 일궈냈지만 그것이 가족 내 성별 분업을 고착하고 강화시키는 기제로 작용하는 양날의 칼이다.

성별 분업적 특성이 강한 우리 사회에서 육아와 가사는 취업 여부와 상관없이 여성들의 몫이다. 따라서 가정 안에서 먹거리에 관여하는 기혼 여성들의 경우 건강 먹거리에 대한 관심이 높아지면서 생협 활동에 참여하고 그것을 계기로 살림노동에 대한 의미를 깨닫지만 동시에 그로 인해 가족 내 성별 분업을 내재적인 것으로 자연스럽게 받아들이게 된다. 또 집안일과 생협 활동 두 가지를 동시에 감내해야 한다는 어려움 속에서도 보살핌이 여성에게만 강요되는 가부장적 구조에 대해서는 눈을 감게 만든다. 어떤 주부 활동가들의 경우 생협 활동으로 가족 내 주부 역할에 영향을 받을 경우 활동을 중단하거나 포기하기도 한다. 자신의 능력을 다른 사람과 더불어 나누고 남편 몰래 활동하는 시기를 견디며 자기 성장의 기회로 삼는 경우도 있지만 남편의 반대 등 가족 속에서 생협 활동이 받아들여지지 않을 경우 내적 갈등을 겪다가 생협 활동을 접는 경우가 생긴다는 것이다(박주희, 2007). 또 보살핌과 살림노동에 대한 강력한 가치 부여가 여전히 남아 있는 성 불평등을 해결하려는 사회적 노력에 대한 반감, 즉 기존의 여성주의 및 여성운동에 대한 거부감으로 나타나기도 한다. 그리고 생협 활동의 모성적 가치 때문에 여전히 자녀 양육의 책임은 어머니에게 있다고 여기고, 그 어머니 역할을 제대로 수행 못했을 경우 심한 갈등을 느끼는 경우도 많다. 이러한 젠더적 한계는 여성이든 남성이든 지구상에 존재하는 모든 인간이 건강하고 안락한 삶을 영위하고자 '인간 공동체'를 만들려고 했던 생협의 목표와 괴리가 크다. 이념, 가치, 이데올로기 등 추상화된 단계에서는 생협의 평등 사상이나 민주주의에 동의한다 할지라도 이를 가족 생활에서 직접 실천하기에는 여전히 한계를 갖고 있다는 것이다.

생협의 역설적인 젠더 한계는 '가부장적 사회에서 차별받는 여성 해방'이라는 정체성을 토대로 활동을 시작했던 민우회 생협 활동가들 사이에 특히 민감한 문제였다. 민우회 생협에서 일하는 많은 여성 활동가는 여성운동에 동의한 상태에서 생협 활동을 시작했기 때문에 가부장적 사회구조에 대한 비판적인 시각을 견지하고 있었다. 그런데 생협 운동을 하면서 '좋은 먹거리를 만들어 먹이는 일'이 중요하다고 느끼게 되고, 이를 실천하려 노력하면서 갖게 되는 이중적 고통으로 인해 종국에는 생협 활동이 여성운동과 상충되는 것으로 여기게 되었다는 것이다(꿈지모, 2004). 이상의 젠더적 역설은 생협이 주부 대중 조직으로서 의미 있는 사회적 실천을 수행하는 운동조직으로 성장하려면 단순히 안전 먹거리 판매처라는 인식을 넘어 주부들이 안고 있는 문제를 함께 고민하고 해결할 수 있는 장으로 거듭나야 한다는 것을 강력하게 시사하고 있다.

한편, 생협 활동을 둘러싼 미디어 담론들도 젠더적인 성별 분업을 강화하는 요소로 작용한다. 가령 한 연구에 따르면, 먹거리 위험을 둘러싼 논의 중 여성의 역할과 관련된 논의는 '주부의 가사노동=가족 사랑을 실천하는 신성한 역할'임을 강조하는 데 모아지고 있다(함인희 · 정세경, 2011). 특히 근래 각종 식품안전 사고 이후 미디어에서 전개되는 먹거리 위험과 여성의 역할 관계는 모성 이데올로기와 긴밀한 연계 하에 진행되고 있다. 예를 들어 먹거리 위험이 가시화된 이후 언론은 여성의 즉각적인 대응이 중요함을 주장한다. 주부가 유기 농산물을 구매해 '직접' 조리한다면 당장의 위험 요소를 피할 수 있다고 조언하면서 식품정보 표시제와 식품재료 구별법을 학습하도록 권유한다. 또 주부/엄마들로 구성된 모임에 참가를 권유하면서 조직 활동에 참여하는 것이 여성들이 먹거리 위험에 대응할 수 있는 매우 중요한 역할임을 강조하고 생협 활동을 그

중 하나로 소개한다. 만약 이상의 활동을 모두 훌륭히 소화해낼 경우 미디어는 그 여성을 가족 건강을 위해 노력하는 '프로 주부'로 호명해준다. 복잡한 조리 과정을 거쳐 직접 음식을 장만하고 인터넷과 신문, 전문 서적을 통해 어떤 음식이 안전한지 정보를 습득해 안전하고 건강한 식품을 제공하는 일이야말로 '전문 주부'로서 가족 사랑을 실천하는 것이라고 부추기는 것이다. 또 가족의 건강 관리를 책임지는 주부들을 인터뷰하면서 그들을 당당하고 자신감 넘치는 존재로 묘사하며 여성을 정교화된 성별 분업 체계 안에 고착시킨다. 이는 먹거리 안전 문제를 여성 개인의 차원에서 해결할 수 있다는 그릇된 인식을 갖게 한다는 점에서도 문제지만 가족의 건강을 지키기 위해 가부장적 질서 속의 여성 역할만 유독 강조한다는 점에서 젠더적이지 않을 수 없다.

마지막으로 여성 네트워크를 근간으로 한 생협 활동은 활동 내역이 젠더적 구분을 토대로 전개된다는 점에서도 사회 내 성별 분업을 강화시킬 여지를 안고 있었다. 이를테면 생협 활동은 '활동가/실무가=여성, 사업담당=남성'과 같은 구분을 전제로 이뤄지고 있다. 구매를 위해 매장을 방문하는 사람의 대부분이 여성이기 때문에 매장 관리, 조합원 관리, 하부 조직을 담당하는 것은 여성의 일로 간주되며, 생협 운영은 사업적 차원에서 남성적 일로 구분되는 것이다. 이러한 성별 구분은 생산자 농민을 중심으로 구성된 한살림생협에서 특히 두드러졌다.

> 매장에 물건을 사러 오는 사람은 전부 여성이라고 봐도 돼요. 그러니까 매장 직원은 여성이 좋죠. 생협은 여성적이예요. 우리 조직만 하더라도 활동가나 실무자는 여성들이고, 사업이나 비즈니스 측면에서 사업을 확장하거나 관리하는 것은 제가(남성) 하는 것이 좋습니다. 생산자들도 대부분 남자니까.

그러나 한살림 이외에 아이쿱생협도 조합원들의 주문을 받거나 매장을 관리하고 활동가들을 조직하는 일은 여성들이 담당하고 매장사업 경영이나 회계는 '비즈니스적 경영 마인드를 갖춘' 남성에게 맡기는 식의 성별 분업이 이뤄지고 있었다. 이러한 생협 단체의 성별 분업적 활동에는 열악한 시민단체 환경으로 인해 상근자들에게 충분한 임금을 제공할 수 없다는 점도 하나의 요인으로 작용하고 있었는데 이는 비정규직, 시간제 활동은 여성 실무자/활동가에게 적합하다는 인식과도 결부되어 있었다.

음식 시민의 시장 주도적 대응

생협을 음식 시민의 실천적 방법의 하나로 간주할 때 젠더 문제와 더불어 생각해 볼 것은 생협이 지향하는 대안 경제적 가치와 자본주의 시스템과의 역학 관계이다. 그리고 그런 맥락에서 볼 때 최근 생협의 성장이 마냥 반가운 일일 수만은 없다. 생협의 외형적 규모 확대가 윤리적 실천을 전제로 한 음식 시민의 성장으로 귀결되지 않을 가능성도 많기 때문이다. 오히려 윤리적 실천을 개인의 선택권 문제로 축소시킬 위험, 시장주의적 경쟁 원리에 따라 생협 단체 간 협력과 유대를 깨뜨릴 위험마저 안고 있다. 즉, 생협의 성장 위주 정책은 로컬의 의미, 성장과 공존 사이의 긴장, 소농과 대농 사이의 갈등과 같은 다양한 윤리적 · 사회적 이슈와 연결되어 있다. 또 생협 활동이 일반적 · 보편적 지향점을 가져야 하는지, 아니면 전체 시스템 안에서 다양한 분열적 절단선이 많아지는 것을 지향하는지와 같은 정치철학적 문제와도 결부된다.

가령 최근 광주지역 생협 단체 사이에 벌어졌던 갈등 사례는 성장 단계에 들어선 생협이 고민하고 풀어야 할 여러 윤리적 · 사회적 이슈를 보여주고 있다. 문제의 발단은 1990년대 말 조직력과 운동적 성향이 강한 한살림 매장 근처에 아이쿱이 뒤늦게 대규모 매장을 개설하면서 시작되었다. 당시 한살림은 매장 중심으로 운영되는 단체가 아니어서 매장의 기능은 물건 판매보다 소모임 등 조합원들을 위한 활동 공간 성격이 강했다. 이에 비해 아이쿱은 도시 소비자를 중심으로 시작했던 조직 특성상 다양한 품목을 갖춘 매장에 대한 요구와 선호도가 높았다. 이에 아이쿱이 매장을 준비하면서 이미 운영 중이던 한살림생협 근처에 규모가 더 큰 매장을 개설한 것이다. 이후에도 광주의 또 다른 지역에서 동일한 일이 반복되면서 두 단체 간의 갈등이 깊어졌고 급기야 한살림이 시민단체에 중재를 요청하기에 이르렀다. 한살림 측은 '거리 제한'을 주장하며 규모가 거대해진 아이쿱이 '상도의에 어긋난 무차별적 확장'을 거듭했다고 비난했다. 반면 아이쿱은 '우리의 경쟁 상대는 대형 백화점 유기농 매장'이라면서 생협은 조합원들의 필요와 이해를 최우선적으로 고려해야 하고, 생협이 타깃으로 하는 수요층은 상호 겹칠 수밖에 없어 불가피한 조치였다고 설명했다(A 인터뷰, 신성식 · 차형석, 2013).

이 사례는 생협 관계자를 비롯해 시민단체, 생협 소비자 모두에게 생협의 정체성과 관련된 본질적인 질문을 제기했다. 생산자와 소비자 사이의 연대와 협력을 바탕으로 대안 경제공동체를 구축하고자 했던 생협의 이념과 비즈니스적 경영 전략, 조합원들의 이해 반영 등이 상호 충돌했을 경우 이들 가치를 어떻게 조화롭게 결합할 것인지에 관한 문제이다. 특히 경영 노하우 없이 이상과 이념만으로 운영되던 생협이 그 존재 자체를 위협받았던 1990년대의 경험을 기억하고 있는 이들에게 이 문제는 간단하게 결론지을 수 있는 것이 아니었다.

그러나 분명한 것은 생협이 단일 단체의 성공과 발전만이 아니라 생협 전체의 지속 가능한 성장을 도모해야 한다는 사실, 따라서 이제는 성장과 연대의 문제를 모두 진지하게 고민해야 할 시기가 되었다는 점이다. 지금의 갈등도 이미 한 차례 제기되었던 잠재적 갈등을 적극적으로 해결하지 않았기 때문에 생긴 문제로 볼 수 있다. 생협 간 경쟁 문제는 1990년대 말 수도권 생협을 중심으로 이미 제기되었지만(김정희, 2002) 당시 생협들은 이를 크게 고민하지 않았다. 그때만 하더라도 생협의 시장 규모가 워낙 협소했기 때문에 생협 간 조합원이 겹치지 않았고 시장 규모를 키우는 일이 더 중요하다고 판단했던 것이다. 그러나 아이쿱의 매장 중심 정책 이후 시장 규모가 확대되면서 일반 대중 소비자들이 많아졌고 잠재되어 있던 갈등이 광주 사례를 계기로 표출된 것이다. 또 다른 지역에서도 비슷한 가능성이 잠재되어 있는 상황이다. 요컨대, 이제는 생협의 발전과 성장 대對 연대와 협력이라는 두 긴장을 어떻게 조화시킬 것이냐의 문제를 다 같이 고민해야 한다는 것이다. 화폐적 등가等價 보상으로 환원되지 않은 수많은 경제 활동이 존재한다는 사실을 자각케 하고, 이를 통해 현 자본주의 시스템이 지향하는 등가 교환 원칙만이 유일한 최선의 경제 활동이 아니라는 인식을 확산시키는 것이 생협이 지향하는 목표 가운데 하나라는 점에서 그러하다. 또 자연이 인류에게 제공하는 수없이 많은 공짜 상품, 대가를 바라지 않고 기꺼이 제공하는 여러 형태의 선물들, 그리고 남성 중심적 생산 체계에서 비가시적인 재생산 영역의 부차적 활동으로 전락해버린 여성의 돌봄노동과 같은 비자본주의적 경제 활동이 지배적 경제 담론 안에서 응축되어 사라져버리지 않도록 하는 것이 대안 경제공동체, 즉 생협을 위한 이념과 가치이기 때문이다(Gibson-Graham, 2006).

이와 함께 생협의 성장은 대농과 소농의 문제, 로컬의 의미를 둘러싼 질문도 제기하고 있다. 가령 생협은 서두의 캘리포니아대학교 실천 사례에서 제안한 것처럼 원칙적으로 가족농과 같은 소농을 지향한다. 생명,

환경, 건강 등 지구생태계 차원에서 소농의 지속가능성이 더 높기 때문이다. 그러나 인터뷰에 응한 한 활동가의 증언처럼 생협 활동을 지속하기 위해서는 대농으로 전환해야 할 시점에 직면하게 된다. 생산 단가를 낮추고 기본적인 수익(소득 보전)이 유지되기 위해서는 규모의 경제가 적용되기 때문이다.

> 원래는 소농이 맞죠. 생명운동 차원에서 보면 원래는 소농이 맞죠. 규모가 커지면 농민 한 사람이 관리할 수 있는 범위를 넘어서고, 유기농에 벅차요. 그런데 또 소농을 하면 가격 경쟁력이 안 생겨요. 딜레마가 생기는 거죠.

위 활동가의 고민은 생협이 지향하는 생태환경과 경영 이윤을 조화롭게 고민하는 것이 쉽지 않다는 것을 보여주고 있다. 소규모 농민공동체를 중심으로 형성되었던 초창기 여러 생협이 판로를 개척하지 못해 대부분 실패했다는 점도 소농, 가족농 중심의 운영이 이상과 달리 유지하기 어렵다는 것을 시사한다. 특히 아이쿱을 비롯해 생협 활동이 매장 중심 사업으로 전환된 이후 물류와 유통 문제가 더욱 중요하게 부각되면서 생협은 소농보다는 어느 정도 규모를 갖춘 생산자가 필요해졌다. 아이쿱을 예로 들자면 현재 아이쿱 산하에는 전국적으로 79개 단체가 가입되어 있다. 이들은 물류와 유통이 통합되어 있어 물건을 구매하고 분배하는 경로가 일원화되어 있다. 전국 단위로 구매와 유통, 소비가 이뤄진다는 것이다. 따라서 어떤 생산자가 아이쿱과 계약을 맺고 물건을 납품하기 위해서는 전국적인 수요를 감당할 정도의 생산량을 확보하고 있어야 한다. 인터뷰에서도 활동가들은 생협의 안정적인 사업을 위해 '물류와 유통'이 중요하다는 얘기를 강조하면서 대농의 불가피성을 설명했다. 한살림의 상황도 크게 다르지 않았다. 아이쿱보다 상대적으로 작은 지역 단위 생산자와 계약을 체결하지만 가격 경쟁력을 감안하지 않을 수 없기 때문에 어느 정도 규모를 갖춘 생산자가 필요하다는 것이다.

이러한 대농/소농의 문제는 로컬의 의미를 어떻게 해석할 것인지의 문제와도 연결되어 있다. 생협은 원칙적으로 공동체 내의 생산물을 해당 공동체에서 소비하는 것을 지향한다. 근대적인 먹거리 체계가 농식품 유통의 공간적 확장을 가져와 어떤 생산자가 재배한 식품인지 알 수 없는 구조를 만들었고 이로 인해 먹거리 위험이 파생되었다고 보기 때문이다. 따라서 인근 지역에서 생산해 푸드 마일food miles[7]이 적은 식품local food을 건강한 먹거리의 상징처럼 여긴다. 그런 측면에서 볼 때 아이쿱의 전국 단위 물류 정책은 엄밀하게 보면 로컬 푸드에 위배된다. 광주 아이쿱을 예로 들자면 인근 전남지역에서 재배된 농산물 대신 먼 지역에서 생산한 농산물을 소비하는 아이러니마저 생긴다. 물론 로컬의 범주를 어떻게 설정할 것인가에 대해서는 논란의 여지가 있다. 세계적 수준에서 보자면 우리나라 전체가 하나의 로컬일 수 있고, 국가 단위에서는 더 많은 하위 로컬이 존재하는 등 기준에 따라 다양한 범주가 가능하기 때문이다. 인터뷰에 응했던 아이쿱 활동가의 입장도 비슷했다.

> 글쎄 저도 잘 모르겠지만 로컬을 우리나라 전체, 국가적 차원에서 생각해야 할 것 같아요. 미국처럼 크기가 큰 나라와 우리나라는 상황이 다를 것입니다. 우리나라 안에서 지역을 구분해 생각하지 말고 전지구적 차원에서 보면 우리나라도 하나의 로컬이 아닐까요?

주의할 것은 그녀의 설명에 일리가 없는 것은 아니지만 한국적 상황에

7 농산물 등 식료품이 생산자 손에서 떠나 소비자의 식탁에 오르기까지 이동 거리를 가리킨다. 푸드 마일이 길어지면 길어질수록 그 식품의 안전성은 떨어진다(네이버 지식백과).

서 우리나라 전체를 하나의 로컬 단위로 간주할 수 있다는 설명은 로컬(푸드)을 지나치게 자의적으로 해석하는 것이라는 비판에서 자유롭지 않다는 점이다. 현대 사회가 커뮤니케이션 테크놀로지의 발달과 이동성 증가로 장소성에 입각한 로컬 의미가 과거보다 많이 퇴색한 것은 사실이다. 또 로컬-국가-세계라는 복잡한 관계망 속에서 로컬의 범주를 어떻게 설정해야 하는지 충분한 사회적 합의가 이뤄진 것도 아니다. 다만, 물리적 장소성의 의미가 과거에 비해 약화되었다 할지라도 여전히 장소성의 위력이 남아 있고, 각 지역 권역별로 정치 · 사회 · 경제 · 문화적 체제가 상이하게 형성된 국내 상황을 감안할 때 한국 전체를 하나의 로컬 단위로 묶을 수 있다는 입장은 무리가 아닐 수 없다. 즉, 아이쿱을 비롯해 현재 생협 단체에 필요한 것은 생협이 추구하고자 했던 이상과 가치를 담은 정책을 '이념의 과잉'으로 치부하지 말고 더 적극적으로 개발해야 한다는 것이다.

이상에서 살펴본 생협의 당면 문제들은 한마디로 요약하자면 생협의 외형적 성장에서 비롯된 것들이다. 이를테면 광주의 경우 하남지역 아파트 단지 내 30가구로 출발한 조촐한 생협이 현재는 전체 조합원 1만여 명에 이르는 규모로 성장했다. 또 개별 생협도 빛고을생협에서 출발해 빛고을 자연생협, 빛고을 무진생협, 빛고을 시민생협 등 4개의 독립법인체로 분화된 상태이다. 이러한 성장은 생협 단체가 안정적인 경영 토대를 마련하고 안전 먹거리에 대한 대중적 관심을 환기해 음식 시민으로 성장할 기회를 제공했다는 점에서는 긍정적이다. 그러나 동시에 지역, 생태, 여성, 환경, 생명과 같은 생협의 이념과 가치에 별다른 관심을 두지 않는 일반 소비자들의 증가, 즉 대안 먹거리 체계에 관심을 둔 음식 시민으로 변화할 가능성이 별로 없는 일반 소비자를 대상으로 한 틈새시장을 개척한 것에 불과하다는 점에서는 부정적이다. 광주 아이쿱의 성장만 하더라도 여성 활동가들의 헌신과 성실함이 기본 역할을 했겠지만 이들이 시장주의적 논리를 적극 도입하면서 중산층이 밀집한 지역에서 주목할 만한 성장세를 이뤘다는 사실, 증가한 소비자층의 대부분이 프리미엄 유기농 식품을 구매하려던 일반 소비자였다는 점이 생협 성장의 부정적 측면을 간과할 수 없게 한다. 게다가 광주 아이쿱은 최근 또 다른 실험을 시작했다. 몇 년 전부터 조합원이 아닌 일반 관리자가 생협 매장을 운영할 수 있도록 한 데에서 나아가 생협과 매장을 따로 분리해 매장 경영만을 전담하게 될 자회사를 설립한 것이다. 이를 두고 관련자들은 전문 경영인의 도움으로 경영 이윤이나 비즈니스 전략 차원에서 도움을 받을 수 있을지 모르지만 생협의 가치와 이상과 거리가 먼 시장주의적 경영 원리가 생협 전체에 더욱 확산될 것을 우려하고 있다.

그 우려가 기우만이 아닌 것은 앞에서 언급한 바와 같이 근래 들어 우리 사회의 '윤리적 소비' 문화가 기업과 자본의 시장 주도적 대응에 위협받고 있는 상태이기 때문이다. 소비자들이 윤리적 소비에 대한 관심이 늘고 있는 것이 사실이지만 그 방향이 소비자와 생산자, 소비자와 소비자 사이의 연대에 기초하기보다 관련 기업이 제공하는 프리미엄 식품 전략에 이끌리는 경향을 보인다는 것이다. 다시 말해, 근래의 생협 성장은 진정성 있는 이념적 토대 위에 까다롭고 번거로운 윤리적 실천을 동반해야 하는 음식 시민으로의 전환 가능성을 높이기보다 자본과 기업의 '스타일 소비'가 윤리적 소비 영역을 빠르게 장악하면서 드러난 균열의 결과일 수 있다. 이미 지난 2006년 미국 부통령이던 앨 고어Al Gore가 소개한 '불편한 진실'이 세계적 관심을 얻은 이후 많은 기업이 친환경, 그린green 등의 수사修辭를 적극 활용하면서 윤리적 실천을 마케팅 전략으로 빠르고 강력하게 포섭해 나가는 중이다(Lewis & Potter, 2011). 근대 먹거리 체계가 갖는 자본주의적, 산업주의적 질서에 맞서 생산자와 소비자의 연대를 토대로 추구했던 음식 시민의 가능성이 자본주의적, 시장주의적 방식에 빠르게 잠식되어 가고 있다는 것이다.

참고 문헌

권오범 (2013). 한국 생협운동과 공동체운동의 평가와 전망, 『진보평론』, 55: 52-75.

김명혜 (1997). 공동체와 여성: 〈하남생협〉의 사례연구, 『현대사회과학연구』, 9: 85-118.

김선업 · 김철규 · 이해진 (2012). 먹거리 불안과 관련 소비행위의 사회계층적 분화, 『농촌사회』, 22(1): 215-264.

김선업 · 제프리 로렌스 (2012). 위험사회에서 먹거리 소비 양식의 사회경제적 분화, 『경제와 사회』, 96: 77-111.

김정희 (2002). 도시지역 여성운동 사례 연구: 수도권 소비자 생활협동조합을 중심으로, 한국여성연구원 편, 『지구화와 여성 시민권』, 서울: 이화여자대학교 출판부.

김철규 (2008). 신자유주의 세계화와 먹거리정치, 『한국 사회』, 9(2): 123-146.

꿈지모 (2004). 생협운동, 여성에게도 대안인가: 한살림 생협과 여성민우회 생협의 비교 검토, 『여성과 환경』: 164-175.

모심과 살림 연구소 (2006). 『스무살 한살림 세상을 껴안다』, 서울: 그물코.

박주희 (2007). 지역 생협에서 주부들의 풀뿌리 운동과 대안가치, 『진보평론』, 33: 144-170.

박형신 (2010). 먹거리 불안 파동의 발생 메커니즘과 감정동학, 『정신문화연구』, 33(2): 161-192.

백은미 (2012). 생협운동 경험을 통한 여성들의 살림가치에 대한 의미 고찰: icoop 생협 부산지역 활동가를 중심으로, 『여성학연구』, 22(2): 71-107.

신성식 · 차형석 (2013). 『당신의 쇼핑이 세상을 바꾼다: 사람을 살리는 협동조합의 힘』, 서울: 알마.

이해진 (2012). 소비자에서 먹거리 시민으로, 『경제와 사회』, 96: 43-72.

정은미 (2006). 한국생협의 특성, 『농촌경제』, 29(3).

함인희 · 정세경 (2011). 먹거리 위험 담론과 성역할 분업의 정교화: 1980-2008년 식품안전사고 대응 담론을 중심으로, 『여성학논집』, 28(1): 199-235.

허미영 (2005). 유기농산물 소비에 대한 사회학적 접근, 『농촌사회』, 15(2): 45-83.

____ (2008). 생협의 대안적 소비문화의 성격과 그 함의: 여성민우회생협을 중심으로, 『농촌사회』, 18(2): 7-36.

Bearswoth, A. & Keil, T. (1997). *Sociology on the Menu: An Invitation to the Study of Food and Society*. Routledge. 박형신 · 정헌주 옮김 (2010). 『메뉴의 사회학: 음식과 먹기 연구로의 초대』. 서울: 한울아카데미.

Bourdieu, P. (1979). *La Distinction: Critique Sociale Du Judgement*. 최종척 옮김 (1995). 『구별짓기: 문호와 취향의 사회학』. 서울: 새물결.

Burnett, J. (1989). *Plenty and Want: A Social History of Food and Eating*. Aldershot: Gower.

Calnan, M. & Cant, S.(1990). The Social Organization of Food Consumption: A Comparison of Middle Class and Working Class Households, *International Journal of Socialogy and Social Policy*, 10(2): 53-79.

Charles, N. & Kerr, M. (1988). *Women, Food, and Families*. Manchester University Press.

Delormier, T., Frohlich, K. L., & Potvin, L.(2009). Food and Eating as Social Practice: Understaning Eating Patterns as Social Phenomena and Implication for Public Health, *Sociology of Health & Illness*, 31(2): 215-228.

Feenstra, G. (2002). Creating Space for Community Food System: Lessons from the Field, *Agriculture and Human Values*, 19(2): 99-106.

Gibson-Graham, J. K. (2006). *A Postcapiltalist Politics*. Minneapolis; University of Minnesota Press.

Guattari, F. (1989). *Les Trois Ecologies*, Paris: Galilee. 윤수종 옮김 (2003), 『세 가지 생태학』. 서울: 동문선 현대신서.

Harrison, R., Newholm, T., & Shaw, D. (2005). *The Ethical Consumer*, London: Sage.

Hassanein, N. (2003). Practicing Food Democracy: A Pragmatic Politics of Transformation, *Journal of Rural Studies*, 19(1): 77-86.

Johnston, J. (2008). The Citizen-Consumer Hybrid: Ideological Tensions and The Case of Whole Food Market, *Theory and Society*, 37: 220-270.

Kerr, M. & Charles, N. (1986). Servers and Providers: The Distribution of Food within the Family, *The Sociological Review*, 34(1): 115-157.

Lewis, T. & Potter, E. (2011). *Ethical Consumption: A Critical Introduction*, London: Routledge.

Lockie, S. (2009). Resonsibility and Agency within Alternative Food Networks: Assembling the 'Citizen Consumer,' *Agriculture and Human Values*, 26(3): 193-201.

Warde, A. & Hetherington, K. (1994). English Households and Routine Food Practices: A Research Note. *The Sociological Review*, 42(4): 758-

778.

Welsh, J. & MacRae, R. (1998). Food Citizenship and Community Food Security: Lessons From Toronto, *Canadian Journal of Development Studies*, 19(4): 237-255.

Wilkins, J. (2005). Eating Right Here: Moving from Consumer to Food Citizen, 2004 Presidential Address to The Agriculture, Food, and Human Value Society, Hyde Park, New York, June 11, 2004.

Wills, W., Backett-Milburn, K., Roberts, M. L., & Lawton, J. (2011). The Framing of Social Class Distinctions through Family Food and Eating Practices, *The Sociological Review*, 59(4): 725-740.

제2부

젠더의 미디어 재현

미성년 여성, 규율과 위반, 무지와 권능 사이에서 _ 김유리

포스트페미니즘과 코미디:
KBS 개그 콘서트 '남성인권보장위원회'와 남성 역차별 담론 _ 이신혜 · 박지훈

텔레비전 광고에 재현된 노년 여성의 문화적 표상 _ 윤현선

미성년 여성, 규율과 위반, 무지와 권능 사이에서

김유리

미성년, 여성, 섹스

왜 미성년인가? 이 연구가 미성년이라는 용어를 사용하는 이유는, 미성년未成年이라는 단어 자체가 비단 연령이라는 객관적 지표로 확정할 수 없는, 보호와 미성숙이라는 뿌리깊은 관념을 포함하고 있기 때문이다. 미성년은 음주, 흡연, 특정한 문화 생산물의 향유, 연애와 섹스 및 결혼 등 삶의 여러 영역을 둘러싸고 젠더와 계급, 섹슈얼리티 담론들이 관여하는 가운데, 연계되면서도 상충되는 행위 준칙들에 의해 결정된다.

미성년 담론을 뒷받침하는 끈질긴 전제는 규율과 보호가 필요한 미성숙한 대상으로 미성년을 바라보는 시각이다. 그들 스스로 "육성과 보호라는 그물 안에 갇"(이윤주, 2004: 56)혀 있다고 진단하고 있듯, 미성년은 개인으로서의 권리를 누릴 수 있는 주체라기보다는 보호하고 훈육해야 할 대상으로 여겨진다. 미성년자는 자유로운 의사를 누릴 수 있는 자기결정권을 침해당한 채, 헌법이 보장하는 권리로부터도 배제되곤 한다(황성기, 2011). 오히려 미성년자를 대상으로 하는 정책적 · 제도적 실천은 이들을 '약하고' '순수한' 존재로서 규정하면서 사회적 삶으로부터 분리시켜 '배려'하려는 정치학의 산물이다(전효관, 2004: 78-80). 나이를 척도로 성숙의 정도를 규정하고 권리를 제한하는 미성년자 보호 담론은 서구에서 근대적 주체를 형성해 왔는데, 역사적으로 한국에서도 어린이를 보호하고 올바르게 양육하여 근대를 이룩해야 한다는 과업이 제기되어 왔다(전효관, 2004). 식민지 조선의 성 도덕 수립에 있어, 미성년은 법적 보호의 대상이자, 상습적 일탈을 일삼기엔 아직 미성숙한 피해자로 간주되면서 사회적 규율을 형성하는 데 일부 이바지하기도 했다(박정미, 2012). 그러나 보호 담론이란 완벽하게 성공할 수 없는 것이어서, 연령별로 인구를 세분화하고 계몽의 대상을 가려내는 작용 속에도 미성년이란 실제로는 계급적이고 젠더화된 채 구성되었다(구인서, 2011: 259).

특히 미성년자의 섹스는 연령주의적 미성숙 담론과, 아동 및 청소년 보호 논리의 사회적 쟁점화가 강력하게 결합하는 가운데 주관적이고 임의적인 진단을 통해 논의된다. 물론 진단의 주체는 성년들이다. 이지연(1994)에 따르면, 사회 전반적으로 '만연한' 성애화에 대항해 '우리 아이들'을 보호해야 한다는 청소년 보호 담론은 사회의 성애화 경향에 오히려 공모한다. 청소년 보호 담론은 어른들을 위한 성이 청소년들에게 악영향을 미치고 있다는 죄의식에 기반하면서도 그것을 숨긴 채, 사회에 가득한 성적 징후들에 비해 청소년의 성을 순수한 것이라며 성적으로 타자화시킨다.

이때 한국 영화에서 미성년 여성의 섹스가 재현되고 있는 양상에 대한 이 연구는 미성년과 섹슈얼리티의 결합이 젠더화된 청소년 보호 논리(윤선미 · 이나영(2012), 민가영(2001, 2007) 속에서 대중 문화를 통해 어떻게 드러나고 있는지를 질문한다. 여기서 '미성년 여성'은 비고정적이며 담론적인 구성물로서 '미성년 여성됨' 혹은 '소녀다움'을 수행하는 물질적 몸, 그러한 몸이 놓이는 사회적이고 역사적인 기호 속에서(Kearney, 2009) 미성년 여성이 '된다'. 그리고 이때 섹스는 '성년됨'과 긴밀하게 연관(Kleinhans, 2004)되면서, 연령을 토대로 하는 성적 규범의 작동을 가장 분명하게 관찰할 수 있는 주제라 볼 수 있다.

무엇보다도 '미성년 상태의 여성'이라고 재현된 이미지는 다시 현실의 '미성년 여성 됨'에 역으로 영향을 미친다. 섹슈얼리티란 우리가 재현을 통해 만들고 배우는 담론적 구성물이기도 하다. 따라서 섹스의 재현이란 살아진 섹스lived sex의 속성을 결정하는 점에서 중요해진다. 더욱이 재현은 우리가 담론적 제약 속에서도 성적 만족을 도모하는 실천들을 위한 공간을 제공해준다(Bhattacharyya, 2002: 127-129). 그 결과 실제 미성년 여성은 이들의 몸이 수행할 것을, 또는 수행하지 말 것을 요청하는 특정한 재현의 코드 속에서 협상적으로 수행할 수 있는 형식적 범주를 제공받게 되는 담론적 환경에 놓인다. 이 연구가 재현 연구를 진행한 이유가 여기에 있다.

나아가 이러한 질문은 '미성년 여성 됨'을 가능케 하는 이러한 재현 조건들 속에서 미성년 여성 됨의 형식들을 욕망하고 부인하는 다양한 주체로까지 논의를 확대해, 연령과 성별을 둘러싼 다양한 욕망을 조망할 수 있게 한다. 음란물 단속을 위해 특정한 연령과 성적 범주들을 임의적으로 구성하는 정부 당국에서, 미성년자로 이뤄진 걸그룹의 화려하고 유혹적인 모습을 욕망하는 성년 및 비성년 남성, 나아가 성년의 여성에 이르기까지, 미성년 여성에 대한 재현을 둘러싼 다양한 비십대 주체들과 그 욕망이 '미성년 여성'이라는 문제 안으로 들어올 수 있다.

미성년이라는 '미완성'의 국면, 그것에 대한 재현과 사회문화적 맥락을 주목하면서 이 연구는 비단 재현된 이미지를 분석하는 차원을 넘어, 그러한 재현을 가능케 한 조건들이 놓인 담론 지형을 검토한다. 그 결과 미성년 여성 섹슈얼리티의 정치학을 구상하는 것이 이 글의 목표이다. 한국 영화에서 미성년 여성 섹슈얼리티는 어떻게 재현되고 있는가? 해당 영화들의 재현 전략은 어떻게 미성년 여성을 보호하려는 사회적 기획들과 연루되는가? 그러한 재현들은 개별 주체의 실천에 어떤 가능성들을 개방하고 또 차단하는가?

미성년 여성과 1990년대 이후 한국 영상 문화

1990년대 후반 이후 한국 사회는 미성년 여성에 대한 관심을 본격적으로 드러내기 시작했다.

첫째, 미성년 여성은 정책적 개입을 필요로 하는 중요한 대상으로 부상한다. 청소년 관련 법안은 1990년대 중후반 이후 일제히 추진되었다. 흔히 '원조 교제'라 일컬어지는 청소년 성매매가 사회적 위기감을 불러일으켰던 것이 결정적이었다. 물론 미성년 여성은 이미 1950~1960년대부터 윤락행위 등 방지법으로 보호해야 하는, 복지 정책의 일반적 대상으로서 오랫동안 관심을 받아왔지만, 1990년대 중후반 이후 정책 분야에서 젠더가 중요하게 다뤄지기 시작하면서 미성년 여성에 대한 정책 역시 여성주의적 실천의 일환으로 본격적으로 논의되기 시작했다(원미혜, 2007).

> 십대/여성 정책 담론은 (1) 조기 성애화sexualization, (2) 가족 구조의 변화와 위기감, (3) 성산업 등 유해 환경, 학교 폭력 및 성폭력 등에 문제 의식 증

대, (4) 정보화 시대에 청소년 주도의 역할 증대, (5) 청소년의 사회 참여와 권리의 중요성 부각, (6) 여성 · 청소년의 인적 자원 개발의 중요성으로부터 출발하고 있다(원미혜, 2007: 116).

이처럼 '십대/여성' 정책은 생활 수준의 전반적 향상 속에서 2차 성징 발현이 빨라지는 경향에 따라 미성년 여성들이 가속화된 내적 성장을 경험하고 있는데 반해, 가족의 위기와 성산업의 팽창 등 폭력적이고 유해한 외적 환경 속에서 갈등과 위기를 겪고 있다는 상황 인식으로부터 탄생했다. 다른 한편에서는 미성년자들이 권리 및 참여의 주체로 가시화되는 가운데, 미래 '자원'으로서 미성년 여성들을 육성하고 '개발'해내야 한다는 국가적 통치 관심이 맞물리면서 '십대/여성' 정책을 계발하고 있었다.

둘째, 대중 문화 영역에서 미성년 여성의 재현을 둘러싼 쟁점들이 확산되고 있었다. 1990년대 중반 이후 영상 문화 담론은 재현의 정치학을 본격적인 비평의 도구로 삼기 시작했다. 1997년 서울국제여성영화제 개최 등 여성의 관점에서 영화를 선정하고 평가하는 장이 마련되기도 했다. 더욱이 이 시기 젠더 정체성 및 성정체성 담론들이 폭발하고, 그러한 정체성들을 표현해낼 수 있는 비디오 촬영기가 널리 보급되는 등, '재현representation'의 문제를 '대변representation'으로까지 확장하는 구체적인 움직임이 드러나고 있었다. 특히 1998년 YMCA 주최로 제1회 청소년영화제가 개최되고 어마어마한 숫자의 '십대 영화'들이 등장한 것은 미성년자들이 비단 재현되는 대상으로 그치는 것이 아니라 연령적 정체성을 지닌 재현 주체로 스스로를 드러내기 시작했음을 의미한다. 그러나 미성년 여성들의 자기 재현 실천은 표현의 주체성 측면에서 상찬되기도 했지만, 미성년 여성의 몸을 부적절하게 활용했다는 점을 들어 징벌에 처해지기도 했다.[1] 이러한 사건들은 섹슈얼리티와 몸의 문제와 결부되면서, 미성년 여성을 재현하고 대변할 수 있는 조건들을 질문하고 있었다.

1990년대 후반 이후 한국 사회의 이러한 맥락들 속에서 미성년 여성의 섹스를 주제로 하는 한국 영화들은 이전과는 구별되는 서사 전략과 생산 조건을 담지하고 있었다. 먼저, '청소년 영화'라는 장르적 전통에서 이탈하는 영화들이 만들어지고 있었다. 이전 시기의 '청소년 영화'들은 현실에 대한 반항보다는 '객기'에 가득한 '얄개들'을 등장시켜 청소년 관객들에게 소구하거나(1970년대), 계급적 조건과 학업 성적 지상주의로부터 일탈과 반항을 도모하더라도 그것을 자신의 꿈을 찾아가는 과정이라고 결론내리는 매우 '건실한' 성장의 서사 속에 놓이는 경우(1980년대~1990년대 초반)가 많았다(정영권, 2012). 그러나 1990년대 중반 이후 '청소년 영화'들은 학교 안팎에서 이뤄지는 상징적 폭력들(이승환, 2002), 입시 제도 신화의 붕괴 등 공교육 시스템의 거대한 위기들을 포착하면서, 더 이상은 청소년들을 통제해낼 수 없다는 기성 세대들의 사회문화적 비관주의를 반영하기 시작했다. 이 시기 미성년 여성 섹슈얼리티에 대한 재현도, '청소년 영화'라는 관습적인 성장 서사의 장르적 트랙을 좇기보다 다양한 전략을 모색할 필요성을 갖게 된다.

특히 섹슈얼리티가 영화의 중심 내러티브를 구성하는 영화들의 경우, 영화 속의 등장인물을 설정하고 여배우를 기용하는 점에서 미성년 여성에 대한 연령적 긴장과 통제가 강화되는 모습을 보였다. 일례로 1990년

1 "조PD 가사 등 10대를 보는 어른들의 「닫힌 눈」", 동아일보 1999년 3월 22일자. 1998년 제1회 청소년 영화제에서 심사위원 특별상을 수상한 영파여중 방송반의 〈너희가 중딩을 아느냐〉는 담배를 피고 욕설을 하는 등 여중에서 벌어지고 있는 학교 폭력을 꾸밈없이 실감나게 재현하고 있다는 점에서 화제가 되었다. 하지만 동일한 이유로 학교의 명예를 훼손했다는 혐의로 징계를 받기도 했다. 1997년 십대 남녀들이 스스로 만든 〈빨간 마후라〉 역시 비슷한 시선 하에 놓였다.

대 중반 장선우 감독의 〈꽃잎〉은 실제 미성년인 여배우를 기용해 미성년 역할을 부여하고 성적인 장면들을 연출했지만, 당시엔 이것이 '청소년 보호'라는 명목으로 비판받지는 않았다. 그러나 2000년께에 이르면 실제 미성년자 여배우가 미성년 여성 역할을 맡아 성적인 장면을 연기하는 것이 사회적으로 용인되지 않는 사태가 벌어지기 시작한다. 여론조사와 칼럼을 통한 논쟁 생산(〈춘향뎐〉(임권택, 2000)), 청소년 관람 불가 혹은 제한상영가 등급의 부여라는 제도적 개입(〈나쁜 영화〉(장선우, 1999), 〈거짓말〉(장선우, 2000)) 등에서 미성년 여성을 성적으로 드러내는 영화들을 둘러싼 사회문화적 갈등들이 노출되었다. 미성년 특히 미성년 여성의 육체가 성년 여성의 육체와 제대로 구분되지 못한 채 섞이고 오인될 수 있다는 공포 속에서, '미성년 여성'은 특정한 방식으로 호출되고 거부되고 또 욕망되면서 스크린 안팎을 넘나들고 있었다.

미성년 여성, 어떻게 재현할 것인가?

한국에서 이뤄진 여러 연구 중 미성년 여성의 섹슈얼리티의 재현을 본격적으로 문제삼는 것들은 많지 않다.[2] 이 중 학교 내에서 이뤄지는 물리적 · 언어적 폭력과 이에 대한 응징을 주제로 하는 〈여고괴담〉을 분석 대상 중 하나로 삼고 있는 이승환(2002)의 연구는 중층적이고 더욱 증대된 학교 내 폭력을 영화화하는 일이 관객들의 호응을 받게 되었다는 점을 지적하지만, 그가 중점적으로 제기하는 학교 내 '상징 폭력'이 교사-학생 간 위계뿐만 아니라 젠더적으로도 구축되고 있다는 점까지는 나아가지

2 대부분 십대 여성 연구는 가출과 성매매 등 일탈적 경험들을 중심으로 이뤄졌다. 십대 여성의 가출과 성매매에 대한 연구는 윤선미 · 이나영(2012), 민가영(2001; 2007) 등을 참조할 것.

못한다. 반면 주유신(2008)은 십대들에 대한 영화적 재현에서 성정체성과 주체성이 선정주의적으로 전형화되는 사례들을 짚어내면서 소수자 재현의 정치학과 여성주의 영화 미학을 제기한다. 대중 문화에서 십대는 종종 '문제 집단'과 '희생자'라는 이중적 구도로 재현되는데, 십대라는 이행기의 일반화된 '고통'을 받아들이지 않은 일탈적인 이들이 한국 사회의 억압적 문화의 희생자로서 고착화된다는 점이 비판된다. 그렇지만 텍스트에 대한 고찰을 결국 연출자인 감독의 젠더로 환원하면서 연대와 애정이 담긴 재현과 자극적이고 관음증적인 재현을 "일정 정도 남녀라는 서로 다른 젠더로서의 정체성과 경험의 차이"(주유신, 2008: 203) 때문이라고 가르는 것은 논의를 다시 축소시키고 만다.

본격적으로 섹슈얼리티 재현을 다루는 연구는 손희정(2010)에서 이뤄진다. 손희정은 걸그룹 멤버의 몸을 둘러싼 성적인 시선들을 비롯, 십대 여성에 대한 적극적인 성애화가 이뤄지고 있는 대중 문화의 연장 속에서, 한국 영화가 십대 여성을 다루는 방식들을 펼쳐낸다.

> 10대 여성을 대상으로 놓고 성 상품화할 때에는 지금까지 그렇게 강조해 온 '미성년자'라는 이름에 괄호를 친 뒤 '성적 주체성'을 강조하고, 다시 보호와 감찰의 대상으로 두어야 할 때에는 '주체성' 부분에 괄호를 치고 '성인이 되지 않은 그들'을 바라본다(손희정, 2010: 294).

미성년 여성의 성에 대한 상품화가 지니는 이율배반적 성격을 제기하는 손희정은 미디어에서 드러나는 이중적 행태들이 "10대의 성 상품화와 억압적 성규범의 공존" 속에서 이성애중심주의적으로 구성되어 있음을 분명하게 지적해야 한다고 역설한다. 이율배반적이고 자의적으로 구성된 재현의 양식들을 비판해내고, "10대의 성에 어떻게 '건강한 가시성'을 부여할 것인지에 대한 고민" 속에서 "10대에게 스스로의 성에 대해 이야기하고 드러낼 기회를 열어" 줄 것이 요청된다.

그러나 여전히 분명하지 않은 것은 "건강한 가시성"이다. 물론 온통 상품화된 재현들로 가득한 미디어 환경 속에서, 미성년들 스스로 자신들의 섹슈얼리티를 재현할 수 있도록 기회를 제공하는 것은 매우 중요하다. 그러나 특정한 섹슈얼리티에 대한 가시성을 확보한다는 것은 복합적인 제약 조건 속에서 오직 제한적으로만 성취될 수 있다. 미성년 여성 섹슈얼리티에 대한 주체적 재현이 이뤄지더라도 그것이 결코 자동적으로 이들의 '가시성'을 보장해주는 것은 아니며, 오히려 제한된 상영 공간으로만 가시성의 범위를 제약함으로써 이들을 '보호'해야 한다는 논의를 출현시킬 수도 있다.[3] 이 경우, 십대 여성에 대한 보호를 넘어 십대 여성 섹슈얼리티의 재현에 대한 보호가 다시 대두되며, 애초 비판했던 청소년 성 담론의 구도를 크게 벗어나지 못한다. 특정한 재현의 가시성은 비단 재현 주체들의 역량에만 좌우되는 것이 아니며, 역사적 조건은 물론 연령, 젠더, 섹슈얼리티 등 다양한 측면에서 차별적으로 부여되는 것이다.

더욱이 가시성의 '건강함'은 미성년 여성 섹슈얼리티에 대한 병리적 재현들이 존재하고 있음을 역설적으로 시사하기에 문제가 된다. 결국 상업화된 미디어에서 재현되는 미성년 여성의 몸을 비롯, 인터넷 개인 방송에서 섹시 댄스를 추는 미성년자들의 몸은 건강성을 상실한 것인가? 그

3 이 글의 말미에 '건강한 가시성'의 사례로서 제시되어 있는 독립 다큐멘터리 〈이반검열 2〉야말로 바로 그러한 제약의 사례일 것이다. 여성영상집단 '움'이 제작하고 실제 십대 레즈비언들이 출연해 셀프 카메라의 형식으로 자신의 목소리를 진솔하게 담아내었다는 점에서 해당 영화는 서울국제여성영화제를 비롯한 여러 공동체 상영에서 찬사를 받았지만, 상업적 개봉은 하지 않았다. 성인 남성 동성애자들을 다룬 다큐멘터리 〈종로의 기적〉(2011)은 정식 개봉 후 영화 속에 등장하는 인물들이 '관객과의 대화'에 참석하기도 하는 등 가시성의 넓은 범위를 누릴 수 있었지만, 〈이반검열 2〉는 오직 여성영화제와 같은 제한된 공간에서만 위로와 연대의 박수를 받을 수 있었다.

렇다면 바로 그 몸을 활용해 자기 자신을 표현하고 있는 무수한 미성년 여성들은 건강하지 못한 것으로 대상화되고 말 것이다. 미성년 여성 섹슈얼리티에 대한 재현은 오히려 건강함이나 바람직함 혹은 '미성년다움'과 같은 규범적이고 연령주의적 언사들 속에 포획되지 않는 영역들이 엄존한다는 고려 속에서, 특정한 방식의 재현을 가능하게 하며 또 불가능하게 만드는 텍스트 안팎의 조건들을 탐구하는 작업 속에서 이뤄져야 할 것이다.

미성년 여성 섹슈얼리티를 재현한 네 가지 사례

〈거짓말〉: 연령주의적 훈육의 실패

1999년 제작된 〈거짓말〉[4]이 2000년 개봉하기까지는, 두 차례에 걸친 등급 보류 판정이 있었다. 제작사와 연출자는 영화에서 성기가 노출되는 부분을 자진해 매스킹masking 처리한 영화를 영상물심의위원회에 제출했지만, 심의위원회는 사도마조히즘을 묘사하고, 무엇보다도 성인 남자와 고등학생 여자의 성관계를 내용으로 삼고 있다는 점을 들어 등급 보류 판정을 내렸다. '음란한' 묘사 방식이 아니라 바로 묘사된 대상의 부적절성이 문제였다(남완석, 2000). 등급 보류 판정에 따라 사도마조히즘이라는 특정한 성애의 형식은 물론, 미성년 여성의 섹슈얼리티가 재현되는 하나의 방식인 '교복'은 이미지의 공식적인 유통 회로에서 봉쇄되었다.

4 오래전에 정식 출시된 〈거짓말〉의 VHS 버전(상영 시간 95분)과 2008년 DVD로 재발매된 무삭제 버전(상영 시간 114분)을 동시에 참조했다. 2008년 DVD 재발매 무삭제 버전과 달리, 개봉 당시 성기 부분은 매스킹 처리되었고 여자 배우가 고등학생임을 암시하는 장면들은 모두 삭제되었으며, 이러한 조치는 VHS 버전에서도 그대로 유지되었다.

그리고 극장에서 정식으로 상영될 수 없게 된 이 영화가 불법적인 유통 경로로 유출되어 포르노그라피적으로 소비되면서, 교복은 특정한 영상물이 포르노인지 아닌지를 결정하는 요인으로 부상하게 되었다.

이 시기 교복이라는 표상은 미성년 여성의 섹슈얼한 몸의 연장으로서 이미 포르노그라피적인 이미지의 중심으로 자리 잡고 있었다. 합법적인 성 표현물 시장, 즉 에로 비디오 시장에서 1999년을 풍미한 에로물 〈미소녀 자유학원〉 시리즈의 경우 3편까지 제작되었는데, 여배우 유리의 인기는 상상을 초월할 정도여서 해당 시리즈는 평균 8,000장에 빛나는 판매량을 기록했다. 일본의 '고걀'(고교생+걸) 문화와 원조 교제가 국내에서도 본격적으로 유입된 효과였다(안재석, 2001). 물론 20세 이상의 배우들이 출연했고, 주인공 캐릭터는 미성년을 갓 벗어난 재수생이나 학원생으로 설정되었지만, 교복 입은 비디오 커버 사진과 캡션에서 미성년 여성의 성적인 몸은 널리 선전되고 있었다. 1999년 8월 '청소년 성매매처벌법안'이 마련되어 미성년자의 성을 구매한 성인의 신상을 공개하기로 하는 등 미성년자 성매매에 대한 처벌 수위를 높이고 있었지만(강준만, 2012), 판타지의 영역에서라면 미성년 여성의 섹스에 대한 이미지들은 에로 비디오 시장을 지배하고 있었다.

다른 한편에서는 이러한 판타지가 현실화되는 사건이 발생하면서 사회 전반을 충격으로 이끈다. 1997년 〈빨간 마후라〉 사건이 바로 그것이다. '십대가 섹스했다'라는 단순한 사실도 충격적이었지만, 바로 그 섹스를 자신들이 직접 촬영하고 돌려보았다는 점이 한국 사회를 경악시켰다. 이미 청소년 성매매가 사회 문제로 다뤄지던 상황 속에서, 비공식적 통로로 이미 광범위하게 소비되고 있었던 일본 문화, 과잉 성애화된 대중 문화가 사태의 원인으로 지목되었다.

이에 미성년자 보호 담론의 영향 아래 심의 제도가 강화되면서 수용자로서의 미성년을 규율하려는 시도들[5]이 널리 포착되는 가운데, 생산자로서의 미성년자를 규율하려는 움직임들이 이어졌다. 〈빨간 마후라〉 사건은 십대의 성교가 뜻하지 않은 실수나 판단 착오라는 불행한 계기로 발생하는 것이 아니라, '한 번의 실수' 이후에도 반복되어 재생re-play될 수 있도록 촬영하고 재현하는 행위까지 동반하는 의도적이며 성찰적 행위일 수 있음을 드러냈다. 더욱이 비디오 촬영기의 보급 속에서 날것의 일상을 다큐멘터리적으로 접근한 이 '혁신적인' 리얼리티 비디오는 섹스를 말할 수 있을 뿐만 아니라, 특유의 스타일로 섹스를 재현할 수 있는 미성년 주체가 탄생했음[6]을 공표하고 있었다. 그러므로 사건이 발생하고 그 다음해인 1998년에 출범한 제1회 청소년영화제는 〈빨간 마후라〉에 대항하는 조치이면서도 〈빨간 마후라〉를 그림자처럼 동반한다. 청소년영화제는 청소년들을 하나의 담론 주체로 인정하면서도 특정한 재현물들을 영화제라는 제도를 통해 선정, 상영함으로써 '청소년다운' 것과 그렇지 않은 것들을 구별해내는 일종의 장치로서 작동한다. 불법적 경로로라도 기어이 〈빨간 마후라〉를 구해 보고자 애쓰는 등 미성년자들의 성교에 대한 매혹이, 관리되고 통제된 '청소년다운 당돌함'에 대한 매혹으로 대체되어야 한다는 요청 속에서, 생산자로서의 미성년자 역시 섹스를 비롯해 자신들이 소비자가 될 수 없는 수준, 즉 18세 이상 관람가라는 연령적 장벽을 넘지 않는 범위 내에서만 스스로를 재현할 것을 요청받고 있었다.

1990년대 말, 섹스 테이프와 '청소년 영화'를 통해, 미성년들의 주체성이 양면적 측면에서 사회문화적인 관심을 이끌어내는 가운데, 미성년 여

5 동성애를 다룬 홍콩 영화 〈해피투게더〉, 이현세의 만화 〈천국의 신화〉 등이 청소년 보호라는 이름으로 정식 유통이 금지되었던 사건과 미성년 보호 담론의 강화를 무관하다고 생각하기는 어렵다.

6 "내가 널 사랑할 수 없는 10가지 이유." 『키노』 2000년 3월호 42면.

성의 섹스는 두려우면서도 매혹적인 것으로서 통제와 선망의 이율배반 속에 놓여 있었다. 미성년 여성의 섹스는 그렇게 연령주의적이고 젠더적인 담론에 의해 규율되고 마는 것인가? 〈거짓말〉은 미성년 여성의 규율될 수 없는 섹스를 드러냄으로써, 규율 속에서 역설적으로 권능화되는 존재로 미성년 여성을 그려낸다. 미성년자의 성을 다뤘다는 점뿐만 아니라 영화 촬영 과정을 영화 텍스트 내에 드러내는 방식[7]을 과감하게 도입하면서, 〈거짓말〉은 내용적으로나 형식적으로나 미성년자들이 제작한 아마추어 포르노 〈빨간 마후라〉와 유비되어, 〈빨간 마후라〉 사건 이후 미성년 여성의 섹스에 대한 지배적 담론에 대한 하나의 응답을 제시한다.

이 영화에서 미성년 여성은 '자유'와 '권능'에 결합되면서, 사회적 규율로는 이들을 온전히 포섭하고 통제할 수 없음을 제기한다. 영화에서도 미성년 여성인 주인공 Y는 성인 남성인 J를 만나는 첫 순간부터 반말로 일관하면서 원하는 것을 명확하게 표명하고 실천한다. 자살한 큰언니, 강간범과 결혼한 작은언니처럼 희생자 혹은 인질로서의 여성성에 갇히기보다 스무 살이 되기 전에 자신이 선택한 사람에게 '다 줘 버리겠다는' Y는 가부장적 구조 내 약자로서 여성이라는 성별적 조건에도, 무성적 존재일 것을 요청하는 연령주의적 조건에 복종하지 않는다. 그녀를 시종 감시하고 규율하는 큰오빠는 "언니들처럼 되기 싫으면 몸 조심해"라고 경고하고 폭력을 행사하지만, 그녀는 '몸 조심'하는 것이야말로 언니들처럼 되는 길이라고 판단한다. 여기서 미성년 여성의 무성성을 안전함과 연결시키는 지배적 담론의 허구성이 드러난다. 차라리 그녀는 J의 '폭력'이 주는 쾌락을 선택한다. 성인 남성인 J와의 사도마조히즘은 초반부 마치 젠더 및 연령의 위계적 관계를 지시하듯 J의 가학과 미성년 여성인 Y의 피

7 〈거짓말〉은 출연 배우들에 대한 인터뷰, 촬영 장비를 그대로 노출하는 장면 등 이 영화가 만들어지는 과정을 영화 속에 그대로 드러낸다.

학으로 이뤄지지만 이내 역전된다. 그리고 Y는 자신을 규율하는 가부장적 큰오빠가 죽어 없어졌다는 소식을 듣고는 미련 없이 J를 버린다.

젠더적 억압에도 불구하고 십대라는 연령적 소외를 그녀가 시종 위반하는 것은, 협소하거나 아예 부재하는 사회적 관계라는 '결핍' 상태가 그녀에게는 자유를 위한 일종한 자원으로서 작용할 수 있음을 시사한다. Y와 함께 호텔에서 나오다가 J가 오랜 선배를 만나 쩔쩔매는 모습을 두고 Y는 "우리가 뭐 죄졌냐? 쪽팔려서 같이 못 다니겠다"라며 화를 내고 투덜대는데, 이는 직업과 선후배 관계 등으로 구축된 성인들의 네트워크로부터 배제되면서 얻게 된 역설적 자유를 그녀가 누리고 있기 때문이다. 성인들의 세계에서 J가 미성년자를 만나고 다니는 부도덕한 성원으로 낙인찍힘으로써 명성과 평판상의 손상을 입는다면, 애초 성인들의 세계에서 비시민인 미성년 Y는 원조 교제 상대로 의심되는 약자이자 보호해야 할 대상으로 번역될 것이다. Y에게 의미있는 사회적 관계란 J를 제외하면 자신을 억압하는 가부장적인 가족과 친구인 '우리'에 불과하므로, Y로선 가족을 해치우고 또래 친구인 '우리'의 부러움을 사게 되었다면 족하다. 가족과 또래집단만이 가장 의미있는 관계망으로 작동하는 상황에서 미성년 여성 Y는 가부장적 권위를 통한 보호와 규율로부터, 성년과 미성년을 나눔으로써 성립되는 공식적인 사회 구성 원리로부터 소외되지만 역설적으로 권능화된다. 주인공들의 반사회적 행태는 바로 Y의 자원 결핍 상태, 비시민 상태에 일정하게 빚지고 있는 셈이다.

따라서 이 영화에선 미성년임을 가리키는 '교복' 역시 다른 맥락으로 놓인다. 미성년 상태를 가리키는 교복은 학교 담벼락에서 동성 친구 '우리'와 나누는 섹스 이야기, 친구와 함께 들어간 화장실 칸에서 이뤄지는 은밀한 보살핌 속에 일상적이고도 동성사회적homosocial으로 배치되거나, 영화의 결말에서 성년의 J를 완전하게 지배하는 Y의 연행performance 속에 대단원으로서 배치된다. 이는 미성년이라는 흔적을 입힘marked으로써 미성년 여성의 섹슈얼리티를 통제하거나, 욕망의 대상으로 고정하려는 시도를 비틀면서, 교복이라는 기표를 다른 방식으로 성애화해낸다. 따라서 미성년임의 기표인 교복을 이유로 당시 이 영화에 제한상영가 판정을 내린 것은 미성년 여성의 일상, 그녀의 쾌락 놀이를 애써 차단하고 비가시화해야 할 정도로 무섭고 강력한 것으로 역설적으로 규정하고 만다.

그리고 미성년 여성들의 섹슈얼리티를 미성숙하고 혼란스러운 것으로 상정하는 생애주기적 담론은 이 영화에서 곤경에 처한다. 주인공 Y의 섹스는 그녀가 성년이 된 이후에도 이어지지만 여기에는 어떠한 이행의 제의도 이뤄지지 않는다. Y가 J와 벌이는 일탈적 섹스들을 청소년기의 혼란이나 가치 판단의 미숙함의 소산으로 번역할 수 없게 되는 것이다. 연령에 따라 차별적으로 성적 시민권을 분배하려는 기획은, Y를 훈육하기는커녕 그녀에게 뜻밖의 자유와 쾌락, 권능을 안겨준다.

〈제니, 주노〉, 〈몽정기 2〉: 향수와 픽션의 가족 로망스

1997년 경제 위기 이후 성매매가 다양화, 음성화되면서 이로부터 청소년을 보호해야 한다는 목소리가 날로 커지고 있었다. 2000년 1월 김강자 영등포경찰서 서장의 성매매 집중 단속은 미성년자 성매매가 기실 거대한 규모로 이뤄지고 있다는 점을 폭로하면서 대사회적인 호응을 받았다. 그러나 처벌이 강화됨에 따라 성매매는 집창촌 중심의 업태를 탈피, 유흥주점, 단란주점, '티켓 다방', '보도방'과 같은 형식으로 다각화되었다. 이러한 다각화된 업태는 전화방, 통신 채팅 등 전기통신, '광고 명함'이나 전단지와 같은 광고 매체를 통해 구매자와 판매자를 연결해, 집창촌의 공간적 제약을 뛰어넘기 시작한다. 이러한 '성매매 유비쿼터스 현상'은

2000년대 중반에 이르면 더욱 심화되어 업태의 다양화, '섹스방' 등 도심 거점의 일시적인 영업 방식 등으로 확산되었다(강준만, 2012). 그러자 집창촌으로 구획화zoning되어 공간적으로 분리되어 있던 '퇴폐 행위'가 학교나 주택가 근처에서까지 가시화되어서는 안 된다는 위기 의식이 거세게 일면서, 이러한 사회문화적 환경으로부터 미성년자들을 보호해야 한다는 담론은 더욱 힘을 얻게 된다.

다른 한편에서는 1998년 〈구성애의 아우성〉이라는 프로그램이 전국적인 반향을 일으킨 이후 성교육을 통해 가족과 학교의 역량을 모아 미성년 섹슈얼리티를 통제하려는 실천들이 널리 나타났다. 지상파 방송에서 심야 시간에 방영되어 40%에 육박하는 시청률을 기록한 이 프로그램은 크게 아래와 같은 담론적 대응을 생산해냈다.

첫째, 성에 대한 도덕주의적 태도의 이중적 양상이 문제의 원인으로 본격적으로 지적된다(원용진, 1998). '포르노의 시대', '성 저널리즘의 확산', '음란화' 및 '위선적인 성 문화' 등이 〈구성애의 아우성〉과 대립되는 사회적 현실로 제기되었다.

둘째, 성을 둘러싼 도덕주의적 태도의 젠더적 성격이 드러났다. 당시 '구성애 신드롬'은 비단 열광적인 찬사만을 즐긴 것이라기보다 "심야의 말초적이고 희화적인 분위기 연출"이라는 열띤 비판에 놓여 있기도 했는데, 남근주의적 가부장주의를 내세운 성인 남성들의 위선이 청소년의 성에 대한 '건강한' 담론의 형성, 즉 〈구성애의 아우성〉을 가로막는 것으로 지목(김창남, 1998)된 것이다.

셋째, 성적 지식 전달을 담당하는 전문화된 인력에 대한 관심이 커졌다. 구성애의 성교육 방식은 간호학을 전공한 그녀의 풍부한 임상 경험을 배경으로 하면서 질, 음경, 음순 같은 '의학적' 용어들을 풍부하게 사용하고 있었다. 구성애의 전문성과 의학적 용어들은 '성'이라는 '선정적'

주제를 다룬다는 부담을 완충해주는 작용을 했다. 그리고 이 프로그램의 성공 이후, 성교육 전문가 과정이 개설[8]되는 등, 일선 학교에서 생물 교사나 보건 교사 등 학교 내부 구성원들의 역량으로 이뤄지던 성교육은 이제 학교 외부의 전문화된 인력들에게 일정하게 이전되고 있었다.

넷째, 이제 성은 미성년, 성인을 막론하고 적극적으로 발화하고 교육하고 표현되어야 할 것으로 제기되었다. 〈구성애의 아우성〉의 성공 이후, 성에 대해 그처럼 '솔직한 말하기'를 표방하는 텔레비전 프로그램들이 2000년대 초반까지 텔레비전 편성표를 채웠고, 관련 서적 역시 높은 인기를 얻었다. 미성년의 성에 대한 말하기에서 싹튼 '섹스 말하기'가 성인들의 성에까지 확대[9]된 것이다. 나아가 스스로를 성적 존재로서 천명하고 섹스할 권리를 요청하는 이들이 늘어나면서 장애인, 노인의 성에 대한 관심까지 가시화[10]되기에 이르렀다. 이 시기에 이르면 연애와 성을 모든 이들이 권리로서 누릴 수 있어야 한다는 목소리는 성적인 주제에 대한 상업적인 관심과 맞아떨어지면서 사회적으로 '성의 민주화'(김은실, 2006)를 이뤄야 한다는 주장으로 이어진다. '아우성'은 본래 "아름다운 우리 '아이들의' 성"이었지만 이제는 "아름다운 우리들의 성"이 아우성치고 있었다.

전사회적으로 성교육에 대한 관심이 높아지는 한편, 바로 그 교육 현장 바깥을 넘어서면 성매매에 무차별적으로 노출되고마는 역설 속에서 이 시기 미성년 여성의 섹슈얼리티는 한국 영화에서 전에 없이 많은 영화에서 재현되면서, 미성년 여성의 섹슈얼리티에 대한 상업적 관심과 안전한 보호 사이를 연결짓고 있었다.

8 ""나도 구성애 씨처럼 될 수 있다"/성교육전문가 교육과정 개설," 세계일보, 1998년 11월 16일자.
9 "[99'문화풍경] 더 이상 익명이길 거부하는 사람들," 한국일보, 1999년 10월 27일자.
10 "구성애 씨 등 25일 '장애우 아우성대회' 열어," 한겨레신문, 1999년 11월 15일자.

2004년 〈어린 신부〉의 상업적 성공 이후, 〈여선생 vs. 여제자〉, 〈몽정기 2〉, 〈제니, 주노〉, 〈늑대의 유혹〉, 〈그놈은 멋있었다〉에 이르기까지 미성년 여성들의 연애와 섹슈얼리티를 다루는 기획 영화들이 2000년대 중반 한국 영화에 대거 출현하고 있었다. 남다은(2005)은 이러한 영화들이 십대 여성의 섹슈얼리티를 다루는 데 몇 가지 안전장치를 동반하고 있다고 지적한다. 첫째, 이 시기 영화에서 재현되는 십대 여성 섹슈얼리티는 학교라는 제도 안에서 겪게 되는 성장의 서사로 흡수, 환원된다. 둘째, 십대 여성의 욕망은 '낭만적인 로맨스'라는 이름으로 중화되고 봉합된다. 셋째, 이들의 섹슈얼리티는 가족의 보호 속에서만 가능하며 '운명'이라는 이름으로 정당화된다. 넷째, 십대 여성의 섹슈얼리티는 '아버지 없음'과 같은 그녀의 '비정상적' 환경에 의한 결합의 산물이기에 이내 유순하게 가라앉는다. 이러한 안전장치들 속에서 십대 여성은 언제나 성에 대해, 자기 몸에 대해 무지한 상태로 그려지면서 결혼, 임신, 사랑이라는 총체적 서사의 틀 속으로 끼워 맞춰지는 것이다.

이 연구가 중점적으로 다루는 〈제니, 주노〉와 〈몽정기 2〉 역시 안전장치 속에서 미성년 여성의 섹슈얼리티를 보호하려 들고 있다. 중학교 3학년 남녀 커플의 임신 소동을 그리는 〈제니, 주노〉는 학교라는 울타리와 갈등하지 않고, 역경을 사랑의 이름으로 이겨내면서, 중산층 가족의 보호 속에서 출산과 양육 문제를 해결한다. 여고 2학년생들이 남자 체육 교생을 향해 열렬한 구애를 펼치는 내용을 담고 있는 〈몽정기 2〉도 서울 강남의 유명 사립 여고를 연상시키는 배경으로 '운명의 남자'를 위한 프로젝트로서 여성의 섹슈얼리티를 배치하지만, 자상하고 상냥한 중산층 아버지의 개입으로 갈등은 무난하고 낭만적으로 해결된다.

두 영화 모두에서 미성년 여성들이 자신의 성과 몸에 대해 철저하게 무지한 상태로 등장하는 것을 비단 코미디라는 장르적 속성에 충실하려는 이유만으로 보기는 어렵다. 그 이유는 첫째, 이 두 영화가 보이고 있는 과거 지향적 시간성이 미성년 여성의 섹슈얼리티에 작용하는 방식에 있다. 〈몽정기 2〉는 직접적으로 시대적 배경을 제시하고 있지는 않지만, 몇 개의 에피소드 속에서 관객은 1990년대 초반의 대중 문화적 요소들을 발견할 수 있다. '하이틴 모델', 개봉 극장에 걸린 장자크 아노Jean-Jacques Annaud 감독의 〈연인〉, 놀이 공간으로서 만화방과 볼링장 등이 바로 그것이다. 이로써 2005년작인 이 영화는 1990년대라는 시간성을 활용함으로써 영화 속에 등장하는 미성년 여성들의 성적 무지를 향수 섞인 시선으로 회고할 수 있게 된다. 자신의 행동이 어떤 성적 의미를 지니는지 제대로 알지 못한 채, 스스로 성적 대상이 되기 위해 치마를 걷고 신음소리를 내는 영화 속 미성년 여성들이 그저 귀엽고 '흐뭇하게' 회상되고 있는 것이다. 동시대를 배경으로 삼고 있는 〈제니, 주노〉 역시 마찬가지이다. '제니'와 '주노' 모두 중산층 가정의 아이들인데다 '주노'는 나름 랭킹 3위까지 따라잡은 프로게이머로 등장하지만, '주노'는 포르노 동영상이 아닌 성인 '잡지'를 숨겨두다가 들킨다. 단 한번의 성교로 임신이라는 큰 문제에 직면하게 된 이들이 사후적으로 성에 대한 지식을 얻는 경로는 고전적인 교육 매체, 즉 '낙태 비디오'이다. 〈몽정기 2〉가 과거라는 시간을 영화의 배경으로 설정함으로써 미성년 여성들의 성적 무지함을 '건전한' 수준으로 관리한다면, 〈제니, 주노〉는 능동적인 지식 탐색이 가능한 웹 공간으로의 탐색을 제약하고 잡지와 비디오라는 비교적 통제 가능한 지식 매체만을 성적 지식의 통로로서 허용하는 것이다. 과거 지향적 시간을 사용함으로써 이 두 영화는 동시대의 구체적인 현실을 드러내기보다 회피하고 탈정치화시킨다. 그러한 가운데 미성년 여성들은 미숙하기에 보살피고 보호해야 할 존재로 된다.

둘째, 영화에서 성교육은 젠더적으로 재편되고 종내에는 무력화된다.

두 영화 모두에서 성교육은 여교사가 담당하면서 의학적 용어로 학생들이 지니는 성적 지식을 교정하는 데 중점을 두지만, 〈제니, 주노〉의 성교육 시간을 살펴보면 미성년 여성들은 성적으로 철저하게 무지한 반면 미성년 남성들은 여교사를 거침없이 '희롱'하는 등 성적으로 활발하다. 차라리 미성년 남성들은 미성년 여성들에게 '의미있는' 성교육을 제공하는 가장 믿음직스러운 교사가 된다. 〈몽정기 2〉에서 미성년 여성 주인공들이 자신의 성적 무지를 해소하고자 도움을 요청하는 것은 여학생들의 당황스러운 질문에 오히려 부당한 폭력으로 대응하는 성교육 담당 여교사가 아니라, 그들 또래의 남성 친구이다. 어떻게 하면 '운명의 남자'를 사로잡을 수 있을지가 초미의 관심사인 이들에게 가장 필요한 '교육' 내용이란 남자를 흥분시키는 방법이기 때문이다. 당시 성교육 프로그램은 전문화된 지식의 활용, 도덕주의적이고 남근주의적 성 지식 비판 등 나름의 성과를 낳았지만, 비공식적 영역에서 남성중심주의적인 성적 지식이 갖는 힘에 비하면 한없이 무기력한 것으로 그려지고 만다.

셋째, '성교육'이 미성년 여성의 성적 주체성의 획득을 위해 별 소용이 없고 또 별로 필요하지도 않은 것으로 그려지는 상황이 과거 지향적 시간성과 연결된 결과, 미성년 여성을 둘러싼 불평등한 조건들은 사랑과 낭만이라는 이름으로 부차화된다. 〈몽정기 2〉가 미성년 여성의 환상으로 투사하고 있는 남자 체육 교생은 주인공의 끈질긴 구애에 결국 키스로 답하며, 예쁘고 새침한 '하이틴 모델'은 어수룩한 남자 교생의 사귀자는 제안을 결국 받아들인다. 1990년대 후반 이후 미성년 보호 담론이 강화되면서, 미성년 여성과 성인 남성 사이의 성적 친밀성은 곧바로 조건 만남, 원조 교제를 연상시키는 '부적절한' 것으로서 본격적인 감시의 대상이 되었다. 그러나 이 영화가 1990년대 초반이라는 '과거'를 설정함으로써 미성년 여성과 성인 남성 사이의 친밀한 관계를 재현해내는 것은,

1990년대 후반 이후 미성년 여성의 성에 대한 보호 정책들이 차단한 미성년-성년 간의 연애가 아직은 실현될 수 있다고 여겨지는 낭만적 과거를 구성하면서, 궁극적으로 성인 남성의 전형적 판타지를 실현시킨다. 학교 앞에 출몰하는 바바리맨은 물론, 여학생들에게 부적절한 시선을 보내고 몸을 만지는 남자 교사가 그저 학교 현장에 무시로 존재하는 평범한 표상으로 남을 뿐 제거해야 할 대상으로는 되지 않는 가운데, 일상의 성폭력은 그저 배경처럼 남는다. 그 결과 남성 중심적인 재현 질서 내에 존재하는 오래된 판타지들만이 마치 영화처럼 '아름답고 아련하게' 그려진다. 미성년 여성을 둘러싼 불평등한 조건보다 '좋았던 그때'를 회고하는 보수적인 귀결 속에서, 연령주의적이고 젠더적으로 성애화된 한국 사회의 2005년 현재는 그저 1990년대 후반 이후 '부도덕한 사회'의 산물이라고 고정되어버린다.

미성년 여성의 성적 역량을 과거에 묶어둠으로써 그 가능성을 제약하려는 영화적 전략 속에서 분명해지는 것은 십대 여성의 성을 규율함으로써 이룩해내려는 가족 로망스이다. 가족 로망스는 첫째, 픽션 내에 픽션이라는 메타 내러티브 장치를 통해 구현된다. 〈제니, 주노〉의 엔딩 장면은 영화 세트장을 철거하는 모습으로 채워지는데, 이로써 연출자는 십대의 임신이라는 이 '충격적인' 이야기를 관객들이 공포로 받아들이기보다 하나의 '허구적 동화'로 받아들일 것을 제안한다. 〈몽정기 2〉 역시 좋았던 과거를 추억하는 향수 어린 후일담으로 남음으로써 2005년에 만들어진 픽션 내에 1990년대 초반 픽션이라는 설정을 가져가는 전략을 견지한다. 이로써 성적으로 왕성한 딸들을 바라보는 부모들의 고통은 완화되고, 딸들은 여전히 통제 가능하고 순수한 상태로 남는다.

둘째, 적극적 성적 주체들을 비정상화함으로써 가족 로망스는 유지된다. 이 시기 비슷한 영화들 속에서 미성년 여성은 무수한 간접 광고 상품에 둘러싸인 적극적인 소비 주체로 등장하더라도, 성적 주체로서는 제대로 허용되지 못한다. 그녀가 성적 주체일 수 있다면 그것은 모델 노동을 하면서 자신의 몸을 사용해 원하는 것을 얻는 데 익숙한 '악역' '세미'이거나, '성 박사'로 불릴 정도로 성에 대한 남다른 지식을 지녔지만 자살 충동을 호소하는 레즈비언 '인화'에 불과하다. 이런 이들을 배제하는 가족 로망스에서 성교육은 반드시 실패되어야 한다. 성적으로 박식한 딸보다는 차라리 무지한 상태여서 관리될 수 있는 딸들이 더 낫기 때문이다. 그렇게 할 수 없다면 차라리 과거로 돌아가는 게 낫다. 이때 성교육은 가족을 보호하는 것이 아니라, 가부장적 가족과 젠더적으로 갈등하는 것이 된다. 1990년대 후반 이후 이어져 온 성적 민주화의 씨앗은 미성년 여성에 이르러 가족주의적 보호 논리 속에서 가로막힌 채 싹트지 못한다.

〈페스티벌〉: 성찰적 성적 주체로서 미성년 여성과 그 환상

2008년 미국산 쇠고기 수입 개방 반대 시위는 미성년 여성들의 역량을 가장 크게 담론화한 사건이었다. 사실 이미 미성년의 여성들은 조직적으로 팬덤을 조직해내고, 자신들의 성애적 열정을 바탕으로 한 '팬픽fanfic'과 같은 문화적 산물들을 적극적으로 생산해내는 주체로 자리하고 있었다. 2000년대 후반, 미성년 여성들은 인터넷과 모바일 기기의 적극적인 활용 속에서 자신들의 역량을 펼쳐내기도 했다. 단순히 소녀적인 것으로 유아적이고 여성적인 것을 넘어, 성취와 수행 능력을 결합한 미성년 여성들의 문화는 일상과 일탈, 순응과 저항을 넘나드는 욕망을 드러내주기도 한다(김예란, 2006).

그런데 동시에 미디어 활용을 통해 권능화된 미성년 여성들은 성년들이 통제할 수 없는 방식으로 온라인과 오프라인 공간을 넘나들면서 성애화되고 있었다. 섹시 댄스를 추는 미성년 여성 그룹에서 보듯 미성년 여성의 몸은 골반, 가슴, 다리 등으로 분절화시켜 규율하는 시선의 대상으로 되었다. 사회 전반의 노동 유연화 속에서, 공부로 성공하는 길보다 스포츠 스타, 연예인으로 성공하는 길이 훨씬 더 현실적인 신분 상승의 통로라는 점이 역설적으로 제시되었고, 자신의 몸을 활용하려는 미성년 여성들은 연예 산업 상비군의 숫자를 점점 늘려갔다. 특히 신분 상승의 경로가 계급적으로 차별화된 교육 환경에서 갈수록 제약되고 있는 상황 속에서, 하위 계급의 미성년 여성에게 연예 산업은 자신의 '어린 몸'을 가치 있는 자원으로 활용하는 주요한 경로가 되었다. 그러나 다른 한편에서 성매매의 유비쿼터스 경향은 시들지 않은 채, 가족과 학교를 포함한 사회문화적 관계망으로부터 소외된 미성년 여성들이 뛰어들어 자신의 몸을 판매할 유의미한 기회를 제공하고 있었다.

이때 〈페스티벌〉(2010)은 바로 자신의 '어린 몸'이 지니는 가치를 인식하고 적극적으로 활용하는 권능화된 미성년 여성을 등장시키면서, 미성년 여성의 권능화가 지니는 양면적 측면을 드러낸다. 영화 속의 십대 여성 캐릭터인 '자혜'는 남자 교사를 놀리기 위해 신음소리를 내거나, 남편과 사별한 어머니에게 "어디 가서 잠도 자고 다녀. 안 그러면 우울증 온대"라고 말하는 등 영화에 등장하는 어떤 성인 남녀들보다 성적 지식의 활용에 적극적이다.

그러나 역시 연예인이 꿈이었던 예쁜 외모의 그녀는 몇백만 원을 연예 기획사에 사기로 떼인 뒤, 편의점에서 일하면서도 자신이 입은 속옷을 판매하거나 성판매를 고려하는 등 시종 자신의 몸을 상업적으로 활용할 수 있는 방식에 골몰한다. 따라서 "나 잘 팔릴까?"라는 질문에 "그럼. 너 완전 먹고 싶게 생겼잖아"라는 대답을 듣는 것은 그녀에게는 모욕적이라기보다는 다행스러운 일이다. 2000년대 이후 미성년 여성의 노동을 바탕으로 팽창한 연예 산업의 부도덕한 이면은 그녀의 돈을 떼먹고 그녀를 '타락'시킨 주범이라기보다, 미성년 여성을 어떻게든 성애화하면서 '기회'를 제공하는 엄연한 하나의 사회적 환경이 된다. 이때 허름한 한복집을 운영하는 홀어머니 밑에서 자란 '자혜'의 경우, 자신의 몸은 생활에 바쁜 어머니로부터 경제적으로 일정하게 독립하고 자신의 꿈을 이룩할 수 있도록 이끄는 주요한 수단이다.

2000년대 중반 미성년 여성 관련 영화들에서 주인공들이 보였던 무지에 비교한다면, '자혜'는 자신의 행동과 말이 무엇을 의미하는지 알고 있는 성찰적 주체인 셈이다. 그러나 성적 주체로서 미성년 여성이 처한 곤경이 이 영화에서 드러나고 있다. 다양한 캐릭터들의 성적 취향과 정체성에 따라 접촉과 폭력, 갈등과 고통 없는 섹스의 환상이 영화 전반을 지배하고 있는 가운데, 미성년 여성의 섹슈얼리티가 위치되는 방식이 수상하다. 야동과 바이브레이터, 날짜와 체온까지 꼼꼼하게 기록된 여고생 팬티 냄새와 보드라운 감촉의 레이스, 리얼 돌real doll, 성기 삽입을 배제한 사도마조히스트적 제의 등등 영화는 삽입 중심의 성 경제로부터 주변화된 자기 충족적 섹슈얼리티의 목록들을 제시하고 있다. 이때 미성년 여성인 '자혜' 역시 입었던 속옷을 판매할지언정 성 접촉이 없는 상태, 즉 '처녀'인 모습이다. '자혜'는 미성년 여성을 성애화하는 재현 질서에 충실한 반면, 그녀들의 구체적인 몸을 원하는 성매매 산업은 '첫 섹스 전'이라는 이유로 유보하는데, 이로써 그녀는 관계와 접촉 없는 '안전한' 판타지의 세계에 아직은 남아 있음으로써 보호되는 것이다.

미성년 여성의 성찰적 주체성은 그녀가 놓인 젠더적, 계급적, 성적 조건들을 초월하지 못한 채 일시적으로만 그녀를 보호해줄 뿐이다. 영화 말미, 그녀는 드디어 원하던 사랑을 갖게 되면서 해피 엔딩을 맞는다. 하지만 그렇다고 해서 그것이 그녀가 속옷을, 속옷으로 연장되는 그녀의 몸을 팔 고민을 더 이상 하지 않아도 된다는 말은 아니다. 그녀는 자신의 몸을 어떻게 판매할 것인지, 누구와 먼저 잘 것인지를 고민하고 스스로 결정하려는 성찰적인 성적 주체이지만, 그녀의 결정을 조건짓고 있는 성애화된 계급적 현실을 결코 벗어날 수 없다.

오히려 이 영화에서 흥미로운 점은 그렇게 판매되는 미성년 여성 섹슈얼리티의 재현들이 미성년 남성, 성인 남성, 그리고 미성년 여성을 통해 욕망되는 것을 넘어 성인 여성에게도 적극적으로 욕망된다는 것이다. 경찰인 애인과의 연애가 위기에 놓이자 '자혜'의 영어학원 강사인 '지수'는 애인의 야동 폴더를 열어본다. 폴더에는 '여고생 은꼴사[은근히 꼴리는 사진]'를 비롯한 일명 '교복물'이 가득해 있었고, '지수'는 애인과의 관계 회복을 위해 '자혜'로부터 교복을 빌려 애인의 판타지를 실현해주고자 한다. 여기서 성인 여성은 미성년 여성과 성적으로 경쟁하며, 성인 여성은 교복이라는 미성년 여성의 기표적 특징을 입음으로써 미성년 여성이 되고자 하는 것이다. 쑥스러워하는 '지수'에게 '자혜'는 "용기 없어서 못 입는 것보다는 백 배 나아요"라며 격려하지만, 미성년 여성 이미지가 상품질서의 재현 속에서 일반화되고 있는 상황에서 우리가 확인할 수 있는 것은 미성년 여성 이미지가 발산하는 매혹이 세대와 젠더를 넘어 적극적으로 욕망되고 있다는 사실이다. 그리고 이때 여성들에게 현실적으로 채택되는 것은 십대 여성 됨을 연행할 수 있는 용기와 몸매를 계발하려는 상품화된 노력일 것이다. 여기서 십대 여성의 이미지에 대한 '지수'의 열망은 기꺼이 소비하고 계발해내어 도달해야 할 과거라는 모순적 시간성을 함축하면서, '미성년 됨'이 세대와 젠더를 넘어 적극 추구되고 연행되는 모습을 보여준다. 여기서 '미성년'을 둘러싼 연령적 경계는 점점 희미해지지만 동시에 그 경계를 확정하려는 움직임을 동시에 예고하고 있다. 그렇게 우리는 2012년 아동청소년성보호법 논쟁에 이른다.

재현 전략에서 재현 조건에 대한 탐구로

2012년 하반기부터 2013년인 지금에 이르기까지 여성가족부의 아동·청소년 음란물 단속에 대한 논쟁은 각종 인터넷 게시판에서 시들 줄을 모른다. 여성가족부는 2012년 9월 10일 '아동·청소년의 성보호에 관한 법률'(이하 아동청소년성보호법) 개정을 공표하면서, 아동·청소년을 이용한 음란물의 제작과 유포에 대해 형량을 강화하고 본격적인 단속에 나설 것을 천명했다.[11] 그러자 이어 '아동·청소년을 이용한 음란물'을 정의하는 일을 둘러싸고 한바탕 소동이 벌어졌다. 여성가족부 역시 아동과 청소년을 규정할 수 있는 확실한 기준을 갖지 못한 상태에서 시작된 단속은 무수한 네티즌들을 불안과 공포에 휩싸이게 한 나머지, 여러 언론사로 하여금 '아동·청소년을 이용한 음란물' 단속에 대처하는 다운로드 '지침'까지 기사화하도록 만들었다. 해당 기사들에 따르면 교복을 입은 성인 배우가 등장해도 아동 음란물로 단속될 수 있다는 점을 분명히 하고 있었기 때문이다. "등장인물의 생김새, 차림새, 배경' 등이 아동 및 청소년에 대한 성욕을 부추기는 설정이라면 그것은 단속 대상이라는 것이다.[12] 그러나 반발은 거셌다. 여고생의 성교 장면이 등장하는 영화 〈은교〉(2012)도 단속 대상이 되느냐는 의견이 온라인 게시판에서 열렬한 호응을 얻었다. 다른 한편에서는 무심코 다운로드받은 동영상에서 교복이 나왔다며 겁에 질려 조언을 구하는 이들이 속출했다. 그리고 다시 2013년 여름, 이러한 지침을 뒤집는 법원의 1심 판결이 나오게 되면서,[13] 아동과 청소년은 여전히 '명백'하게 규정되지도 인식되지 못하는 채로 남게 되었다.

11 "아동·청소년 성폭행범 '최고 무기징역'," 경인일보, 2012년 9월 11일자.
12 "내려받았다 지웠는데? Q&A로 풀어본 아동 포르노 단속 기준," 동아일보, 2012년 9월 6일자.
13 ""교복 입었더라도 성인 배우면 청소년 음란물 아니다,"" 연합뉴스, 2013년 7월 9일자.

아동청소년성보호법을 둘러싼 소동이 '아동' 및 '청소년'—미성년자들—의 섹스라는 행위 차원과, 이에 대한 재현 차원의 분열과 모순을 보여준다고 할 때, 화면 속에서 섹스를 벌이는 이들이 과연 누구인가라는 사실적 차원과, 그 섹스가 가리키고 또 욕망하는 바는 무엇인가라는 수행과 재현의 차원은 때때로 일치하기도 하지만 또 불일치하면서 사태의 복잡성을 시사한다. 아동청소년성보호법이 "명백하게 아동 · 청소년으로 인식될 수 있는 사람이나 표현물이 등장해 성적 행위를 하는 내용을 담은 영상물"을 음란물로 규정하고 있다지만, '명백'한 '인식'은 언제나 명백하지 못한 상태를 예고한다. 오히려 무엇이 '아동 · 청소년'인지에 대한 정의를 내리는 과정을 지배하는 것은 사실 차원과 재현 차원의 일치와 불일치를 발생시키는 담론 그 자체에 있다. 교복 입은 성인 배우를 음란물로 단속하려는 시도는 아동청소년성보호법이 '아동 · 청소년임being'이라는 사실의 차원을 '아동 · 청소년 됨becoming'이라는 수행과 재현의 차원으로 포괄함으로써 규제하려는 시도가 된다. 하지만 이내 법원 판결에 의해 무색해진 이 규제 조치가 가리키듯, 아동과 청소년이라는 범주 자체는 언제나 불확실한 채로 머문다. 이 사례는 재현된 이미지만으로 판정해낼 수 없는, 미성년 여성을 둘러싼 복잡한 맥락을 보여주고 있다.

1990년대 후반 이후 사회문화적 환경과 함께 미성년 여성의 섹스를 다루는 네 편의 영화를 살핀 이 연구는 바로 그러한 복잡한 불확실성에 관심을 기울일 것을 제안한다. 네 편의 영화를 사례로 들면서 이 연구는 미성년 여성이 규율과 통제, 보호의 대상이 되는 동시에 이를 위반하고 무력화할 수 있는 성적 역량을 지닐 수 있음을 제기하고자 했다. 2013년 오늘에 이르기까지 미성년 여성의 섹스를 둘러싸고 존재해 온 다양하고 복잡한 사회적 맥락들 속에서 재현된 이미지를 바라볼 때에만이 미성년 여성이 지니는 성적 주체성을 제대로 포착할 수 있다. 텍스트 내 재현 전략의 수준으로만 머물기보다, 재현된 이미지와 사회적 맥락을 안팎으로 연결시킴으로써 이미지와 욕망, 실천 사이의 연속적 · 불연속적 떨림들을 발견하는 것이 중요하다. 그때 비로소 미성년 여성의 섹스는 젠더 위계적이고 연령주의적인 성규범에 따라 구성된 질서 그 자체의 불가능성과 허구성을 문제 제기할 수 있는 급진적 주체로 자리매김할 수 있게 될 것이다.

더불어 성년 연구자라는 '객관적 한계'를 두고 어떻게 미성년 여성의 성을 연구할 것인지에 대한 고민이 필요한 시점이다. 청소년 연구, 소녀 연구가 일정하게 자리 잡고 있음에도 불구하고, 미성년 여성과 성 정치를 사고하는 연구자의 위치에 대해 충분한 성찰은 부족한 상황이다. 미성년 여성에 대해 '건강성'을 요청하거나 '소통과 이해'를 바라는 방식으로 연구자의 욕망이 구성되면, 연구 대상으로서의 미성년 여성은 수동적인 채로 머물 수 있다. 이미 위계화된 연구 주체와 대상 사이의 관계 속에서 '동반자'의 위치란 연구 주체의 소망에 따라 명명된 것일 수 있기 때문이다(김예란, 2006).

미성년 여성을 결국 타자화시키고마는 연구자의 욕망은 어디에서 오는가? 그것은 상당 부분 자기 경험 세계의 시간화된 질서에 비춰 성인 연구자가 미성년 여성의 경험 사이에 거리를 설정하는 데 있다. 미성년은 언제나 성인이 된 연구자와 다르기에 연구자를 당혹스럽게 하는 어떤 대상으로 놓인다(변혜정, 2010). 물론 차이는 해석되어야 한다. 그러나 이 차이가 어떻게 차이로서 인식되는 것인지에 대한 고민 역시 필요하다. 여기서 차이는 동시대적 지평에서 '어른-아이'라는 구도로 이뤄지기도 하지만, '연구자가 십대이던 시절-지금의 십대'라는 다른 시간대들을 연관시키는 구도 속에서도 이뤄진다. 상이한 세계를 십대라고 상정된 동일한 연령적 지평 위에 전개하고 비교 대조하려는 충동은 보호와 사랑의 욕망이기도 하지만, 미성년 담론을 구성하는 규제와 처벌의 욕망이기도 하다. 나아가 이것은 무엇보다도 돌이킬 수 없는 시간에 대한 향수가 깃든 인간학적 차원을 함축한, 가장 불가능하기에 강렬한 욕망의 형태를 띨 수도 있다. 결국 문제는 연구자에게 있다. 미성년 여성에 대한 연구는 미성년 여성이라는 문제적 기표를 통해 정책을 점검하고, 기존의 성 정치학과 진보적 정치학을 수정하며, 궁극적으로 연구자를 돌아보는 실천 속에서 이뤄져야 할 것이다.

그러므로 연구자라면 미성년 여성 독자를 상정하는 의식적인 노력이 필요할 것이다. 일반적으로 미성년 여성들은 몇몇 학술 연구의 공동 참여자로서 위치지워지면서 페미니스트 연구를 통한 저항적 지식 생산의 주체로 위치지워질 수는 있더라도, 독자로서는 좀처럼 상정되지 않고 있다(Kearney, 2009). 미성년 여성은 대중 문화를 비롯 여타 하위 문화적 생산과 소비의 주체로서 자리매김되면서 전략적이고 협상적인 행위자성의 주역으로 부상할 수는 있다. 그러나 그녀들은 학술적 연구와 저항적 담론의 소비자로서 위치되지 않는다. 돌아보면, 스스로 유색인, 레즈비언, 장애인, 이민자라고 천명하는 소외된 주체들이 목소리를 냈기에 중산층 백인 이성애 여성 중심으로 이뤄지고 있던 페미니즘 연구가 개혁, 전환될 수 있었다. 그렇다면 학술 연구라는 담론 장르 속에서 스스로를 재현해낼 수 있을 만한 조건 속에 놓이지 못한 소녀들을 학술 담론의 독자이자 생산자로서 상정해내는 일은 오늘날 페미니즘 문화 연구 지형에 대한 개혁을 요청하는 일이다. 그리고 이는 미성년 여성이 학술적으로 재현, 대표되는 조건을 미성년 여성들에게 개방함으로써 더욱 풍부한 논의를 생산할 수 있는 첫걸음이 될 것이다.

참고 문헌

강준만 (2012). 『매매춘, 한국을 벗기다』. 서울: 인물과사상사.

구인서 (2011). 1910년대 미성년 독서물의 한글 글쓰기 양상 연구. 『우리문학연구』, 33: 253-285.

김예란 (2006). 소녀성과 육체의 미디어화: 모바일 커뮤니케이션 역사의 자기성찰적 해석. 『미디어, 젠더 & 문화』, 5: 8-40.

김은실 (2002). 지구화 시대 한국 사회 성문화와 성 연구 방법. 『섹슈얼리티 강의, 두번째』. 파주: 동녘.

김창남 (1998). 구성애의 아우성과 한국 언론의 성 담론. 『저널리즘 비평』, 26: 12-17.

남다은 (2005). 한국영화 속 '소녀들의 섹슈얼리티'의 진부한 도식. 『씨네21』, 2005-02-02일자.

남완석 (2000). 영화에서의 성담론: 현황과 제안. 『삐라에서 문화읽기 사이버문화까지』. 현실문화연구.

민가영 (2001). 소녀들의 가출문화에 관한 현장기술지적 연구: 일시, 도피적 가출을 중심으로. 『한국청소년연구』, 12(1): 47-77.

_____ (2007). '신빈곤층' 가족 십대 여성의 가출. 『재생산 문화에 관한 현장기술지적 연구』, 15(2): 29-44.

박정미 (2012). "음행의 상습 없는 부녀"란 누구인가?: 형법, 포스트식민성, 여성 섹슈얼리티, 1953~1960년. 『사회와 역사』, 94: 261-295.

손희정 (2010). 괄호를 풀어라: 한국 영화가 10대 여성의 성을 다루는 방식에 붙이는 글. 『10대의 섹스, 유쾌한 섹슈얼리티』. 파주: 동녘.

안재석 (2001). 한국 에로비디오에 대한 단상. 『모색』 창간호: 168-177.

원미혜 (2007). 십대/여성 정책의 도전과 과제: 적극적 조치, 실질적 평등의 관점을 중심으로. 『여성학논집』, 24(2): 111-145.

윤선미 · 이나영 (2012). 청소녀의 가출 후 경험 연구: 경계들 사이의 생존 지대를 찾아. 『한국여성학』, 28(4): 119-171.

이승환 (2002). 1990년대 청소년 영화에서의 상징폭력성: 〈꼴찌부터 일등까지 우리 반을 찾습니다〉와 〈여고괴담〉을 중심으로. 『영화연구』, 20: 251-276.

이윤주 (2004). 10대에 대한 다양한 시각, 그 안의 편견. 『당대비평』, 21: 48-59.

전효관 (2004). 미성년, 또 하나의 젠더. 『당대비평』, 21: 74-75.

정영권 (2012). 민주화 이행기의 한국 청소년 영화: 장르의 사회문화사. 『문학과 영상』, 13(2): 347-378.

주유신 (2008). 십대와 그 영화적 재현의 가능성과 난제들. 『여성학논집』, 25(1): 185-209.

황성기 (2011). 인터넷게임 이용을 위한 청소년의 회원 가입시 부모의 필요적 사전동의제도의 헌법적 문제점. 『공법학연구』, 12(1): 103-132.

Bhattacharyya, G. (2002). *Sexuality and Society: an Introduction*. London & New York: Routledge.

Kearney, M. C. (2009). Coalescing: The Development of Girls' Stidies. *NWSA Journal*, 12(1): 1-28.

Kleinhans, Chuck (2004). Virtual Child Porn: The Law and the Semiotics of the Image. *More Dirty Looks*. BFI Publishing.

포스트페미니즘과 코미디
: KBS 개그 콘서트 '남성인권보장위원회'와 남성 역차별 담론*

이신혜 · 박지훈

여성의 지위 상승에 관한 미디어 담론

최근 몇 년간 한국 사회에서 여성의 사회적 지위 상승에 관한 담론이 미디어를 통해 광범위하게 생산, 유포되고 있다. 각종 고시에서 여성의 우세에 관한 기사들이 쏟아지고, 〈대물〉, 〈산부인과〉, 〈내조의 여왕〉이나 〈검사 프린세스〉와 같은 고급 직업군의 여성이 주인공으로 등장하는 드라마가 눈에 띄게 늘어났다. 한국 사회가 이제는 성차별의 벽을 허물고 여성과 남성이 동등한 위치에서 사회적 성취를 이룰 수 있도록 보장해주는 것으로 보인다.

미디어가 급부상하는 여성의 권력을 공론화하고 있는 현재 젠더 불평

* 이 글은 2012년 『*Asian Journal of Communication*』 22호에 게재된 논문인 "'We need a committee for men's rights': reactions of male and female viewers to reverse gender discrimination in Korean comedy"를 재구성한 것이다.

등은 여전히 존재한다. 비록 한국의 여성들이 지난 수십 년 간 상당한 경제적, 직업적, 정치적 진척을 이룩해 왔으나 2012년 세계 경제 기구의 젠더 평등 지표에 따르면 한국은 전 세계 134개국 중 108위로 젠더 간 격차가 큰 나라 중 하나이다. 한국 여성은 남성과 같은 고용 기회의 평등을 누리지 못하고 있을 뿐 아니라 임금에서도 남녀의 격차는 좁혀지지 않고 있다. 전 세계적으로 한국이 가장 출산율이 낮다는 사실은 여성들이 경험하는 가사노동과 육아의 부담을 여실히 보여주고 있다. 실제로 한국 통계청이 2010년 3월에 발표한 생활 시간 조사 결과에 따르면 20~60세 맞벌이 가구 아내의 가정관리 노동 시간은 2시간 38분으로 남편의 24분보다 7배 정도 많았다고 한다. 남녀불평등이 존재하는 상황에서 미디어가 지속적으로 재현하고 있는 여성의 사회적 지위 향상과 진보적 여성의 이미지를 어떻게 바라보고 해석해야 하는가?

이 연구는 시청자에게 많은 사랑을 받은 코미디 프로그램 KBS 개그 콘서트의 인기 코너 '남성인권보장위원회'(남보원)를 여성의 지위 상승에 관한 미디어 담론의 한 사례로 분석하고자 한다. 장수 프로그램인 KBS 개그 콘서트(1999~)는 매 회당 대략 12~15개의 코너로 이뤄져 있고 황금 시간대인 일요일 밤에 방송되며 꾸준하게 17~18%의 시청률을 유지해 오고 있다. 2009년 9월부터 2010년 9월까지 약 1년 동안 방영된 '남보원'은 연애 관계에서 남자들이 평소 밝히기 어려운 속내를 풍자와 해학을 곁들여 드러내는 코너로 세 진행자들은 마치 시위를 하는 노조원처럼 머리에 띠를 두르고 나와 구호를 외치며 시청자에게 남성 운동을 선동한다. 그들은 매 에피소드마다 여러 가지 데이트 상황에서 여성들이 남성들을 이용하고 함부로 대하는 이야기를 토로하면서 남성의 인권을 우스꽝스러운 표어로 주장한다. 한 인터뷰에 따르면, '남보원'의 제작진과 코미디언들은 연애 관계에서 불평등을 겪고 있는 남성들에게 호소하고 공감을 사는 것이 기획 의도였다고 한다(이연우, 2010).

여기서 주목해야 할 점은 '남보원'이 남성들만의 전유물이 아니었다는 점이다. 남보원은 남녀를 막론하고 큰 호응과 재미를 선사하며 2009년 연예대상에서는 최우수 코미디 상을, 2010년에는 한국방송협회로부터 최고의 텔레비전 시리즈 상을 수상하는 영예를 누렸다. 이처럼 여성들의 연애 관계에서의 불합리함을 강하고 직설적으로 지적하고 폭로하는 프로그램이 남성 시청자뿐 아니라 여성 시청자들에게까지 큰 웃음을 준 것은 매우 아이러니하다. 남성과 여성의 사회적 평등이 실현되지 않은 현실에서 남녀 평등에 관한 담론 또는 남성의 역차별을 다룬 방송 프로그램이 수용자의 젠더를 초월한 인기를 누리고 있다면 그 이유는 무엇이며 우리는 여기서 어떤 함의를 읽어낼 수 있을까?

우리는 '남보원'을 한국 사회의 대중적 포스트페미니즘 등장 단계에서 나타나고 있는 하나의 징후적 텍스트로 분석함으로써 남녀 평등에 관한 미디어 담론이 한국 사회에 가지는 이데올로기적 함의를 논의한다. 그동안 젠더와 코미디에 관한 연구들은 주로 텍스트의 의미에 초점이 맞춰져 왔으며, 수용자들의 해석과 즐거움에 대한 연구는 상대적으로 부족했다. 따라서 이 연구는 남녀 수용자들이 각각 어떤 이유로 '남보원'을 즐기고 있는지, 이들의 해석과 즐거움에 차이가 있다면 어떠한 이유 때문인지 면밀히 살펴보고자 한다.

포스트페미니즘과 미디어

포스트페미니즘은 1990년대에 하나의 사회적 카테고리로 등장했다. 이러한 새로운 흐름의 등장은 "전지구적 차원에서 후기구조주의 그리고 포스트모더니즘 등의 사회문화 현상, 그리고 여성 수용자를 타깃으로 삼는 문화 산업의 폭발적인 성장 등과 밀접하게 맞물려 있다"(이정연 · 이기형, 2009: 94). 포스트페미니즘의 주된 전제는 지난 세월의 여성운동으로 인해서 이제 여성은 상당한 수준의 경제적 자립을 획득했으며 성적 평등을 얻었다는 것이다. 따라서 여성들은 성적 불평등이나 권력 부조화의 구속과 한계로부터 더 이상 영향을 받지 않는 자율적인 주체라고 주장된다(Gill, 2007; Harris, 2004). 또한 포스트페미니즘은 "여성의 합의, 평등, 참여 그리고 즐거움과 정치로부터의 해방을 바탕으로 하는 성적 의미들의 새로운 체계"를 지지한다(McRobbie, 2004: 260). 더글라스(Douglas, 2010)는 포스트페미니즘을 다음과 같이 표현하고 있다.

> 여성의 해방은 하나의 기정 사실이며, 이제 우리는 전보다 더 강하고, 더 성공적이며, 성적으로 더 주체적이며, 더 두려움이 없고, 더욱 경외의 대상이 되어가고 있다.…… 우리는 어떠한 여성도 CEO나 대통령이 될 수 있다고 믿으며, 여성들이 경제적, 직업적 그리고 정치적으로 남성들과의 평등을 얻었다고 믿는다(Douglas, 2010: 5).

포스트페미니즘의 또 다른 중요한 특징은 남성과 여성의 생물학적 · 천성적 차이에 대한 강조이다(Gill, 2007; Ouellette, 2002). 포스트페미니즘은 젠더 차이를 당연한 것으로 전제함과 동시에, 여성들은 더 이상 성적 객체가 아닌 스스로 자신의 성적 욕망과 권력을 갖고 놀 수 있는 자율적이고, 적극적이고, 당당한 주체로 상정한다. 여기에서 몸은 여성을 역능화시키는 원천이며 여성들은 여성적 아름다움의 이상적 기준을 성취하기 위해 끊임없이 계속적으로 검열, 감시, 그리고 조정한다.

여성의 사회적 지위의 상승에 관한 현대 사회의 담론을 형성하는 데 주요한 역할을 하는 것이 바로 여성의 소비이다. 신자유주의 시대에 자유시장의 논리는 삶의 전 영역으로 파고들어 주체의 내면까지 구성하게 되면서, 개인을 기업하는 자아enterprising self로 호명하고 개인의 자유와 선택, 자기 계발을 중시하는 이데올로기를 유포한다(이명호, 2010: 95). 이런 기업하는 자아의 가장 유쾌하고 자유로운 선택이 일어나는 곳이 바로 소비 공간이다. '나는 쇼핑한다, 고로 자유롭다'는 모토는 젊은 세대 여성들의 일상을 지배하게 되었다(이명호, 2010: 96). 여성들은 이제 강력한 소비자로 재현되고, 그들의 구매력은 그녀들의 높아진 권력과 향상된 평등의 개념으로 연결되어 해석된다(Griffin, 2004; Sharpe, 2001). 이러한 담론이 두드러지게 나타나는 곳은 바로 〈앨리 맥빌〉, 〈섹스 앤 더 시티〉 그리고 〈브리짓 존스의 일기〉 등과 같이 포스트페미니스트의 감수성을 드러내주는 대중적 드라마나 영화들이다(Arthurs, 2003; Gerhard, 2005; Kim, 2001; Moseley & Read, 2002). 이러한 것들은 젊은 여성들의 도시 생활의 경험과 고민들, 소비 습관과 가치들에 대해 설명한다. 성적으로 해방된 여성 주체들을 그리고 있는 이런 작품들에서는, 여성은 남성을 위해서가 아니라 자기 자신들을 위해 쇼핑을 하며, 여성의 소비 권력은 정치적 권력보다도 더 만족스러운 것으로 묘사된다.

학자들은 포스트페미니즘의 이데올로기적 가능성에 대해 회의적이다(Douglas, 2010; Gill, 2007; Taft, 2004). 그 어느 때보다도 능력 있고, 독립적이고, 성취감 있는 여성의 이미지들이 쏟아지는 현대 사회에서 남성과 여성은 동등하며 그들 간의 경기는 이미 끝났고 여성이 승리했기 때문에 페미니즘은 구식이며 더 이상 필요하지 않은 것으로 간주되기 때문이다. 포스트페미니즘은 궁극적으로 반여성주의적 담론들을 이용하여 여성주의적 목소리들을 침묵시키고 있다(Griffin, 2001; Sharpe, 2001). 즉, 포스트페미니즘은 겉모습으로는 여성주의처럼 보이지만, 그 안의 의도는 성차별주의적인 '개화된 성차별주의enlightened sexism'라는 것이다 (Douglas, 2010).

> 포스트페미니즘은 여전히 복합적인 억압과 차별을 경험하는 젊은 여성들로 하여금 포스트페미니즘이 그들의 필요나 고민들을 말해주지 못한다는 것을 믿게 함으로써, 그들을 소외시킨다. 더 이상의 사회 변화가 필요 없는 세상을 보여줌으로써, 포스트페미니즘의 여성 파워 담론은 젊은 여성들에게 성차별이나 다른 형태의 억압을 경험하는 상황을 이해하고 그것에 저항하기 위한 수단들을 제공하는 데 실패하고 만다(Taft, 2004: 73).

코미디와 젠더 유머

학자들은 그동안 코미디에서의 젠더 유머가 갖는 이데올로기적 함의에 대해 연구해 왔다. 비판 진영의 학자들은 소수자 집단을 유머의 대상으로 삼는 지배 집단의 코미디에 대해 오랫동안 비난해 왔다(Bergmann, 1986; Mintz, 1977). 왜냐하면 소수자 집단을 향한 유머들은 대다수 집단의 우월성을 강화시킴으로써 결과적으로 헤게모니적 문화 가치들을 재확인시켜주는 역할을 수행하기 때문이다.

비판적 관점에서 볼 때 젠더 관련 농담들은 사회적으로 형성되는 젠더의 속성을 숨기면서 젠더 차이를 더욱더 본질화시킨다고 볼 수 있다. 제작자의 의도가 어떠했든 간에 성차별적 농담은 젠더 스테레오타입들을 강화시키고 성차별적 관념들 때문에 상처받는 이들을 모욕하는 결과를 가져온다(Bergmann, 1986). 따라서 성차별적 농담을 즐긴다는 것은 성차별적 관념들을 인정한다는 것이고, 이러한 유머들에 대해 웃는 것을 거부한다는 것은 그 농담의 전제를 거부한다는 의미이다(Merrill, 1988). 예를 들어 인종에 관한 농담들과 스테레오타입들은 인종 차별이 깊게 뿌리박힌 사회에서 계급적으로 구축된 인종적 차이들을 불가피하게 강화시키고 있다고 볼 수 있다(Hall, 1990; Omi, 1989). 오미Michael Omi는 유색인들에 대한 인종적 농담들은 "순수하게 웃기려는 의도에도 불구하고, 분명 스테레오타입을 강화시키고 인종 불평등 관계들을 합리화시키는 데 기여할 것"이라고 강조한다(Omi, 1989: 121). 〈러시아워 2〉의 인종 차별적 농담들에 관한 연구에서, 박과 동료들(Park et al., 2006)은 수용자들이 소수자 캐릭터들을 향한 유머에서 즐거움을 느끼지만 인종적 유머를 시청함으로써 얻는 즐거움은 인종 차별적 관념의 수용을 동반한다고 주장한다.

한편, 학자들은 지금까지 성적 유머의 대상으로 존재하던 여성들이 코미디를 사회적 풍자의 도구로 활용하는 모습을 보며 코미디 장르의 전복적 가능성에 대해 인지하기 시작했다(Boskin & Dorinson, 1985; Bowles, 1994; Gilbert, 1997; Klein, 1993). 여성의 자기비하적 유머는 억압적인 젠더 스테레오타입들을 그대로 소화하는 것으로 보이지만 사실 그들은 전형적인 여성성의 정의를 유머라는 수단을 통해 조롱하고 해체하려고 시도하는 것일 수도 있다. 미국 여성 코미디언의 경우 여러 가지 전복의 전략(패러디, 과장하기, 역할 바꾸기)들을 동원해 젠더 스테레오타입들을 조롱하고 관습적인 젠더 역할들을 불안정하게 흔들어 놓는다. 코미디는 사람들로 하여금 말할 수 없는 것들을 말하게 허용하고 젠더 관계의 모순들을 희화화함으로써 이를 논의의 대상으로 부른다. 길버트Joanne R. Gilbert는 코미디가 "경계들을 넘나들고 여성을 웃음의 대상이 아닌 웃음의 주체로 초청함으로써"(Gilbert, 2007: 328) 가부장제적 젠더 규범들을 성찰할 수 있도록 밖으로 드러내 준다고 주장한다.

하지만 비판 학자들은 코미디의 이데올로기적 가능성에 대한 유토피아적 관점에 부정적이다. 코미디가 비록 수사학적으로는 전복적이라고 할지라도 그 전복적인 힘은 의미가 순환되고 해석되는 특정한 맥락, 즉 누가, 누구를 위해, 그리고 어떤 상황에서 코미디가 생산되는 것인가에 따라 다른 양상을 보일 수 있다. 특히 유머라는 것은 사회적 맥락에서 독립적으로 존재하는 것이 아니기 수용자들에 따라서 다르게 기능할 수 있다(Gilbert, 1997; Shugart, 2001). 따라서 코미디 프로그램에 대한 수용자들의 반응과 해석은 코미디의 젠더 담론에 대한 이데올로기적 함의를 찾는 데 중요한 단서가 될 것이다.

'남보원' 소개

매회 6분여 동안 두세 가지 이슈를 소개하는 '남보원'은 세 남성이 '남성인권보장위원회'라는 배너가 붙여진 긴 책상에 앉은 모습으로 시작된다. 가운데 앉은 남성은 붉은 조끼에 붉은 머리띠로 전형적인 파업 노조원의 복장을 하고 있고, 오른쪽에 앉은 남성은 정장을 차려 입고 북을 가지고 등장한다. 왼쪽의 남성은 민주당 의원인 강기갑 의원을 패러디하기 위해 한국의 전통 의상을 입고 강의원의 머리 스타일과 목소리 등을 흉내낸다. 가운데 남성은 강렬한 첫 멘트로 코너를 진행한다.

> 우리는 떨어지는 남성의 인권을 보장하기 위해 이 자리에 나온 남성인권보장위원회, 즉 '남보원'입니다. 우리는 사회적으로 성차별을 받는 남성들을 대변하기 위해 이 자리에 나와서 끝까지 투쟁할 것을 맹세합니다.

이어서, 오른편에 앉은 남성은 남녀 관계에서 발생하는 남성들의 억울함을 오늘의 안건으로 제시한다.

> 예로부터 여자들은 남성들의 경제력만을 고집했습니다. 도대체 왜, 남성들은 두툼한 지갑과 외제차에 의해서만 평가받아야 하는 것입니까?

이후 세 남성은 일제히 일어나서 마치 시위를 하듯 선창/후창의 형식으로 북을 치면서 심각하게 여성들의 이러한 남성 착취에 대한 비판을 우스운 구호들을 통해 외쳐댄다.

> 커피값은 내가 내고 쿠폰 도장 니가 찍냐! 나도 열 개 모아 먹어보자!

> 니 생일엔 명품가방, 내 생일엔 십자수냐! 백일선물 기대 마라 아직 할부 안 끝났다!"

구호가 끝나고서는 갑자기 다소 우울한 배경 음악과 함께, 왼쪽에 있는 남성의 하소연이 이어진다. 이 남성은 정중하면서 동시에 흐느끼는 목소리로, 데이트 때 남성들의 불공평한 위치에 대해 토로한다. 이 코너에서 가장 인기를 끌었던 부분은 이 남성이 자신이 여성에게 헌신했던 경험을 이야기하며 "괜히 그랬어, 괜히 그랬어"라고 울며 어깨를 들썩이는 부분이다. 결국 이 코너의 마지막은 세 남성이 관객석의 남성 방청객을 모두 일으켜 세우며 구호를 함께 외치자고 요구하는 장면과 함께 엔딩 멘트인 "여자들이 밥을 사는 그날까지 남자들이여 일어나라!"로 끝이 난다.

사회비판 코미디의 한 형태로 '남보원'은 우리 사회의 여성과 남성의 연애 관계에서의 불합리성을 지적한다. 이 코너는 연애 관계에서 남성이 아닌 여성이 주도적인 위치를 차지하는 것으로 그리고 있다. 예를 들어 한 에피소드는 여성이 남자 친구를 짐꾼처럼 여기면서 정작 자신에게는 과도하게 잘 해주고 희생할 것을 요구하는 못된 심보에 대한 불만을 다룬다. 실제로 한 여론조사에서는 여성이 크리스마스 선물로 가장 받고 싶은 선물이 커플링인 반면, 남성들이 받고 싶어할 최고의 선물을 추측하는 질문에는 자기 자신(여성)의 존재라고 대답했다고 한다.

'남보원'은 여성들이 연애 관계에서 모든 것을 결정하고 선택하는 주체이며 상대 남성에 관한 모든 것(라이프스타일, 외모, 그리고 태도까지)을 조정하고 통제하는 상황을 통해 남성 역차별에 관한 강력한 담론을 구성하고 있다. 결국, 남성들은 자신들의 사소한 자유, 즉 메뉴판에서 먹고 싶은 음식을 시키거나 자기 휴대폰의 컬러링도 마음대로 선택하지 못하는 불쌍하고 처절한 존재로 그려진다. 즉, '남보원'에서는 남녀 관계의 사소한 사건이나 라이프스타일을 컨트롤하고 선택하는 파워를 사회에서 여성이 남성보다 우위의 권력을 가지는 것으로 연결시켜 해석하고 있다.

주목해야 할 점은 '남보원'에서 젊은 여성들의 소비 문화가 바로 여성들이 가진 힘과 권력의 근거로 간주된다는 점이다. '남보원'에서 이야기되는 여성은 늘 커피전문점에 가서 카라멜 마키아또를 먹고, 백화점에서 신상을 구입하고, 별 다섯 개짜리 호텔을 사랑하고, 패밀리 레스토랑 메뉴를 꿰뚫고, 자신의 외모를 가꾸는 데 시간과 돈을 아까워하지 않는 여성들이다. 여성들의 이러한 럭셔리한 라이프스타일 추구와 높은 소비 성향은 여성의 파워가 소비와 취향, 감수성의 영역에 위치한다는 포스트페미니즘 담론과 일치한다.

'남보원'에서 두 번째로 가장 많이 언급된 이슈는 여성과 남성의 전형적인 특성의 차이이다. '남보원'은 여성들의 까다로운 커뮤니케이션 방식(예를 들어 구박하고, 따지고 비교하고 내숭떠는 것), 사사건건 귀찮게 하는 여성의 집착, 기계와 운전에 서투른 것, 쇼핑에 정신이 팔려 있는 것, 늦었을 때 거의 다 왔다고 거짓말하는 것 등의 특성을 비판했다. 반면에 남성의 경우는 주로 연애에서 성관계, 스킨십만을 밝히는 늑대로 정형화되었다. '남보원'의 남성은 종종 노골적으로 여성들에게 자신이 돈을 쓰고 헌신하는 이유가, 성적인 관계나 스킨십으로 보상을 받기 위한 것이라고 드러냈다. 결국, 남보원은 남성은 성에 의해, 그리고 여성은 남성의 돈에 의해 끌리기 때문에 남성과 여성은 생물학적으로 다르다는 믿음을 근거로 하고 있는 것이다.

> 여행 경비 그렇게 많이 쓰고, 생고생하고 운전했으면 우리 인간적으로 당일 날 올라오자고 하지 맙시다. 내가 뭐 때문에 이 고생을 했는데…….

'남보원'의 일화들은 굉장히 사소하고 사적인 이야기들로 이뤄졌음에도 불구하고 전반적인 사회적 차원에서 마치 여성이 이제 남성들보다 힘을 더 가지고 있다는 점을 암시한다. 세 남자는 각각 사적인 차원에서의 남성 역차별 사례를 이야기하고 있지만, 담론의 차원은 공적인 차원과 사적인 차원의 이야기와 주장이 혼합되어 있다. 왼쪽 남성은 사적이고 개인적인 연인 간의 사연을 하소연하지만 진행자인 중간 남성과 안건을 제시하는 오른쪽 남성은 '인권', '성차별', '억압', '핍박' 등의 단어를 사용하면서 남성 역차별 문제를 사회구조적 차원에서 이야기한다. 공적 차원과 사적 차원 이야기의 혼합은 마치 사적인 관계에서의 젠더 불평등이 사회적 차원의 젠더 불평등과 동일한 것임을 암시하고, 또 반대로는 사회적 젠더 불평등은 개인적인 태도와 노력으로 해결이 가능한 것임을 의미할 수 있다. 사적 차원과 공적 차원 담론의 혼합은 젠더 문제가 사회 시스템을 통해서가 아닌 개인 간의 회복과 화해를 통해 해결될 수 있다는 지배적인 젠더 이데올로기를 수반하고 있다. 또한 이러한 관점은 우리 사회에 여전히 팽배하게 존재하는 구조적인 젠더 불평등을 묵인하는 문제를 지닌다.

한편 '남보원'의 담론은 젠더정치를 해체하는 텍스트로 해석될 수도 있다. 첫째, '남보원'은 전통적인 개념의 남성성과 여성성에 의문을 던지는 것으로 볼 수 있다. 세 남성은 종종 남성과 여성에게 유교적, 전통적으로 적용되어 온 관습들을 풍자를 통해 도전했다. 예를 들면, "남자가 울면 바보, 여자가 울면 당연한 것! 이게 공평한가?"라며 기존의 전통적인 한국 남성에게 부과되던 인내, 대범함, 그리고 묵직함 등의 특징들에 대해 저항하고 있다. 또한 남녀 관계에서 여성의 자신만만하고 지배적인 점을 강조한 것도 전통적인 젠더 질서를 전복시키는 측면으로 볼 수 있다. 둘째, 세 남성 캐릭터의 패러디적 퍼포먼스와 남성 역차별에 대한 과한 묘사는 전통적인 젠더 역할을 전복함으로써 한국 사회 기저에 깔린 가부장제 이데올로기를 해체하고 풍자하는 역할을 할 수도 있다.

결국 수용자들이 '남보원'의 텍스트적 요소들을 어떻게 협상하고 해석하는지가 코미디 장르의 젠더 담론에 대한 이데올로기적 함의를 찾는 데 중요한 단서가 될 것이다. 과연 수용자들은 '남보원'의 젠더 유머를 어떻게 받아들일까? '남보원'의 남성 역차별 담론에 대해 남성과 여성 수용자들은 어떻게 반응할까?

포스트페미니즘과 시청자

시청자들의 반응들을 연구하기 위해 '남보원'의 일상적인 시청자 14명(남성 8명, 여성 6명)을 대상으로 심층 인터뷰와 포커스 그룹 인터뷰를 상황에 맞게 적절히 섞어서 사용했다. 인터뷰 방법을 선택한 이유는 이러한 질적 연구 방법이 미디어 연구자로 하여금 수용자들이 텔레비전 프로그램의 이데올로기적 작동과 어떤 관계를 맺고 있는지를 탐구할 수 있게 도와주기 때문이다(Bird, 2003; Jhally & Lewis, 1992). 연구 대상 수용자의 연령은 '남보원'의 대상 타깃이기도 한 20대 후반을 기준으로 했으며(평균 연령 28세), 30대가 두 명 포함되었고, 미혼을 기준으로 하되 기혼 여성 한 명(결혼 후 1년)도 포함되었다. 대상자들은 모두 평소에 개그 콘서트를 즐겨 보는 사람들이었으며 '남보원'을 일정 기간 이상 꾸준히 시청해 왔다. 연구 대상은 모두 연구자와 매우 가까운 관계의 친구들로 이뤄졌으며, 인터뷰 장소 또한 인근 커피숍 또는 학교 세미나실로 비교적 친근하고 편안한 분위기에서 진행했다. 연구 대상과 연구자의 관계는 질적 연구에서 인터뷰의 질을 결정하는 데 매우 중요한 요인이었기 때문에 오랜 시간 동안 친분이 있는 사람들을 인터뷰하는 방법은 이 연구의 젠더라는 비교적 예민한 소재와 솔직한 답변을 요하는 질문들에 대한 답변을 이끌어내는 데 유용했다.

이 연구는 총 다섯 번의 개인 심층 인터뷰와 세 번의 포커스 그룹 인터뷰로 진행되었다. 이번 연구를 통해 알게 된 점은 예민한 소재와 솔직한 이야기가 필요한 인터뷰일수록 포커스 그룹 세팅에 영향을 매우 많이 받는다는 점이었다. 젠더에 관한 인터뷰이기 때문에 남성과 여성을 분리하는 것을 원칙으로 했으나 한 그룹은 예외로 남성 3명과 여성 1명으로 이뤄졌다. 이 그룹의 경우, 어려서부터 막역한 고등학교 동창 사이여서 그런지 남성과 여성이 함께 인터뷰를 했음에도 가장 솔직한 답변을 얻을 수 있었다. 심층 인터뷰와 포커스 그룹 인터뷰는 비슷한 방식으로 진행되었다. 연구자는 수용자들과 만나 서로의 근황에 대한 대화를 나누며 편안한 분위기로 인터뷰를 시작했으며, 먼저 '남보원'의 에피소드 중 기억나는 것들을 자유롭고 자연스럽게 이야기하도록 유도했다. 인터뷰가 진행되면서 수용자들이 기억에 의존해서 '남보원'에 대해 이야기하는 것을 어려워했기 때문에 '남보원'의 구호가 적힌 리스트를 준비해 수용자와 함께 보면서 다양한 이야기를 이끌어내기도 했다. 연구자는 '남보원'을 보는 즐거움으로 시작해 남녀 평등에 대한 수용자들의 개인적인 견해, 실제 사회에서의 젠더 관계에 대한 경험에 대해서도 질문을 했다. 인터뷰 질문들은 반구조화되었으며 상황과 문맥에 따라 자연스럽게 대화를 이어나갈 수 있게 대처했다. 인터뷰는 약 1시간을 전후로 종료되었으며 모든 인터뷰는 녹취되었다.

인터뷰를 수행하는 연구자가 여성이었다는 점은 연구에 한편으로 도움이 되기도 했지만 동시에 도전적이기도 했다. 모든 수용자는 연구자의 가까운 친구들이었지만, 그럼에도 남성 수용자들은 때때로 자신들이 여성과 이야기를 하고 있다는 사실을 인식하는 듯 보였다. 그들은 종종 자신들이 남성우월주의자가 아니라는 것을 강조했으며, 연구자에게 자신들의 대답이 혹시 너무 한쪽으로 치우쳐 있는지, 혹은 정치적으로 바르지 않은지에 대해 물어보았다. 이렇게 그들이 질문자의 젠더를 의식했지만, 그럼에도 불구하고 남성 수용자들이 여성 연구자에게 어떻게 반응하고 상호작용했는지는 중요한 자료로 해석되었다. 그들이 여성 질문자의 존재 앞에서 어떻게 자기 자신들의 생각을 설명하고, 정당화하고, 합리화했는지의 과정은 그들이 '남보원'을 해석할 때 그들의 젠더 입장이 어떻게 개입되고 중개되는지의 방식을 그대로 드러내 주고 있기 때문이다.

데이터를 분석할 때, 우리는 세 가지 중요한 틀—거부감, 리얼리즘, 그리고 젠더 관계에 대한 인식—을 중심으로 논의를 전개하고자 한다. 먼저, 우리는 수용자들이 '남보원'을 시청하면서 거부감을 갖거나 민감하게 받아들였는지의 여부와 그 이유에 대해 보았다. 둘째, 수용자들이 '남보원'의 캐릭터와 내러티브의 묘사에 대해 얼마만큼 공감하고 리얼리즘을 느끼고 있는지, 그리고 이것이 그들의 젠더 관계에 대한 해석에 어떻게 관련되는지를 살펴보았다. 마지막으로, 젠더 관계에 대한 이슈들을 분석함으로써 '남보원'과 같은 한국의 젠더 담론을 다루는 미디어가 수용자들의 젠더 인식을 어떻게 매개하는지를 살펴보고자 한다.

거부감

'남보원'을 시청한 수용자 14명 전원은 '남보원'을 보면서 심한 과장과 간혹 비춰지는 과격함에도 불구하고 불쾌함이나 거부 반응을 느끼지 못했다고 대답했다. 이들이 '남보원'이라는 미디어 텍스트를 이렇게 너그럽고 긍정적으로 받아들일 수 있었던 데는 크게 세 가지 이유가 있는 것으로 드러났다. 첫 번째는 바로 코미디라는 장르의 관습 때문이다. 시청자들은 이미 개그 프로그램은 진지하게 보는 것이 아니라는 형식적 관습을 알고 있었으며, 개그 프로그램은 웃음을 불러일으키기 위해 과한 과장을 할 수도 있다는 장르적 관습에 대해서도 너그러이 받아들였고 오히려 그것을 당연히 여기고 있었다. '남보원'이 코미디의 장르를 취하고 있었기 때문에 남녀 수용자들은 그것을 기분 나쁘게 받아들이지 않았으며, 만약 같은 내용이 시사 프로그램이나 다른 장르로 만들어졌을 경우 기분이 상했을 것이라고 대답했다. 그들은 코미디에서 젠더를 그리는 방식이나 의도적으로 웃기기 위해 캐릭터를 과장해 그리는 코미디의 관습에 대해 잘 알고 있었던 것이다.

> 여자가 분명히 부정적으로 나오는 것은 분명해요. 어떤 때는 너무 심하게. 남자들이 너무 소심하게 희화된 것처럼 여자도 그렇게 더 악하게 희화되는

그게 대조되어서 우스운 건데. 그것에 대고 여자를 그렇게 그리지 말라고 뭐라고 할 것은 아닌 것 같아. 오히려 그런 대조를 통해서. 그러니까 개그는 개그일 뿐. 그런 거. (여성, 25)

그게 개그 프로그램이기 때문에 시청자 입장에서 알아서 걸러내서 듣는 게 있거든. 그게 만약에 진짜 시사 프로그램이었으면, 남자인 나로서도 저건 너무 과장된 면이 있지 않은가 하고 해석을 하겠지. 그게 개그 프로니까 그게 가능한 거 같아. (남성, 28)

두 번째로, 수용자들이 '남보원'을 불쾌하지 않게 받아들인 이유는 '남보원'을 시청할 때 각자 자기가 속한 젠더에 관해 긍정적인 쪽으로 해석하려 했기 때문이다. 재미있는 현상은 수용자들이 각자 자기가 속한 젠더의 위치가 '남보원'이라는 프로그램에서 강자에 속한다고 여겼으며, 그렇기 때문에 약자에 속한 다른 성별의 사람들이 오히려 예민하고 불쾌할 수 있다고 해석했다. 예를 들자면, 여성 수용자들은 "여성들은 연애 관계에서 강자이기 때문에 '남보원'을 보면서 웃고 넘길 수 있지만, 남자들은 인정하고 카타르시스를 느끼면서도 착잡한 심정일 것"이라고 지적했는데, 남성 수용자들은 그 반대로 '남보원'은 여성을 공격하는 내용이기 때문에 남성들은 불쾌할 이유가 없다고 받아들였다.

내가 기분이 상할 일이 뭐가 있어? 주로 공격한다고 해도 여자를 공격하는 건데, 내가 기분이 나쁠 일이 뭐가 있어. 여자들은 좀 그럴 수도 있을 것 같아. 나는 안 그랬다거나 뭐 나는 안 그런 사람이야라는. (남성, 29)

남자들은 인정을 하는데 싫은 거구, 여자들은 인정을 하면서 좋은 거구.

(여성, 28)

결론적으로, '남보원'은 남성과 여성 양쪽에서 서로에게 불쾌할 이유를 떠넘기며 자신들이 속한 젠더를 긍정적으로 해석하는 방향으로 해석되었으며 남녀 수용자들에게 거부 반응 없이 받아들여졌다. 남성과 여성 수용자들이 각기 다르게 '남보원'에 반응한 이유는 보보(Bobo, 1995)의 연구를 통해서도 설명할 수 있는데, 이 연구에 따르면 수용자들이 논란적인 영화를 볼 때 재빨리 논쟁적인 부분보다는 긍정적인 요소들에 동일시함으로써 자신들이 원래 갖고 있는 정체성과 경험과 조화를 이루려 하기 때문이라고 주장했다.

세 번째로 '남보원'이 긍정적이고 너그러운 수용자를 갖게 된 이유는 사랑의 담론 때문이다. 물론 이 특징은 인터뷰 수용자 중 일부인 5명에게서만 드러났고, 그들은 모두 현재 열애 중인 수용자였다. 이렇게 현재 연애를 하는 수용자들은 '남보원'이라는 프로그램을 긍정을 넘어서 건강하고 유익한 프로그램이라고 칭찬하기까지 했다. 왜냐하면, '남보원'이 연인들에게 소중한 커뮤니케이션의 통로가 되어주고, 여성들에게는 연애 지침서로 작용하기 때문이라는 것이다. 남성들의 경우도 '남보원'이라는 프로그램을 통해 여성들의 변화까지 바라는 것은 아니지만 어느 정도 남자들이 힘들어한다는 것을 인식하고 소통할 수 있는 계기가 되므로 값지다고 대답했다.

리얼리즘

'남보원'을 왜 즐겨 보냐는 질문에 수용자들은 모두 공통적으로 공감이라는 단어를 제시했다. '남보원'을 좋아하는 가장 큰 이유는 프로그램이 묘사하는 캐릭터와 상황과 자신들의 삶을 연결지을 수 있기 때문이다. 대부분의 수용자는 '남보원'이 제시하는 젠더 관계를 현실적으로 인식하고 받아들이고 있었다. 수용자들은 "90% 이상이 실제로 남보원'에서 말하는 그런 절차를 밟고 있다"고 밝히며, "과장도 하고 웃기려고 표현을 재미있게 하지만 일단 기본적으로 공감이 되는 게 있으니까 웃긴 것이다"라고 말했다. 수용자들은 '남보원'과 같은 코미디 프로그램의 성공 요인은 이처럼 관객으로부터 어느 정도의 공감을 일으킬 수 있느냐에 달려 있다고 설명했다.

> 개그라는 게 공감, 웃음 포인트가 공감인데. 개콘 코너 중에 가장 공감이 가지. 주 시청자가 20대~30대다 보니까. 20대 남성을 겨냥하는 코너잖아. 그중에 가장 민감한 연애에 관한 것인데. 그것에 대해서 남자들 공감을 빵빵 느끼니까. 웃음 포인트가 딱딱 와 닿지. (남성, 28)

> 처음 봤을 때는 어떻게 저렇게 잘 찾아냈을까? 연애 생활에서 흔히 겪을 만한 것들을 되게 조목조목 잘 찾아냈다 해서. 그런 아이디어가 좋다고 생각을 했었는데, 시간이 가면 갈수록 이게 진짜 그냥 개그에서 그치는 게 아니라 생활 속에 너무 녹아 있는 거라서 더 긍정적이고 동감, 공감 많이 하게 되기 때문에 더 인기가 있었던 거 같아, 과장된 면도 많지만, 그거는 웃기려고 하다 보니까 과장이 된 거고, 대전제는 맞는 거 같아. (여성, 28)

남성과 여성 수용자들은 '남보원'이 주는 즐거움의 이유에 대해 다른 대답을 제공했다. 먼저, 남성들에게 '남보원'은 자신들이 평소에 하고 싶은 이야기를 대신 해주는 대변인과 같은 존재로 여겨졌으며, 따라서 그들은 프로그램 시청을 통해 "속 시원해지는 카타르시스를 느낀다"고 했

나. 인터뷰 수용자 남성들 대부분은 여자 친구한테 평소에 '남보원'에서 다뤄지는 이야기들을 할 수 없는 현실에 대해 공감하고 있었으며, 이 중 세 명은 실제로 '남보원'을 시청하면서 진행자가 남성들에게 구호를 외치자고 일어나라고 하는 장면에서 자신도 모르게 일어났다는 일화를 털어놓기도 했다.

반면, 여성들이 '남보원'을 보며 느끼는 즐거움은 남성 캐릭터 자체에 관한 것이었다. 한 여성 수용자는 '남보원'이 "이전까지의 남자들의 강한 이미지를 벗어나 여자보다도 더 소심한 그런 모습을 있는 그대로 희화화해서 보여주는 것이 사실적으로 다가오기 때문에 재미있다"고 말했다. 또한, 그런 소심한 남자들이 구호를 외치는 상황이 "니들이 그렇게 외쳐봤자 상황은 변하는 게 없기 때문에 일종의 가소로운 느낌"과 "그저 귀엽다"고 느꼈다고 한다. 아마도 여성 수용자들은 '남보원'을 통해 연애 관계에서 여성이 남성에 비해 높은 위치에 있다는 것을 재확인하며 일종의 쾌감을 느낀 것으로 보인다. 즉, '남보원'은 변화하고 있는 젠더 구조의 역동성을 묘사함으로써 여성 수용자들의 시청의 즐거움과 현실과의 연계성을 높여주었다. 이처럼, '남보원'을 보는 수용자들은 성별에 따라 서로 다른 이유로 '남보원'을 즐기고 있었지만, 그 중심에는 수용자들이 '남보원'을 현실처럼 믿고 느끼는 리얼리즘이 존재했다.

여기서 흥미로운 점은 시청자들이 느끼는 리얼리즘이 자신들의 실제 경험을 바탕으로 하지 않았다는 점이다. 수용자들은 공감을 느끼고 있음에도 불구하고 '남보원'에서 그리고 있는 젠더 관계의 유형과 비슷한 자신의 경험이나 주변의 일화를 쉽게 이야기하지 못했다. 대다수의 남성은 '남보원'에서 이야기되는 그런 여성을 자신은 만난 적이 한 번도 없다고 대답했으며 한 남성만이 4~5번의 연애 경험 중 한 번 그런 여성을 만나 보았다고 이야기했다. 수용자들이 자신의 개인적인 경험 없이 미디어의 젠더 묘사를 현실적이라고 인식하는 현상은 미디어의 젠더 재현이 현실을 반영하기보다는 현실에 대한 인식을 구성한다는 점을 보여준다.

수용자들이 현실을 인식하는 방식을 구성하는 미디어의 힘은 '된장녀'와 관련된 논의에서 가장 잘 발견할 수 있었다. 남성들의 경우, '남보원'에서 말하는 여자에 대해 어떻게 생각하느냐는 질문에 만장일치로 된장녀라는 단어를 먼저 언급했다. 수용자들은 각자 나름대로 된장녀에 대한 개념을 정의하며 '남보원'에서 매회 언급되는 여성의 특징과 성격을 연결 짓고 있었다. 예를 들어, 한 남성은 "이기적이고 자기가 좀 더 대접을 받아야 한다고 생각하며 남자의 희생을 바라는 여자"를 된장녀로 정의했으며, 한 여성 수용자는 "남자의 조건만 보고서 만날지를 선택하는 여자"라고 설명했다.

가장 재미있는 점은 수용자 본인들이 직접 생활에서 만나본 적이 한 번도 없다고 말했으나 한국 사회에 된장녀가 분명히 존재한다는 확신을 갖고 있었다는 점이다. 아래의 인터뷰 발췌 부분은 수용자들이 한번도 경험해 보지 못한 된장녀를 미디어를 통해 실제로 존재한다고 받아들이는 모습을 보여준다. 비록 수용자들은 된장녀 담론과 일치하는 자신들의 경험을 찾아낼 수는 없었지만 그들의 주장을 뒷받침하기 위해 본인들이 보았던 텔레비전 프로그램 또는 신문 기사, 인터넷 기사 등을 예로 제공했다.

> 당연히 존재하긴 하지. 뭐. 비율, 수가, 비율이 얼마나 될지는 나도 모르겠지만, 분명히 존재하지. 응. 거의 공감 뭐 다 할 거 같은데. 꼭 자기가 겪은 일 아니라도 꼭 자기가 그런 상황이 아니라도, 주위든 실제로 어딘가 있긴 있기 때문에⋯⋯ 사회 모습이라고 생각되기 때문에, 공감을 할 수 있는 거겠지? (남성, 29)

질문자: 그런 여자들이 있기는 있는 것 같아?

A (남성, 28): 있을 것 같아. 충분히 있다고 생각해. 어디엔가 있어.

질문자: 주변에 친구들이 그런 사람을 만난 적이 있어? 얘기 듣기로.

A: 내 주변에는 없는 거 같아. 그래도 충분히 있어. 확신해. 그런 여자를 사전에 빨리 캐치해야지. 이상한 낌새가 보이면 바로 연락 끊어야지. 난 된장녀를 사귀어 본 적도 없고, 내 주위에 들어본 적도 없어. 언론에서 떠들고 쇼오락 프로에서 패러디한 것만 봤지. 실제로 내 주위에서 본 적은 없어. 싸이에 돌아다니면서 웃긴 글만 봤지. 실제로 경험한 적은 없어.

수용자들의 '된장녀' 논의는 즉각적으로 비호감 또는 분노의 감정을 동반하곤 했다. 비록 남성과 여성 수용자들 모두 된장녀에 대한 부정적 감정을 드러냈지만 된장녀에 대한 반응에서 남성과 여성의 차이가 드러났다. 남성의 경우 '남보원'을 보면서 느끼는 분노를 전통적인 젠더 규범에 도전하는 여성들에게 대한 비판으로 표출했다. 여성의 경우도 동일하게 된장녀를 비판했지만 여성이 사회적 비난의 타깃이 된다는 것에 대해 이름 모를 불편함을 느끼고 있었다. '남보원'의 내용에 대해 많이 공감한다고 대답했던 여성조차도 모두 한결같이 자신이 된장녀가 아님을 강조하고 있었다.

니네가 된장녀 얘기 꺼내서 생각난 건데 지난 학기에 고파스에 어떤 여자애가 올린 글이야. 자기가 어그부츠를 사고 싶어서 샀다. 그게 몇 십만 원이다. 그것을 사고 나니까 생활비가 다 떨어졌다. 그래서 생계형 소개팅을 하고 있고, 오늘은 어디 가고 밥을 먹고 이런 식으로 글을 올린 거예요. 그런데 댓글이 장난 아니었어요. "너 같은 년 때문에 우리 같은 여자들이 욕먹는 거다"

로 시작해서…… 그런 사람들 때문에 여자들이 싸잡아서 욕먹는다고 생각해요, 나도 사실. (여성, 25)

내가 좀 그런 애들을 심하게 싫어하는 그런 게 있어. 그래서 그때 한번 좀 데이기도 했지만, 그런(된장녀 같은) 성격이 조금이라도 있는 거 같으면 전혀 호감을 못 느껴. (남성, 29)

강(Kang, 2006)에 의하면 된장녀에 대한 비난과 악의적 묘사는 군대를 제대하고 나서 대학을 졸업한 후 경제적으로 어려움을 겪고 있는 남성들에 의해 만들어졌다고 한다. 즉, 된장녀에 대한 이런 적대감은 여성의 소비를 비난하고 그들의 경솔한 행동들을 지적하는 우리 사회에 깊게 뿌리 박혀 있는 가부장제와 연결되어 있다는 것이다. 남성들의 된장녀에 대한 비난은 더 이상 여성들의 야망과 욕망이 좌절되지 않는 현대 한국 사회의 젠더 구조의 변화에 대한 남성들의 반응이라고 볼 수 있다. 아직도 남녀 평등은 하나의 신화에 불과하지만 '남보원'과 다른 미디어를 통해 재현되는 여성들의 지위 향상에 관한 인식은 남성들로 하여금 적개심, 두려움 그리고 피해 의식 등을 부추길 수 있다.

증거로서 미디어

남녀 평등에 관한 본인들의 생각을 물었을 때 남성과 여성 수용자 모두 특정 프로그램 또는 전반적인 미디어(웹사이트 또는 신문 기사)를 증거로 들면서 사회의 변화나 분위기를 설명하고자 했다. 일부 시청자들은 앞에서도 말했듯이 미디어 재현과 현실 사이의 관계에 대해 혼란스러워하기도 했지만, 전반적으로 수용자들은 미디어가 재현하는 현실이 우리 사회의 젠더 관계를 반영한다는 점에 동의하고 있었다. 미디어를 증거로 삼으면서, 남성과 여성 수용자들은 한국 사회에서 전통적인 성역할이 급격하게 바뀌고 있다고 주장했다. 즉, 이제 남성은 여성으로부터 섬김을 받는 대상이 아니라 여성을 위해 희생하고 봉사해야 하는 위치에 놓여졌다는 것이다.

> 모르겠어요. 그게 시대가 바뀌어서 그런 것인지, 아니면 코미디, 영화, 드라마에 비춰지는 모습이 바뀌어서 그런지. 제가 스무 살 때랑 요즘이랑 보면 되게 다른 것 같아요. (남성, 29)

> 그게 워낙 또 드라마나 이런 거에서 거의 남자들이 다 여자들을 위해 모든 것을 다 항상 이벤트를 해주고, 자상하게 해주고. (여성, 28)

모든 수용자는 변화하는 젠더 지형에 대해 지적했을 뿐 아니라 그러한 젠더 관계가 불공평하다고 간주하고 있었다. 특히, 남성 역차별에 관한 인식은 남성 수용자들 사이에서 특히 강하게 나타났다. 몇몇 수용자는 남성 역차별의 직접적인 증거로 '남보원' 자체를 지적하기도 했다. 한 남성 수용자는 '남보원'의 엔딩 프레이즈인 '여자들이 밥을 사는 그날까지'를 젠더 불평등에 대한 근거로 언급하기도 했다. 남성 수용자들에 따르면, 여성의 급격한 경제적 지위의 상승에도 불구하고 아직도 남성들이 더 큰 경제적 부담을 지어야 한다는 사실이 젠더 관계의 불평등을 나타내 준다고 주장했다.

> 저는 여성들의 사회적 지위가 옛날보다 올라갔다고 생각하거든요. 물론, 평등까지 가는 것에 큰 차이가 있겠지만 '남보원' 캐치프레이즈가 그거잖아

요. 여자들이 밥을 사는 그날까지. 그게 왜 나왔나 생각을 해보았는데, 남자, 여자들 나이가 똑같고 아니 2~3년 차이라도 여자들이 군대를 안 다녀오니까 사회 적응이 빠르고 학점, 영어 성적 챙겨서 돈 번단 말이에요. 근데 연애할 때 보면 남자가 여자한테 너는 3,000 벌고 나는 2,000 버니까 3 : 2로 내자 얘기 안 하잖아요. 여자들은 다 자기들 차 살 거 모으고, 남자들은 연애하면 다 쓴단 말이죠. (남성, 28)

'남보원'이라는 개그가. 그런 게 생긴 거 자체가 많이 드러내놓고 우리가 고민도 하고 그게 표면화가 됐다는 거잖아. 그런 거 봤을 때는, 그래도 이제 많이 좋아졌구나, 이런 생각 하는데. 글쎄 실질적으로 나한테 와 닿는 그런 거는 잘 모르겠어. 아직까지. (여성, 28)

수용자들은 한국 사회에서 남성으로 살아간다는 것은 여러 가지 의무감, 특히 경제적 부담 때문에 힘들고 험난하다고 표현했다. 남성들은 사회에서 경제력으로 평가받고, 경제력이 뒷받침되지 않으면 연애하기도 힘들다는 것이다. 남성 수용자들은 현대 한국 사회에서 여성들이 돈을 남성들과 비슷하게 또는 더 많이 벌고 있기 때문에 여성들이 남성들이 돈을 내는 것을 기대하는 문화가 잘못되었다고 대부분 동의했다. 그들은 '남보원'의 여성처럼 남성들의 돈은 함부로 사용하면서 상대적으로 자신들의 돈은 아끼는 여성들의 이중성을 비난했다.

우리 학교 커뮤니티 같은데도 되게 자주 그런 글이 올라오는데 은근히 그런 불만이 많이 쌓인 거 같아 남자들이…… 우리나라는 미팅, 소개팅 하면 남자가 돈 더 많이 쓰는 게 되게 당연하고, 그런 거에 대한 불만이랄까? 그리고 약간 뭐 더 크게 보면 결혼할 때 같을 때도 좀 더 뭐라 해야 되나 좀 더 여자가 남자의 경제력을 되게 중요시하는 그런…… 취집이란 말도 그렇고, 그런 문화가 있는 거 같아, 우리나라에. (여성, 28)

한국 사회에서 남성들이 받는 고충의 가장 근본적인 이유로 남성 수용자들은 종종 유교 사상을 언급했다. 한국 사회에 뿌리 박혀 있는 유교 사상이 남성으로 하여금 "아량이 넓어야 하고, 도량도 커야 하고 다 양보하고 이해해야 한다"고 강요하게 되며, "따라서 남자들이 결국 돈뿐만이 아니라 다른 부분에서도 더 많은 소비와 손해를 본다"고 남성 수용자들은 주장했다. 이들은 '가부장제', '남성우월주의', '유교 사상' 등의 용어를 사용하면서 기존의 유교 사상의 흔적이 오히려 남성들이 밥을 살 수밖에 없게 그리고 사회적으로 부담을 더욱 가질 수밖에 없게 만들고 있으며, 그렇기 때문에 한국에서 남성으로 살아가는 것이 쉽지 않은 일이며 불합리하다고 설명했다. 여성 수용자들 또한 "인간 대 인간으로 봤을 때 남성들이 측은하게 느껴진다"고 했다. 심지어 여성 수용자 중 두 명은 한국 사회는 남자가 살아가기 너무 힘든 사회라고까지 표현하며 자신들은 아들을 낳고 싶지 않다고 말했다. 한국 사회에서 남성이 갖는 부모와 가정 부양에 대한 책임과 스트레스, 경쟁 사회에서 살아남기 위한 사회적 노력의 차원, 결혼 준비를 위한 경제적 부담 등이 너무 크다는 것이다.

인터뷰에서 표현된 젠더 불평등에 대한 강한 인식에도 불구하고 수용자들은 남성이 차별받는다는 것을 입증할 개인적인 경험이나 예를 찾기 어려워했다. 특히, 인터뷰에서 남성들이 언급한 남성 역차별의 사례들은 매우 개인적이고 사소한 차원의 문제였다("직장에서 무겁고 힘든 궂은 일들을 시킬 때 남자 사원을 찾는다"라든지 "남성의 선물은 여성이 주는 선물보다 비싸야 한다"). 여기서 중요한 사실은 젠더 불평등을 나타내는 구체적 경험의 부재는 결국 사회에서 남성들이 불평등한 대우를 받고 있는 정도가 수용자들이 주장했던 것에 비해 미비하다는 사실을 보여준다는 점이다. 즉, '남보원'을 시청하는 수용자들이 언급한 남성 역차별은 상당한 부분 미디어에 의해 불러일으켜진 느낌 또는 인상의 문제인 것으로 분석해 볼 수 있다.

더군다나 남성 수용자들이 예로 제시한 역차별 사례들은 제도적 · 구조적 문제보다는 거의 개인적인 이슈들에 한정되었다. 물론, 의무 병역 문제를 비롯한 사회 제도 문제도 언급되었지만 아무도 그것이 가져다주는 보상과 이점(취업이나 승진 시 군가산점, 경력 인정의 문화, 인맥과 자원에 대한 접근성의 문제)에 대해 터놓고 이야기하지 않았다. 한편 여성 수용자들은 변화하고 있는 젠더 지형에 대해 인정하면서도 여성이 한국 사회에서 여전히 마주치게 되는 제도적 벽들에 대해 토로했다. 여성 차별의 내용들은 취업, 학력, 학교 시설, 회사 생활, 교수 구성, 결혼, 출산, 육아 문제, 맞벌이 문제 등에 이르는 절실한 사회 제도적 변화를 필요로 하는 이야기들이었다. 이는 여성 수용자들이 아직도 삶의 도처에서 젠더 불평등의 벽들을 경험하기에 젠더 불평등의 구조적 측면에 대해 충분히 이해하고 있을 수밖에 없다는 사실을 보여준다.

> 특히 취업할 때 보면 많이 느껴지는 게. 같은 동기 친구 선배들 같은 경우에 보면 여자들이 훨씬 똑똑하고 똑같은 학벌에 똑같은 스펙이라고 하더라도 남자가 여자보다 취업난이 있을 경우에 더 취업이 잘 되는 걸 보면서……혹은 남자가 여자보다 스펙이 더 안 좋은데도 남자라는 이유만으로 더 좋은 데 취업을 하고, 이런 것들을 볼 때 특히 그런 것들을 많이 느끼고, 여자가 정말 정말 잘나서 잘되는 케이스도 있지만 전반적으로 봤을 때는 아직……. (여성, 25)

남성 역차별과 고충에 대해 강력히 주장했던 남성 수용자들도 여성들이 직장 생활을 하는 데 출산이나 육아를 병행할 수 없는 구조의 문제나 취업이나 고용 시의 불평등함을 인터뷰에서 언급했다. 남성 수용자들도 너무나 극명하게 나타나는 여성 차별적 구조와 제도를 무시할 수 없었던 것으로 보인다. 또 한편으로는, 남성들의 이러한 반응은 인터뷰를 진행한 연구자가 여성이었다는 점에 영향을 받았을 가능성 또한 배제할 수 없다. '남보원'에서 말하는 남성의 억울함과 불합리함을 강하게 호소하던 남성들도, 남녀 평등과 여성 차별에 관한 대화가 나오자 인터뷰 세팅에 의식하며 예민해지고 정치적으로 올바르게 받아들여지는 답을 제공하곤 했다. 남성 수용자들은 남성 역차별과 관련된 발언을 한 후에 겸연쩍어하면서 "내가 보수적인가?", "내가 너무 과격했나?"라고 눈치를 보았고, 심지어는 "나는 남녀 평등주의자야. 여성을 아껴. 보수적인 남자 아니야" 라고 덧붙였다. 이처럼, 대부분의 남성 수용자는 사람들이 자신을 남성우월주의자로 볼까 하는 두려움이 있었으며, 남녀 평등을 주장하고 여성의 권위를 높여주는 남성이 사회적으로 요구되는 이상적인 남성이라는 인식을 갖고 있는 듯했다. 그러나 남성들은 동시에 자신의 입장을 방어하기 위해 한국의 남성이나 여성 모두 희생자일 뿐이기 때문에 젠더 관계는 결국 '쌤쌤'이라고 결론지었다.

이 연구에서 가장 인상 깊었던 점은 남녀 수용자들이 한국 사회의 젠더 관계를 평등하다고 설명하기 위해 사적 영역과 공적 영역의 구분을 사용하고 있었다는 점이다. 수용자들은 공적 영역과 사적 영역에서의 차별이 다르게 이뤄지고 있다고 말하면서, 공적이고 사회적인 관계의 영역(취업, 승진 등)에서는 아직도 여성이 분명 남성에 비해 차별을 받고 있다고 인정했다. 하지만 인간 대 인간의 관계들, 비공식적인 관계(연애)나 사적 영역인 가정에서는 남성들이 차별을 받고 있기 때문에 결국에는 모두가 피해

자라고 주장했다.

> 그게 분류 자체가 다른 것 같아요. 금전적인 면, 사회적 지위, 아니면 제공받을 수 있는 기회 형태, 이런 것은 여자들이 사회적으로 낮은 것이 사실인데. 일반적으로 주변에 있는 공동체에서 받는 대우는 당연히 여자가 더 높을 수밖에 없겠죠. 거기에 남자들이 생각하는 이상적 외모를 가지고 있거나, 아니면 외모는 아니더라도 내면이 있어서 그걸로 어필할 수 있는 여자들은 분명히 남자보다 권력으로 치면 높은 축에 있겠죠. (남성, 30)

> 여자들이 사회에서는 불리하지만, 남자 또한 개인적인 관계에서 불합리한 대우를 받잖아요. 그래서 가정에서는 여자가 군림하고 사회에서는 남자가 군림한다는 옛 말이 정말 맞는 거 같아요. 결국, 남성과 여성 모두 함께 평등하고 행복하게 살기 위해 서로 노력해야 한다고 생각해요. (여성, 25)

이와 비슷한 방식으로 몇몇 수용자는 결혼 전과 후를 나눠서 해석하기도 했다. 결혼 전까지는 남성들이 불리한 대우를 받는다면, 결혼 후에는 여성들이 좀 더 희생적으로 해야 하는 구조로 바뀌기 때문에 결국 결혼 전과 후가 서로 보상이 되기 때문에 어느 정도 남녀 평등이 이뤄지는 것으로 볼 수 있다는 주장이다.

> 여성의 지위가 향상되고, 같이 직장 생활을 하고 있음에도 불구하고, 여전히 가사노동은 여자가 해야 된다고 생각하는 건 없어지지 않는 그런 부분에서는 여성들이 열심히 하려고 책임을 느끼고 하니까 당연히 남자들도 그 이면에 돈을 좀 더 낸다던가, 좀 더 챙겨준다던가 그런 것들을 해주고…… 결국은 다 이렇게 서로 다 보상이 되는 거 아닌가? (여성, 28)

우리는 이 연구에 참여한 여성 수용자들이 사적 영역에서 여성들이 갖고 있는 권력과 이점을 보는 대신 공적 영역에서 여성들이 가지는 제한점들을 간과했다는 점을 문제시하고자 한다. 사적 영역과 공적 영역의 분리에 대한 여성들의 무비판적인 평가와 안일한 태도는 과거의 전통적인 성역할에 대한 무분별한 수용과도 연계가 있겠지만, 동시에 포스트페미니즘 담론과도 절묘하게 연결이 된다고 보인다. 즉, 여성의 스타일, 외모, 그리고 소비의 파워가 정치적인 파워보다 더 여성을 역능화시킨다는 포스트페미니즘의 담론은 한 사회에서 남녀 평등을 이야기할 때 사적 영역에서 여성의 자존감, 만족도 및 권력이 공적 영역이 가지는 힘과 가치에 결코 떨어지지 않는다고 주장하기 때문이다.

수용자들은 남성과 여성이 각기 사적 영역과 공적 영역에서 불평등한 대우를 받고 있기 때문에 결국 모두가 피해자인 동시에 평등하다고 인식하고 있었고, 따라서 현재의 젠더 관계에 대해 심각하게 문제시하지 않았다. 하지만, 우리는 수용자들이 남성과 여성이 겪는 차별과 고통이 결국에는 공평하다고 인식하는 것이 매우 위험하다고 주장한다. 왜냐하면, 사적 영역과 공적 영역의 문제의 차원이나 수준, 질이 엄연히 다르기 때문이다.

포스트페미니즘과 코미디

이 연구는 한국 사회에 명백하게 드러나고 있는 아이러니에 대한 문제제기로부터 시작되었다. 미디어는 거대한 자유와 기회의 평등이 보장된 세상 속에 살고 있는 힘 있는 여성 이미지를 대량으로 생산하고 있지만 이는 최근 여성들의 실업률이나 비정규직 증가의 현실과 매우 대조된다.

다른 텔레비전 프로그램들과 마찬가지로, '남보원'은 여성들이 이제는 자기 자신을 위해 살고, 선택할 수 있는 자유를 가질 뿐 아니라 남성들을 조정하고 지배하고 있다고 주장한다. '남보원'의 젠더 담론은 한국 사회에서 여성의 향상된 지위에 대해 확인시켜주고, 찬양하고, 힘을 실어주는 것으로 보인다. 이 프로그램은 코미디로서 가부장제를 희화화하고 패러디하는 저항적이고 전복적인 가능성을 가짐에도 불구하고 여성들의 사회적 지위가 상당한 수준으로 향상되었으며, 동시에 남성들은 불평등한 대우를 받고 있다는 잘못된 인상을 심어주고 있다. 수용자들은 '남보원'을 분리되어 있는 고립된 텍스트로 해석하지 않았고, 여성의 여권 신장을 재현하는 다른 미디어와 함께 연장선상에서 이해하고 있었다.

우리는 젠더 지형의 변화가 남성들의 삶에 부정적인 영향을 준다는 인식을 부추기는 데 미디어가 중요한 역할을 수행한다는 점에 주목해야 할 것이다. 남녀를 막론한 수용자들은 현대 한국 사회에서 남성들이 불평등한 대우를 받고 있다고 믿었지만 그 주장을 자신들의 실제 경험을 통해 뒷받침하기 어려워했다는 점은 미디어가 가지는 현실 구성의 힘을 단적으로 보여준다. 우리는 '남보원'과 같은 프로그램이 여성이 연애 관계와 같은 사적 영역을 넘어서서 전통적으로 남성의 것이었던 영역을 침범할 것이라는 인상을 만듦으로써 남성들의 불안감과 염려를 증폭시킬 수 있다고 주장한다. 수용자들의 된장녀에 대한 분노는 완강했던 기존의 젠더 구조의 붕괴에 대한 남성들의 좌절감과 두려움을 가장 잘 나타내고 있다고 본다.

물론, 남성과 여성 수용자 그 어느 누구도 젠더 불평등의 문제가 이미 지나간 과거의 것이라고 하지는 않았고 여성이 여전히 사회 생활에서 차별을 경험한다는 점을 인정했다. 하지만, 수용자들은 남자든 여자든 한국 사회에서 겪고 있는 각각 그들 나름의 특권과 어려움들이 각기 다른 삶의 영역에서 존재하기 때문에 결국 젠더 관계가 내체적으로 평등하다고 간주하고 있었다. 우리는 이러한 '모두가 피해자'라는 담론이 매우 문제가 있다고 주장한다. 남성과 여성이 겪고 있는 이 두 종류의 불평등은 사회적으로 그리고 문화적으로 다른 수준의 함의를 가지기 때문이다.

포스트페미니즘 담론은 남성이 가진 공적 영역에서의 헤게모니와 여성이 가진 사적 영역에서의 힘을 동일시함으로써 여성들로 하여금 자신들의 잠재력을 완전히 실현시키기 위해 필요한 네트워크와 자본의 획득을 어렵게 만드는 문화적 · 산업적 요인들에 대해 과소 평가하게 하고 이에 대해 침묵하게 만들 수 있다. 결국, 구조적 불평등에 대한 관심의 부족은 젠더 관계를 비정치화하는 결과를 가져오고, 여성들의 정치적 개입에 대한 장벽을 만들게 되는 것이다. 따라서 겉으로 보기에 젠더 관계에 대한 진보적인 담론을 이야기하는 것 같은 '남보원'과 같은 프로그램이 실제로는 한국 사회의 젠더 지형에 해로운 영향을 미칠 수 있다는 위험을 인지하고, 그냥 웃어넘길 수 있는 코미디 프로그램일지라도 비판적으로 분석되어야 할 것이다.

참고 문헌

이명호 (2010). 로맨스와 섹슈얼리티 사이: 젠더 관계의 변화와 포스트페미니즘 문화 현상. 『영미문학페미니즘』, 18(1): 89-116.

이연우 (2010). 남자들의 억울한 마음, 요술봉에 빌어봐요~ 뽀로롱! '남보원', 『레이디경향』.

이정연 · 이기형 (2009). '칙릿' 소설, 포스트페미니즘, 그리고 소비자본주의 사회의 초상. 『언론과 사회』, 17(2): 87-138.

Arthurs, J. (2003). *Sex and the City* and consumer culture: Remediating postfeminist Drama. *Feminist Media Studies*, 3(1): 83–98.

Bergmann, M. (1986). How many feminists does it take to make a joke? Sexist humor and what's wrong with it. *Hypatia*, 1(1): 63–82.

Bird, S. E. (2003). *The audience in everyday life: Living in a media world*. New York: Routledge.

Bobo, J. (1995). *Black women as cultural readers*. New York: Columbia University Press.

Boskin, J. & Dorinson, J. (1985). Ethnic humor: Subversion and survival. *American Quarterly*, 37(1): 81–97.

Bowles, D. D. (1994). Black humor as self-affirmation. *Journal of Multicultural Social Work*, 3(2): 1–9.

Douglas, S. (2010). *Enlightened sexism: The seductive message that feminism's work is done*. New York: Times Books.

Gerhard, J. (2005). *Sex and the City*: Carrie Bradshaw's queer postfeminism. *Feminist Media Studies*, 5(1): 37–49.

Gilbert, J. R. (1997). Performing marginality: Comedy, identity, and cultural critique. *Text and Performance Quarterly*, 17(4): 317–330.

Gill, R. (2007). Postfeminist media culture: Elements of a sensibility. *European Journal of Cultural Studies*, 10(2): 147–166.

Griffin, C. (2004). Good girls, bad girls: Anglocentrism and diversity in the constitution of contemporary girlhood. In A. Harris (Ed.), *All about the girl: Culture, power, and identity*. New York: Routledge.

Hall, S. (1990). The whites of their eyes: Racist ideologies and the media. In M. Alvarado & J.O. Thompson (Eds.), *The media reader*. London: BFI

Publishing.

Harris, A. (2004). Introduction. In A. Harris (Ed.), *All about the girl: Culture, power, and identity*. New York: Routledge.

Jhally, S. & Lewis, J. (1992). *Enlightened racism: The Cosby Show, audiences, and the myth of the American dream*. Boulder, CO: Westview Press.

Kang, Y. (2006, October). *Gendered globalization: Research on global desire & anxiety of highly educated women in South Korea (1986-2006)*. Paper presented at the meeting of the Asian Youth Culture Camp "Doing Cultural Spaces in Asia," Gwangju, South Korea.

Kim, L. S. (2001). "Sex and the single girl" in postfeminism: The F word on television. *Television and New Media*, 2(4): 319-334.

Klein, S. (1993). Breaking the mold with humor: Images of women in the visual media. *Art Education*, 46(5): 60-65.

McRobbie, A. (2004). Post-feminism and popular culture. *Feminist Media Studies*, 4(3): 255-264.

Merrill, L. (1988). Feminist humor: Rebellious and self-affirming. In R. Barreca (Ed.), *Last laughs: Perspectives on women and comedy*. New York: Gordon and Breach.

Mintz, L. E. (1977). Standup comedy as social and cultural mediation. *American Quarterly*, 37(1): 71-80.

Moseley, R. & Read, J. (2002). "Having it Ally": Popular television (post-) feminism. *Feminist Media Studies*, 2(2): 231-249.

Omi, M. (1989). In Living Color: Race and American culture. In I. Angus & S. Jhally (Eds.), *Cultural politics in contemporary America*. London: Routledge.

Ouellette, L. (2002). Victims no more: Postfeminism, television, and *Ally McBeal*. *The Communication Review*, 5(4): 315–337.

Park, J., Gabbadon, N., & Chernin, A. (2006). Naturalizing racial differences through comedy: Asian, Black, and White views on racial stereotypes in *Rush Hour 2*. *Journal of Communication*, 56(1): 157–177.

Sharpe, S. (2001). Going for it: Young women face the future. *Feminism and Psychology*, 11(2): 177–181.

Shugart, H. A. (2001). Parody as subversive performance: Denaturalizing gender and reconstituting desire in *Ellen*. *Text and Performance Quarterly*, 21(2): 95–113.

Taft, J. K. (2004). Girl power politics: Pop-culture barriers and organizational resistance. In A. Harris (Ed.), *All about the girl: Culture, power, and identity*. New York: Routledge.

텔레비전 광고에 재현된 노년 여성의 문화적 표상

윤현선

텔레비전 광고에 나타난 노년 여성 이미지

지난 반세기 동안 노인 인구는 전 세계적으로 약 3배 이상 증가했다(United Nations, 2005). UN은 전체 인구의 7% 이상이 만 65세 이상인 사회를 '고령화 (혹은 노령화) 사회ageing society'라고 정의내리고 있다(Office for National Statistics, 2004). 우리나라는 지난 2000년 고령화 사회로 진입했고, 2011년 기준, 노인 인구는 사상 최초로 500만 명을 돌파하여 전체 인구의 11%를 넘어섰다. 통계청에 따르면, 2012년 기준 우리나라의 총인구 가운데 65세 이상 노인이 차지하는 비율은 11.8%로 1970년의 4배 수준에 달하고, 2030년에는 그 수치가 24.3%, 2050년에는 37.4%에 이를 것으로 전망된다고 한다. 유엔인구기금UNFPA 2012 세계 인구 현황 보고서에 따르면 한국 남성의 평균 수명은 77.3세, 여성의 평균 수명은 84세였다. 이러한 노령화 추세에도 불구하고, 여전히 노년은 광고에서 거의 찾아보기 힘든, '보이지 않는 다수the invisible majority'(Simcock & Sudbury, 2006)이다. 특히 노년 여성의 경우는 더욱 그러하다. 선행 연구들에 의하면, 노인층의 실제 인구 비율에 대비하여 광고에 나타난 노인의 비율은 매우 낮으며(Kessler, Rakoczy, & Staudinger, 2004; Simcock & Sudbury, 2006; Ong & Chang, 2009), 노년 여성의 경우 광고에 등장하는 비율이 남성에 비해 더욱 낮은 것으로 나타났다(Kuhn & Gerbner, 1981; Langmeyer, 1984, 김미혜 · 원영희, 1999). 텔레비전 광고에서 노인집단 내부의 젠더 간 재현 빈도의 현저한 차이는 리스 외(Lees et al., 2007), 양정혜(2011)의 양적 연구에서도 입증되고 있다. 노년 여성의 보편적인 이미지는 의존적이고 나약하고 고립되고 심술맞거나 우스꽝스러운 모습으로 부정적인 경우가 지배적으로 많다. 즉, 양적 측면에서 underrepresentation과 질적 측면에서 misrepresentation이 동시에 나타나는 양상이다. 이는 (노화 방지용 화장품 광고에서 흔히 나타나듯이) 노화가 자연스러운 현상이 아니라, 최대한 막아야 하는, 혹은 지연시켜야 하는 단계로 틀짓는 것과 깊은 관련이 있다. 2010년 리엔케이 화장품 광고의 '당신은 나이 들기에 아까운 여자입니다'라는 카피는 이러한 인식을 보여주는 좋은 예이다. 사라 브로코(Sarah Brokaw, 2012)의 책제목처럼 '나이 들기에 아까운 여자'가 아니라 '나이 들수록 아름다운 여자'라고 해야 하는 것이 아닐까.

2012년 10월 제5회 서울노인영화제 개막작 〈은교〉에서는 70대 시인의 이런 대사가 나온다. "너희 젊음이 노력으로 얻은 상이 아니듯이 내 늙음도 내 잘못으로 받은 벌이 아니다." 2008년 〈노인을 위한 나라는 없다No Country for Old Men〉라는 영화는 현대 사회에서는 인생의 연륜이나 노인의 예지는 무가치한 것으로 치부된다는 메시지를 담고 있다 (이승원, 2008). 토마스 만Thomas Mann의 단편소설 「베니스에서의 죽음Der Tod in

Venedig」은 젊음과 늙음, 미와 추를 대비하며 죽음을 이야기한다. 에드워드 사이드Edward W. Said는 유고작 『말년의 양식에 관하여*On Late Style*』(2012)에서 예술가들에게 공통적으로 나타나는 말년의 양식이 비타협, 난국, 풀리지 않는 모순을 드러내고 있음을 역설한다. 『계로록戒老錄』을 쓴 소노 아야코浦知壽子는 노인이라는 것은 지위도 자격도 아니며, 자립의 마음가짐이 정신의 젊음을 유지하는 데 중요한 요소라고 한다. 또한 저자는 노년이나 숙년熟年이라는 말보다 만년晩年이라는 표현을 선호한다고 언급하면서, 만년이란 나이에 관계없이 가능하며, 일종의 시적인 정적과 우아함을 풍긴다고 했다. 노년이건 숙년이건 만년이건, 한 가지 확실한 것은 이 시기의 인간은 실존적으로 가장 어려운 문제, 죽음과 가까이 있다는 것이다. 미카엘 하네케Michael Haneke 감독의 〈아무르Amour〉(2012)를 본 사람이라면 "삶과 죽음, 그 사이에 놓인 사랑의 의미"를 다시 한 번 돌아봤을 것이다(김호기, 2013). 시몬 드 보부아르Simone de Beauvoir는 『노년*La Vieillesse*』(1970, 2002)에서 노인의 지위는 노인 자신이 정복하고 취득하는 것이 아니라 '주어지는 것'이라는 사실에 주목하며, 이 점이 노인의 인간 조건 중에서 가장 비인간적인 면이라고 했다. 노인의 '지위'라는 용어 사용에서, 앞서 말한 소노 아야코의 주장이나 보부아르의 관찰은 일맥상통한다고 볼 수 있다. 노인에 대한 사회의 무관심을 통렬하게 비판하고 있는 이 책은 1970년 첫 출간 이래 40년 이상이 지난 오늘날에도 시사하는 바가 크다. 노년에 대한 통념과 오해, 선입견과 편견은 여전하기 때문이다. 보부아르의 관점은 노년의 가치가 사회적으로 구성된다는 관점인데, 현대의 기술 중심 사회에서 노년은 퇴화, 쇠퇴, 폐물로 규정되는 것이다. 2001년 LG전자의 IMT-2000 휴대폰 광고에 나온, 재래 시장에서 생선을 파는 한 할머니의 "뭐, 돼지털?"이라는 멘트는 이러한 현상을 단편적으로 희화화해서 표현한 예라고 할 수 있다.

이 광고에 대해, 디지털이 일상 속의 기술임을 부각시킨, 인간미를 강조한 광고라는 긍정적 평가는, 노년 특히 노년 여성에 대한 선입견과 편견이야말로 너무나 일상 속에 깊이 뿌리박혀 있어 전형적 이미지로 고착되고 말았다는 긍정적일 수만은 없는 측면은 간과한 것이다.

폴 투르니에Paul Tournier는 인생의 발달 단계를 계절에 비유하여, 어린 시절(봄)에서 성숙(여름)하여 노년기(가을)를 거쳐 죽음과 그 너머의 겨울에 이르는가를 설명한 바 있다. 가을에도 봄날을 맞이할 수 있는 것이 인간을 구분해주는 특징인데(투르니에, 2013: 10), 광고에 나타나는 노년의 모습은 이러한 다양성이 결여되어 있다. 원숙하고 품위가 있는 만년의 이미지와 거리가 멀다. 노화는 누구도 피할 수 없는 자연스러운 현상이지만, 우리는 노화, 질병, 죽음을 논하는 것을 금기시하고 노화를 수치스럽게 여긴다. 그 때문에 누구나 겪는 노화이건만 이전 세대로부터 노화의 경험을 전해 듣기보다는, 문학·영화 등의 예술 작품을 통해 노화를 접한다(Featherstone & Wernick, 1995: 2). 또한, 우리는 타인을 통해 자신의 나이를 알게 되며, 우리 나이에 기꺼이 동의하지 못한다(보부아르, 2002: 399). 늙어가는 자를 우리 존재 속에 있는 타자라고 생각하는 것이다. 70세 고야Francisco José de Goya의 자화상은, 자기 나이를 부정하여 자신을 50세의 남자 모습을 그렸다. 이렇듯, 노화는 다양하고 복합적인 경험이며, 누구나 노년을 다르게 경험한다. "모든 이에게 노년이 하나의 유형만 있는 것은 아니다." 서기 1세기 세네카Lucius Annaeus Seneca의 논평이다(팻 테인 외, 2012: 56).

서구에서는 1980년대 이후, 베이비부머 세대의 노화에 따라 소비력이 높은 노년층이 중요한 마켓으로 부상하면서, 노인 모델들이 예전보다는 다소 빈번하게 광고에 등장하게 되었고, 그 이미지도 과거에 비해 비교적 다양화되었다. 그러나 여전히 노년에 대한 통념과 오해, 선입견과 편견으로 인한 일반화된 이미지와 역할이 지배적으로 많고, 다양성이 결여되어 있다. 여기에서는 최근 텔레비전 광고에 나타난 노년 여성 이미지의 텍스트 분석을 통해 노년 여성의 문화적 표상에 대해 알아보고자 한다.

문헌 연구

페더스톤과 워닉(Featherstone & Wernick, 1995)은 노인학 gerontology과 노화에 대한 연구는 데이터는 풍부하나 이론적으로는 미흡하다고 주장한다. 이 분야의 연구들은 대부분 정책이나 의료 서비스 위주로 이뤄져 왔고(Ahmad, 2002), 사회문화적 접근은 극히 드물다. 심콕과 서드버리(Simcock & Sudbury, 2006)는 노인의 경제적 지위가 청장년층과 비교할 때 오히려 더 높고 잠재적 소비력이 더 높음에도 불구하고 노인층은 독립된 마켓으로 주목받지 못하는 상태이며 노인에 대한 연구 또한 부족하다고 지적한다. 국내외에서 이뤄진 이 분야의 학문적 논의를 사회문화적 접근을 중심으로 간략하게 요약하고자 한다.

노년소비자층에 관한 연구의 상당 부분은 미국의 사례를 이용한 실증적 연구였다(Bartos, 1980; Hiemstra et al., 1983; Wolfe, 1990, 1997; Johnson & Cobb-Walgren, 1994; Greco et al., 1997; Leventhal, 1997; Moschis et al., 1997; Nielson & Curry, 1997; Bradley & Longino, 2001; Miller et al., 2002; Robinson & Umphrey, 2006 참조). 따라서 이 연구 결과들을 일반화시키는 데는 무리가 있다. 기타 국가의 경우, 주와 첸(Zhou & Chen, 1992)은 캐나다 사례를, 캐리건과 지미진(Carrigan & Szmigin, 1998, 1999a, 1999b, 2000), 아흐마드(Ahmad, 2002), 심콕과 서드버리(Simcock & Sudbury, 2006), 서드버

리와 심콕(Sudbury & Simcock, 2009)은 영국의 사례를 살펴보았다. 다양한 연구 결과들을 살펴보면, 히엠스트라 외(Hiemstra et al., 1983)와 스미스(Smythe, 1996)는 노인들의 정형화된 이미지가 나약하고 바보스럽고 아프고 서투르고 불친절하다고 한 반면, 밀러 외(Miller et al., 1999, 2002)는 1950년대부터 1990년대까지 미국의 텔레비전 광고에 가장 보편적으로 나타난 노인의 모습은 '완벽한 조부모', '모험심이 강한 황혼', 그리고 '생산적인 황혼'이라고 했다. 한편, 이러한 연구 결과에도 불구하고, 노인의 문화적 재현의 양상에 대해서는 명백한 의견 일치와 합의가 없다는 주장도 있다(Simcock & Sudbury, 2006). 실제로 18세기 동안 유럽의 화가들은 노인의 주름진 얼굴과 마디진 손을 통해 숙련된 기술과 노동의 품위를 표현하면서도 동시에 치아와 시력 상실, 반신불수 등 노년의 병약한 모습을 묘사했다(팻 테인 외, 2012: 12). 이처럼 노인과 늙음, 노년에 관해서는 상호 대립하고 모순된 표상이 긍정과 부정의 정형화된 형태로 교차하고 병존했다. 즉, 노인은 존경과 동시에 조롱과 경멸의 대상이었고, 늙음은 지혜와 동시에 어리석음을 상징했으며, 노년은 욕망의 초월과 동시에 집착을 의미하기도 했다.

맥휴(McHugh, 2003)는 미국의 은퇴 산업 분야의 광고에 나타난 '성공적인 노화'와 '반노화反老化'에 대한 서사와 이미지를 분석하고, 사회·문화 전반에 만연한 '노인 차별ageism'을 지적한 바 있다. '노인 차별'이라는 용어는 1969년 로버트 버틀러Robert Butler에 의해 만들어졌는데, 실제로 노인들이 '노인 차별' 현상을 어떻게 인식하고 의미를 부여하고 있는지에 대한 연구는 활발히 이뤄지지 않았다. 노인 차별이란 노인들에게 차별적인 일련의 사회 관계, 그리고 노인들을 지나치게 단순하고 일반화시켜, (우리와) '다른' 존재로 규정짓고 이해하는 것을 말한다(Minichiello et al., 2000). 팔모어(Palmore, 1998)는 이러한 노인 차별이 서구 사회에

널리 퍼져 있다고 했다. 빈센트(Vincent, 2006)에 의하면, 노화와 죽음에 대한 정의가 지나치게 생물학적 실패라는 측면에 치중되어 있기 때문에, 인생에서 다양성이 부여되는 단계로서의 노화라는 문화적 의미 형성의 가치가 떨어진다고 한다.

국내적 맥락에서 윤현선(2003)은 1997년부터 2005년까지 잡지 광고를 대상으로 중, 장년, 노년(여성)의 이미지 분석을 통해, 한국 특유의 문화적 가치인 '정情', '효孝', '한恨'을 지배적 가치라고 했다. 특히, '한'과 같은 정서는 서구의 광고 텍스트에서는 찾아볼 수 없는 한국적인 문화적 가치라고 할 수 있다. 노인 모델이 두루마기를 입고 DMZ를 바라보며 북쪽에 두고 온 가족들을 그리며 소통을 염원하는 017 이동통신의 흑백 지면 광고가 좋은 예이다(윤현선, 2008a ; 2008b). 잘 알려진 초코파이의 '정' 캠페인도 한국 특유의 문화적 가치인 '정'을 보편적인 가치로, 그리고 제품의 USP unique selling point로 활용한 예이다. 양정혜(2011)는 1999년부터 2011년 11월까지 노인이 등장하는 지상파 및 케이블 텔레비전 광고 317편을 분석했는데, 노인의 역동성 정도에 대해서는 부정적이라고 해석했으며, 광고 맥락의 분석에서는 노인이 가족 관계를 배경으로 주로 사적인 일상 활동에 종사하는 것으로 제시되며 학습이나 사회 활동 참여, 이동 등 자아 실현과 자기 계발의 맥락은 거의 존재하지 않는 것으로 나타났다고 했다. 남성 노인과 여성 노인의 재현은 상이하게 나타났는데, 여성 노인은 사회경제적 지위가 남성 노인보다 더 낮으며 남성 노인보다 돌봄과 시혜의 대상으로 묘사되는 경우가 더 많은 것으로 나타났다. 또한 여성 노인의 사회적 활동은 극히 제한적으로 나타났고, 가족 관계 속에서 완벽한 할머니의 역할이 가장 지배적인 유형으로 드러났다.

송희영(2003)은 독일 텔레비전 광고를 대상으로 1950년대 초반부터 1990년대 초반까지 여성상의 변화 과정을 노년 여성, 가정주부, 직업 여성과 개인주의 성향의 젊은 층, 자웅동체적 여성의 유형으로 구분해 분석했다. 노년 여성은 크게 전통적인 모습과 새로운 모습으로 나눠 살펴볼 수 있다. 돋보기 안경과 뚱뚱한 몸, 편안한 옷차림의 전통적인 할머니의 이미지는 자애롭고 따뜻한 할머니의 모습을 표상하며, 1950년대부터 오늘에 이르기까지 시종일관하게 나타난다. 1990년대 이후부터 새로이 등장하는 광고들은 통상적으로 노년의 여성과 결합되기 힘든 오토바이, 헬멧, 보트 등 남성 전유물을 소도구로 사용함으로써 전통적인 할머니상을 해체하며, 새로운 이미지의 노년층을 제시한다. 물론 이러한 광고는 극히 드물지만 여행과 휴가를 즐기며 새로운 라이프스타일을 추구하는 노년층이 사회 저변에 확대되고 있음을 암시한다.

그레코 외(Greco et al., 1997)는 광고 마케팅 종사자들이 다양한 연령층을 대상으로 하는 상품의 광고 홍보에서 노인 모델을 이용하는 것을 꺼리는 경향이 있으나, 실제로 모델의 연령대는 다양한 연령층의 소비자들에게 큰 영향을 미치지 않는다고 밝힌 바 있다. 윤현선과 파월(Powell, 2012)은 노인 여성을 모델로 이용한 광고 캠페인의 사례분석을 통해, 이들의 문화적 재현에 대해 논의했다. 광고에 나타난 노인 여성의 이미지는 기존의 정형화된 부정적인 것에서, 좀 더 진보적이며 노년층 소비자들의 향수와 동경과 열망을 반영하는 것으로 진화되고 있었다. 예를 들면, 1960년대 영국을 대표하던 패션 모델이자 한 시대의 아이콘이었던 트위기Twiggy를 모델로 한 막스 앤드 스펜서Marks & Spencer 캠페인은 주고객층의 향수를 자극함과 동시에 그들이 트위기의 정체성과 동일시, 혹은 우아하게 늙고자 하는 소망을 트위기라는 인물에 투사projection할 수 있다는 것이 소위 '트위기 효과'의 성공 요인이었다. 이렇듯, 광고에 나타난 노년 여성상은 최근 들어 점차 다양하고 긍정적으로 변화하고 있긴 하나, 이는 주로 유명인의 경우로 과거 화려한 이미지를 전제로 하고 있다.

앤 카프Anne Karpf는 현대 사회의 급격한 노령화를 '그레이 쓰나미'라고 묘사하며, 노화 혹은 노년을 이해하는 세 가지 유형을 다음과 같이 설명한다(Karpf, 2013).

첫째, 노화를 전부로ageing is everything 보는 시각이다. 즉, 노화를 쇠퇴의 서사(내러티브)로만 이해하는 것이다. 이는 젊은이들과 중년들에 의해 조장되는데, 이렇듯 본인 자신(즉 '내일의 당신')에 대한 편견과 차별이라는 점이 노인 차별만의 고유한 특징이다.

둘째, 노화를 아무것도 아니라고ageing is nothing 보는 시각이다. 운동과 다이어트, 외모를 가꾸는 노력으로 노화를 퇴치 혹은 적어도 지연시킬 수 있다고 믿는 것이다. 조금도 방심하지 않는 지속적인 경계와 각성이 요구되는 라이프스타일이다. 미국 시사 주간지 『타임』지의 기자 캐서린 메이어Catherin Mayer가 만든 신조어 '어모털amortal족'이 바로 이 유형에 속한다고 할 수 있다. 영원히 살 수 없는 '모털mortal' 앞에 부정을 의미하는 '어a'를 붙임으로써 '영원히 늙지 않는'다는 의미의 형용사이다. 나이는 숫자에 불과하다, 만년 청춘의 열정적인 서드 에이저third ager들이 바로 '어모털족'이다.

셋째, 노화를 수긍하고 인정하는 시각이다. 이러한 모델은 노년을 새로운 기회로 여기고, 인생의 중요한 시기로 보는 견해이다.

분석 결과와 논의

이 연구의 분석 대상 선정 및 표집은 텔레비전 광고의 내용 분석을 실시한 선행 연구들과 유사한 방법을 통해 이뤄졌다. 분석 기간과 대상은 2000년 1월부터 2013년 6월까지에 걸쳐, 한국광고영상제작사협회에서 제작된 Korea TV Commercial Annual DVD와, 이 DVD 제작이 중단된 2011년 이후에 한해서는 한국광고업협회, 광고정보센터www.adic.co.kr, www.tvcf.co.kr, www.cfbank.net에서 1차적으로 노인 모델이 등장하는 텔레비전 광고를 선별하고, 2차적으로 노년 여성 모델 등장 광고에 초점을 맞춰 텍스트 분석을 실시했다. 분석 기간 내에 노인 여성 모델이 등장한 총 528개의 광고 중에서 약 81%에 해당하는 427개의 광고가 제약, 의료 분야와 보험, 상조, 그리고 식음료 분야의 광고였다. 분석 결과, 텔레비전 광고에 나타난 노년 여성의 이미지는 정형화, 희화화, 주변화라는 세 가지 특징을 갖고 있는 것으로 나타났다.

정형화

첫째, 지배적으로 많이 나타난 노년 여성의 이미지는 가족 관계 속에서만 존재하는 전통적인 할머니상으로, 병약하고 의존적이며 동시에 가족을 위해 희생하는 정형화된 이미지이다. 이는 앤 카프의 노화의 세 가지 유형 중에서 첫 번째 유형, 즉 노화가 전부이며, 노화를 쇠퇴의 내러티브로만 이해하는 시각이다. 노년의 불안과 다음 세대에서는 부양의 의무와 부담감을 종종 읽을 수 있는 제약, 의료, 보험 분야의 광고를 보면, 가족을 위해 평생 희생한 어머니, 이제는 돌봐드려야 하는 나약한 존재로 그려지고 있다. 독립적이고 자율적인 존재가 아닌 의존적인 시혜의 대상이라는 관습적인 스테레오타입이다. 박카스 '대한민국에서 엄마로 산다는 것' 편을 보자.

> 세상 사는게 피로하지 않은 사람은 없습니다.
>
> 풀려라, 4천 8백만! 풀려라 피로!

박카스, 대한민국 피로회복제

이 광고는 아기–아이–여학생–엄마–할머니의 모습, 한 여성의 일생을 보여주고 있다. 보부아르의 "여자는 태어나는 것이 아니라 여자로 만들어지는 것이다"라는 말이 떠오른다. 이는 남성과 여성은 신체적이고 생리적인 차이 때문에 다르며, 이러한 차이는 본질적인 것이라는 통념, 즉 여성이 여성으로 태어난다는 통념을 깨고, 여성은 사회적으로 구성된다는 말이다. "여자아이가 성인이 되기 전부터, 또 때로는 유년기부터 이미 성적으로 우리들 눈에 별개의 것으로 비쳐지는 일이 있더라도, 그것은 이해할 수 없는 본능이 여자아이를 태어날 때부터 수동성, 교태, 모성애에 어울리게 해버렸기 때문이 아니라, 아이의 생활에 타인의 개입이 거의 당초부터 존재하며, 아이는 처음부터 강제적으로 그 인생의 직분을 떠맡지 않으면 안 되게 되어버렸기 때문이다"(보부아르, 2008). 이렇듯, 여성은 '제2의 성'으로 살아왔으며, 이 '제2의 성'은 사회적 '타자'로 재규정된다. 보부아르는 실존주의 페미니즘적 관점에서 여성의 억압이 '타자성'에 의한 것이며, 여성이 사회적 타자가 되는 과정에서 여성다움의 '신화'가 구축되었다고 했다. 광고에 나타난 많은 여성은 거의 모든 경우, 수동적이고 부드럽고 베푸는 성격을 소유하는 것으로 나타나, 남성 가부장제 사회에서 여성 자신이 여성다움의 신화를 내면화하고 받아들이고 있다는 것을 보여준다. 위의 박카스 광고 역시 예외가 아니다.

보건복지부와 국민건강보험공단의 노인장기요양보험 '대한민국 어르신' 편(2013)을 보자.

여보, 오늘은 당신이 가봐.

어머님 이제 나도 못 알아보셔.(젊은 부부간의 대화)

형이 장남인데 형이 모셔야지,

야 다 같은 자식인데 형동생이 어딨어.(형제간의 대화)

당신한테 이게 무슨 죄야.(할머니와 할아버지의 대화).

이제 노인장기요양보험이 전문가의 손길로 보살펴 드리겠습니다.

치매노인 주야간 보호 서비스부터 가정방문, 시설 서비스까지.

대한민국의 어르신은 대한민국이 모십니다.

더 많은 어르신들께 찾아갑니다.

국민 행복, 노인장기요양보험.

자녀들이 느끼는 의무감과 부담감, 할머니가 자신을 간병하는 배우자에게 느끼는 죄책감("당신한테 이게 무슨 죄야") 등은 노년을 쇠퇴의 시기로만 인식하는 태도를 보여준다. 이러한 유형은 보건복지부의 노인 돌보미 서비스(2007), 독거노인 공익광고(2010), 초코파이 '할머니 댁 방문' 편, 경동보일러 등 매우 많았으며, 주로 유명인이 아닌 일반인 노년 여성 모델이 등장한 경우였다.

첫 번째 유형에서 다소 변화된 모습과 다양성을 발견할 수 있는 광고도 있었다. KTF '축구증후군' 편(2002)에서는 여름날 할머니가 수박을 들고 가다 잠시 휴식을 취하는 사이, 할아버지가 나타나 내려놓은 수박을 드리블하는 장면이 나왔고, 같은 할머니 모델은 2002년 맥도날드 광고에도 등장했다. 잘 알지 못하는 메뉴를 알아보고, 손주들을 위해 햄버거를 사서 머리에 이고 가는 할머니의 모습이었다. 노인과 바다를 패러디한 롯데리아의 크랩버거 광고(2002)에서 신구의 "니들이 게맛을 알아?"라는 카피가 유행어가 되었던 해이다. 그러면 다음에는 노년 여성의 희화화라는 특징을 살펴보자.

희화화

둘째, 앞서 언급한 "뭐, 돼지털?" 할머니처럼 우스꽝스러운 노년 여성상은 기존 연구 결과에서도 이미 잘 나타나고 있는데, 빙그레 바나나맛우유(나문희의 코믹댄스), 박카스의 부모 편(1편)과 자식 편(2편), 순창고추장의 버럭 할머니 편, KTF의 SHOW 등 흔하게 찾아볼 수 있었다. 엄격히 말하면, 노년의 부부가 같이 등장하는 경우가 대부분이었고, 할머니는 할아버지의 능청스러운 연기에 보조를 맞추는 정도의 역할이었다. 박카스 부모 편, '대한민국에서 부모로 산다는 것'의 경우, 자식들이 오면 좋고 "가면 더 좋지"하는 대사나, 자식 편에서 "놔둬라, 에이 놔둬라" 하는 대사도 희화화된 일상생활 중의 가족 관계에서 할머니는 보조적인 역할을 하고 있었다. KTF의 "SHOW 대한민국 보고서, 고향 부모 방문 연평균 6회 이하. 아무것도 필요없다. 아무것도 안 나온다. 연속극 옆집 가서 본다. 쇼를 하면 효자 된다. 우린 아무것도 필요없다. 아들아"라는 카피의 광고도 유사한 예이다. 박카스 광고에 등장한 할아버지는 SK브로드밴드의 IPTV인 Btv의 광고에도 출연, 뽀로로를 방영해주지 않아 매몰차게 떠나버리는 손자에게 상처를 받는 할아버지가 Btv를 설치하자 뽀로로를 보느라 집에 갈 생각을 안 하는 손자 때문에 좋아하는 바둑 프로그램을 못 봐서 짜증이 난 할아버지를 연기하는데, 할머니는 함께 등장하기는 하지만 여전히 보조적인 역할을 하고 있다.

한편, 정치 광고의 장르에서는 17대 대선 당시 이명박 대통령 대선 후보의 광고에 출연한 욕쟁이 할머니가 있었다. 비슷한 캐릭터로, 순창고추장의 '버럭 할머니'가 있는데, 순창의 양순애 할머니가 출연, "저리 가, 저리 가!" 소리지르는 자연스러우면서도 우스꽝스러운 모습을 보여준다.

할머니, 고추장 어떻게 만들어요?

쌀 넣고 엿기름 넣고 푹푹 대려서 고추까지 넣어서……

쌀이 들어가요?

그럼 쌀이 들어가지 뭐가 들어가?

어, 파는 고추장 거의 다 밀가루로 만든다던데.

뭣이여? 고춧가루보다 많이 들어가는 것이 쌀인데

거기다 밀가루를 쳐넣으면 되것냐.

저리 가! 저리 가!

같은 상품군의 삼원식품 해찬들 태양초 고추장 광고에서는 신당동 떡볶이집의 마복림 할머니가 출연, 고추장 비밀은 "며느리도 몰라, 아무도 몰라"라는 카피를 유행시키기도 했다. 이는 전형적인 증언식testimonial 광고 기법으로, 일반인들이 상품 사용 후 정보를 제공하고 후기를 증언하거나, 전문가가 해당 상품에 대해 평가와 해설을 제공하는 것이다. 마복림 할머니의 경우, 일반인이자 전문가라고 할 수 있다. 식음료, 가공식품군 광고에서 중, 장년, 노년 여성의 전문가적 의견을 종종 찾아볼 수 있었다. 종가집 광고(2003)에 등장하는 황혜성 요리연구가는 전문가이자 동시에 단아한 어머니와 할머니상을 보여준다. 정갈한 전통식품이라는 콘셉트에 맞게, 며느리와 함께 김치를 담그는 모습은 "김치맛은 손끝에서"라는 카피와 적절하게 어울린다. 한복선, 하선정 등 다른 요리연구가들이 등장한 광고도 매우 유사한 서사 구조를 갖고 있는데, 특기할 만한 것은 이런 광고들에서도 노년 여성들은 대부분 딸이나 며느리와 함께 나옴으로써, 여전히 가족 관계, 세대간의 구조 속에 자리 잡고 있다는 점이다. 비록, 요리전문가라는 한정된 직업군이긴 하나, 전문가로서의 노년 여성의 이미지는 다음에 논의할 주변화라는 특징의 예외로 볼 수 있다.

주로 사회적 활동에서 완벽히 제외되고, 가사노동, 가정이라는 갇힌 공간에만 존재하는 정형화된 여성상에서 다소 발전되고 다양한 모습을 보여준다는 점에서 그러하다.

주변화

셋째, 역사적으로 노인은 어린이, 여성과 함께 사회의 중심부에서 동떨어진 채 존재했다는 점에서 주변화의 양상을 발견할 수 있는데(팻 테인 외, 2012), 늙은 여성의 경우는 연령과 젠더의 측면에서 이중으로 주변화가 되었다고 할 수 있다. 이는 노화에 대한 성별 이중 기준을 보여주는 것으로, 남녀의 노화에 대해 사회가 각기 상이한 기준을 적용함으로써 노인 여성을 노인 남성보다 더욱 부정적으로 지각하는 것을 의미한다. 예를 들어, 노년 남성의 주름이나 흰머리는 중후함과 관록의 상징인 반면, 노년 여성의 이러한 노화의 흔적은 화장이나 성형, 염색으로 감춰야 하는 것으로 나타난다. 마찬가지로, 많은 소설이나 영화, 광고에서 남성의 성적 매력은 중년기 이후까지 지속되는 반면, 여성의 성적 매력은 노화와 더불어 상실되는 경우가 빈번하다. 이동옥(2010)은 노인 남성이 욕망의 주체이고 욕망의 대상으로서 여성이 다뤄지고 있으며, 특히 노인 여성이 노인 성담론에서 주변화되는 현상을 비판한 바 있다. 앞서 언급한 희화화된 노년의 모습에서도 주로 노년 여성은 남성의 보조적 역할을 하고 있었다. 유명인 이용 광고의 경우, KT 올레 올아이피 광고(한진희), IBK 기업은행(송해) 이외에도 이순재, 신구, 최불암, 백일섭 등 노년 남성 모델이 단연 더 많았다. 물론, 김혜자, 선우용녀, 나문희 등의 광고를 찾아볼 수 있었으나 그 빈도 수에서 노년 남성 모델에 비할 바가 아니었다. 정형화된 노년 여성의 이미지 또한 사회, 경제 활동에 결부된 경우는 찾아보기 힘들었다.

그리고, 대부분의 노년 여성 등장 광고에서 노년 여성이 혼자 출연하는 경우는 드물었으며, 배우자, 자녀, 손주 등 가족과 함께 존재했고, 그 배경도 주로 가정인 경우가 지배적으로 많았다. 1970년대와 1980년대에 걸쳐 활발히 연구되었던, 광고에 나타난 여성의 이미지 분석 결과에서도 흔히 볼 수 있듯이, 여성은 여전히 가정 공간에 갇혀 있다. 2007년 래미안의 광고 '집으로 간다' 편에서는, 아예 여성과 가정공간을 동일시한 '집은 엄마다', '엄마는 집이다'라는 등식이 카피로 나왔다. 광고의 배경은 물리적 배경과 상황적 배경으로 나눠 볼 수 있는데, 물리적 배경은 공간적 장소를, 상황적 배경은 노년층이 처해 있는 상황으로 볼 수 있다. 광고의 물리적 배경은 집, 야외, 직장, 기타(병원, 식당, 대중교통, 학교) 등이 있고, 상황적 배경은 여가 혹은 사회적 모임, 가족과 함께, 사무직, 노동직, 기타 등이 있다. 노년 여성은 집에서 가족과 함께 등장하는 경우가 가장 많았고, 이는 노년 남성이 야외에서 여가 혹은 사회적 모임과 같은 배경에 가장 많이 등장한 것과 대비를 이뤘다. 위와 같은 주변화의 특징은 광고 텍스트 내에서도 가부장제의 상징적 질서가 유지되는 재현의 양상이라는 점을 주목해야 한다. 남성적인 상징적 질서로부터 배제당하고, 그 질서의 주변부로 제한됨으로써 여성은 끊임없이 타자로 재구성되는 것이다.

이 연구의 분석 기간 동안 시기에 따른 주목할 만한 변화는 관찰할 수 없었다. 2000년대 초반의 광고에 비해 최근 광고에 나타나는 노년 여성의 문화적 표상이 크게 달라지지는 않았다는 것이다. 분석 기간이 훨씬 더 광범위할 경우에는 노년 여성 이미지의 역사적 변화를 찾아볼 수 있을 것이다. 예를 들어, 여성의 대학진학률과 사회 진출에서 현격한 차이를 보이는 두 시기를 비교한다면 분명히 변화된 모습을 읽을 수 있을 것이다. 정진웅(2008)에 의하면, 이 연구의 분석 기간인 2000년 이후는 한국의 대중매체가 소위 '신노년 문화' 담론을 보여주기 시작한 시기이다. 2000년경부터 종전과는 달리 빈곤, 자살, 소외와 같은 문제들보다 성공적 노년, 젊은 노년, 생산적 노년의 이미지에 주목하는 새로운 문화적 지형이 나타났다는 것이다. 분석 기간 내의 역사적 변화를 찾아보기는 힘들었지만 다음에 기술할 몇몇 광고를 통해 알 수 있듯이, 이 기간 내의 광고들은 더 진화되고 현실에 가까운 노년 여성의 이미지를 보여주고 있다는 점에서 향후 변화에 대한 전망이 어둡지만은 않다고 할 수 있다. 노년 여성들이 낮은 학력 수준을 가지고, 가족 관계 내에서 가사 역할만 강조되어 왔고, 사회 활동량이 적으며 사회적 관계도 지극히 제한되어 있었던 과거와는 달리, 점차 자기 계발과 사회봉사, 새로운 직장이나 일, 모험을 추구하는 노년 여성상이 나타나기 시작했다. 즉, 양정혜(2011)의 연구 결과와 같이 이 연구에서도 여성 노인의 사회적 활동은 극히 제한적으로 나타났고, 가족 관계 속에서 완벽한 할머니의 역할이 가장 지배적인 유형이었지만, 향후에는 1950년대부터 1990년대까지 미국의 텔레비전 광고에 나타난 노년상을 살펴본 밀러 외(Miller et al., 1999, 2002) 등의 연구와 같이, '완벽한 조부모'의 모습뿐만 아니라, '모험심이 강한 황혼', 그리고 '생산적인 황혼'의 모습을 기대할 수 있다는 것이다.

노년 여성 광고의 향후 변화와 전망

현대자동차의 '달리는 당신을 사랑합니다'(2010) 편의 주인공인 차사순 할머니(69)는 2010년 올해의 광고모델상을 수상했다. 960번 만에 운전 면허를 취득한 할머니의 이야기에 7월 한 달간 약 2만 개의 댓글이 모였고 그 응원의 댓글로 할머니는 자동차를 선물받았다. 할머니의 불굴의 의지와 열정을 응원하는 댓글이었다. 2013년 한국방송광고진흥공사와 제일기획 공동 기획인 '실버톡Silver Talk' 캠페인은 세대간의 소통 확대라는 취지로 시작했다(www.silvertalk.org). 이 캠페인의 '노인은 위대한 스토리텔러다'라는 슬로건의 '인형극' 편과 '송선자' 편은 각각 노년 여성 단체와 개인의 이야기이다. 두 편의 광고 카피를 차례로 보자.

> '인형극' 편
> 자식 키우랴, 집안 돌보랴,
> 세상에 눈돌릴 틈 없던 우리 할머니들이 인형극을 시작했습니다.
> 아동성폭력 예방 시니어 인형극단 그랜드 파파마마.
> 거친 세상으로부터 아이들을 지켜내기 위해.
> 우리를 웃고, 울리고, 영감받게 할 이야기에 귀기울여 주세요.
> 실버톡은 실버 세대와 젊은 세대간의 거리를 좁히는 소통 캠페인입니다.

> '송선자' 편
> 수줍음 많은 열아홉 소녀의 꿈은 기자였습니다.
> 소녀는 할머니가 되었고 꿈은 변치 않았습니다.
> 실버넷 사진부장 실버 기자 송선자(73세).
> 그리고 69세에 비로소 그녀의 꿈은 현실이 되었습니다.
> 우리를 웃고, 울리고, 영감받게 할 이야기에 귀기울여 주세요.
> 실버톡은 실버 세대와 젊은 세대간의 거리를 좁히는 소통 캠페인입니다.

위의 스토리텔링은 박카스 '대한민국에서 엄마로 산다는 것' 편에 나타난 서사 구조와는 사뭇 다르다. 69세에 소녓적 꿈을 이룬 할머니의 이야기는 앤 카프의 노화의 두 번째 혹은 세 번째 유형에 속한다. 퇴직 이후의 삶에 대해 보부아르는 "퇴직은 활동하는 개인의 범주에서 갑자기 비활동적인 개인의 범주로 떨어져 늙은이로 분류되는 것, 재원의 놀랄 만한 감소와 생활 수준의 격하를 받아들이는 것, 그것은 대다수의 경우 심리적 · 도덕적으로 심각한 결과를 초래하는 하나의 비극"이라고 했다(보부아르, 2002: 365). 보부아르는 여자보다는 남자의 인생에서 퇴직이 '과거와의 단절'이라는 뿌리 깊은 단절을 가져온다고 했지만(보부아르, 2002: 366), "자식 키우랴, 집안 돌보랴, 세상에 눈돌릴 틈 없던" 시절에 비교하여, 전업 주부였다 할지라도 할머니들은 지금 퇴직 이후의 삶을 살고 있는 것이다.[1] 위의 세 편의 광고는 정형화, 희화화, 주변화라는 키워드로 설명되기 어려운, 매우 반가운 변화의 신호였다. 그 빈도 수로 보자면, 극히 미미하지만 모험심이 강한 황혼, 생산적인 황혼의 모습을 찾아볼 수 있는 광고였다.

세대간의 소통을 강조한 노인복지 공익 광고는 이미 1982년, 방송광고향상협의회의 노인복지 '내일의 당신' 편에서도 잘 나타난다.

> 이분이 누구입니까?
> 바로 내일의 당신입니다.
> 이분께도 당신처럼 20대, 30대 시절이 있었습니다.
> 그리고 40대, 50대도……
> 흘러간 시간들을 생각해 보는 지금, 이분께 필요한 것이 무엇입니까?
> 바로 당신입니다.

1 퇴직으로 인한 휴식이나 여가 시간 같은 어떤 이점과, 궁핍과 자격 박탈이라는 심각한 단점을 초래하는 새로운 신분에 적응해야 노년기에는 특징적으로 권태, 평가 절하, 무위와 같은 감정이 나타나는데, 이는 고독하고 암울한 노인의 조건에 첨가되는 요소이다. 우리 시대의 역설은 바로 노인들이 옛날보다 더 건강하고, 좀 더 오래 젊음을 유지한다는 것이며, 그래서 무위는 노인들을 한층 더 무겁게 짓누른다(보부아르, 1970, 2004: 381).

당신의 따뜻한 말 한마디가 필요합니다.
이야기를 들어줄 당신이 필요합니다.
우리 모두 이분의 친구가 됩시다.
이분은 바로, 내일의 당신이기 때문입니다.

노년의 문화적 표상은 중요하다. 왜냐하면 "사실 우리가 삶에 대립시켜야 하는 것은 죽음보다 차라리 노년"이기 때문이다(보부아르, 2002: 756). 특히, 미디어를 통해 구성되는 노인의 삶은 노인에 대한 사회적 규범을 형성하고 노인의 정체성을 구성하는 핵심적인 요소이다(이경숙, 2011). 그러나 급격한 노령화 추세에도 불구하고, 종전에 비해 다소 다양해지고 긍정적이긴 하나, 대부분의 광고는 여전히 틀에 박힌 노년과 노화의 유형만을 보여주고 있다. 즉, 노년 여성은 우스꽝스럽고 나약하며 의존적인 존재, 수동적이고 부수적이며 베푸는 존재, 돌봄이 필요한 시혜의 대상, 가족적 · 세대적인 관계에서만 존재하는 주변화된 존재로 재현되고 있다. '타자로서의 여성, 객체로서의 여성'의 모습이 여전히 지배적인 이미지였다. '익숙한 타자' 노년 여성의 지배적인 문화적 표상은 정형화, 희화화, 주변화로 요약될 수 있다. 누구나 겪게 되는 노년의 개인적인 삶의 경험과 위치는 매우 다향함에도 불구하고, 미디어를 통해 구성된 '노인'은 의미와 실천의 영역에서 의존적인 존재로서 동질적인 '노인'이 되며, 이런 차원에서 사회적 약자로서 소수자적 위치에 머무르는 것이다(이경숙, 2011). 광고가 이데올로기를 형성하고 전파하는 주체라는 점을 고려하면, 이러한 재현의 양상은 심각한 문제이다. 그러므로, 향후에는 좀 더 다양하고 적극적이며 진보적인 독립적 주체로서 노년 여성의 모습이 필요하다. 왜냐하면 그것이 '내일의 우리'의 모습이길 원하기 때문이다.

참고 문헌

김미혜 · 원영희 (1999). 새로운 노인 이미지 정립을 위한 노인 광고: 신문매체를 중심으로. 『한국노년학』, 19(2): 193-214.

김호기 (2013). [김호기의 예술과 사회] 영화 〈아무르〉를 통해 본 품위있는 죽음. 『주간경향』, 1028호.

사라 브로코 (2012). 『나이들기엔 아까운 여자 나이들수록 아름다운 여자』. 이은선 옮김. 서울: 북하이브.

소노 아야코 (1999, 2004). 『나는 이렇게 나이들고 싶다: 소노 아야코의 계로록』. 오경순 옮김. 서울: 리수.

송희영 (2003). 전통과 혁신의 경계에서: 독일 TV광고에 나타난 여성 이미지. 『독일문학』, 86. 단일호.

시몬 드 보부아르 (2002). 『노년: 나이듦의 의미와 그 위대함』. 홍상희 · 박혜영 옮김. 서울: 책세상.

____ (2008). 『제2의 성』. 조홍식 옮김. 서울: 을유문화사.

양정혜 (2011). TV광고가 재현하는 고령화 시대의 노인. 『커뮤니케이션이론』, 7(1): 72-106.

윤현선 (2003). Cultural values in contemporary Korean advertising: with special reference to the images of the elderly. *Journal of the Asian Research Center for Religion and Social Communication*, 1(2).

____ (2008a). Older people in advertising. Public lecture given at the Korean Cultural Centre, U.K. 6월.

____ (2008b). Ageing and Advertising: UK/South Korea comparison." Public lecture given at the Centre for Korean Studies, SOAS, U.K. 10월.

윤현선 · Powell, H. (2012). Older consumers and celebrity advertising,

Ageing & Society, 32(8): 1319-1336.
이경숙 (2011). 사회적 소수자로서 노인과 미디어 담론. 전규찬 외 『한국 사회 미디어와 소수자 문화정치』. 서울: 커뮤니케이션북스.
이동옥 (2010). 한국 노인 성담론의 여성주의적 고찰. 『한국여성학』, 25: 61-69.
이승원 (2008). 황금의 꽃, 한숨의 미풍. 『시인세계』. 겨울호, 26호.
정진웅 (2008). 한국의 신노년문화 낯설게 보기. 서울 노년학 국제학술 심포지엄. 한국프레스센터. 6월 9일.
팻 테인 외 (2012). 『노년의 역사』. 안병직 옮김. 파주: 글항아리.
폴 투르니에 (2013). 『인생의 사계절』. 박명준 옮김. 아바서원.
Ahmad, R. (2002). The older or ageing consumers in the UK: Are they really that different? *International Journal of Market Research*, 44 (3): 337-360.
Bartos, R. (1980). Over 49: The invisible consumer market. *Harvard Business Review*, January-February: 140-148.
Beauvoir, Simone de (1996). *The Coming of Age*. translated by P. O'Brian. New York: Norton. First published in Paris in 1970.
Bradley, D. E. & Longino, C. F. (2001). How Older People Think about Images of Aging in Advertising and the Media. *Generations*, 25(3): 17-21.
Butler, R. (1969). Ageism: Another form of bigotry. *The Gerontologist*, 9: 243-246.
Carrigan, M. & Szmigin, I. (1998). The usage and portrayal of older models in contemporary consumer advertising. *Journal of Marketing Practice: Applied Marketing Science*, 4(8): 231-248.
____ (1999a). The representation of older people in advertisements. *International Journal of Market Research*, 41(3): 311-326.
____ (1999b). In Pursuit of Youth: What's wrong with the older market?

Marketing Intelligence and Planning, 17(5): 222–230.

____ (2000). Advertising in an ageing society. *Ageing and Society*, 20: 217–233.

Clark, N. (2009). The Many Shades of Grey. *Marketing*, 15 July: 24–25.

Erdogan, Z. & Kitchen, P. (1998). Getting the best out of celebrity endorsers. *Admap*, April.

Featherstone, M. & Wernick, A. (Eds) (1995). *Images of Aging: Cultural Representations of Later Life*. London and New York: Routledge.

Greco, A. J. (1989). Representation of the elderly in advertising: Crisis or inconsequence? *Journal of Consumer Marketing*, 6(1): 37–44.

Greco, A. J., Swayne, L. E., & Johnson, E. B. (1997). Will older models turn off shoppers? *International Journal of Advertising*, 16(1): 27–36.

Healey, T. & Ross, K. (2002). Growing old invisibly: Older viewers track television. *Media, Culture and Society*, 24(1): 105–120.

Heath, R. (2002). The Tesco Dotty Campaign Works. *Admap*, April, Issue 427.

Hiemstra, R., Goodman, M., Middlemiss, M. A., Vosco, R., & Ziegler, N. (1983). How older persons are portrayed in television advertising: Implications for educators. *Educational Gerontology*, 9(2 & 3): March: 111–122.

Hinshelwood, R. D. (1991). *A Dictionary of Kleinian Thought*. London: Free Association Books.

Iddiols, D. (2002). The fame game: Using celebrities effectively. *Admap*. December, Issue 434: 27–29.

Johnson, R. L. & Cobb-Walgren, C. J. (1994). Aging and the problem of television clutter. *Journal of Advertising Research*, 34(4): 54–66.

Karpf, A. (2013). New narratives of ageing. *Narratives of Ageing in Contemporary Britain*. 12th June. Conference held at Institute of English Studies, University of London.

Kessler, E., Rakoczy, K., & Stauginger, U. M. (2004). The portrayal of older people in prime time television series: The match with gerontological evidence. *Ageing and Society*, 24(4): 531–552.

Kuhn, A. & Gardner, T. (1981). The ages of men and women in magazine advertisements. *Journalism Quarterly*, 58: 468–471.

Langmeyer, L. (1984). Senior citizens and television advertisements: A research note. *Current Issues and Research in Advertising*, 6: 167–179.

Lees, M., Carpenter, B., & Meyers, L. S. (2007). Representations of older adults in television advertisements. *Journal of Aging Studies*, 21: 23–30.

Leventhal, R. C. (1997). Aging consumers and their effects on the marketplace. *Journal of Consumer Marketing*, 14(4): 276–281.

Long, N. (1998). Broken down by age and sex: Exploring the ways we approach the elderly consumer. *International Journal of Market Research*, 40(2): 73–92.

Marchand, R. (1985). *Advertising and the American Dream: Making way for modernity, 1920 – 1940*. Berkeley: University of California Press.

Mazis, M. B., Ringold, D. J., Elgin, S. P., & Denman, D. W. (1992). Perceived age and attractiveness of models in cigarette advertisements. *Journal of Marketing*, 56: 22–37.

McCann Erickson Communications House, Birmingham and the Future Foundation (2009). *Hit or Myth: Marketing to the Over-50s*. July.

McCracken, G. (2005). *Culture and Consumption II: Markets, meaning and brand management*. Bloomington: Indiana University Press.

McHugh, K. E. (2003). Three faces of ageism: Society, image and place. *Ageing and Society*, 23: 165–185.

Miller, D. W., Leyell, T., & Mazachek, J. (2002). Stereotypes of the Elderly in US Television Commercials From the 1950s to the 1990s. *Journal of Marketing History*, Online Issue. Available online www.warc.com

Miller, P. N., Miller, D. W., McKibbin, E. M., & Pettys, G. D. (1999). Stereotypes of the elderly in print advertisements 1956–1996. *International Journal of Aging and Human Development*, 49(4): 319–337.

Minichiello, V. Browne, J., & Kendig, H. (2000). Perceptions and consequences of ageism: Views of older people. *Ageing and Society*, 20: 253–278.

Moschis, G. P., Lee, E., & Mathur, A. (1997). Targeting the mature market: Opportunities and challenges. *Journal of Consumer Marketing*, 14(4): 282–293.

Nielson, J. & Curry, K. (1997). Creative strategies for connecting with mature individuals. *Journal of Consumer Marketing*, 14(4): 310–322.

Office for National Statistics (2004). *Focus on Older People*. May. Office for National Statistics. London.

____ (2007). National projections: UK population to rise to 65m by 2016'. 23 October. Available online at www.statistics.gov.uk [Accessed: 15th April, 2010].

Office of National Statistics (2000). *Social Trends*, 30.

Ong, F. S. & Chang, H. K. (2009). Older People as Models in

Advertisements: A Cross-cultural Content Analysis of Two Asian Countries. *Journal of Business & Policy Research*, 4(2): 1-15.

Palmore, E. (1998). *The Facts on Aging Quiz: A Handbook of Uses and Results*. New York: Springer.

Philipson, C., Leach, R., Money, A., & Biggs, S. (2008). Social and Cultural Constructions of Ageing: The Case of the Baby Boomers. *Sociological Research Online*, 13(3). www.socresonline.org.uk/13/3/5.html/

Powell, H. (2012). *Stop the Clocks!: Thme and Narrative in Cinema.* I. B. Tauris. London and New York.

Pringle, H. (2004a). *Celebrity Sells*. Chichester: John Wiley and Sons/IPA.

____ (2004b). Succeeding with celebrities: Ten ways to use stars in your advertising. *Market Leader*, 24, Spring: 40-45.

Robinson, T. & Umphrey, D. (2006). First- and third-person perceptions of images of older people in advertising: An inter-generational evaluation. *International Journal of Aging and Human Development*, 62(2): 159-173.

Silvers, C. (1997). Smashing old stereotypes of 50-plus America. *Journal of Consumer Marketing*, 14(4): 303-309.

Simcock, P. & Sudbury, L. (2006). The Invisible Majority? Older Models in UK Television Advertising. *International Journal of Advertising*, 25(1): 87-106. Available online at www.warc.com.

Smythe, T. C. (1996). Growing old in commercials: A joke not shared. In Lester, P. (Ed.), *Images that Injure: Pictorial Stereotypes in the Media*. London: Praeger.

Szmigin, I. & Carrigan, M. (2000). Does advertising in the UK need older models? *Journal of Product and Brand Management*, 9(2): 128-143.

United Nations (2005). World Population Ageing: 1950–2050, Population Division, Department of Economic and Social Affairs, Geneva, Available online at www.un.org/esa/population/publications/worldageing19502050.

Vincent, J. A. (2006). Ageing Contested: Anti-ageing Science and the Cultural Construction of Old Age. *Sociology*, 40(4): 681–698.

Williams, A., Ylänne, V., & Wadleigh, P. M. (2007). Selling the 'Elixir of Life': Images of the elderly in an Olivio advertising campaign. *Journal of Aging Studies*, 21: 1–21.

Wolfe, D. B. (1990). *Serving the Ageless Market*. New York: McGraw-Hill.

___ (1997). Older markets and the new marketing paradigm. *Journal of Consumer Marketing*, 14(4): 294–302.

Zhang, Y. B., Harwood, J., Williams, A., Ylänne-McEwan, V., Wadleigh, P. M., & Thimm, C. (2006). The Portrayal of Older Adults in Advertising: A cross-national review. *Journal of Language and Social Psychology*, 25(3): 264–282.

Zhou, N. & Chen, M. Y. T. (1992). Marginal life after 49: A preliminary study of the portrayal of older people in Canadian consumer magazine advertising. *International Journal of Advertising*, 11(4). Available online at www.warc.com.

제3부

담론적 실천과 문화정치

20대 여대생의 SNS 이용과 정치적 관여:
트위터, 페이스북 사용자를 중심으로 _ 이설희 · 김숙현

정치와 일상의 경계 지우기:
여성, 사이버커뮤니케이션, 그 정치성에 대한 소고 _ 김수미

한국 사회 말들의 풍경과 '넷파워net power'의 함의:
온라인 남성 주도 커뮤니티의 문화와 활동에 관한 소고 _ 이기형 · 황경아

소셜 웹의 신자유주의적 포스트페미니즘:
유명인 현상과 대중의 자기통치성 _ 김예란

20대 여대생의 SNS 이용과 정치적 관여
: 트위터, 페이스북 사용자를 중심으로

이설희 · 김숙현

여성의 일상과 SNS의 정치적 가능성

우리는 트위터를 이용하는 네티즌 동향을 아주 쉽게 접할 수 있다. 매일 마주하게 되는 인터넷 포털 사이트를 통해서건 이들의 동향을 재빠르게 퍼나르는 언론 기사들 속에서건 말이다. 언론 보도상의 SNS를 보면 마치 한국에서 정치적 사건 및 사회적 이슈는 모두의 입에서 회자되는 관심의 정점에 서 있는 것으로 느껴진다. 이러한 유행을 반영하듯 SNS와 관련한 수많은 책이 대형 서점의 일부분을 차지하고 있으며(심지어는 트위터 사용법과 같은 가이드북도 꽤 많이 발견된다), 미디어 지형에서도 SNS에 대한 관심은 빠르게 확산되며 다양한 측면에서 연구가 이뤄지고 있다. 특히 SNS 이용이 정치적 사건과 밀접하게 관련될 수 있다는 경험적 사례가 나타나면서, SNS의 정치적 잠재성에 대한 관심도 연구자들의 관심을 끌었다(Harlow, 2011; Holt et al., 2013; 장덕진 외, 2012). 그러한 환경에서 이 글은 우리 시대 정치적 논쟁 및 정치 담론의 생산에서 중심에 놓이곤 하는 SNS가 여성들의 일상 속에서 정치적 관여와 어떻게 관계하고 있는지에 집중한다.[1]

그렇다면, SNS의 정치적 가능성은 무엇일까? SNS를 연구하고 있는 많은 학자들은 다양한 층위에서 SNS의 정치성에 대해 논하고 있다. 특히 SNS의 '네트워크 확장성', 누구나 담론을 만들어낼 수 있다는 '생산 주체의 평등성', 그리고 끊임없이 연장되는 정보 메시지의 변형성은 SNS가 가지고 있는 정치성에 주목하게 한다.

'시시한' 정보들을 포함하여 다양한 사람들의 일상적 사건과 이야기가 지속적이고 규칙적으로 소통될 수 있는 SNS는 위로부터의 생산에 제한되는 것이 아니라 어느 누구라도 생산 주체가 되어 아래로부터의 생산을 가능하게 한다. 이렇게 누구나 '생산자'가 되어 정보를 공유할 수 있다는 점은 SNS의 정치적 가능성이 주목받는 하나의 이유이다. 머티(Murthy, 2012)는 사람들이 SNS를 이용하는 과정에서 이용자가 끊임없이 자기 정체성을 확인하는 과정에 관심을 가졌다. SNS의 이용은 메시지 수용 및 전달 과정이 반복적이고 규칙적이 되면서 무한히 완성되지 않는 과정이다. 이것은 '되기의 과정Bildung'으로 부를 수 있는데, 오늘날의 소셜 미디어 사용자는 바로 이 자기 형성의 되기 과정에 있다는 것이다. 그는 새로운 미디어의 정치성은 '자기 자신의 생산'에 미디어가 얼마만큼의 '접근성'을 허용하는지의 여부로 살펴볼 것을 제안하면서, 이에 따라 SNS가

1 먼저 간단한 용어 및 범주를 정의할 필요가 있을 것이다. 이 글에 사용되는 정치적이라는 용어의 사용 범주는 정당 정치, 투표 참여와 같은 좁은 의미의 정치적 행동으로 제한하는 것은 아니며, 정체성 정치와 같은 다양한 사회 · 문화적 의미를 포괄하는 의미로 확장하여 사용한다. 그리고 SNS 이용은 트위터와 페이스북을 사례로 살펴볼 것이다. 사실 SNS는 그 종류도 다양하며, 각각이 서로 다른 특징을 지니고 있다. 예를 들어 페이스북은 친구들과의 관계를 유지하는 데 효율적이고, 트위터는 필요한 정보를 빠르게 받아볼 수 있는 장점을 가지고 있고, 인스타그램은 이미지로 소통하기에 수월하고, 제한되는 글자 수가 부담스럽다면 블로그를 찾으면 된다. 따라서 이 글은 대학생들이 가장 많이 애용하고 있는 페이스북과 정치적 담론에 활발한 트위터로 그 범위를 제한하여 검토하려 한다.

일반인의 트윗을 통해 담론이 생산된다는 점에 주목한 것이다. 물론 이 결과를 낙관적으로만 보는 것은 아니다. 오늘날 생산 방식이 '보통 사람들ordinary people에게로 전환되었다지만, '미디어 산업이 상징적 경제의 통제 아래에 여전히 남아 있다'라는 사실도 여전하다. 따라서 그는 이를 정보 격차 시대의 종언으로 보거나 민주화로 바라보는 것은 경계해야 한다고 말한다. 그럼에도 불구하고 그는 SNS가 일정 부분 사적 영역에서 이뤄지던 친밀성의 영역을 확장시키는 역할을 하고 있음은 분명하다고 주장한다. 이러한 논의는 친밀한 소통 영역인 SNS가 기존의 정치적 소통 방식을 변화시킬 가능성을 가질 뿐만 아니라, 다양한 계층의 사람들이 민주적이고 평등하게 소통할 수 있는 가능성을 넓히는 것으로 보고 있는 것이다.

소셜 미디어 사회학자인 보이드(Boyd, 2008)는 좀 더 '정치적 활동'의 차원에서 SNS의 정보 확장성에 주목하고 있다. 그는 과거의 물리적 공중을 대체하고 있는 '네트워크화된 공중'을 훨씬 유동적이며 자율적으로 확장이 가능한 시대의 공중으로 정의한다. 이러한 네트워크화된 공중에게 규모의 확장성이 더해진 소셜 미디어는 정치적 '혁명성'으로까지 기대될 수 있는 것이다. SNS에서는 동일한 관심을 가진 사람들을 통해 하나의 메시지가 반복적으로 동시에 확장될 수 있어서, 적어도 직접적으로 사람들을 정치에 관여하게 할 수는 없을지라도, 정보를 전달하기를 원하는 메시지 전달자에게는 매우 유용하게 이용될 수 있는 것이다. 다시 말해서, SNS가 다른 사람들에게 어떠한 신념이나 주장을 확신시키는 지렛대로 이용될 수 있다는 것이다.

더불어 이러한 확장 과정에서 정보가 누구에 의해 변형되거나 공유되는지에 따라서 그 메시지의 중요도가 달라진다는 점도 SNS를 주목하는 이유이다. 때로는 무거운 주제가 친밀한 친구를 통해 전달되며 좀 더 가까워질 수 있는 계기가 되기도 하며, 보통 사람들이 생산하는 정보가 네트워크상에서 확장되는 가운데 어느 순간 담론의 중심에 서 있을 수 있는 것이다.

SNS를 통한 정치 참여에 대한 실증적인 연구들은 SNS의 정치적 특성을 좀 더 세분화하며 명확하게 보여주고 있다. 먼저, SNS가 앞서의 '네트워크 확장성', '생산 주체의 평등성'을 중심으로 대안적 담론 형성의 장으로 역할하고 있다는 점을 보여주는 연구들이 있다. 한국의 트윗 계정을 분석한 장덕진 · 김기훈(2012)은 트윗이 주로 정부 비판적 담론이 압도적으로 많아서 대안 언론의 가능성을 보여주고 있으며, 사회적인 의제 설정과 토론 기능을 하는 소통과 담론의 공간이라고 말한다. 이러한 예는 세계적으로 찾아볼 수 있다. 과테말라에서 로드리고 로젠버그Rodrigo Rosenberg가 대통령 알바로 콜롬Alvaro Colom을 비난한 것이 시발점이 되어 페이스북에서 대통령 사임을 요구하는 것으로 확장된 사건은 페이스북이 오프라인 저항 운동으로 가는 온라인 운동을 동원하는 역할을 수행했고 폭력의 종말과 정의를 요구하는 대단위의 저항을 조직하도록 도움을 주었다(Harlow, 2011). 두 번째로, 이러한 정치 담론이 SNS를 통해 소통되면서, 이것이 가지는 정치적 영향력도 연구되고 있다. 2010년 스웨덴 국제 선거 캠페인에서의 소셜 미디어 사용에 대한 분석은 정치 · 사회적 미디어 이용에서 젊은 층의 소셜 미디어 사용이 높은 것으로 나타났다(Holt et al., 2013). 그 연구에서 소셜 미디어의 정치적 이슈에 대한 지속적 관심이 정치적 참여를 증가시키는 것으로 나타났는데, 이를 토대로 연구자는 소셜 미디어의 참여가 정치적 참여를 유도하도록 기능할 수 있다고 바라본다. 국내의 다양한 연구 사례 역시 SNS의 활용 정도가 정치적 참여와 관계하고 있다는 것을 보여주고 있다(민정식, 2012; 송경재, 2011).

그런데 이러한 SNS의 정치성이나 정치 참여와의 관계에 대한 연구들은 대체로 젊은 세대의 SNS 이용 및 정치 참여와의 관계를 중심으로 이뤄지고 있어서 SNS가 젊은 세대와 밀도 있게 관련되어 있다는 것을 보여준다. 더욱이 새로운 기술과 일상의 정치성에 대한 기존의 많은 연구가 '친밀성'과 '감수성'을 강조하며 기존의 정치 영역에서의 '남성적' 소통 방식에 문제를 제기하기도 했다. 이러한 점에서 이 글은 20대의 젊은 여대생에 관심을 가지며, 특히 이들이 과거 '촛불 세대'로 정치적 참여에 대한 사회적 관심을 불러일으켰다는 점에서 더욱 그러하다. 따라서 이 글의 관심 대상인 20대 여대생을 둘러싼 다양한 논의들을 먼저 살펴볼 필요가 있다.

20대 여성과 정치, 그리고 테크놀로지

이 글이 SNS 환경에서 20대 여대생의 정치적 관여를 연구한다는 점에서 주목해야 할 지점은 크게 세 가지로 나뉠 수 있다. 국내의 정치 · 사회적 환경에서 20대의 세대적 특성,[2] 미디어 환경과 세대 특징, 그리고 20대 여성과 정치 관여이다.

먼저, 국내의 정치 · 사회적 환경에서 20대의 세대적 특징은 과거 이들이 '촛불 세대'로 적극적인 정치 발언과 참여로 큰 정치적 기대를 한 몸에 받으면서 논의되었다는 것이다. 이광석(2011)은 '촛불 세대'를 "2008년

2 세대의 특성을 논할 때는 사실 이들의 특징이 하나로 통합될 수 없다는 점을 항상 고려해야만 한다. 예를 들어 전상진(2009)은 2000년대 후반 20대를 지칭하는 다양한 명칭을 여덟 가지의 세대(단위) 유형으로 구분하면서, 이들이 규율적 상황을 동시에 경험하면서도 행위자들이 다양한 방식으로 반응하고 있는 것은 '세대'를 전체 세대로 확장하여 해석하는 것을 경계해야 할 필요성을 이야기한다. 이러한 논의는 '촛불 세대'를 바라보는 서로 대립적이거나 다층적인 논쟁에서도 이미 예견되어 있던 일이다(강내희, 2008; 홍성태, 2008; 이상길, 2009).

10대 청소년, 특히 촛불 소녀로 상징되는 촛불 시위를 주도하며 성장한 세대"로 정의한다. 그리고 이들을 구분하고 규정하는 몇 가지 요인을 제시한다. 경찰국가라는 정치 변수, 신자유주의의 전면화하는 경제·사회적 변수가 그것이다. 즉, 이들 세대는 '자율적 공간'으로 인식되어 왔던 온라인 영역에 대한 강한 정부 규제(각종 인터넷 관련법들의 도입과 연장, 미네르바 구속 수사, 포털업체의 간접적 통제, SNS에 대한 심의 및 선거법 강화 등)를 목격한 세대이며, 동시에 신자유주의 무한 경쟁 사회의 중심에 있다고 요약해 볼 수 있다.

전상진(2009)은 '촛불 세대'를 논하면서, '신자유주의의 무한 경쟁'이라는 동일한 시공간의 무대 안에서 10대와 20대 사이의 상이한 위치성을 논한다. 쇠고기 파동 당시 10대의 경우, 규율과 억압을 '학급'이라는 공동체에서 집단적으로 갈등 상황을 경험하며, 집단적 대처로 실마리를 찾을 수 있었다면, 매우 협소한 의미에서 해방과 자유를 만끽하는 20대는 '철저히 개인화된 상황'에서 생활할 수밖에 없다는 것이다. 20대는 더 많은 자유를 만끽하지만 그에 상응하는 책임을 져야 하고, 더 많은 자유와 책임은 이들을 고립시키고 '자아로 몰입'하게 한다는 것이다. 그 결과 20대의 한쪽에서는 자아 계발로 치료 방법을 찾고 다른 한쪽에선 우울증에 빠진다. 이렇게 신자유주의 안에서 요구되는 무리한 경쟁적 요구에 20대는 탈진하고 있지만, 언제나 탈락할 수 있다는 위험이 도사리고 있다. 그리고 이러한 환경은 이들의 집단행동을 저해한다는 것이다.

두 번째로 미디어 환경의 변화는 이들 '촛불 세대'를 설명하는 가장 큰 요인 중의 하나이다. 이들은 디지털 감성 세대, 사이버 세대 등 다양한 명칭으로 불리는 인터넷, 모바일, 디지털 기기에 익숙한 세대이다. 이들은 한편으로 이러한 환경에서 정보를 자유자재로 수용, 변형, 조합, 융합하는 메시지 및 콘텐츠의 수용자인 동시에 생산자이다. 따라서 이들은 인터넷을 통한 정보 공유 및 변형에 능숙할 뿐만 아니라 인터넷을 통해 자기 표현을 확대하고 있다. 그리고 이들의 정보 공유, 변형, 표현들은 다양한 정치적 행동으로 이어지는 기반이 되어 이들의 정치적 참여에 높이 기여하기도 했다. 예를 들어 뒤에서 좀 더 자세히 언급할 인터넷 커뮤니티 등을 통해 드러난 이들의 '발랄한' 정치적 참여 방식은 새로운 미디어 환경에서의 낙관적인 가능성을 보여주기도 했다.

하지만 다른 한편으로 녹록치 않은 정치 · 사회적 환경과 심화된 미디어 환경에 직면하고 있는 이들의 환경이 낙관적으로만 전망되는 것은 아니다. 어려서부터 인터넷 커뮤니티에서의 정보 공유 및 놀이에서 자기 표현에 익숙한 만큼이나 인터넷 범죄 및 사이버 테러, 그리고 점점 더 증가하는 다양한 통제 및 감시의 시선에도 익숙하다. 일상의 공유나 끊임없는 정보의 흐름으로 '지속적으로 주의 분산'이 일어나는 상태나 이에 대한 피로감(Carr, 2010), 감시에 대한 '막연한' 두려움이나 끊임없는 감시의 시선에서 나타나는 '자기 분열', '자폐'(Peters, 2010), '히스테리아 파라노이아'(박권일, 2012), '히스테리적 주체'(이택광, 2012), '맥락의 붕괴'가 일어나는 분열적 상태(Marwick & Boyd, 2010)와 같은 병리적이고 치료적인 용어가 이러한 미디어 환경의 변화 세태 안에 위치하는 젊은 20대를 설명하고 있다.

더욱이 이러한 이중적인 미디어 환경에서 이들 디지털 주체인 젊은이들은 SNS 사용에서 점점 더 '노련한 사회 네트워커'가 되고 있음을 주목할 필요가 있다. 브랜드첵 외(Brandtzæg et al., 2010)는 SNS 사용의 세대별 차이를 보여주면서, 젊은 층이 친구들과의 소조직(모임)의 상호작용보다는 정보 취득과 같은 목적 지향적 행위를 선호하며, 과거에 비해 신중하게 SNS를 사용하는 특징을 보인다고 말한다. 이는 지나치게 많은 '친구들'의 넘쳐나는 말들과 복잡한 공유에 기인하는데, 이러한 환경이 이들을 좀 더 노련한 사회 네트워커들로 만들고 있다는 것이다. 그리고 디지털 사회가 진전되고 이에 노출되는 양상이 다양해질수록, 점점 더 사회의 통제나 감시 사회의 또 다른 측면이 이들 세대의 미디어 사용과 네트워크 형성에 영향을 미칠 것으로 보인다.

정치에 개입하던 '발칙한' 10대 '촛불 소녀'가 20대의 '여대생'으로 자리 잡은 현재, '신자유주의의 무한 경쟁'은 더욱 심화된 형편이다. 당시의 '정치적 참여'를 독려하고, 따스하게 '민주주의'를 밝히던 대표 얼굴과 같던 '촛불 소녀'들은 온라인 규제와 같은 일상적인 이슈를 내세운 경찰국가, 경제 영역에서 신자유주의의 전면화와 절정으로 치달은 경쟁 구도 안에서 어떤 모습을 하고 있을까? 그리고 이들의 일상에서 피부에 와 닿는 정치적 이슈와 그에 대한 관여는 SNS를 통해 어떻게 전달되며, 재현되고, 또 표현되어 연결되고 있을까?

마지막으로 20대 여성과 정치 관여 및 참여의 문제는 이러한 질문에서 시작된다. 이들의 적극적인 의미에서 참여의 문제는 2008년 광우병 의심 쇠고기 수입 반대의 문제와 함께 새로이 주목받았다. 통상 정치의 문제에 관심이 없는 것으로 간주되던 이들이 촛불집회에서 전면적으로 등장하고 적극적인 참여 활동을 재기발랄한 모습으로 보여주면서, 이들에 대한 연구들이 특히 인터넷 커뮤니티를 중심으로 이뤄졌다. 인터넷을 기반으로 촛불집회나 미국산 쇠고기 문제에 대한 정보의 확산과 이에 대한 문제 의식의 공유는 댓글 읽기, 링크 이동, 찬반 의견 표시, 친지에게 메시지 전달 등의 정치적 행동으로 이어지는가 하면(유선영, 2008), 이들의 정치적 행동 방식 역시 과거와는 달리 좀 더 '유쾌하고 스타일적'인 방식으로 변화했다(이동연, 2008; 전규찬, 2008). 즉, 정치적 참여의 형식에 풍자와 해학, 패러디, 인증 샷과 같은 미학적 방식이 주를 이뤘고, 이들의 연대와 결속은 감정과 감성을 매개로 하는 특징을 지니고 있다(이기형 · 이영주, 2012). 이들의 감성적인 유대감 형성과 관계맺기, 즉 일상적 언어와 가벼운 수다와 대화로 친밀한 교감을 형성하면서 유동적이면서도 유연한 자발적인 공동체를 형성하는 일련의 여성의 정치 참여는 '여성 공론장'이라는 용어로 설명되기도 한다(박창식 · 정일권, 2011). 하지만 커뮤니티 형태가 아닌, 개별적 특성이 강한 SNS상에서, 혹은 일상적으로 사용하는 SNS를 통한 정치적 참여에 대한 부분이 이 연구의 관심사이다. 또한 정치에 대한 관심이라는 '취향'을 공유한 이들에 대한 연구가 아니라, 과거 '촛불 소녀'라고 규모적으로 명명되던 이들 세대적 특성을 공유한 평범한 대학생과의 만남을 통해 이들의 SNS를 통한 정치적 관여가 이 연구의 연구 대상이 된다.

이 글은 객관화된 통계 자료나 SNS상에 올라오는 재현된 언어의 분석에서 발견하기 어려운 실제 20대 여성들의 삶의 모습에 심층적으로 다가가 SNS 환경에서 이들이 경험하는 다층적 결들의 정치 · 사회적 의미들을 살펴보려 한다. 더욱이 SNS를 이용하며 정치적 사건들과 만나고, 이 경험이 정치적 관여로까지 나아가는 과정을 정치적 관심 정도가 다양한 '일반' 여대생들과의 만남을 통해 이해한다는 것은 좀 더 정치적 실천의 다양한 층위를 다각도에서 고민할 계기를 열어줄 수 있다. 더해서 이 글은 2008년 이후 지속적으로 관심을 받았던 '촛불 소녀'의 오늘의 모습을 통해 그들이 보여주었던 정치 참여의 가능성과 한계 역시 살펴보는 기회가 될 것이다.

20대 여대생과의 만남과 인터뷰

이 글을 위해 연구자들이 선택한 방법은 심층 인터뷰이다. 이 글이 SNS

상에서의 활발한 정치 담론 및 참여가 현실을 직접적으로 보여주는 것이 아니라는 지점에서 출발했기에 SNS를 이용하는 주체들과의 직접적인 만남을 통해 의도적 · 비의도적인 '생략'이나 즉각적인 반응을 관찰할 필요가 있었다. 따라서 우리는 인터뷰 참여자를 찾아가는 과정에서부터 주의를 기울였다.

현재 젊은 여성층이 가장 많이 이용하고 있는 SNS는 '페이스북'이기 때문에 연구 대상을 페이스북을 사용하는 20대 젊은 층으로 제한할 수도 있었으나, 페이스북이 '관계맺기'에 초점이 맞춰져 있다는 점에서 이 글의 목적에 완전히 부합하지 않았다. 따라서 정치적인 소통이나 담론이 그 전달 범위의 '확장성'이라는 특징과 함께 활발하게 이뤄지고 있는 트위터를 동시에 이용하고 있는 대학생을 만나기 위해 노력했다.

그런데 연구 참여자를 찾고 만나는 과정이 순탄하지만은 않았다. 초기 연구자 또는 연구자의 지인들의 도움을 받아 지역과 관계없이 '페이스북' 또는 '트위터'를 이용하여 정치적 사안들을 수용하는 여학생, 특히 댓글이나 리트윗 등을 통해 '정치적 의사'를 표현한 적이 있는 여학생을 우선적으로 모집하는 것을 시도했다. 그러나 몇 번의 실패를 겪은 이후 '정치적 의사'라는 전제 없이 모집했고, 첫 인터뷰 시작 이후에는 스노볼 방식도 적극적으로 이용했다. 이러한 절차를 거쳐 서울(근교) 여대생 11명을 인터뷰했다.[3] 11명의 인터뷰 참여자 중 3명은 집회 참여 및 선거 아르바이트 등 정치적 활동 경험을 가지고 있었으며, 인터넷 등을 통해 지속적으로 정치적 관여를 하고 있는 참여자는 3명이었다. 정치적 성향은 11명 중 8명이 인터뷰 대화 중에 상대적으로 분명하게 드러나거나 스스로 명

3 여자 대학원생 1명이 포함되어 있는데, 그녀는 여러 SNS를 적극적으로 사용한 경험을 가지고 있을 뿐만 아니라 대학 이후의 자신의 진로를 이미 결정했다는 점에서 대학생과의 환경적 요인 비교에 도움이 되어 포함했다.

확히 자신의 정치적 성향을 밝히고 있으며, 3명은 '중립적'으로 자신을 위치짓기도 했으며, 정치적 성향이 크게 드러나지도 않았다. 그리고 11명 중 9명은 중·고등학교 시절 촛불집회에 직접 참여하거나 주위 친구들이 참여하는 것을 목격했다.

〈표 〉 인터뷰 참여자 기본 정보

	구분	나이	직업	전공	지역(학교/집)[4]	SNS 사용 정도
참여자 1	A	24	대학생	영문학	서울/서울	상(트위터, 페이스북)
참여자 2	B	24	대학생	영문학	서울/서울	상(트위터, 페이스북)
참여자 3	C	24	대학생	언론학	서울/경기	상(트위터, 페이스북, 블로그, 미투데이)
참여자 4	D	24	대학생	디지털콘텐츠	경기/서울	상(트위터, 페이스북)
참여자 5	E	24	대학생	국문학과	서울/서울	상(트위터, 페이스북)
참여자 6	F	22	대학생	영문학과	서울/서울	상(페이스북, 블로그)
참여자 7	G	21	대학생	영문학과	서울/호서	상(트위터, 페이스북, 미투데이)
참여자 8	H	21	대학생	영어학과	서울/호서	중(페이스북, 싸이월드)
참여자 9	I	23	대학생	신문방송학과	서울/서울	하(트위터, 페이스북, 싸이월드)
참여자 10	J	25	대학생	중국어학과	서울/영남	중(트위터, 페이스북, 블로그)
참여자 11	K	28	대학원생	도시계획과	서울/호남	상(트위터, 페이스북, 싸이월드, 인스타그램)

인터뷰는 일대일 심층 인터뷰를 기본으로 했지만 좀 더 편안한 분위기 조성에 도움이 될 것으로 판단되는 경우, 즉 인터뷰 참여자들이 서로 지

4 정치적 성향은 태어나 자란 곳의 영향도 간과할 수 없다. 따라서 대학 이전에 자라난 지역을 명시했다.

인인 경우는 그룹으로 묶어 진행했다. 그룹 인터뷰는 연구 참여자들 사이에서 이뤄지는 친근한 대화 안에서 더욱 풍부한 언어 사용과 경험을 담아내는 데 도움이 되었다. 인터뷰는 조용한 카페에서 1시간 30분 이상 진행되었고, 반구조화된 질문지는 준비했으나 연구자가 일방적으로 질문하기보다는 자유로운 분위기에서 대화 형식이 유지되도록 노력했다. 대부분의 인터뷰 참여자들은 30여 분의 다소 어색한 순간이 지난 이후, 대화 주제에 따라 정도의 차이는 있었지만, 비교적 자신의 의사 표현에 적극적인 면모를 보여주었다. 연구자는 인터뷰 도중 인터뷰 참여자의 침묵이나 표정과 같은 비언어 커뮤니케이션에 주의하며, 이를 따로 기록했다.

녹취된 인터뷰 자료, 인터뷰 참여자를 찾아가는 과정, 인터뷰 참여자의 비언어적 커뮤니케이션 등이 분석에 포함되었다. 인터뷰 참여자의 기본적 인적 사항은 〈표 1〉과 같다.

유행하는 정치 담론의 소비

인터뷰 참여자들은 정치에 대한 관심 여부와는 관계없이 정치적으로 '유행했던 사건'이나 담론들을 어느 정도 인지하고 있었다. 정치에 대한 관심이 높은 경우에는 지속적으로 관련 정보를 업데이트하는 데 SNS를 활용하지만(3명의 인터뷰 참여자), '특별히' 깊은 관심이 없는 인터뷰 참여자들은 이러한 정보를 사안에 따라 관심을 가진다. 이는 SNS의 특징과 관련 있다. D는 트위터를 사용하여 취미를 공유하는 사람들과 대화하는 과정에서 정치적 사건에 개입해 본 경험이 있으며, H 역시 '관계망'에 있는 사람들의 관심 때문에 정치적 이야기를 받아보게 된다.

그리고 대부분의 인터뷰 참여자들은 정보 획득 차원에서 정치에 대한 관심 여부와 상관없이 SNS에서 유행하는 정치 뉴스나 트윗을 받아본다. 인터뷰 참여자 대부분이 진중권, 이외수와 같은 파워 트위터리언을 팔로우하고 있거나 팔로우한 경험을 가지고 있었다. 그리고 정치 · 사회적인 사건들을 소비하기 쉬운 형태로, 피상적인 뉴스의 제목이나 소제 위주로, 즉 '힐끔 보기' 혹은 '넘겨 보기'로 인지하고 있었다. 이는 이들이 비록 자신과 정치 · 사회적 의견이 같지 않거나 정치적 사안에 큰 관심이 없어도 '한번쯤은' 이들이 트윗으로 정치 · 사회적 견해나 구체적인 담론의 지형과 접해 본 경험이 있음을 보여준다. 이러한 경험은 '우연적' 계기를 만들 수 있는 잠재성을 가진다는 점에서 중요하다.

이러한 담론에 '즐거움'이라는 인상적인 계기가 더해질 때, 좀 더 '열광적'이 되어 흥밋거리로서의 정치 담론이나 오피니언 리더에 대한 팬덤 현상으로 이어지기도 한다. '즐거움'은 유명인과의 상호 교류의 흔적, 정보 습득에 추가된 오락성 등이 나타나고 있다. A, B는 정치적 성향이 분명하기도 하지만, 이들을 열광시킨 것은 '나꼼수'의 '재미있고 쉬운' 정보 제공 방식에 매료되었기 때문이다. 그래서 이들은 '나꼼수' 멤버들의 책을 사서 읽거나, 이들이 주최하는 콘서트를 찾아다니기도 한다. 정치적 담론이 파워 트위터리언들에 집중되는 현상이나, 유행성 정치 담론의 소비, 그리고 정치적 조직이나 인물에 대한 팬덤 현상은 SNS의 '네트워크 포퓰리즘'적 성향을 보여준다(백욱인, 2012).

A : 박원순이 절 팔로우한 거예요. 저도 박원순을 팔로우했었는데 그 사람은 팔로어가 수백 명 있잖아요. 박원순이 나를 팔로우했다는 그걸 딱 보는데 ……(중략)……그리고 얼마 전에 되게 신났을 때가 여기서 김정숙 여사님 팔로우를 했는데 그 다음날 바로 맞팔이 들어온 거예요. 수많은 맞팔로우 해주신 사람들 중에 하난데 너무 신나는 거예요.

B : ……제가 (나꼼수를) 들었을 때 20회였나? 20회부터 들었을 때 재미있어가지고 1회부터 다시 다운받고 들었는데……(중략)……이게 재밌기도 하고 나름 정보도 많고, 그리고 정보가 되게 허황된게 아니라 기자들이 직접 가가지고 막 녹취도 따오고 이러는 거라서 나름 막 믿는 거는 아니라도 어느 정도 신빙성은 있는 거구나 하면서 되게 이거에 맹신하지는 않더라도 어떤 사건을 봤을 때 내가 잘 해석을 못하겠으면 이거를 참고해서 하거나 그러면서도 재밌으니까 저는 계속 꾸준히…….

하지만 이러한 '네트워크 포퓰리즘'은 그 열광만큼이나 빠르게 냉정해지는 경향이 있어서, 이들의 정치 담론 소비는 대체로 장기간 지속되지 않는다. 정치 담론 또는 정치적 인물들을 언팔로우('언팔'), 보이지 않게 하는 것(페이스북의 '보이지 않기') 역시 순식간에 이뤄진다. 정치 · 사회 담론은 흥밋거리가 되었다가 중요 정보에서는 쉽게 제외된다. 그 이유는 SNS를 사용하는 일상 안에서 몇 가지로 나타난다. 첫째, 지나치게 '폭트(폭풍 트윗)'하는 경우이다. 정치적 사건 이외에도 학업 및 취업과 관련된 수많은 정보를 받아보고 있는 이들에게 거의 실시간으로 정치 · 사회적 의견을 제기하는 진중권, 이외수, 공지영과 같은 파워 트위터리언들은 '쉽게' 정리의 대상이 된다(F, I, J). 당장 필요한 정보가 아닐 때, 자신이 원하는 정보 트윗이 가려지는 것이 정리의 원인이기도 하며, 빈번하게 노출되는 의견에서 '신선함'을 느끼지 못하기 때문이기도 하다. 이러한 경향은 '정치적' 사건에 거리를 두고 있는 인터뷰 참여자들에게 모두 나타났으며, 소위 '진보적' 성향이 분명하다고 스스로 밝히고 있는 인터뷰 참여자들에게서도 나타났다. 두 번째로 정치 담론 소비를 그만두는 경우는 '재미'와 '팬심'이 정치적 관심에서 중요하게 작용하는 사람들에게서 주로 나타난다. 이들은 '재미'를 반감시킬 정도로 정치적인 성향을 지나치게 '강제'한다는 느낌을 받거나, '팬심'을 저해할 만큼 특정 사안에서 자신과 의견이 상이할 때는 거의 즉각적으로 관심을 끊는다(A, B, H, I). 호기심과 재미로 받아보던 정치 관련 정보는 이들이 사라짐과 동시에 관심도 사라지는 것이다. 세 번째는 발화의 방식과 관련 있다. 사람에 대한 무례함이 지나치거나, 타인에 대한 배려심이 없다는 생각이 들면 아무리 좋은 정보를 전달할지라도 관심에서 멀어진다(K, F, J). 정치에 대한 성향을 서로 다른 성향의 지인들이 메시지를 받아본다는 배려 없이 '거칠게' 드러내는 것은 '이해할 수 없는' 행동이며(F, J), '멍청한 사람에 대한 경멸'을 담고 있는 언어들이 '짜증스럽기'도 하다(K). 마지막으로 시사, 정치라는 '무거운' 주제에 대한 피곤함이다. 정치가 삶에서 중요하다는 것은 인지하고 있지만, 지속되는 '무거운' 이야기들은 이들에게 휴지기를 요구한다(I, D). 정치에 지속적으로 관심을 가지고 있는 세 명의 참여자 이외에 나머지 인터뷰 참여자들은 2012년 대선이 지난 시점에는 '좀 가볍게 살고 싶다'는 생각에 정치와 관련한 많은 트위터 계정을 언팔하거나 트위터 계정 사용을 대폭 줄이고 있는 것으로 나타났다.

H : 중학교 선생님이랑 페북 친구였는데, 그 선생님이 완전 '좌'적인 성향이었어요. 너무 급진적이니까 약간 부담스럽고 너무 헛된 루머들로 누구는 이랬다 그러면서 정부에서 잘못한 거고 사실 아닌 루머로 그러니까 약간 부담스러워서 보지 않기로 했어요.

I : 김어준 씨, 그 다음에 뉴스. 그리고 진중권 씨도 사실 좀 이해 안 되는 부분이 있고, 보고 있으면 너무 정치적인 애기만 해서 요즘엔 좀 가볍게 살고 싶다 생각을 해서.

F : 저 같은 경우에는 아는 선생님이 계시는데. 나꼼수 현상 그 자체에 대해서 그 선생님이랑 이야기한 적이 있는데. 처음에는 긍정적으로 봤는데 그게 기득권층의 비리를 폭로하는 그런 거였잖아요. 나꼼수 콘서트에 갔었어요. 거기 사람들이 자기들이 기득권층에 대항하는 그런 사람이라는……뭐라 해야 하나……오만해요. 그런 느낌을 받았어요……(중략)……현재도 거부감이 드는데 정봉주 의원 있잖아요. 정봉주 위원이 약간 운동권이어서 그런지 모르겠지만, 안철수가 노원병에 출마한다. 또 그걸 완전 깠더라구요. 너무 강한 것 같아요.

K : 꼭 대선 때는 아니고요. 재미로. 멍청한 정치인들. 뭐……그리고……예전에 최근까지 조갑제 팔로잉했다가 너무 웃겨가지고 팔로잉했다고 그냥 재미없어가지고 언팔했고요. 그리고 요즘 재미있는 건 역시 고정석이랑……(재미있어요?) 고정석 웃기잖아요. 허지웅이라고 영화평론가, 이런 사람들 트윗이 재미있는 것 같아요……(중략)……진중권은……진중권도 (언팔한 게) 좀 비슷해요. 좀 찌질이 짓도 많이 하고 할 이야기도 많이 하고 문제는 자기 까는 사람을 무시할 때도 됐는데 거기에 일일이 아직도 반응을 하고……(중략)……성격이 기본적으로 좀 약간 생각 없고 멍청한 사람에 대한 경멸이 있는 사람이예요. 그 사람은……완전 겸손하고 그건 아니잖아요. 기본적으로 누군가에 대해서 경멸을 드러내는 그런 부분?

지속되지 않는 정치 담론 소비는 좀 더 성찰적이거나 깊이 있는 관심으로 전환하는 데는 한계가 있는 것으로 보인다. 예를 들어, '나는 꼼수다(이하 나꼼수)'와 관련한 사건들에 대한 이들의 답변은 피상적이거나 '특정' 사건에만 제한되어 있었으며, 덜 왜곡되거나 편향된 정보만을 받아들이는 특징이 있었다. '나꼼수'에 대한 질문에 3명을 제외하고 모두 직접

청취하지 않았지만, 대부분이 이들과 관련한 사건을 대체로 알고 있다고 생각하고 있었다. 그러나 실제 이들이 인터뷰 과정에서 말하는 '알고 있는' 사실과 의견은 실제 사실보다는 SNS를 포함한 인터넷에 떠돌아다니는 '추측성 가십'과 유사한 경향이 있었다. '나꼼수'는 음모론의 중심에 있는 그 무엇으로 여겨지기도 한다. 가령 H는 '비키니 사건'의 경위를 실제의 담론과는 반대로 인식하며 '나꼼수'를 비난했다. C는 기사의 제목들로 사건을 구성하는데, 이는 B의 판단의 근거가 되기도 한다. B는 '나꼼수'를 처음부터 지속적으로 청취했는데 주변에서 일어나는 '나꼼수'와 관련된 수많은 담론이 실제로는 이들을 청취하지 않고 단지 구성된 이야기들로만 이뤄지는 경우가 많다고 지적한다.

> B : 자극적인 것만 듣거든요. 안 들어 본 사람들이 그런 얘기를 해요. 그냥 걔네들을 욕하거나 대놓고 비판하거나 이런 부분들만 잘라서 이거 재미있다고 올라오는 게시글만을 보는 사람들.

> C : 그것 때문에 저는 안 보는 것 같아요. 나는 그런 뉴스 나꼼수 자체는 그렇게 관심을 두지 않고 약간 부정적인 시선이 있었기 때문에 뉴스를 자세히 찾아보지는 않았지만 큰 뉴스들 제목들을 보곤 하니까 어느 정도 들어오긴 들어오는데, 비키니……그런 식으로 응원을 한다거나 선거 독려하는 게 이해가 안 가는 게 자기가 만약 연예인이거나 그러면 제가 비키니 입겠습니다. 우와 그러고 하는 건데 그냥 일반인이 제가 비키니 입겠습니다. 그럼……누가 까고 왜 봐야 하는 건지 이해할 수가 없는 거예요.

SNS의 정치 담론을 소비하는 인터뷰 참여자들의 모습은 SNS 기술이 가지는 정치적 도구로서의 긍정적 가능성만큼이나 부정적인 일면도 반영하고 있다. SNS가 담론의 생산을 일반인들로 확장시키면서 '우연적' 만남과 계기를 열어놓은 것은 확실하며, 일시적이고 빠르게 변하는 유행성 정치 담론 소비를 증가시켰다. 이러한 정치 담론 소비 방식은 '일시적'이며, '피상적'으로 수용하게 되는 특징을 가지고 있었다. 이처럼 다량의 정보 제공과 허락되지 않는 '느림'과 성찰의 시간들은 이들이 처한 정치·사회적 환경과 무관하지 않은 것으로 보인다.

'정치적 이미지'에 대한 거부와 경계

앞서 밝혔듯, 인터뷰 참여자를 찾을 때 가장 문제가 되었던 부분은 정치 담론에서의 활동 경험의 유무였다. 정치·사회적 이슈를 이야기하는 파워 트위터리언이나 정치인들의 팔로우 경험이 있는 20대 여대생을 찾는 것이 쉽지 않았다. 왜냐하면 대다수의 학생이 마치 이러한 경험이 전혀 없는 것처럼 행동했기 때문이다. 따라서 이러한 전제 없이 트위터나 페이스북을 해 본 경험이 있는 사람을 인터뷰하면서, 그 어려움의 원인을 알 수 있었다. 이들은 의식적이건 무의식적이건 자신의 정치·사회적 이슈에 대한 판단과 의견을 드러내는 것을 거부하거나 자신의 경험을 '정치적'으로 해석하는 것을 경계하는 경향이 있었다.

인터뷰를 시작하면서 11명 중 8명은 정치나 사회적 문제에 크게 관심이 없다고 응답했으며, 이들 대부분이 정치인이나 소셜테이너들을 팔로잉하지 않는다는 응답했다. 그런데 인터뷰를 진행하며 발견한 것은 그들이 이야기한 것과는 달리 앞서 부정했던 참여자들의 반 이상이 특정 정치인이나 소셜테이너들의 의견을 받아보거나 받아본 경험을 가지고 있었다. 또한 인터뷰 참여자 모두는 주요 뉴스 사이트를 통해 지속적으로 정치 · 사회적 이슈들을 받아보고 있었다. 그리고 이때 팔로잉하는 사람들이나 언론은 앞서 살펴보았듯이 개인의 정치적 성향에 따라 선별적인 것만은 아니며, 특별히 주류 언론만을 받아보는 것도 아니다. 그리고 이들은 어떠한 정치 · 사회적 사안에 대해 적극적이거나 강력하게 자신의 의견을 제기하지는 않아도 '소심하게' 의견을 표명하고 있었다. 또한 이들은 SNS를 통해 지인들에게 보여지기를 원하는 모습에서도 정치적이거나 사회적인 중요 이슈에 대해 무색, 무취일 경우가 많았다. 실제로 대선 때 민주당 캠프에서 활동한 경험이 있는 이들조차도(D, G), 페이스북에서는 현실 정치에 대해 의견을 나타내지 않는다고 대답했다. 이러한 모습은 이들이 보이고 싶은 모습과 실제 모습에는 다소 차이의 간극이 있음을 짐작하게 했다.

'정치'에 대한 관심이나, 자신의 성향을 드러내지 않으려는 것은 이들이 자신의 정치적 성향을 SNS상에 드러내는 것을 위험하다고 인식하거나, 정치적 영역을 거부하거나, '무거운' 공간으로 인식하는 경향과 관련 있다. 그리고 그 경향이 직접적으로 드러나는 이유는 세 가지 정도로 나눠 볼 수 있다.

먼저 이들이 알고 있는 지식이 그리 깊지 않다고 스스로 인식하고 있기 때문이다. 어떠한 정치적 사건에 대한 질문에 이들은 자신의 의사를 밝히기에 앞서 '잘은 모르지만', '그냥 뉴스 제목만 봐서', '정확한지는 모르겠고'와 같은 자기 변명적 언어를 구사하거나 '인 것 같아요', '그렇던가요?'와 같은 추측과 확인의 언어를 덧붙였다. 이러한 언어 구사는 이들이 자신의 의견을 표명하는 데 방어적이라는 것을 보여주며, 다른 한편으로 수많은 정보의 홍수 속에서 끊임없이 이어지는 정보의 습득이 실제로 지식의 피상적 수준에 머물 수밖에 없기 때문이다.

두 번째로는 현실 세계에서건 온라인 세계에서건 이들은 자신의 의견 표명에 대해 거칠거나 극단적인 반응을 직·간접적으로 경험했다. SNS에 올라오는 수많은 선동적 기사는 이념적 화해나 토론보다는 극단적 모습으로 비쳐지는가 하면, 비교적 자유롭게 '진보적' 가치를 지향했더라도 현실에서 '극단적' 평가에 접하게 되는 경험은 행동을 주저하게 만든다. G의 경우 자유롭게 자신의 정치적 의사를 표명하다가 대학 선배의 '빨갱이'라는 농담에 자신의 성향을 드러내는 것이 실수라고 생각하게 된다. 따라서 현실 세계와 온라인 세계를 일치시켜 정치적 성향을 분명하게 드러낸다는 것은 '쌈꾼'이라는 평가를 감수하거나(A), 용기를 내거나 적정한 수준에서만 할 수 있는 일이다(B).

> A : ……(정치적 의사 표명) 저는 원래 남의 반응은 전혀 상관 안 하는 편이고, 남자애들 중에도 막상 소심한 애들이 있어요. 그런 애들은 저랑 얘기하는 것도 약간 무서워해요.

> B : (의사 표명에 부담감) 그 생각을 안 하는 건 아니에요. 생각을 하긴 하는데. 제 의사를 이만큼 개진하는 것도 아니고 조금 개진하는데 이것도 못하고 싶지는 않아요. 그게 주가 아니고 다른 얘기 많이 하다가 댓글 정도 다는 수준은 뭐…….

마지막으로 표현의 자유가 허용되지 않는 사회 분위기와 관련 있다. 더욱이 최근 몇 년간 개인의 표현의 자유나 인터넷의 의견 표명을 통제하는 일련의 사건들(정치 패러디에 대한 통제, 미네르바 사건, 선거 투표 인증 샷에 대한 논쟁, 소셜테이너들에게 가해지는 정치적 압박 등)에 대한 이들의 목격은 페이스북과 트위터 공간을 자유롭지 않은 또 다른 자기 표현의 억압 공간이거나 사회적 공간으로 인지하게 한다. SNS 공간이 '가상 공간'과 같이 자유로운 상상의 투명한 곳이 아니라, 오히려 감시와 통제의 시선에 더욱 적나라하게 드러나는 억압 공간으로 인식되고 있는 것이다. 더욱이 이러한 사건들이 정치적 행동과 관련한 사례가 많을수록 정치적 의사 표명은 '위험한' 행동으로 인식된다. 정치적 성향이나 정치적 의사를 분명하게 표명하는 여부와 관계없이, 인터뷰 참여자들은 가시적 또는 비가시적으로 이러한 두려움을 대부분 가지고 있었다. 이들에게 가장 두려운 SNS의 특성은 '언제까지나' 저장되는 '기록성'과 누구나 접근 가능하다거나 '공유하기'를 통해 익명의 사람에게 연결되는 네트워크의 '확장성'이다.

F ; 그게 어떻게 보면 모바일 SNS가 만들어 놓은 거 같아요. 페이스북 이런 게 만들어 놓은 것 같아요. 그래도 옛날에는 그렇게 예를 들어 제가 이야기를 하면 말로서 끝나잖아요. 글로 남는 게 아니잖아요. 페이스북 이런 데는 다 기록이 남고. 2010년 때 제가 뭘 했는지도 지금 다 알 수 있잖아요. 그렇기 때문에 상대방 남의 시선을 신경 쓸 수밖에 없는 것 같아요.

I ; 저도 좀 너무 제 성향이 심하게 드러나는 건 꺼리게 되요. 너무 나를 노출시킨다거나 사진도 처음에는 얼굴 자체를 올리는 게 좀 그랬어요. 나는 내 거에 올리는 거지만 불특정 다수가 볼 수 있는 거잖아요. 오픈되어 있으니까, 어쩌다 보면 건너 건너 저를 아는 사람들한테 노출될 수 있으니까……좀 꺼렸죠. (생각이란?) 일상적인 얘기들…….

따라서 이들은 SNS에서의 말과 행동을 조심할 수밖에 없다. 이들은 자신의 의견을 표명한 사람들이 '범죄자'가 되거나, 범죄자까지는 아니어도 곧 마주해야 하는 취업에 걸림돌이 될 수 있다는 경고를 받는다(I). 또한 비록 이러한 사건들에 대한 비판적 거리를 유지할지라도 부모와 스승과 같은 어른들의 경고는 다시 한 번 자신의 글과 의사를 표명하는 것을 주저하게 만든다(G, H). 따라서 이들은 굳이 이러한 위험을 감수하면서까지 자신의 성향을 드러내는 것을 원하지 않는다. 그러기에는 감수해야 할 결과가 너무 크기 때문이다.

G : 그러니까 솔직히 그런 걸 표현하는 사람이 드문 것 같은 게 주변의 시선을 의식하는 것도 있고. 섣불리 그런 걸 올렸다가 약간 뭐랄까 낙인찍힌다고 하나요. 쟤는 어떻다 어떤 성향이다 그런 낙인이 찍히니까. 대학생들 보면 진짜 깨어 있는 사람 많은데 진짜 용기 있는 사람 말고는 안 올려요.

H : (정치 · 사회적 의견에 대해) 그냥 혼자 트위터에다가 혼자서 약간 그것도 의식해서 최대한 말을 모나게 하지 않아서……(중략)……그래도 막 뭔가 잡혀 갈까봐. 엄마가 조심 좀 하라고. 혼자서 막 성질나서 이야기하면 엄마가 그러지 좀 말라고. 잡혀간다고 조심하라고. 엄마 아빠가 그러라 그러니까…….

I : ……트위터나 페북 이런데서 하면 이명박 대통령 때는 이상한 말 하면 잡아가고 그랬었다고, 쥐박이라고 했던 사람들이 다 걸렸다고 그런 얘기가 많았어요. 그 다음부터는 되게 조심스러워요. 그런 사람들이 글 올린 걸 트위터 리트윗하는 건 좀 꺼렸었고, 그런 거 남겨놓으면 말이 많으니까……(중략)…… 저는 학교에서 들었었어요. 2학년 때인가. 〈뉴미디어 컬처〉를 배우는데, 제일 첫 시간에 교수님이 말씀하시는 게 어떤 애가 페이스북에 자기 술 마시는 사진 올렸는데 걔가 초등학교 선생님으로 가게 된 거예요. 그러니까 그쪽에서 그 사진을 보고 선생님으로 자질 없다 이러면서 선발을 취소했다

고. 그런 거 보고…… SNS를 많이 다루면서, SNS를 해서 이렇게 남기는 게 피해가 될 수 있다, 이런 걸 학교에서 많이 배우니까. 나중에 어쩌면 피해가 올 수도 있겠구나 이런 생각이 조금 들고. 지금은 그냥 쓰는 글인데 정말 혹시 모르는 거잖아요. 맞다 아니다 …… 정말 어떤 회사에서 절 이렇게 했는데 내가 써놓은 글 하나가 맘에 안 들고 이러면 문제가 될 여지가 있는 건 잘 안 하게 되는 것 같아요.

SNS의 감시/통제적 특성과 자기 관리의 도구적 특성[5]은 이러한 '정치적 이미지'의 거부와 밀접하게 관련되어 있다. SNS의 감시적 특성은 자신을 드러내는 것을 거부하게 만들며, 자신의 정치적 의사를 공공연히 드러내는 것은 이들이 직면한 현실에서 자기 관리에 실패하는 것과 같다. 따라서 이들이 자신의 의견을 표명하기 위해서는 우선적으로 '안전성'이 확보되어야만 한다.

'안전' 확보, 그리고 표현의 범위

인터뷰 참여자들이 자신의 정치적 성향이나 의견을 표현하는 방식은 정치적 관심의 정도와 온 · 오프라인 공간의 성격에 따라서 차이를 나타낸다.

인터뷰 참여자들은 인터넷과 SNS 공간을 분류하여 '보여줄 수 있는' 부

5 대부분의 인터뷰 참여자는 SNS상에서의 친구와 지인, 그리고 심지어 직접 만나지 않은 사람들까지 '관리'하고 있는 모습을 보이고 있다. 이는 특히 '관계망'이 매우 확장되었을 때 좀 더 강화된 모습을 보이고 있다. 또한 인터뷰 참여자들 중 몇몇은 수업 시간 과제의 일환으로 또는 취업에 도움이 된다는 소문에 SNS를 시작하기도 하고, SNS 공간을 사회적 공간으로 인식하며 자신의 이미지를 관리하는 '노련한 사회 네트워커'들의 모습을 보이고 있다. 이는 이들이 능숙하게 자기 관리를 하며 SNS를 도구적/목적적으로 주로 사용하고 있다고 말한다.

분과 '보여줄 수 없는' 부분, '말할 수 있는 사람'과 '말할 수 없는 사람', 사적인 것과 공적인 것의 경계를 지속적으로 구성하고 또 구분한다. 인터뷰 참여자 모두는 자신이 경계짓고 부여한 SNS 사용의 성격에 따라 보여주는 모습을 달리한다. 심지어는 페이스북이라는 하나의 계정에도 서로 다른 아이디를 유동적으로 사용한다(F, K). 이러한 공간의 구분과 경계짓기는 상황과 환경에 따라 유동적으로 움직인다.

E : (트위터는) 친한 사람들이 있긴 한데 이런 걸 보여줘도 괜찮은 사람들이요……. 거기서도 글 쓸 때도 있고. 트위터는 약간 (관계를) 피하고 싶을 때, 페이스북은 (아는 사람들이 많으니) 좀 신중하게 되죠.

F : 그래서 사실 제가 아이디가 두 개 있어요. 친한 친구들끼리 하는 아이디가 80명 정도 있고. 그걸 다 일일이 구분하기가 귀찮아서 퍼블릭한 일은 거기 올리고 제 사적인 견해 그런 건 다른 계정으로 올리고.

K : 다른 건 이해 가요. 그런데 저는 일부러 지금 대학원생이랑 친척이나 아무랑도 페북을 안 맺었거든요. 이유는 그런 거죠. 저는 트위터도 아무도 하는 것도 몰라요. 대학원 사람들은. 이미 이런 거죠. 초기 제가 이 정도 인간관계라면 이런저런 얘기 할 수 있고 이런 사람들 다 만났으니까 지금 이 사람들끼리……삶에……이렇게……제가 막 이렇게 들어오게 하기에는 부딪치는 면이 많아서 애초에 어느 정도 제 프라이빗한 정보 공개를 안 하는 게 좋겠다고 판단을 한 거죠. ……(중략)……페북 같은 경우는 서로 아는 사람 페북이 다 알아서 찾아주고 그래가지고 회사나 교수님이랑 막 친구고 이런 애 굉장히 많거든요. 그런 경우는 정보의 노출 수위를 어느 정도 조정할 수밖에 없잖아요. 페이스북은. 트위터는 완전 익명이고. 페이스북은 네트워크 베

이스고, 네트워크는 자기가 선택적으로 연결할 수가 있잖아요. 다니는 학교라던가 그런 거……근데 저는 페이스북에 제 학교 안 적어 놨거든요.

이렇게 구분된 공간에서 보여지는 이들의 모습은 그들 자신의 모습인 동시에 매우 부분적이고 파편적인 모습이다. 이들은 이해심 많고 부드러운 친구이며 동시에 적극적 실천가가 되기도 한다. 또는 사소한 일상의 이야기를 주고받는 친구이지만 아무도 모르는 공간에서는 전혀 다른 모습의 '나'를 만들어내기도 한다. 그래서 이들에게 필요한 공간은 '제한된' 공간이다. 이들은 아무나 들어오는 것을 허락하지 않는다. 자신을 아는 사람이 아무도 없거나, 허락된 사람들만 존재하거나, 또는 자신을 판단할 수 있는 정보를 일부러 누락시킨 제한된 공간을 만들고 그 안에서 활동한다. 트위터나 페이스북에는 앞서 살펴본 것처럼 정치적 성향을 드러내는 것을 대부분 거부하는 경향이 있으며, 정치적 의사를 표현하거나 정치 담론에 참여한다고 응답한 인터뷰 참여자들도 페이스북이나 트위터보다는 인터넷 카페나 블로그를 선호했다. 이것은 SNS의 '확장성'이 오히려 정치 표현을 위축되게 만들고 있는 건 아닌지 고려해 볼 만한 부분이다.

그럼에도 다양한 계정을 만들거나 각각의 SNS의 특징을 이용하며 이들이 자신의 정치적 의사를 상대적으로 자유롭게 표현하는 경우는 있다. 이를 정리해 보면, 자신이 누구인지 알고 있는 사람이 전혀 없다고 판단되거나(E, B), 오프라인의 연장선으로 아주 친한 관계로 어떤 말을 해도 서로 이해가 가능하거나(J), 이해 관계로 얽히지 않으면서 정치적 성향이 같은 사람들의 모임이거나(K), 자신의 의견을 통제할 어른(스승, 부모)이 관계망에 없다고 판단이 될 경우이다(A). 이렇게 '안전'이 확보된 공간에서는 자유롭게 자신의 생각과 의사를 밝히고 논쟁하기도 한다. '안전성'

에 대한 방어 심리는 상대적으로 자유롭게 자신의 정치적 의식과 성향을 드러내고 있는 인터뷰 참여자에게도 나타났다. A는 자신을 판단·통제할 수 있는 권한을 가지고 있는 사람과 친구를 맺으면서 사용 언어 및 의견에 주의를 기울이기 시작했고, K는 자신의 정치적 소신이나 의견이 '비주류'로 오인될 만한 환경이 아니었음을 분명히 밝히고 있다.

> A : 그리고 페이스북도 되게 많이 했었는데, 어느 날은 그 언론학과의 ○○○ 교수님이라고 있어요. 그분이 저한테 친구 신청을 한 거예요. 교수님이 친구 신청을 했는데 안 받을 수가 없잖아요. 받았는데 그때부터 페이스북에 욕도 못 쓰겠고 은어도 못 쓰겠고, 그분이 제게 뉴스 문장 실습을 가르치셨어요. 띄어쓰기 하는 것도 되게 신경이 쓰이는 거예요. 누가 보느냐를 되게 신경쓰게 돼요.

> K : 저는 정치적 의견을 밝히는 거는 별로 부담이 없어요. (페북 친구들이 친한 친구들이라서?) 아무래도 그런 게 좀 있겠죠. 근데 이때까지 한 번도 제가 대학원 오기 전까지 제 정치적 의사를 숨겨야 되는 상황에 처한 적이 없어요. 잠깐 회사 다닐 때도 그랬고, 인턴 할 때도 그랬고 한 번도 제 의견이 마이너인 적이 없어요.

이러한 '안전' 확보에 대한 의식적·무의식적 경계는 현실 공간에서도 나타난다. 정치적 의견을 드러내는 것은 충돌과 마찰로 이어질 수 있기 때문에 대부분의 인터뷰 참여자는 친구들과의 정치적 논쟁을 피하는 경향이 있다. 이들이 정치 성향을 드러내는 경우는 우연히 의견이 같은 친구를 발견했을 경우이다.

F : 서로 한창 대선 할 때 저는 (정치적 성향을) 안 드러냈다고 했잖아요. 친구들이랑 밥을 먹으러 가는데 저희 학교 앞에 박근혜 현수막이 붙고 그 아래 문재인이 붙었어요. 반값 등록금 이런 것도 붙고. 그런데 친구가 진짜 박근혜가 되면 어떻게 하냐 그러는 거예요. 그래서 문재인 지지하고 있었어? 그랬더니 자기는 문재인을 지지하는지는 모르겠지만 박근혜는 자기는 싫대요. 그래서 토론도 보고. 뭐 속으로는 똑똑할진 모르겠지만 말도 못하면서 대통령하려나 그런 생각을 하고 있더라구요.

다른 한편, 정치적 이미지에 대한 부담감은 현실 공간에서는 '합리성'이라는 언어와 함께 '중도 성향'의 선호로 나타나는 경향이 있다. 자신이 사회적 시선에서 한쪽으로 기울어져 있다는 경험을 하게 될 때, 또는 자신의 정치적 성향과는 다른 시선을 만날 때, 이들은 실제 자신의 성향을 고치려 노력하거나 또는 '합리적 중간 영역'이라는 '안전한' 위치에 자신을 위치시키려 했다. 이러한 '합리적 중간 영역'은 다양한 색깔의 정치 담론들의 빠른 수용이 개인의 신념, 가치관, '옳은 것'에 대한 판단을 지연시키는 것과도 관계할 것이다. 인터뷰 과정 중 '보수적 시각'을 강하게 보이던 H는 스스로를 '중도 우파'로 표현하는가 하면, J를 비롯한 다수의 인터뷰 참여자는 정치의 중간 영역을 찾으려 하고 있었다.

J : (트위터의 정치적 힘은?) 확실히 효과는 있는 것 같은데, 자기들을 PR하는, 정치인들이……(중략)……저는 일부러 더 안 했어요. 색깔을 가지고 싶지 않아서……근데 또 제가 이외수 선생님을 보는데 너무 정치색이 많으셔서 이제 전 일부러 안 보려고 노력을 했어요.

G : 좀 편파적이어서 그걸 좀 고치려고 노력은 하고 있지만…….

H : 저는 막 중도 우파이긴 한데, 성향으로 봤을 때. 딱히 진보를 싫어하는 것도 아니고 보수를 싫어하는 것도 아니고. 약간 저는 지금 나이에 정치적 성향이 확고한 것에 대해서 반대하는 편이라. 최대한 고루고루 보려고 하는 편이에요.

이들은 '중간 영역'에서 상충되어 모순을 일으킬 수 있는 다종의 정보를 지속해서 받아본다. 그런데 걸러지지 않은 수많은 트윗과 언론 기사들은 지나치게 자극적이거나 선정적인 경우가 많고, 결과적으로 수용자는 정치적 관여에 거리를 두게 된다. 또한 '숙고'의 과정이 생략된 채, 빠른 시간에 동시적으로 수용되는 서로 결이 다른 논리적 기사나 트윗들 역시 판단을 지연시키며 정치적 관여를 방해한다. 우리의 삶과 직접적으로 맞닿아 있지만 그 모습을 잘 드러내지 않는 '정치 의식'은 여전히 주위를 부유하기만 하는 경향이 있다.

하지만 이들은 여전히 무언가를 시도하고 있다. 비록 '안전' 영역의 확보를 우선시하고, 여전히 정치적 판단을 어려워하지만, 이들은 옳다고 생각하거나 또는 옳은 것이 무엇인지를 알기 위해 행동한다. 이는 SNS를 벗어나 현실 공간에서 이뤄지는 사례가 있다. 비록 서툴고 부담은 되지만 정치적인 옳은 판단이 필요하다고 느끼기에 주위 친구들에게 '부드럽게' 공감할 수 있는 대화로 정치적 관심을 표현해 보거나, 좀 더 적극적으로는 각종 정보를 접하며 직접 대선 캠프와 같은 다양한 정치적 활동에 참여해 보기도 한다(F, G). 그리고 이러한 이들의 실천은 지나치게 억압적인 환경에 정면으로 맞서기보다는 그 안에서 나타나는 무의식적 위기 의식의 발현으로 볼 수도 있을 것이다.

영리한 SNS 사용을 넘어서

20대 젊은 여대생들은 정치적 성향 및 관심과는 상관없이 유행하는 소셜테이너를 팔로우하거나 정치 뉴스를 받아보며 다양한 정치 담론을 수용하는 경향이 있었다. 하지만 지나치게 많은 정보 수용, 정보의 전달 방식 등으로 정치 담론에 대한 관심은 지속되지 않았다. 또한 이들은 자신이 '정치적'으로 비춰지는 것을 경계하며 자신의 정치적 성향 및 의견을 SNS상에 자유롭게 올리지 않았다. 이는 인터넷의 표현의 자유를 제한하는 여러 규율적 강제, 즉 범죄자가 되거나 취업에 대한 불이익과 관계되어 있었다. 따라서 이들은 자신의 '안전'을 확보할 공간을 끊임없이 구획하면서 정치적 의사를 표현하거나 '합리적' 중간 영역을 선호하는 것으로 나타났다. 이러한 연구 결과를 토대로 20대 여대생의 SNS 사용이 정치적 관여로 이어줄 수 있는 가능성을 고려해 보며 글을 마무리하고자 한다.

SNS의 정치적 가능성은 정보 생산 주체가 '평등화'되었다는 것이다. SNS에서는 누구나 손쉽게 다양한 계층 · 직업 · 신분의 사람들의 의견을 마주할 수 있고, 또 설득의 방식은 '권위'에서 발생하기보다는 '친밀감'이나 '평등'적 관계에서 발생하는 경향이 있다. 이에 더해 때로는 익명의 사람으로부터 생소한 의견이나 견해를 접할 수 있다는 점은 SNS가 '우연적' 계기를 만들어 동일한 관심이나 경험의 사람들을 결속시키는 정치적 참여의 가능성을 지니고 있다는 것을 보여준다. 수없이 많은 정보를 트위터나 페이스북을 통해 받아보는 20대 젊은 주체들은 이러한 '우연적' 계기의 가능성을 항상 열어놓고 있는 것이다. 그리고 이러한 정치 참여의 '우연적' 계기는 한 시대의 억압적 경험이나 사회적 우려가 공유되는 지점에서 결집력을 가질 수 있다는 것을 '촛불 소녀'는 보여주었다(이동후, 2009). 이는 다시 말하면 SNS가 정치적으로 비동기화된 사람들을 참여하게 하는 시발점이 될 수 있다는 것을 보여준다.

이렇게 보았을 때, '우연적' 계기는 중요하다. 그리고 이러한 우연적 계기가 정치 관여로 이어지는 데는 무엇보다 다양한 수준과 관심의 사람들에 의해 정치 담론이 활성화되거나, '새로운' 인식의 지평으로 전환될 수 있는 상상적 영역이 SNS에서 활성화되는 것이 필요하다. 그러나 연구 결과는 SNS에서 '우연적' 계기의 정치적 가능성은 그리 크지 않다는 것을 보여준다. 그리고 그 이유는 크게 두 가지로 요약될 수 있다.

첫째는 '우연적' 계기에 의해 발생한 정치에 대한 관심을 지속시키는 힘이 부족하기 때문이다. SNS를 통한 정치적 사건이나 담론에 대한 관심은 정치적 참여를 증가시키나(Holt et al., 2013), 그 관심이 지속되지 않는 이유는 앞서 논의되었던 이들이 정치적 정보 수용을 멈추거나 트윗 계정을 줄이는 이유에서 어느 정도는 짐작할 수 있다. '독선적'이거나 '강압적'인 방식, 타인을 배려하지 않는 정치 언어의 발화 방식들, 즉 지나치게 '딱딱한' 우리의 정치 영역이 여전히 억압적이고 강제적이라는 것을 보여준다. 정치 영역에서의 배려와 감성의 부족은 거부감과 피로감으로 다가오게 되고 지속의 힘을 잃어버렸다. 이는 적극적 실천의 영역에 대한 다수의 연구가 감성 정치를 이야기하는 이유이기도 하다(김예란, 2010; 이기형 · 이영주, 2012). 그리고 신자유주의 시대에 언제나 탈락할 수 있다는 위험이 일반화되고 일상화되어 있는 가운데 젊은 대학생들은 우울증에 빠지거나 자기 계발에만 몰두할 수밖에 없는 환경에 놓여 있다(전상진, 2009). 경쟁의 시대를 살아가는 이들에게 '숙고'의 시간은 주어지지 않으며, 단지 끊임없이 제공되는 피상적 수준의 정치 정보 습득에 머물거나 지금 당장 중요한 사건 및 사안에 밀려 정치 담론에 대한 관여는 무한정 지연된다.

둘째는 20대의 젊은 층이 SNS를 감시와 통제의 공간으로 인식하면서,

또 다른 정치적 생산 및 확장으로의 연결이 이뤄지고 있지 않기 때문이다. 새로운 미디어의 정치적 '잠재성'은 개개인의 생산성을 얼마나 열 수 있는지의 유무에 달렸으며, 이것은 다양한 차원의 '우연적' 계기를 만들어내는 공간의 확장과 관계한다. 강압적인 사회적 이데올로기에 의해 억압된 '자기 자신'은 자유롭지 않은 존재이며 이때 필요한 것은 '상상 영역'이다(이택광, 2012). '상상 영역'은 주체가 자기 결정의 자유를 미리 상상해 볼 수 있는 곳인데, 한국 사회에서 인터넷이 이러한 상상 영역의 역할을 해온 것으로 평가받아 왔다. 그런데 억압적 현실 공간에서 벗어나 자유로운 자신을 경험하는 상상 영역은 적어도 페이스북과 트윗 공간에서는 매우 제한적이거나 불가능해 보인다. 현실 공간에서의 통제와 감시가 이들 공간으로 연장되고 있기 때문이다. 20대 젊은 여성들은 점점 더 SNS를 '상상의 공간'이기보다는 '사회적 공간'으로 인식하며, 자기 관리를 위한 도구적 목적으로만 사용하거나 자신의 정치적 의견을 다양하게 표현하는 '위험'은 피하는 경향이 있다.

이 글은 SNS 사용에서 '여성'들의 정치 관여의 특성 또한 보고자 했지만, 이는 쉽게 관찰되지 않았다. 젠더와 관련한 질문에서 이들은 대체로 성별적 차이의 경험 혹은 차별의 경험을 겪지 않았다고 답했으며, SNS 상에서도 젠더 차이는 느끼지 못한다는 답이 대다수였다. 결과적으로 젠더적 경험을 통한 정치성에 대한 사유가 거의 나타나지 않았다. 그래서 정치적 이슈를 받아들이고 해석하는 데 젠더적 경험에서 발견되는 특성을 발견할 수 없었던 이 연구의 한계가 도출된 것이 아닌가 생각된다. 흔히 지적되는 새로운 스타일의 표현들이나 '감성 정치'의 영역조차 쉽게 발견하기 힘들었다. '정치 담론의 일상적 소비'의 지점과 '20대의 위치 자각'에 따른 현실에 대한 순응과 적응과 '노련함'이 엿보였을 뿐이다. 젠더의 성격이 지속적으로 변화해 가는 점을 고려한다면, 연구 참여자인 대학생 20대가 사회적 성인 젠더성을 인지하는 사회적 경험이 미숙하다는 점으로 한편으로 이를 이해할 수 있었으며, 다른 한편으로는 이들이 SNS를 자기 의사 표현을 위한 도구로 이용하기보다는 정보 수용, 사회 관계망 형성을 위해 이용하는 것과도 관계있는 것으로 보인다.

물론 일반화하기는 어렵지만, '촛불 소녀'가 20대가 된 오늘 SNS상에서 이들은 아주 현실에 잘 적응하고 또 활용하고 있는 것으로 보인다. 20대 여대생과 일상 안에서 SNS 사용에 대한 대화를 나누면서 느낀 점은 이들은 아주 영리하게 자신을 보호하고 경계된 적당 선에서 자신을 표현하면서 SNS를 자신의 '사회적 공간'에 위치짓고 있다는 것이었다. 일상을 나누고 즐거움을 누리기 위한 정치 담론의 소비와 팬덤은 일상 안에서 적절한 조미료 역할을 한다. 그리고 그 소비는 언젠가 생산적 실천의 가능성과 일상에서 무게를 가질 가능성도 열어줄 수 있기에, 지속적인 관찰이 필요할 것으로 생각된다. 하지만 일상적 SNS 사용에서 유통되는 '안전 바'를 인식한 후의 이들의 표현과 창조적인 상상력은 위축되고 억압받고 있다. 정치적 실천에 자기 표현의 자유가 무엇보다 중요하다는 점을 고려한다면, 이 문제의 절실성이 다가온다. 자기 표현의 자유는 이들 주위를 부유하고 있는 '정치 의식'을 현실화시키고, 정체성 정치 및 현실 정치 참여의 가능성을 높이기 때문이다. 그러나 감히 이 '안전 바'를 20대 여성 개인들에게 스스로, 그리고 함부로 뛰어넘으라고 요구할 수는 없다. 그 '안전 바'를 한 보 뒤로 넘기는 데는 모두의 노력과 제도, 구조적 노력이 뒤따라야 하기 때문이다. 그리고 진정한 정치적 관여는 '왜 여기 안전 바가 있어야 할까?', 그리고 '안전 바 밖에는 무엇이 있을까?'라는 질문에서 시작될 것이다.

참고 문헌

강내희 (2008). 촛불정국과 신자유주의: 한국 좌파의 과제와 선택. 『문화과학』, 가을호: 66-89.

김예란 (2010). 감성공론장. 『언론과 사회』, 18(3): 146-191.

민정식 (2012). 트위터(Twitter) 이용과 정치 참여: 트위터 이용 형태를 중심으로. 『언론과학연구』, 12(2): 274-303.

박권일 (2012). 소셜 미디어의 겉과 속. 이택광 엮음, 『트위터, 그 140자 평등주의』, 서울: 자음과모음.

박창식 · 정일권 (2011). 정치적 소통의 새로운 전망 : 20~30대 여성들의 온라인 정치 커뮤니티를 중심으로. 『한국언론학보』, 55(1): 219-493.

백욱인 (2012). 모바일 소셜 네트워크 서비스와 사회운동의 변화: 대안 공론장과 네트워크 포퓰리즘. 『동향과 전망』, 84: 130-159.

송경재 (2011). 소셜 네트워크 세대의 정치 참여, 『한국과 국제정치』, 27(2): 57-88.

유선영 (2008). 10대의 미디어 이용, 사회적 소통과 현실 인식, 『미디어 인사이트』, 7: 2-37.

이광석 (2011). 1990년대 이후 청년 세대들의 미디어 문화정치. 한국언론학회 엮음, 『한국 사회의 디지털 미디어와 문화』, 서울: 커뮤니케이션북스.

이기형 · 이영주 (2012). 인터넷과 SNS를 통한 감성적 참여와 공유. 한국언론학회 엮음, 『정치적 소통과 SNS』, 파주: 나남.

이동연 (2008). 촛불집회와 스타일의 정치. 『문화과학』, 55: 150-167.

이동후 (2009). 사이버 대중으로서의 청년 세대에 대한 고찰: 사회적 소통과 관여를 중심으로. 『한국방송학보』, 23(2): 409-448.

이택광 (2012). 트위터라는 히스테리 기계. 『트위터, 그 140자 평등주의』, 서울:

자음과모음.

이상길 (2009). 순수성의 몰락: 촛불시위에 나타난 '오염'에 관한 단상. 당대비평 기획위원회 엮음, 『그대는 왜 촛불을 끄셨나요』. 서울: 산책자.

장덕진 · 김기훈 (2012). 한국인 트위터 네트워크의 구조와 동학. 『언론정보연구』, 48(1): 59-86.

전규찬 (2008). 촛불집회, 민주적 · 자율적 대중교통의 빅뱅. 『문화과학』, 55: 110-129.

전상진 (2009). 2008년 촛불 현상에 대한 세대사회학적 고찰. 『현대정치연구』, 2(1): 5-31.

홍성태 (2008). 촛불집회와 민주주의. 『경제와 사회』, 80: 10-39.

Boyd, D. (2008). Can social network sites enable politicla action?. *International Journal of Media and Cultural Politics*, 4(2): 241-263.

Brandtzæg, P. B., Lüders, M., & Skjetne, J. H. (2010). Too Many Facebook "Friends"? Content Sharing and Sociability Versus the Need for Privacy in Social Network Sites. *Journal of Human-Computer Interaction*, 26: 11-12.

Carr, N. (2010). *The Shallows: What the Internet is doing to our brains*. New York: W.W. Norton.

Harlow, S. (2011). Social media and social movements: Facebook and an online Guatemalan justice movement that moved offline, *New Media & Society*, 14(2): 225-243.

Holt, K., Shehata, A., Strömbäck, J., & Ljungberg, E. (2013). Age and the effects of news media attention and social media use on political interest and participation: Do social media function as leveller?, *European Journal of Communication*, 28(1): 19-34.

Marwick, A. & Boyd, D. (2010). I tweet honestly, I tweet passionately:

Twitter users, context collapse, and the imagined audience. *New Media and Society*, 13(1): 114–133.

Murthy, D. (2012). Towards a Sociological Understanding of Social Media: Theorizing Twitter. *Sociology*, 46(6): 1059–1073.

Peters, J. D. (2010). Brandcasting and chizophrenia, *Media, Culture & Society*, 32(1): 123–140.

정치와 일상의 경계 지우기
: 여성, 사이버커뮤니케이션, 그 정치성에 대한 소고

김수미

사이버커뮤니케이션과 젠더

웹 이후의 미디어 환경은 미디어 테크놀로지를 매개로 커뮤니케이션에 참여하는 주체의 속성과 범주, 그들 참여 행위의 본질과 기능 또는 역할 등에 관해 질문을 제기하는 이들이 좀 더 전통적인 존재론적 · 인식론적 틀에 기댄 해답 찾기를 포기하게 만드는 다양하고 복잡한 현상들로 넘쳐나고 있다. 이 복잡다기한 측면에 대한 이해의 확장을 돕는 개념화와 이론 정립을 위한 노력이 지속되는 사이, 사이버 공간에서의 일상적 소통이 개인들의 사회적 관계맺기와 존재성의 유지에 기여하는 바는 그 정도나 중요도 면에서 현실 공간의 그것에 뒤지지 않는다는 관점에 대해서는 폭넓은 동의가 형성되어 왔다. 이제까지 디지털 커뮤니케이션 양식과 관련한 주된 논의의 한 지류는 커뮤니케이션 기술 변화가 가져온 커뮤니케이션 양식에서의 변화, 이 변화가 갖는 문화 · 정치적 잠재력과 그 함의에 집중한다. 디지털 매체가 지닌 잠재력에 관해 논자들은 다양한 방식으로 반응해 왔다. 한편에서는 디지털 매체의 등장과 함께 메시지의 생산자가 소비자(수용자)이고, 소비자가 동시에 생산자인 참여와 개방, 공유의 문화 체계가 보편화되고, 이와 함께 사회 구성원들의 자기 표현 기회의 증가, 사회 구성원 간 상호작용성의 증가, 이로 인한 근대 사회의 병폐로 지적되는 파편화된 개인성의 극복, 사회 집단성의 회복 가능성 등을 주장하는 낙관적 관점이 제기된다.

그러나 디지털 매체의 발전과 함께 조성되는 새로운 커뮤니케이션 환경이 우리에게 가져다주는 다양한 가능성과 그것이 지니는 사회적 함의에 대한 논의들이 주로 기능주의적, 도구주의적, 기술결정론적 시각에 기반해 이뤄짐으로써 매체 환경의 재구조화와 그 안의 개인들, 그들 삶의 양식들이 구성되는 과정을 맥락적이고 총제적으로 이해하고 제시하는 데 한계가 있음이 지적된다.

이러한 제한을 극복하고자 하는 이들은 커뮤니케이션 테크놀로지의 발전이 가져온 매체 융합화와 상호작용성의 증가 이면에 존재하는 정치·경제·문화적 조건들, 이것이 사회 구성원들이 실제 사이버커뮤니케이션에 개입하는 방식들에 미치는 영향, 사이버커뮤니케이션을 통해 맺게 되는 관계의 본질 등에 대한 탐구를 시도한다. 이들은 융합 커뮤니케이션이나 통합 커뮤니케이션과 같은 은유가 무성하고, 디지털 테크놀로지의 발달과 사이버커뮤니케이션의 확대가 열어주는 새로운 정치적 가능성 등이 강조되고 있으나 현상에 대한 이러한 틀짓기 방식을 당연시하지 않는다. 실제 대중의 사회적 커뮤니케이션 과정에의 참여가 증가하고 있는지, 이러한 참여가 실질적인 문화적 변동을 이끌어내는지, 만약 변동이 있다면 이의 속성은 어떠한 것인지 등을 면밀한 검토를 요구하는 문제들로 인식한다. 이에 따라 기술의 변화와 함께 한 최근의 커뮤니케이션 양식의 변화가 개인의 적극적 자기 표현 욕구를 현실화시켜주며 좀 더 민주적이고 평등한 커뮤니케이션 과정의 실현을 가져온 것만은 아니라는 점이 강조된다. 자신의 목소리를 낼 수 있는 기회로부터 소외될 가능성이 많은 사회적 주변인들이 디지털 테크놀로지를 이용하여 커뮤니케이션에의 참여 주체로 부상하고 이것이 정치적 해방의 가능성을 가져오는 것에 대한 찬사를 넘어, 이러한 미디어 환경 안으로의 진입 과정에 여전히 존재하는 불평등성, 다양한 참여자들 사이에서 일어나는 차별과 배제, 기존 사회 질서, 이데올로기, 규율 체제 안으로의 포섭과 같은 실천들이 복잡하게 이뤄지는 방식들을 드러내려 시도한다. 이러한 노력을 통해 근래의 미디어 테크놀로지의 발전과 커뮤니케이션 양식 변화를 둘러싼 학문적 논의의 폭이 확장되어 왔다.

디지털 매체를 매개로 이뤄지는 사이버커뮤니케이션 양식은 이제 우리 삶과 불가분의 관계에 있다. 이에 대한 이해는 좀 더 넓은 의미에서 지금 우리가 다른 이들과 관계맺으며 영위해가는 우리 삶의 본질에 대한 이해를 의미하는 것이다. 위의 예시들을 포함하여 사이버커뮤니케이션 양식의 기능이나 사회적 의미 등에 대한 다양한 해석이 존재한다. 그리고 우리는 주로 이러한 해석들을 통해 이 새로운 사회적 현상을 이해한다. 여기에서 우리가 간과해서는 안 될 부분은 각각의 해석이 순수하고 객관적인 현상 분석의 결과물이 아닌 해석자 또는 분석자가 선택한 여러 인식론적 · 존재론적 · 방법론적, 더 나아가 정치적 입장 등을 토대로 만들어낸, 권력의 효과를 가질 수 있는 지식 체계라는 점이다. 그렇다면 사이버커뮤니케이션과 관련해 만들어져 온 여러 이야기 또는 담론이 어떠한 인식 체계에 기반하고 있는지, 특정한 선택을 통해 구성된 이해의 체계가 어떠한 권력의 효과를 가져올 수 있는지에 대해 관심을 기울일 필요가 있지 않을까.

이 글은 이러한 문제 의식에서 출발한다. 이 문제에 대한 접근 또한 여러 다른 방식으로 이뤄질 수 있겠으나 이 글에서는 사이버커뮤니케이션의 장場과 그 안의 실천들, 이것들이 다루고 있는 여러 삶의 측면에 관한 기존의 이해와 판단이 공公과 사私, 공적인 것과 사적인 것, 정치와 비정치 사이에 경계를 긋는 근대적 인식틀에 기반해 이뤄지고 있다는 점에 집중한다.

디지털 테크놀로지의 발달과 함께 조성된 새로운 커뮤니케이션 환경은 공적/사적, 정치/문화, 이성/감성 간에 경계를 긋는 근대의 이분법적 인식틀에 기대 설명하기 어려운 것이라는 점에 많은 이가 공감한다. 그럼에도 불구하고 다양한 사이버 공간 안에서 이뤄지는 커뮤니케이션과 문화적 실천들의 의미, 그것들을 통해 드러나는 다양한 사회적 관계의 본질에 대한 이해 방식이 많은 경우 여전히 위의 이분법적 인식틀에 기반해 있고, 이로 인해 특정한 교류의 측면들이 관심의 우선순위에서 밀리거나 그 의미가 총체적으로 평가받지 못하는 경향 또한 존재한다. 특히 주로 여성들이 관여하는 사이버 문화적 실천들이 이러한 근대적 인식론에 기반해 판단될 때 좀 더 주변적 활동으로 치부되고 진지한 고려의 대상이 되지 못하며 나아가 이것이 현실의 젠더 관계 고착화에 기여할 수 있다. 예를 들어 많은 여성이 일상적으로 들러 가정이나 직장 등의 삶의 여러 영역에서 주부, 아내, 며느리, 직장인 등의 여러 역할을 수행하며 경험하는 갈등과 어려움을 토로하는 사이버 공간, 소위 사이버 '속풀이' 공간들과 그 안에서의 이야기하기의 실천, 이러한 공간에서 논의되는 사안들은 지금 우리 삶의 핵심을 이루는 것임에도 불구하고 사회 공동의 관심거리로, 집단적 · 조직적 노력을 통해 해결해야 할 문제들로 이해되고 받아들여지지 못해 왔다. 이는 좀 더 사적이고 일상적인 관계에서 구성되는 갈등과 차별, 억압과 상처, 이것들이 토로되고 공유되는 사이버 공간, 그 안에서 이뤄지는 일상적 교류의 본질과 의미가 이해되어 온 지배적 방식 때문이다.

사이버커뮤니케이션을 둘러싼 담론 구성 과정에는 현실 내 권력과 이해관계가 반영된 가치, 판단의 기준들이 영향을 미친다. 공과 사, 정치와 비정치/일상의 경계를 가르고 차별화해 온 기존의 지배적 관점은 개인의 내밀하고 사적인 삶의 범주로 분류되는 것들에는 정치성, 다양한 차별성과 억압성이 존재하지 않는 것처럼 다루고 이것들을 진지한 공동의 관심 영역에서 밀어낸다. 이 과정은 이제까지 여성들의 사회적 위치가 종속적인 것으로 규정되고 그들의 삶이 주변화되어 온 역사적 현실과 깊이 관련된다. 따라서 공적인 것과 사적인 것 사이의 긴장에 집중하며 이 둘 사이의 경계 흐리기가 젠더 불평등에 저항하는 페미니스트 운동과 이론 구축에서 주된 사안이 되었다. 그럼에도 불구하고 기존의 이분법적 인식틀이 여성 중심의 사이버커뮤니케이션 환경에 대한 우리의 이해 방식에 여전히 많은 영향을 주어, 이 공간이 현실 내 사적 공간처럼 이해되고, 여기에서 논의되는 다양한 의제가 단지 개인적으로 추구되는 사적 삶의 문제로 간주되어 공론화되거나 공적 정의의 이슈로 다뤄지지 않는 것이 당연시되어 온 경향이 있다.

따라서 이 글은 사이버 공간, 이를 매개로 이뤄지는 다양한 실천, 그것들의 본질과 사회적 의미에 대한 기존의 정의들, 관점들, 이야기들에서 쓰여온 언어, 개념, 은유들, 사이버커뮤니케이션을 둘러싸고 만들어져 온 지식 체계를 비판적으로 리뷰하고, 이 과정에서 드러나는 어떤 인식론적 균열의 틈을 통해 사이버커뮤니케이션 과정과 환경이 갖는 사회 · 문화 · 정치적 함의를 특히 젠더적 측면에서 조금 새로운 방식으로 바라볼 수 있는 계기를 제공하는 것을 목적으로 한다.

사이버커뮤니케이션과 젠더 연구: 차이, 정체성, 참여와 배제의 정치성

디지털 커뮤니케이션 기술에 대한 초기의 페미니스트적 관점은 그것이 남성에 의해 지배되는 것, 젠더에 관한 한 컴퓨터 매개 커뮤니케이션은 민주적이거나 포용적이지 않다는 것이었다. 페미니스트들은 기술 자체가 역사적으로 권력을 가진 남성의 이해에 기반해 만들어져 왔으며, 그것의 형식이나 디자인에 영향을 주는 사회 집단이나 관계의 망으로부터 여성들은 제외되어 왔음을 지적한다. 디지털 커뮤니케이션 네트워크의 표준화가 주로 남성들의 경험이나 투자를 중심으로 이뤄지는 반면, 여성들은 주로 소비자나 쇼핑객으로서의 역할 수행을 위해 이 새로운 기술을 이용한다는 점에서 인터넷이 전통적인 생산자와 소비자로서 성역할 구분의 재생산과 공고화에 기여하는 부분이 강조되기도 한다(Fredrick, 1999; van Zoonen, 2001; Wajcman, 2000). 성차에 따른 기술의 생산과 소비에서의 차별성에 집중하던 인터넷 관련 연구 경향은 이후 이 기술 또는 공간이 좀 더 복합적이고 상충적으로 여성들의 삶과 관계맺는 방식으로 관심의 지평을 확장시킨다.

인터넷을 이용하는 여성의 수가 증가함에 따라 그것이 여성들의 삶과 사회적 지위에 미치는 영향과 관련해 많은 문제가 제기되어 왔다. 즉, 인터넷 커뮤니케이션 과정에서 여성들이 재현되는 방식, 여성들이 이 새로운 매체에 대해 남성들과 동등한 수준의 접근 기회를 갖는지의 여부, 여성들이 자신들만의 사이버 공간을 필요로 하는지, 그리고 이 공간을 어떻게 이용하는지 등이 젠더와 관련한 사이버커뮤니케이션 연구의 범주에 포함되었다(Gurak, 2001). 사이버 공간에서 여성들이 커뮤니케이션하는 방식에서의 특징들, 여성들이 남성과 교류하는 방식, 여성을 위한 사이버커뮤니티 안에서 이들이 서로 간에 상호작용하는 방식 등에 대한 연구들이 수행되었다. 연구자들은 남성들이 정보 찾기를 주된 목적으로 하며 도구적 · 실용주의적으로 인터넷에 접근하는 데 반해 여성들은 상호관계맺기를 주 동기로 한다는 점에서 두 집단 간의 차이를 드러내거나(예를 들어 Jazwinski, 2001), 사이버커뮤니케이션에 이용되는 수사적 스타일에서의 차이—남성들의 포스팅이 더 길고 단정적이며 종종 비판, 조롱, 경시 등을 포함하는 반면 여성들은 대립을 회피하며 예의바르고 우호적이다—를 밝혀낸다. 이런 차이들은 젠더를 드러내는 단서가 되어 사이버커뮤니케이션 과정에서 여성들이 소외되고 비호의적으로 대해지며, 결국 여성들로 하여금 자신들만의 사이버 공간 탐색을 강제한다는 점에서 온라인 커뮤니케이션 상황이 오프라인의 면 대 면 상황과 그다지 다르지 않음이 지적되기도 한다(예를 들어 Herring, 2003; Sundén, 2001).

이와는 달리 민주화와 평등을 달성하는 데 인터넷이 갖는 가능성에 대한 관심과 논의들은 여성을 위한, 여성에 의한 사이버커뮤니티 안의 커뮤니케이션 상황이 갖는 독특성에 집중하고 안전 지대로서의 이 공간이 현실 공간에서 여성들이 일상적으로 접하는 다양한 제한으로부터 자유로워질 수 있게 돕는 측면들을 드러내고자 한다. 가부장제의 지배적 문화 가치와 기준들을 반영하여 여성들을 구성하고 재현해내는 웹사이트들에 대한 반응으로 일련의 사이버 네트워크들이 여성들의 자기 권능감 self-empowerment 획득과 결속을 목적으로 구축되어 왔다. 이는 페미니스트들이 포르노그라피 사이트 등에서 여성이 단순히 성적 소비의 대상으로 역할지어짐을 강조하던 데에서 여성들이 자신의 삶과 몸을 책임지고 생산해내는 역할로 스스로를 위치짓는 방식, 사이버 문화의 적극적 생산자로서 여성들의 역할 수행의 가능성을 추구하는 데로 관심을 전환하는 것을 도왔다. 특히 WebGrrls!(1997)나 CyberGrrl(1997)과 같은 인터넷 사이트를 중심으로 일어났던 'the grrls 운동movements'은 사이버 공간에서의 여성 재현을 둘러싼 투쟁에서 중요한 역할을 담당했다. 대중문화물들을 통해 유통되어 오던 기존의 전통적인 남성 슈퍼 히어로들에 대응하는 가상적 여성 카툰 이미지의 구성을 통해 이들 사이트는 여성의 힘과 자긍심 등을 강조함으로써 억압이나 희생의 대상으로서의 여성 이미지를 거부하고 스스로의 삶을 책임지는 모습으로 여성 재현의 다양성과 독립성을 확보하는 데 기여한 것으로 말해진다(Sundén, 2001).

가상의 공간을 구축하고 이 안에서의 상호작용을 통해 여성들이 스스로를 좀 더 자율적 주체로 구성해 제시하는 방식에 대한 연구는 나름의 함의에도 불구하고 여성과 남성 사이의 차이를 강조하는 본질주의적 젠더 관점에 기반하여 여성들만의 사이버 공간 안에 존재하는 충돌이나 갈등의 가능성을 놓친다는 점에서 그 한계를 지적받는다. 이에 더해 기술적인 측면에 능통하여 스스로에게 힘을 부여하고 스스로를 개선시키기 위해 의식적이고 전복적인 방식으로 사이버 네트워크를 서핑하며 돌아다니는 web girrls 이미지 안에서의 여성 주체는 서구 주류 페미니스트 담론 속에서 구성되는 보편적 범주로서 대문자 여성 주체이기도 하다. 이 관점은 여성들이 다양한 목소리를 가지고 여러 산발적인 문화적 위치에 놓여 있으며, 이들과 기술 간의 관계는 미리 정해진 것도, 여성 전체에 일관되게 적용되는 것도 아니라는 점을 고려하지 못한다. 새로운 커뮤니케이션 양식의 경험은 우리의 사회적 존재성을 규정하는 여러 범주, 즉 젠더, 계급, 민족, 인종, 성정체성, 지리학적 위치 등의 영향을 받아 다양한 방식으로 이뤄진다. 미국에 거주하는 남아시아 여성 중심의 한 웹사이트에 대한 연구들은 의견 교환과 정치적 목소리 내기를 통한 현실 개입을 목적으로 하는 이 인터넷 토론장에의 참여 과정에서 구성원의 계급적 배경이 결정적인 역할을 하고 여성만을 위한 안전한 공간 보장이라는 이해 하에 이 사이트가 레즈비언과 같은 성 소수자들을 배제하고 이들의 커뮤니티 구성원으로서의 권한을 박탈하는 상황을 드러낸다. 이는 모든 이가 말하고 응답할 수 있는 권한을 부여받는 열린 공간으로서의 이미지가 지배적인 이 새로운 커뮤니케이션 양식 속에 사실은 다양하고 복잡한 갈등과 차별, 배제의 메커니즘이 작동하고 있음을 예시한다(Gajjala, 2002; Gajjala & Mamidipudil, 1999).

여성 주체 구성, 여성 재현의 문제와 관련해 사이버 공간이 갖는 가능성을 과도하게 낙관적으로 바라보는 입장에 대한 비판은 컴퓨터 매개 커뮤니케이션을 통해 사람들이 정체성을 구성하고 표현하는 과정에서 물리적 제약을 받지 않게 됨으로써 자기 정체성을 가지고 놀며, 이제까지 탐험해 보지 못한 자아의 다양한 측면을 드러낼 가능성에 대해 열광하는 연구 경향에도 적용될 수 있다. 이 연구 경향에 따르면, 컴퓨터 매개 공간에서 사람들은 탈중심적이고 유동적인, 복수의 새로운 자아감을 경험하며, 이에 전통적인 젠더 정체성의 관념은 도전받는다. 사이버 공간에서 주체는 몸으로부터 분리되고, 자신의 물리적 몸과 상관없는 젠더 정체성을 자유롭게 선택할 수 있다(Wajcman, 2000). 주체와 몸의 이분법의 초월은 도나 해러웨이Donna J. Haraway의 '기계와 유기체의 혼종'으로서 사이보그cyborg의 개념(Haraway, 1985)에 기반한, 젠더가 존재하지 않는 유토피아에 대한 갈망을 드러내는 것이다. 해러웨이는 유기적 통일체/전체로서의 정체성 관념에 균열을 가져오는 행위 주체성agency을 상징하기 위해 사이보그의 개념을 채택한다. 페미니스트적 독해에서 이 사이보그는 마음/몸, 유기체/기계, 문화/자연, 남성/여성, 남성성/여성성 등을 가르고 대치시키는 계몽주의적 인식론의 이분법적 범주들을 흐트러뜨리는 대안적 존재로 간주된다. 이 존재를 통해 주체는 고정된 실체가 아닌 결론이 열려 있는 과정으로 인식된다. 인간과 기계의 혼종화가 일련의 페미니스트 이론가들에 의해 열렬한 환영을 받는 동안 비본질주의적 정체성의 찬양에 몰두하여 여전히 사회적 · 제도적으로 구분되고 차별받는 타자들의 실제 역사가 무시되고, 여성이 여성으로서 말할 수 있는 역사적 위치가 제거된다는 문제 제기와 비판 또한 강하게 일어난다.

탈식민주의적 페미니스트 미디어 연구자들은 사이버커뮤니케이션이 수행되는 과정을 젠더, 인종, 민족, 계급, 성정체성, 지리학적 위치와 같은 사회 · 문화적 범주와 긴밀히 연동되는 초국적 투쟁과 상황적 실천으로 이해하려 한다. 탈식민주의 페미니스트 미디어 연구로 분류되는 것 중에서도 일부는 사이버 공간을 약간의 물적 자원과 디지털 리터러시를 갖는다면 원하는 모든 이가 자신의 목소리를 낼 수 있는 공간으로 이상화시키기도 한다. 인터넷이라는 기술의 출현으로 인해 더 이상 주변부적 타자들/하위 문화 집단들이 침묵 상태에 내버려져 있지 않아도 된다는 것이다. 서구로 이주한 제3세계 이주 여성들도 자신의 목소리를 낼 공간으로 사이버 커뮤니티를 만들고 이곳에서 자신들을 표현하고, 기술하고, 재현하는 새로운 방식들을 탐험하고 만들어낸다. 자신들의 정체성을 스스로 만들어내고 제3세계 여성들에게 허락되는 스테레오타입화된 지배적 정체성으로부터 분리될 수 있다고 주장한다(예를 들어 Mitra, 2001; 2004). 그러나 이들이 말하는 사이버커뮤니케이션 환경의 수혜를 누리기에 필요한 '약간의' 물적 자원과 디지털 리터러시가 지구상의 대체로 가시계 밖에 존재하는 수많은 주변화된 이들에게는 아직까지도 닿기에 요원한 것들이며, 기본 조건이 주어져 이 환경을 향유하려 시도하는 이들 사이에서도 차별적 이해와 권력의 관계가 존재한다. 라디카 가잘라Radhika Gajjala의 연구에서 읽어낼 수 있듯이 서구 중심부에 거주하는 제3세계 이주 여성 주체들이 사이버커뮤니케이션을 통해 이제까지 침묵해 왔던 자신들의 정치적 목소리를 내고 재현의 대상에서 재현의 주체로 자리매김하고자 하는 시도들의 이면에는 사실 생존을 위해 국경을 넘는 이들과 서구 중심부에서 최고 수준의 교육을 받고 서구적 가치를 내면화하고 서구 사회 안의 지식인/주류 집단 안에 진입한 이들이라는, 모두 주변화된 제3세계 여성 주체로 분류하기에는 메울 수 없는 간극을 통해 분리되어 있는 집단들이 존재한다(Gajjala, 2002). 사회 · 문화 · 정치적 변화를 목적으로 연대를 형성하고자 만들어진 인터넷 기반 환경 안에서도 물질적 · 문화적 자원 소유 정도에 따른 위계성이 여성들 간의 권력 관계 구성에 중요한 역할을 한다.

물적 · 문화적 측면에서 더 주변화된 여성들은 기술적으로 가능해진 참여와 발언권 향유의 기회를 전적으로 전유하지 못하고 이들의 목소리는 상대적으로 혜택받은 소위 사이버 페미니스트들의 매개를 통해 구성되고 전달된다. 그럼에도 불구하고 모든 이가 같은 정도로 말하고 이에 대해 응답받는 권위를 즐길 수 있는 열린 공간을 제공한다는 이 새로운 커뮤니케이션 양식에 대한 지배적이고 환상적인 그림 속에서 서벌턴subaltern(하위 주체)의 존재(Spivak, 1988)는 점점 더 잊혀져 가고 있다. 이제 사이버커뮤니케이션 환경 안에서 매개의 과정 없이 자신의 인식 틀을 통해 만들어진 자신의 목소리를 들려줄 수 없는 주변인들에 대한 이야기는 시류에 뒤떨어진 것으로 치부되나 여전히 비판적으로 고려되어야 할 부분이다. 또한 사이버 공간 안에서 원하는 아무 때나 무엇이든 이야기할 수 있다는 가능성에 심취해, 이야기한다는 것 자체의 본질, 그 정치적 함의나 결과는 정작 진지한 고려의 대상이 되지 않는다. "전 역사를 통해 특정한 부류의 사람들을 정치적 존재로 간주하는 것에 대한 거부는 그들의 입에서 나오는 소리를 담론으로 듣는 것에 대한 거부를 통해 이뤄진다"는 아리스토텔레스Aristoteles의 주장(Rancière, 2004: 54 재인용)

을 통해 반추해 보면 사이버 공간에서 떠들어지는 그 수많은 이야기는 결국 정치적 인간이 만들어내는 '정의와 불의를 공동으로 다루는 말'이 아닌, 스스로 울려퍼지다 소실되고 마는 동물의 '목소리'와 다르지 않다.

사이버 공간에의 접속을 통해 이전에는 불가능했던 자신만의 목소리 내기가 가능해지고 이에 대한 타인들로부터의 여러 반응을 경험하면서 여성들은 스스로 권능감이나 해방감을 느끼고, 자신들이 위치한 현실의 존재 조건이 이전의 그것보다 개선된 것이라 여길 수 있다. 그러나 헤게모니적 사회 구조 안에서 공적 공간에의 자유로운 진입과 사회적 가시성 획득의 감각 경험을 통해 권능감을 느끼고 해방감에 취해 자발적으로 체제에 순응하는 주체를 생산해내는 메커니즘이 가장 효율적으로 작동하게 하는 최신의 방식이 어쩌면 자유로운 표현을 원하는 만큼 할 수 있는 공간으로 사이버 공간을 개념화하고 제시하는 담론 작업일 수 있다. 이러한 문화·정치적 실천은 궁극적으로 정치적인 것the political을 제거하는 기술로서의 정치술에 기댄 '정치의 종언'에 기여한다. 근래 정치의 과제는 정치적인 것의 제거로 규정되어 왔다고 자크 랑시에르Jaques Rancière는 주장한다. 정치적인 것을 제거한다 함은 정치로부터 사회적 분할의 무게와 상징들을 삭제함으로써 개인과 집단 사이의 관계를 화평하게 만드는 것으로 정치의 주된 기능을 축소시키는 것을 의미한다(Rancière, 1998). 다양한 사회·정치적 의제에 대한 논의의 절차가 더 많은 사회 구성원들에게 개방되고, 이것이 이전의 정치적 분할의 경계선들을 해체하고 재조직하는 과정으로서 과시되는데, 이는 여전히 존재하는 사회적 분할과 차별을 가리우거나 인내할 만한 것으로 만들어내는 역할을 하는 것이다.

이제 정치 공동체의 무대를 차지하는 인민, 데모스demos의 일부로서 공식적으로 인정되는 여성 집단이 자신들의 삶에 대해, 사회적 존재 조건에 대해 이야기할 기회가 확대되고 있다고 규정되는 상황 속에서 과연 여성들이 만들어내는 소리가 단지 즐거움이나 고통의 감정 표현으로만 받아들여지는지, 아니면 공동체의 틀 안에서 이로움과 해로움, 정의와 부정의에 대한 판단을 담고 있는 말로 받아들여지는지는 우리가 여성들의 사이버커뮤니케이션 실천에 대해 논의할 때, 그것의 사회적 함의를 파악하려 할 때 심각하게 고려해야 할 부분이다. 이제까지 주류적 위치에서 밀려나 있던 이들이 함께 모여 소리내고 이것이 들려질 수 있는 기회가 많아졌음이 이들이 권력 주체가 되고, 평등이 구현되는 결과를 보장하지는 않는다.

평등과 불평등의 쟁점들은 갈수록 다양한 감각적 관계 안에서 좀 더 함축적인 방식으로 작동한다. 가령 "공적인 것과 사적인 것을 구성하는 공간의 분배 속에서, 가시적인 것의 짜임 속에서, 이 가시적인 것이 포함하고 배제하는 것에서, 존재들과 상황들을 명명하기 위해 받아들여지거나 거부된 이름들에서, 어떤 말을 듣거나 듣지 않는 방식에서, 그것을 말로 듣느냐 소음으로 듣느냐의 방식 속에서"(Rancière, 1998: 26), 이 모든 차원에서 분할이 이뤄지고 정치적인 것이 작동하는 것이다. 따라서 특정한 커뮤니케이션과 문화 실천의 의미 분석은 이 실천이 수행되는 상황에 대한 좀 더 정황적·맥락적·복합적 이해에 기반해 이뤄져야 한다. 이 실천이 위의 것들 중 어떠한 분할의 지점을 와해시키는지, 아니면 어떠한 분할 지점에 의해 그것이 내포하는 기존 질서의 전복 가능성을 잃게 되는지 등이 고려되어야만 한다. 여성들의 사이버커뮤니케이션 실천에 관한 이해 또한 이러한 맥락성을 기반으로 이뤄져야 한다. 공과 사, 정치와 비정치/일상의 이분법에 기반해 커뮤니케이션과 젠더의 문제가 개념화되어 온 방식에 대한 고찰이 이러한 이해를 얼마간 도울 수 있으리라 본다.

공적 정치 영역과 사적 비정치 영역의 경계짓기에 대한 비판적 고찰

"근대 이후의 세계에서 억압에 대한 모든 투쟁은 이전에 사적, 비공적, 비정치적 이슈로 간주되었던 것들을 공적 관심거리로, 정의의 문제로, 담론적 정당화를 필요로 하는 권력의 영역으로 재규정하는 과정을 통해 시작되었다"(Benhabib, 1992: 84). 이 주장은 공과 사, 공적인 것과 사적인 것 사이의 구분짓기가 각각이 갖는 어떤 실질적 속성에 기반한 것이 아닌 좀 더 이데올로기적이며 정치적 이해 관계가 결부되어 이뤄지는 것이라는 인식에 기초한다. 특히 여성들의 관심을 주변화시키고 이들의 사회 · 정치적 참여를 제한하는 데 이러한 구분짓기가 이용되어 온 점을 강조하는 것이기도 하다. 디지털 커뮤니케이션 매체의 정치적 가능성과 함의을 둘러싸고 생산되어 온 주류 담론들 또한 공적 영역과 사적 영역을 가르고, 공적 공간으로서의 사이버 공간이 정치적 공론장으로 기능하는 바의 중요성과, 이러한 기능의 실현을 저해하는 요소는 어떠한 것들이 있는지에 집중해 왔다. 반면 공동의 이해를 반영하지 않는 사적 의제를 다루는 것으로 분류되는, 주로 여성적 사이버 공간 내 실천은 사소하고 주변적인 것으로 다뤄 왔다. 이러한 과정을 당연시하지 않고 이에 이론적 · 실천적으로 개입하고자 하는 시도는 사이버커뮤니케이션에 대한 주류 담론들이 기초하고 있는 공과 사, 공적인 것과 사적인 것, 정치적인 것과 비정치적인 것 사이의 구분을 본질화시키고 또 자연화시켜 온 기존의 정치 이론들에 대한 비판적 고찰로부터 시작될 수 있다.

한나 아렌트Hannah Arendt는 정치와 여타의 인간사를 엄격히 구분하고 이 둘의 위치를 공적 영역과 사적 영역으로 분류하는 전통의 기원을 고대 그리스 철학자들의 사상 체계에서 찾는다. 이들은 먹고 사는 문제를 다루는 사적 영역으로서의 가정, 오이코스oikos와, 그런 문제에서 벗어난 사람들만 들어갈 수 있는, 그러나 사실은 가정이라는 사적 영역의 희생으로 이뤄진 폴리스polis 사이를 확연히 구별한다. 가정 영역은 일차적으로 공동 생활을 유지하는 필요와 욕구의 동인에 의해 이뤄지고 이 추진력이 삶 그 자체이다. 여기에서의 삶은 개체의 유지와 종족의 보존을 위해 타인과의 교제를 필요로 하는데 플라톤Platon과 아리스토텔레스에게 이러한 목적 달성을 위한, 이후 '사회적'이라 개념화되는 인간 사이 교제는 인간 특유의 특성이 아닌 동물의 삶과 공통된 것이다. 로고스와 관조의 능력을 가지고 '언어' 활동을 통해, 말과 설득, 토론을 통해 모든 것을 결정하는 삶의 방식을 배타적으로 향유하는 이들, 즉 남성 시민들로 구성된 폴리스만이 인간을 진정 인간으로 만들어주는 공간이다. 가정이 가부장으로 대표되는 위계와 폭력을 통해 유지되는 공간인 반면, 폴리스는 개체 유지와 종족 보존의 필연성, 삶의 절박성으로부터 자유로운 개인들 사이에 완전한 평등이 보장되는 공간이다. 자신과 동등한 사람들 사이에 살고 이 사람들하고만 관계를 맺는 것을 의미하며 또한 실제로 도시국가 인구의 대다수를 차지하는 '불평등한 자'의 실존을 전제로 한다는 점에서 폴리스 내의 평등성은 정의와 결부된 근대의 평등 개념과 아무런 공통점이 없다는 아렌트(Arendt, 1958)의 주장에도 불구하고 공적 정치와 사적이고 가정적인 삶을 구분하고 각각에 차별적 의미를 부여하던 고전적 인식틀은 지금의 우리가 가정, 사회, 정치, 사적, 공적 등을 구분하고, 인식하고, 대하는 방식과 상당히 깊은 관련이 있다.

아렌트에 의해 개념화된 공적 영역에서는 소위 노동이나 일상의 일과는 대조되는 행위로서의 정치라는 특정 유형의 활동만이 일어나며, 이 영역은 그 안에서 만들어지는 공적 대화의 실질적 내용에 의해 다른 영역들로부터 차별화된다. 그러나 공적 영역에 대한 접근성이나 여기에서 논의되어야 할 의제가 미리 결정되기 어려워진 근대 이후에 각 영역 사이의 경계는 유동적이며 상호 침투적이 되었다. 노동이나 일상의 일과 같은 특정 유형의 행위, 더 나아가 모든 경제나 기술 관련 이슈들이 권력 관계에 기초하며, 공적 논쟁의 문제가 될 수 있음을 무시하고 이들을 사적 영역 안에만 귀속되는 것으로 보는 아렌트의 관점과는 대조적으로, 세일라 벤하비브Seyla Benhabib는 "생계를 위한 노동이나 일과 같은 행위 유형들이 그것들을 통치하는 불균등한 권력 관계의 관점으로부터 도전받고 문제시될 때 공적 영역의 중심에 위치하게 되며, …… 언제나 새롭고 예기치 못한 공적 의제가 대두될 수 있다는 점에서 논의되는 의제의 종류에 의해 공적 공간을 정의내리고 차별화하려는 시도는 무익한 것"이라 설파한다(Benhabib, 1992). 이러한 주장은 실질적인substantive 것이 아닌 절차적인procedural 것으로 공적 영역을 개념화하는 것이다. 공과 사의 경계는 각각에 속하는 어떤 본질적 차이에 의해 설정되는 것이 아니다. 이해 당사자들이 결집하여 타협하고 갈등하며 판단하는 과정을 통해 특정 의제가 공적이거나 사적인 사안으로 분류됨과 함께 이것이 다뤄지는 공간의 속성이 규정되는 것이다. 절차적 관점에서 보면 공적인 것과 사적인 것을 본질적으로 구분되는 것으로 상정하고, 규범과 가치, 보편적 이해와 개별적 필요, 정의justice와 좋은 삶good life을 대비시켜, 각 쌍의 전자는 공적 영역, 후자는 사적 영역과 관계되는 것으로 보는 본질주의적 이분법은 부정된다. 이러한 본질주의적 인식 방식에 기초해 있으며, 그로 인해 다층적이고 복합적으로 구조화된 근대 사회 정치 체계에 대한 분석에서 여러 한계를 드러낸다는 점에서 위르겐 하버마스Jürgen Habermas의 공론장 이론 또한 비판받는다.

하버마스가 발전시킨 아이디어로서 근대 부르주아 공론장은 합리적 토론을 통해 공동의 이해나 공적 관심의 문제들에 대한 합의를 도출해내기 위해 공중으로 결집한 사적 개인들의 모임이며, 이는 공공성을 통해 국가가 가족과 경제의 영역으로서 사회에 책임을 지도록, 그리하여 국가 권력이 정당성을 확보하도록 이 두 영역을 매개하는 역할을 한다. 이 매개 역할이 초기에는 국가 활동이 비판적 검토를 통한 여론의 대상이 될 수 있게끔 국가 기능에 대한 정보에의 접근권 요구와 관련되었으나 점차 이 활동이 공식화되면서 의회라는 형태로 제도화되었다(Habermas, 1962/1990). 이러한 이론 틀에서 공론장은 국가로 하여금 (일부) 시민들에게 책임을 지도록 만들어 정치적 지배를 합리화시키고자 하는 제도적 메커니즘이자 공적 문제에 대한 자유롭고 합리적인 담론적 상호작용을 가리키는 것이다. 이러한 하버마스의 자유주의적 부르주아 공론장 개념은 그것이 기초하고 있는 전제들과 관련하여 다양한 비판에 직면해 왔다. 먼저 하버마스의 자유주의적 부르주아 공론장 개념은 공개성, 접근가능성 등의 수사에도 불구하고 다양한 배제의 원리에 기초하고 있다. 예를 들어 고대 사회에서뿐만 아니라 근대 부르주아 사회에서도 공적인 합리성은 계급 특권과 도전받지 않는 남성의 가정 내 지배권을 기반으로 한다. 즉, 살롱이나 공중 카페에서 (특히 저녁 시간에) 다른 사람들과 합리적 논의를 하기 위해서는 여가, 가사에서의 해방, 노동에서의 해방 등의 필수 조건이 전제되어야 한다. 여성의 가부장제적 종속과 사유 재산, 이 두 가지가 계몽주의 이후 시기의 부르주아 사회의 공적인 합리성이 발전하는 데 없어서는 안 되는 조건이라는 점에서, 하버마스의 공론장은 가장 근본적인 수준에서 부르주아적이며, 남성적인 공론장이다. 여러 사회 집단은 물적 자원의 가용성뿐만 아니라 각기 다른 방식으로 발전시킨 문화적 스타일 등에 따라 공론장에의 접근성과 그 안에서의 수행성에서 차별을 받는다. 그럼에도 불구하고 하버마스는 남녀가 공유하는 사회적 지위로서 시민권이 의사 소통에서의 동등성을 보장하는 것처럼, 이들 사이에 존재하는 모든 사회적 차별성의 작동이 보류되고 모두가 동등한 사회 구성원으로 숙의의 과정에 참여하는 것처럼 그려냄으로써 실질적인 사회적 평등이 정치적 민주주의의 필수 조건이어야 한다는 의제를 비켜간다(Fraser, 1992; Fraser, 2007; Gouldner, 1976).

이 비판에 더해 낸시 프레이저Nancy Fraser는 '사적 개인들이 공적 문제에 대해 숙의하는 담론장'으로서 하버마스의 부르주아 공론장은 공적 문제와 사적 문제의 구분을 전제로 하며, 공중의 의제로서 다뤄질 우선권을 공적 문제에 부여하는 부분을 문제시한다. 공론장에서의 담론은 '공동선'에 관한 숙의에 제한된다는, 공중이 개인적 선호를 넘어 숙의를 통해 공동선을 고양시키는 것을 목적으로 하는 것이라는 전제는 사적 이해와 사적 이슈로 인식되는 것들의 등장을 바람직하지 못한 것으로 만들며, 이들을 공적 논의로부터 배제시키는 근거가 된다. '공적'과 '사적'이라는 용어 또는 개념의 이용은 종종 정치 담론에서 특정한 이해나 관점, 이슈에 정당성을 부여하거나 또는 박탈하고자 하는 의도들과 결부된다. 가령 '사생활'이라는 수사는 역사적으로 많은 사안을 개인화시키거나 가족 내의 문제로 만듦으로써 정당한 공적 논쟁의 대상에서 제외시키는 데 이용되어 왔다. 여러 사회적 관계 내의 갈등, 억압이나 차별적 상황을 사생활의 문제로 치부함으로써 이에 대한 집단적 관심이나 개입의 여지를 차단하는 것이다. 여성이나 노동자 계급, 인종적·성적 소수자 등의 주변부적 사회 집단이 공론장에의 형식적 참여를 허가받았더라도 그들과 관계하고 그들의 이해를 반영하는 이슈들이 '가정적 사생활'이나 '경제적 사생활' 등의 개념과 연결됨으로써 이에 대한 사회적 논쟁과 배려의 태도가 위축될 가능성이 항상 존재한다. 이와 관련하여 프레이저는 어떤 사안이 모든 이에게 영향을 미칠 수 있는 것인지 아닌지, 즉 공적인 것인지 아니면 사적인 것인지에 대한 판단은 다양한 이해 관계가 개입되기 때문에 논의의 참여자 간의 담론적 경합을 통해 결정될 수 있는 것이지 논의가 시작되기 전에 미리 결정될 수 없는 것이라 주장한다. 또한 공론장이 공동선의 달성을 목적으로 개념화되었으나, 여기에서 '공동'의 범주에 누군가는 속하고 이로부터 누군가는 배제될 여지가 있음에 대한 숙고의 필요성 또한 제기한다(Fraser, 1992).

페미니스트적 관점에서 보자면, 전술한 공과 사, 정치와 비정치 영역에 대한 이분법적 구분이 여성과 전형적인 여성적 행위 유형이나 범주로 구분되는 것—가사일, 재생산, 어린이 양육이나 노인 부양 등—을 사적 영역에 가두는 데 일조해 왔다. 여성과 관련된 것으로 분류되는 이슈들은 대개 사적 삶의 문제, 개별적 가치나 이해가 결부된 문제로 정의되어 왔고, 사적 영역으로서 가정 안에서 맺어지는 생래적이며 변화 불가능한 인간 관계를 반영하는 것으로 다뤄져 왔다(Benhabib, 1992). 여성의 삶과 주로 연계되는 사생활, 사적 권리, 사적 영역의 의미는 정치적 국가의 개입 밖의 영역 또는 권리로서 이해되어 왔으며, 무엇보다도 친밀성intimacy이라는 개념을 통해 특화되어 왔다. 일상적 필요가 충족되고, 성관계와 성적 재생산이 이뤄지며, 어린이와 노약자에 대한 부양이 이뤄지는 공간으로서 사적 영역이 친밀성의 공간으로 구성됨은 상당한 정치적 함의를 갖는다. 근대 초기 부르주아 가족의 기원과 변형 과정에 대해 연구한 로렌스 스톤Lawrence Stone에 의하면, 절대 국가에 반해 정치, 종교와 경제 영역에서의 자율권을 위해 투쟁하던 남성 부르주아 시민이 가족 내에서 맺는 관계는 합의나 평등과는 무관한 것이었다. 평등과 합의에 기반한 정치 체제의 구성을 추구하던 남성들이 가족 내에서는 가부장으로서의 권위를 행사하고 가족 내 위계적 관계를 자연시하는 데에서 긴장이 발생한다. 그러나 사적/가정 영역의 문제는 정의의 가치가 아닌 친밀성의 정서를 통해 풀어나가야 한다는 아이디어가 공적 영역에서 민주주의적 가치가 부상하던 시기에 사적 영역 내에서는 젠더 간 위계 질서가 자연화되고 고착화되는 상황의 모순성을 가려주는 역할을 한다(Stone, 1979; Benhabib, 1992 재인용).

근대 이래 여성들이 참정권을 획득하고 노동 인구로 대규모 포섭되면서 정치적 자유와 경제적, 그리고 친밀성의 사적 영역에서 자유의 문제가 상호 융합되어 오고 있으나, 주류 정치 이론은 대체로 젠더의 측면을 고려하지 않거나 사적 관계들, 친밀성에 의해 결합되는 가정은 그 안에 권력의 문제가 존재하지 않는 것처럼 다뤄 왔다. 공중, 공론장, 공공성 publicity, 시민권에 관한 이론들은 대체로 공적인 것과 사적인 것 사이의 이분법적 구분을 전제로 하며, 이러한 구분짓기는 여성 억압과 사적 영역에서의 착취를 정당화하는 지배 담론의 일부로 기능해 왔다. '공적 영역'의 의미는 '사적 영역'에 대한 관념과 함께 발전했는데, 인간이 공적인 존재가 될 수 있음은 공적 영역에서 발생하는 모든 피로와 긴장을 식힐 수 있는 장소로, 공적인 지지를 획득하는 데 실패한 노력에 대해 지지를 받을 수 있는 장소로 정의되는 가정, 사적인 영역이 있기 때문에 가능하다. 자신이 한 행동에 책임을 지고 행동의 이유를 밝혀야 하는 공적인 영역과는 달리 사적 영역은 상호 의존과 애정 관계, 융통성에 기반하고, 공적인 합리성이 적용되지 않으며, 행위에 대한 타당한 이유를 댈 필요가 없는 곳으로 개념화되어 왔다. '진정한 여성성의 신화'를 만들어 불평등한 성역할 구분을 정당화시키고, '이상적 가족 생활의 이미지'를 통해 가정이라는 사적 영역을 공적 삶의 충돌로부터 벗어난 이상향적 보호구역으로 만들어내는, 근대 부르주아 계급의 부상과 함께 발전한 핵가족 모델이 이러한 지배 담론의 예라 할 수 있다. '갈등과 충돌에서 벗어나 애정으로 돌보는 가족'이라는 수사는 소위 사적이라 분류되는 관계 안에 존재하는 다양한 차별과 억압의 문제를 가린다(Gouldner, 1976). 그러나 공과 사, 정치와 비정치 영역을 가르는 차이가 실질적인 것이 아닌 다양한 권력과 이해 관계를 반영하여 역사적으로 구성된 것이라는 대안적 관점에 눈을 돌리고 이를 통해 문화적 실천을 바라보면 변화와 개선, 진보는 특정 영역에 제한되어 이뤄지고 달성되어야 하는 것이 아니다. 기존의 관습적 분할 방식이 더 이상 당연하게 받아들이기 어려운 것이며, 소위 (정황적으로 규정된) 사적 영역에서의 변화 없이 (정황적으로 규정된) 공적 영역에서의 변화는 불가능하다는 것을 인식할 때 우리의 일상적 실천들이 새로운 각도에서 그 의미를 드러낼 수 있다.

절차주의적 해석을 통해 보면 '정의'와 '좋은 삶', 공적 '규범'의 문제와 사적 '가치'의 문제, '공공의 이익'과 '사적 필요' 사이의 실질적인 구분이 약화된다. 또한 참여자가 어떠한 문제건 비판적 검토와 반성적 심문의 대상으로 제시할 수 있게 대화의 의제가 개방되면, 대화가 시작되기 이전에 특정 이슈가 공적 정의의 이슈나 또는 사적인 좋은 삶에 관한 이슈로 그 본질이 미리 결정될 여지가 없어지게 된다. 공개적이고 절차적으로 공정한 담화를 통해 이러한 구분들에 대한 재협상, 재해석, 재접합이 이뤄질 수 있음에 대한 강조는 비판적 정치 · 사회 이론의 전개에 상당한 함의를 갖는다. 공과 사, 정치와 비정치의 외연을 뚜렷하게 구별하고자 하는 아렌트와 달리 카를 슈미트Carl Schmitt는 "정치란 적과 친구를 구분하는 문제"라 정의내리며, 적과 친구의 적대가 전면에 나선 모든 것을 정치의 영토로 개념화한다. 적과 친구 사이가 구분되는 적대가 설정되는 순간 어떤 영역도 정치의 영토가 되는 것이라는 주장을 통해 정치 영역의 본질적 차별성을 거부한다(Schmitt, 1932). 이런 관점에서 보자면 우리는 이제 경제 · 문화 · 종교 · 사회 등과 구분되는 제도적 영역으로서 정치politics와는 다른, '정치적인 것the political'에 대해 고민해야 한다. 친구와 적 관계를 중심으로 구성된 슈미트의 정치학에 기대어 보면, 정치적인 것은 어떤 한 제도, 사회의 특정 분야나 차원으로 제한되지 않는다. 정치적인 것은 여러 형식을 취할 수 있으며, 적의가 존재하는 다양한 형태의 사회적 관계가 정치적인 것으로 이해될 수 있다.

정치·사회 체제의 상징적·물질적 몫 분배에서 셈해지지 않는 몫 없는 자들, 사회 내 권력의 위계 질서에 의해 차별받는 이들의 존재, 이 몫 없는 자들의 몫이라는 '공백'의 존재를 드러내는 것이 정치라면, 이러한 차별적 구조를 당위적인 것으로 만들어내고자 하는 이해와 이에 저항하는 이해 사이의 불화가 존재하는 곳은 어디건 정치적인 것이 작동한다 할 수 있다(Rancière, 1998). 이런 관점에서 정치란 새로운 평등주의적 사회 관계들, 실천들, 제도들을 전략적이고 맥락적으로 추구하는 것이며, 이는 헤게모니적 접합 과정을 통해 이뤄질 수 있다. 공적 정치와 사적 비정치 영역의 구별은 무비판적으로 보존되어야 할 것도, 포기되어야 할 것도 아닌, 서로 다른 방식으로 구축되는 것이다. 모든 상황은 공과 사 사이에서 일어나는 하나의 마주침이라 샹탈 무페Chantal Mouffe는 주장한다(Mouffe, 2005). 좀 더 평등한 상호성에 기반한, 모든 사회 영역에서의 민주화를 강조하는 이러한 관점들의 전유를 통해 공적 정의의 문제와 사적인 좋은 삶의 문제, 공동의 이해와 개별적 필요 사이를 구분하고 제도적·집단적 관심 대상으로서의 우선순위를 차별적으로 부여하던 기존의 방식들이 조정될 수 있다. 여러 경계의 선들을 가로질러 우리 삶의 모든 영역에서의 실천들이 정치적 관점에서, 정의와 평등, 자유와 민주성의 가치를 통해 고려될 수 있다. 이런 경계선 흐리기가 기존에 사적인 것으로 분류되어 온 여러 관계와 젠더 간 노동 분할 등을 지배하는 규범들에서의 민주화가 주변적인 문제가 아닌, 공동의 관심과 배려를 통해 해결되어야 할 중심적 사회 의제로 복권되는 것을 도울 수 있다.

사이버커뮤니케이션: 공과 사, 일상과 정치의 분할을 넘어서

"개인적인 것이 정치적인 것이다! The personal is political!"라고 외친 40여년 전 자유주의 페미니스트들이 공동체적 이익보다 개인적 필요와 이해의 우위를 강조함으로써 공동체를 약화시키며, 남성과 같아지기를 원하는 여자들로 명명되면서 그 목소리의 정당성이 약화되었으나, 이 구호는 전통적인 공과 사의 이분법에 따라 가정, 사적 관계와 문제는 정의와 평등 원칙 적용에서 심각한 고려의 대상이 되지 못하는 상황에서, 사적 관계나 영역의 문제라 간주되는 것들에 정치적 의미를 부여하지 못하고 여성이 자신의 정치성을 확보하고 드러내기 위해서는 공적 공간에서 좀 더 공적, 적어도 사회적 이슈에 대한 목소리 내기를 해야 한다는 편견을 극복해야 할 시점에서 여전히 시사하는 바가 있다. 오이코스oikos에서 먹고 사는 문제를 해결해야 할 여자들이 이제 참정권을 얻어 공적 영역에 들어왔고, 아렌트의 말을 빌려, "먹고 사는 문제와 정치가 구별하기 힘들게 뒤섞여버린, 먹고 사는 문제를 다투는 게 곧 정치가 되어버린 '사회'가 발전되는 시기에"(Arendt, 1958), 특히 더 이상 공적 공간과 사적 공간으로 명확히 분류되기 힘들어진 사이버 공간, 그 안에서의 실천들은 기존의 근대적 인식론의 토대 밖에서 이해되어야 한다.

전통적으로 시민권은 좀 더 남성적, 공적 공간에서의 실천들에 관한 것이었다. "공동체의 일원으로 자격 요건을 갖춘 이들에게 주어지는 지위이며, 이를 획득한 모든 이는 동일한 권리와 의무를 부여받는다"고 정의되는 전통적 시민권 개념은 보편성의 허울을 쓰고 있으나 그 이면에 포함과 배제의 역학을 내장하고 있다. 이는 공평무사하고 합리적이며 독립적인 정치 행위자로 공적 공간의 시민을 정의하면서 여성들을 이러한 자질을 결여한, 사적이고 가정적인 일들을 책임지는 데 더 적합한 이들로 만들어 다양한 정치와 경제 활동으로부터 소외시켜 왔다. 여성성의 본질을 이와같이 규정하고 이를 통해 형식적으로는 보편적 시민권을 부여받은 시민으로서 여성들의 지위가 여전히 '불평등, 차별, 억압'으로 특징지어지게 하는 현실 사회 질서에 도전해야 한다. 더불어 여성들이 현실적으로 자신들에게 주어진 역할과 공간 안에서의 이해 관계를 해결하기 위해 행하는 여러 실천의 정치성을 인정하는 시민권 개념의 개발이 필요하다. 이 개념은 권리나 책임 등의 개념이 사적 관계의 영역에도 적용되고, 사적이고 개인적인 관계들도 정치적인 함의를 가짐을 인정하며, 사적 공간에서의 평등과 민주화 달성을 우선시하는 것이다. 이는 공식적 정치 영역이 여성들에게 좀 더 개방적이 되어야 함을 부정하는 것이 아닌, 여성들의 경험에 기초하고 이들의 다양하고 구체적인 현실 경험을 수용하는 정치 문화의 발전에 가치를 두는 것이기도 하다(Wang, Li, & Guo, 2012).

표피적이고 파편적이며 진부한 것으로 판단되고 부정적으로 다뤄져 온 일상성에 대한 전통적인 태도의 극복으로부터 이와 같은 정치문화가 시작될 수 있다. 일상생활은 재화의 생산뿐 아니라 인간 관계가 형성되는 삶의 장, 가부장적이고 자본주의적인 억압과 착취가 자행되는 장이다(Lefebvre, 1968). "일상생활은 구체적인 인간 소외와 사회 문제가 총체적으로 드러나는 장소로서 일상생활에 대한 탐구는 전체 사회를 이해하고 정의내리는 데 필요 불가결한 것이다. 걸핏하면 대수롭지 않은 것으로 치부되어 온 우리 시정의 삶을 구성하는 몸짓들이 우리 삶을 구조화하는 것이며, 이 '대수롭지 않음'이 바로 사회성의 보고이다. 이러한 전망에서 진부한 것이 참된 탐색의 대상일 수 있다"(Maffesoli, 1989). 사회 속의 진부한 것에 대한 인식은 평등하고 민주적인 사회 체제 구축이 공과 사의 구분을 넘어 우리의 일상생활에서의 민주화로부터 시작되는 것임을 인식하는 것이다. 일상생활에서의 민주화를 위해 먼저 사회 내 이질적 집단들의 존재가 인정되어야 한다. 특히 억압받고 차별받는 집단들의 목소리나 관점들이 주류에 동화되거나 포섭되지 않고 그 자체 효과적으로 재현되고 들려지며 진지하게 고려될 수 있는 메커니즘의 개발이 필수적이다.

사이버 공간이 종종 이런 대안적 메커니즘의 하나로 언급된다. 사이버 커뮤니케이션의 활성화와 함께 공론장 아이디어가 다시 부각된다. 컴퓨터 매개 상호작용이 공론장에 대한 오랜 열망을 현실화한다는 것이다. 그러나 하버마스는 단일의 포괄적인 담론의 장으로 공론장을 개념화함으로써 서벌턴 대항 공중counterpublics이 대항 담론들을 개발하고 유통시켜 평등 사회 달성에 기여할 가능성의 전망을 차단시킨다. 공동의 관심사에 대한 토론과 논쟁을 통해 동의를 구성해내는 정치적 정당화의 장소로서 공론장에 대한 아이디어 속에서 사회적이고 정치적인 삶을 분할하는 근본적 반목들은 은폐되고, 명목상으로는 공중의 일원에 속하나 동등하게 공적 논의에 참여할 기회에서 구조적으로 차별받는 사회 구성원들의 존재는 가리워진다. 그렇다면 여러 가지 구분짓기를 통해 이뤄지는 차별과 억압을 드러내면서 동시에 극복하고, 평등하며 민주적인 사회 관계에 이르기 위한 실천들이 이뤄지는 공간, 우리의 "창조성과 행동(실천)에 따라 가변적인, 복합적이고 다차원적이고 다면적인 우리 일상의 체험들 속에서 우리의 발걸음의 경로가 형성하고 짜내는 '발화 공간'"(Certeau, 1984)으로서 사이버 공간과 이 안에서의 문화적 실천을 굳이 공론장이라는 개념 또는 용어를 빌려 설명할 필요가 있을까. 하버마스의 후기 작업들에서 공론장은 동의의 공간으로서 속성들이 얼마간 약화되는 경향이 있으나 여전히 반목과 갈등성을 내포하지는 않는다.

페미니스트 학자들은 사이버 공간을 매개로 이뤄지는 다양한 형식의 사회 운동, 정치적 행위를 통해 여성들이 자신의 시민권을 행사하고 권능감을 획득하는 방식에 많은 관심을 두고 이를 기록해 왔다. 여성들이 페미니스트적 관점에서 다양한 의제를 논의하는 장으로 인터넷을 이용하는 방식들, 정치 운동의 네트워크 구축을 위해 인터넷을 이용하는 방식들, 정치 세력을 구성하고 나아가 여성 간 국제적 연대를 이뤄내는 방식들에 관심을 두어 왔다(van Doorn & van Zoonen, 2009). 사이버 공간에서의 문화 실천에 대한 이러한 페미니스트적 접근에서도 여성들이 나누는 좀 더 사적이고 일상적인 삶과 관계에 대한 이야기들은 주변화되고 사소화된다. 이러한 제한적 접근 방식을 극복하기 위해 우리는 사이버 공간을 다양한 사회 집단이 속하고 드러내는 복수의 현실들이 하나로 수렴하는 장소가 아닌 다양한 층위에서 우리 삶에 영향을 미치는 의미나 실천들과 관련된 갈등과 충돌의 장소로 이해해야 한다. 또한 여기에서는 어떠한 것도 선험적으로 정치적이거나 비정치적인 것으로 결정되어 있지 않다고 봄으로써 이슈의 정치성에 대한 본질주의적 관점을 거부해야 한다. 이를 통해 우리는 사이버커뮤니케이션을 하는 여성들이 특정 시기 특정한 사회적 문제를 부각시켜 공동체적 삶의 근본적인 조건과 관련있는 것으로 정치화하는 모습들을 세밀하게 잡아낼 수 있다. 이러한 인식론적 전환을 통해 사적이고 일상적인 사안들에 대해 고민을 토로하고 이슈화하며 때로는 이를 중심으로 관심의 결집을 일으키는, 이러한 사안들을 정치화하는 여성들이 능동적인 정치의 주체로 자리매김될 수 있다.

참고 문헌

Arendt, Hannah (1958). *The human condition*. 『인간의 조건』. 이진우 · 태정호

옮김 (1996). 서울: 한길사.

Benhabib, Seyla (1992). Models of public space: Hannah Arendt, the liberal tradition and Jürgen Habermas. In Craig Calhoun (Ed.), *Habermas and the Public Sphere*. Cambridge, MA: MIT Press.

Certeau, Michel de (1984). *The practice of everyday life*. Berkeley: University of California Press.

Fraser, Nancy (1992). Rethinking the public sphere: A contribution to the critique of actually existing democray. In Craig Calhoun (Ed.), *Habermas and the Public Sphere*. Cambridge, MA: MIT Press.

____ (2007). Transnationalizing the public sphere: On the legitimacy and efficacy of public opinion in a post-Westphalian world. *Theory, Culture & Society*, 24(4): 7-30.

Fredrick, Christine A. N. (1999). Feminist rhetoric in cyberspace: The ethos of feminist Usenet newsgroups. *The Information Society*, 15: 187-197.

Gajjala, Radhika (2002). An interrupted postcolonial/feminist cyber-ethnography: Complicity and resistance in the "cyberfield." *Feminist Media Studies*, 2(2): 177-193.

Gajjala, Radhika & Mamidipudil, Annapurna (1999). Cyberfeminism, technology, and international development. *Gender and Development*, 7(2): 8-16.

Gouldner, Alvin W. (1976). *The dialectic of ideology and technology: The origins, grammar, and future of ideology*. 『이데올로기: 그 기원과 원리와 미래』. 김쾌상 옮김 (1982). 서울: 한벗.

Gurak, Laura J. (2001). Is this the party to whom I am speaking?. *Women's Review of Books*, 18(5): 5-6.

Habermas, Jürgen (1962/1990). *Strukturwandel der offentlichkeit: Untersuchungen zu einer Kategorie der burgerlichen Gesellschaft*. 『공론장의 구조변동: 부르주아 사회의 한 범주에 관한 연구』. 한승완 옮김 (2001). 서울: 나남.

Haraway, Donna (1985). A manifesto for cyborgs: Science, technology, and socialist feminism in the 1980s. *Socialist Review*, 80: 65-107.

Herring, Susan C. (2003). Gender and power in online communication. In J. Holmes & M. Meyerhoff (Eds.), *The Handbook of Language and Gender*. Oxford: Blackwell Publishers.

Jazwinski, Christine. H. (2001). Gender identities on the World Wide Web. In C. R. Wolfe (Ed.), *Learning and teaching on the World Wide Web*. San Diego: Academic Press.

Lefebvre, Henri (1968). *La vie quotidienne dans le monde moderne*. 『현대세계의 일상성』. 박정자 옮김 (2005). 서울: 기파랑.

Maffesoli, Michel (1989). 일상생활의 사회학—인식론적 요소들. 『일상생활의 사회학』. 박재환, 일상성 · 일상생활연구회 옮김 (1994). 서울: 한울아카데미.

Mitra, Ananda (2001). Marginal voices in cyberspace. *New Media & Society*, 3(1): 29-48.

____ (2004). Voices of the marginalized on the Internet: Examples from a website for women of South Asia. *Journal of Communication*, 54(3): 492-510.

Mouffe, Chantal (2005). *The return of the political*. 『정치적인 것의 귀환』. 이보경 옮김 (2007). 서울: 후마니타스.

Rancière, Jacques (1998). *Aux bords du polique*. 『정치적인 것의 가장자리에서』. 양창렬 옮김 (2008). 서울: 길.

____ (2004). *Malaise dans l'esthétique*. 『미학 안의 불편함』. 주형일 옮김 (2008). 고양: 인간사랑.

Schmitt, Carl (1932). *(Der) Begriff des Politischen: Text von 1932 mit eimen Vorwort und drei Corollarien*. 『정치적인 것의 개념: 서문과 세 개의 계론을 수록한 1932년 판』. 김효전 · 정태호 옮김 (2012). 파주: 살림.

Spivak, Gayatri C. (1988). Can the subaltern speak? In C. Nelson & L. Grossberg (Eds.), *Marxism and the interpretation of culture*. Urbana and Chicago: University of Illinois Press.

Sundén, Jenny(2001). What happened to difference in cyberspace? The (re)turning of the she-cyborg. *Feminist Media Studies*, 1(2): 215-232.

van Doorn, Niels & van Zoonen, Liesbet (2009). Theorizing gender and the internet: Past, present, and future. In A. Chadwick & P. N. Howard (Eds.), *Routledge handbook of Internet politics*. New York: Routledge.

van Zoonen, Liesbet(2001). Feminist Internet studies. *Feminist Media Studies*, 1(1): 67-72.

Wajcman, Judy(2000). Reflection on gender and technology studies: In what state is the art? *Social Studies of Science*, 30(3): 447-464.

Wang, Yongxiang, Li, Jingping, & Guo, Zhonghua (2012). Constructing a gender-oriented mode for modern citizenship. *Journal of Cambridge Studies*, 7(4): 32-53.

한국 사회 말들의 풍경과 '넷파워net power'의 함의
: 온라인 남성 주도 커뮤니티의 문화와 활동에 관한 소고

이기형 · 황경아

사이버 공간의 사회문화적 특성, 역할과 위상

N은 컴퓨터의 전원을 켜고, 언제나처럼 자신이 즐겨 찾는 사이트를 방문한다. 어제 새벽까지 이 커뮤니티에서는 '군가산제'의 문제를 두고 새벽까지 격론이 일었다. 로그인을 하고 어제 접했던 문제의 글을 읽기 시작하자 한 커뮤니티의 구성원이 올린 군가산제를 적극적으로 지지하는 글에는 이미 수십 여 개의 댓글과 덧플들이 달려 있다. 어제 밤늦게 이 상황을 처음 접한 후에, 그는 여러 개의 댓글이 새로 추가되었음을 확인하게 된다. N은 다시 게시된 글과 댓글들을 꼼꼼히 읽는다. 일정한 논리와 근거를 제시하며 군에 다녀온 이들에게 정부가 일정한 보상책을 제공해야 한다고 주장하는 댓글들에서, 여성단체나 여성부 혹은 이른바 '꼴통 페미'를 공격적으로 거론하는 강한 톤의 댓글들과 이를 지지하는 감정이 섞이고 비어가 담긴 표현들에 이르기까지 매우 많은 의견과 이견 그리고 논점들이 분출하고 있음을 접한다. 게시된 글과 반응들을

읽어가며 그는 한동안 생각하다가, 키보드 자판을 두들기기 시작한다.[1]

얼굴 없는 영화평론가 듀나가 운영하는 유명 영화 관련 인터넷 커뮤니티 사이트 '듀나게시판'((이하 듀게)은 최근 '박근혜 전 한나라당 대표의 별명' 논란으로 뜨겁게 달아올랐다. 조국 서울대 법학전문대학원 교수가 지난 [2011년 9월] 9일 트위터를 통해 박 전 대표를 '발끈해(화를 잘 낸다고 해서 붙여진 별명)'로 지칭한 것에 반발한 커뮤니티의 한 회원이 조 교수의 확인되지 않은 과거를 사실인 양 들춰내며 조 교수를 공개적으로 비방하고 나섰기 때문이다. 이에 조 교수는 곧바로 '듀게'의 정식 회원으로 가입, 허위 사실을 유포한 회원에 대해 "형사 고소를 할 수 있다"는 경고의 글을 남겼고 이후 100여 개가 넘는 댓글이 이어진 끝에 결국 문제의 회원이 조 교수에게 공식 사과를 하는 것으로 논란은 일단락됐다. 영화라는 공통의 관심사를 즐기기 위해 만들어진 커뮤니티 게시판에 난데없이 정치적 공방이 거세게 몰아친 한 사례이다. 2001년 개설된 이후 국내외 야구 애호가들이 모이는 대표적인 커뮤니티로 성장한 'MLB파크'도 최근 정치 관련 논쟁으로 게시판이 가득 차고 있다. 이 때문에 야구와 관련이 없는 게시물을 위한 별도의 '불펜bull pen 게시판'을 둘 정도이다. 지난 주에는 서울시 무상급식 투표 이후 내년 총선 지지 정당을 묻는 한국일보의 설문조사 결과를 놓고 100개가 넘는 댓글이 달릴 정도로 치열한 논쟁이 벌어졌다. 야구 동호인들이 매일 경기 결과에 대해 촌평을 나누던 커뮤니티 게시판에는 "보수층을 지지하는 20대가 늘어난 이유가 무엇인가"라는 물음과 관련된 수많은 의견이 쏟아졌다. 미 정부의 외교 전문을 공개해 전 세계적인 파문을 일으키고 있는 위키리크스와 관련해서도 커뮤니티 사이트는 네티즌 논객들의 '멍석' 역할을 톡톡히 하고 있다. 19일 영

1 이 글은 한 인터넷 커뮤니티에서 필진 중의 한 명이 비교적 장기간에 걸쳐 겪은 체험과 관찰을 기반으로 작성한 일종의 팩션faction이다.

상기기 동호회 사이트 'DVD 프라임'을 비롯한 커뮤니티 사이트에는 이른바 '위키리크스 한국 관련 문서 번역 프로젝트' 링크가 일제히 게시됐다. 국내 언론이 현 정부 인사들과 관련된 외교 전문 내용을 소극적으로 보도한다고 판단한 몇몇 네티즌이 정치 논쟁이 활발한 커뮤니티 게시판을 이용해 직접 외교 전문을 번역해 알리는 활동에 나선 것이다.[2]

생겨난 지 2년 남짓한 유머 사이트 일베(일간베스트저장소)가 기존 인터넷 커뮤니티의 판도를 바꾸고 있다. 랭키닷컴의 조사 결과에 따르면, PC를 통한 접속 기준으로 지난해 12월 한 달간 일베를 방문한 사람의 수는 약 211만여 명이다. 이는 만들어진 지 12년이 되는 진보 성향의 MLB파크(야구 커뮤니티), 클리앙(IT 정보 공유 커뮤니티)의 월간 방문자 수와 거의 비슷한 수치이다. 랭키닷컴에 따르면, 지난 1년간 일베는 PC 방문자 기준으로 4배가량 방문자 수가 늘어났다. 스스로를 컴퓨터공학을 전공하는 20대 대학생이라고 밝힌 일베 운영자 '새부'는 중앙일보와의 이메일 인터뷰에서 "일베에서는 기존의 허례허식을 신경쓰지 않는 직설적인 대화, 희화화가 이뤄진다. 이런 게시물을 보며 기존의 상식이 파괴되는 경험을 하게 된다"며 일베의 인기 이유를 밝힌 바 있다.[3]

당대를 살아가는 대다수의 한국인, 특히 청·중년층에게 '온라인을 매개로 한 삶'은 결코 무시할 수 없는 비중을 차지한다. 한국 사회 속의 주체들은 온라인의 사이트들과 최근에 활기를 띠고 있는 SNS의 공간을 매개로, 자신들에게 유용한 정보를 갈무리하며, 일상 속의 소소한 사안과 편린들 그리고 자신들의 체화된 경험과 입장을 표현하고, 타인들로부터

2 한국일보, 2011년 9월 22일자 기사 참고.
3 주간경향, 2013년 1월 29일자 기사 참고.

반응과 답변을 구하며 비교적 활발하게 교류한다. 나아가서 이들 사이트는 사회정치적인 이슈나 쟁점들에 대한 의견과 감정을 진솔하게 표출하고 공유하기도 하며 종종 크고 작은 다툼과 갈등을 생성하기도 한다.

이 과정에서 낯선 이들과의 온라인을 매개로 한 교류와 연대감 혹은 느슨한 연대와 공동체 의식이 일정하게 형성되기도 하고, 이견과 관점의 충돌로 치열한 말들의 공방전이 생성되기도 한다. 인터넷 혹은 넷은 그런 차원에서 공적이고 사회적인 공간의 모습을 발현하지만 동시에 무수한 사적인 발화와 크고 작은 담화와 담론들이 복잡하게 어우러지고, 또 다른 한편에서는 패러디와 놀이문화 그리고 감정들이 분출하고 공유되기도 하는 거대하지만 동시에 매우 복잡한 매개의 공간이다.

넷 공간에서는 특정한 정치적인 주제와 사회적인 관심사를 둘러싸고 일상적으로 논의와 토론이 발생한다. 이와 관련해서 언론학자 강준만(2006)과 전규찬(2012)이 지적한 것처럼, 온라인은 '인정 투쟁'과 결연association의 공간이자, 이 시대를 살아가는 주체들의 감정 구조와 실존의 단면들을 반영하는, 동시에 치열한 논전이 벌어지는 일종의 무대stage이며, 한국인들의 집합적인 자화상을 예시하는 특정한 성향과 명암을 드러내는 매우 가시적인 영역이기도 하다.

이 글은 이미 다수의 한국인에게 매우 익숙한 일상적인 공간으로서의 존재감과 역할을 발휘하고 있는 사이버 공간의 사회문화적인 특성과 역할 그리고 위상을, 주로 온라인 남성 주도 공동체들의 면모와 특징에 관한 구체적인 논의와 예시를 중심으로 조명하고자 한다. 특히 남성 주체들이 주류가 되어 일상적으로 대화와 결연, 다툼과 경쟁 그리고 합의와 이견을 발현하고 있는 이른바 남성 주도 온라인 커뮤니티에 대한 문화적인 분석과 개입적인 관찰을 제시하고자 한다.

한편 글쓰기의 차원에서는 남성 주도 온라인 커뮤니티가 일상적으로 발현하는 특징과 활동상을 몇 개의 주제로 나눠 관찰점과 함의를 비교적 자유롭되 탄력적이고 현실 개입적인 문화 비평의 방식으로 제공하며, 이 과정에서 연구자이자 동시에 네티즌으로서 그간에 온라인 공동체에서 체득한 체험과 관점을 보완적으로 제시하고자 한다.

인터넷 문화와 디지털 공간의 변동과 관련된 논의들

그간에 인터넷 문화의 개화와 변화의 양상들, 그리고 특정한 정치사회적인 국면에서의 집합적인 활동상과 함의를 조명한 작업들은 상당히 많다. 이 중에서 정책 중심의 논의나 특정 사례에 미시적으로 집중하는 작업을 제외하고, 특히 광의의 '문화적인' 분석이나 비판적으로 '넷의 특성과 명암들'을 조명한 사례들을 중심으로 먼저 논의를 풀어가 보자.

먼저 인터넷이 단순한 청년세대원들(만)의 놀이터나 활동의 장이라는 인식을 벗게 한 주요한 주제들과 대표적인 사례로는 활발하고 논쟁적인 인터넷의 담화와 크고 작은 담론의 장들, 각종의 패러디와 UCC를 통해서 예시되는 인터넷상의 대안적인 문화의 실천과 풍자의 흐름들, 그리고 오프라인에서의 집합 행동으로 이어지기도 하는 온라인에서의 논의와 연대를 매개로 한 정치사회적인 각성과 문제 의식의 점화, 온라인의 '공론장'적인 성격과 명암에 관한 논의들, 그리고 온라인을 기반으로 부상하는 '자기 동원화' 등을 들 수가 있을 것이다(강상현 외, 2011; 강준만, 2006; 김상배 엮음, 2008; 조화순 엮음, 2012; 최양수 외, 2005 참고).

특히 이들 주제는 지난 십여 년 간 언론학과 사회학, 정치학, 정보학, 여성학, 철학, 인문학 등의 영역에서 매우 활발하게 탐구되어 왔고, 일종의 간학문적인 차원의 논의와 문제 의식을 담아내는 작업의 방식으로도 부분적으로는 이미 제시된 바 있다. 이는 과거의 '정보화'의 전개상에 대한 정책적이고 제도와 테크놀로지, 그리고 물적인 수준에서 발현되는 거시적인 효과나 선행 지표들에 관한 탐구 외에, 인터넷 공간이라는 활성화되고 거대한 그리고 동시에 복잡한 모자이크와도 같이 조밀하게 구현된 영역이 강한 사회적인 존재감과 역량을 드러내면서, 일상과 정치, 사회, 문화 등의 층위를 아우르면서 매우 현저하고 강력한 효과와 반응들을 발휘하고 있음을 예증한다.

먼저 현재까지 인터넷의 변화상을 논하는 작업들이 주목하고 활용한 일련의 키워드들 혹은 열쇳말들keywords을 잠시 떠올려보자: 패러디, 논객, 담론, 공론장, 시민 지성과 집단 지성, 탈주와 탈영토화, 다중, 분자혁명, (사이버)저항과 위반, 자발적 동원, 아고라, 미네르바 현상, 파놉티콘panopticon과 시놉티콘synopticon 등의 용어들은 인터넷과 사이버 공간에 관심이 많은 연구자나 비평가라면 상대적으로 이미 상당히 낯익을 그리고 기억에 비교적 생생할 명칭이자 많은 주목을 받아온 개념들이다(강준만, 2006; 강상현 외, 2011; 이소영, 2012; 주창윤, 2010 참고).

예시의 측면에서 접근하면, 이들 용어는 2002년 대선 과정을 중심으로 본격적으로 활성화되었던 온라인상의 담론장과 정치적인 의사 표출의 기억들, 2008년 '촛불 정국'과 관련해서 온라인과 오프라인으로까지 번졌던 시위나 '사이버 항의cyber-protests'와, 정치 권력에 대한 비판과 연동되었던 광장에서의 치열하고 뜨거웠던 상징적인 시위나 결집된 집합행동 등과 같은 아직도 기억 속에 생생한 사건들을 호출하기도 한다(송경재, 2011; 이원태, 2012; 홍성태 엮음, 2009 참고).

이들 사안에서 상대적으로 수평적인 논의와 이어지는 대화를 진행하면서, 탈권위주의와 같은 공유되는 가치와 '삶의 정치' 혹은 '문화정치'와 관련된 일련의 의제를 함께 만들어내고, 이를 오프라인의 광장에서 표출한 다수의 네티즌과 이질적인 배경을 지닌 사회적인 주체들이 보여준 일련의 활동상은, 이 주제에 대한 명과 암을 여전히 균형적으로 조감할 필요가 있겠지만, 한국 사회의 사회문화적인 변동의 새로운 예후와 진동을 강력하게 시사해주는 중요한 사례들이라고 말할 수 있을 것이다.[4]

한편 기성 언론, 특히 보수 언론이나 보수층의 입장에서 보면 치열한 논의와 담론들이 발화되고 전파되는 인터넷은 '괴담의 진원지'이거나 '선동적이고' '합리적이지 못한 광풍과 거짓'이 난무하는 매우 '문제적인'—혹은 그러한 부정적인 측면에만 주로 초점을 맞춰 정의하고 의도된 프레임을 제기하는—공간이기도 하다.

그럼에도 인터넷이 일상 속에서 결코 무시할 수 없는 수준의 문화적인 그리고 사회정치적인 영향력과 활동상을 드러내면서, '탈전통화'와 '후기 근대'를 살아가는 한국인들의 '네트워크로 매개되는 삶'은 지적인 그리고 사회적인 측면에서 일련의 간과하기 어려운 예시와 쟁점들을 제공한 바 있다(강상현 외, 2011; 송경재, 2011; 이광석, 2012; 전규찬, 2012; 최태섭, 2012; 참고).

한국 사회에서 인터넷 공동체들의 부상과 사회적인 역할과 관련된 관찰점을 지리학자 권규상(2012: 41)은 다음과 같이 압축적으로 제시한다.

> 다양한 대안 언론들은 인터넷을 통해 각종 정보를 유통시키고 정부 정책을 비판하면서 국가를 견제하는 수단으로 기능했다. 뿐만 아니라 2008년 광우병 사태에 대한 촛불 시위는 정보통신 기술의 위력을 실감하게 하는 경험이었다. 인터넷 포털을 통해 촉발된 네티즌의 서명운동과 인터넷상의 다양한

4 여기서 광의의 문화정치cultural politics라는 주제는 기존의 제도 차원의 정치 분야나 정책과 언술, 그리고 정부와 정당 등과 같은 행위자의 영역을 넘어서서, 사회적으로 분출하는 크고 작은 이슈와 쟁점들, 그리고 문화, 젠더, 섹슈얼리티, 세대, 환경 등의 과거에는 주변화되었던 사안들을 복합적으로 진단하고, 의제화하며, 기존의 관습적인 정치적인 문법을 넘어서서 사유하고 개입하려는 확장된 문제 의식을 드러낸다.

정보를 바탕으로 광화문과 서울광장으로 쏟아져 나온 사람들은 국가 권력에 대한 견제로서 시민의 자발적인 정치 참여와 이를 통한 공론장의 형성에 크게 기여한[바 있다].

이러한 상당수의 온라인을 연구하는 학자들도 공유하는 관찰점은 인터넷이 일상 속에서 확연하게 그리고 때로는 예기치 않은 동력과 현실 개입적인 흐름들을 생성하는 측면에 대한 진단과 평가를 일정 부분 담아내고 있다. 이제 논의의 톤과 기술의 방식을 조금 바꿔, 사회적으로 일정한 지명도와 관심을 얻게 된 남성 주도 온라인 커뮤니티들의 사례가 발현하는 특징과 함의들을 필진의 관찰점과 문헌 분석을 조합하여 논해 보자.

온라인 공동체들의 부상과 함의들: '취향과 연대의 공동체'들이 발휘하는 명과 암

필자가 지난 몇 년간 거의 매일 여러 차례 들르고, 생활 속의 유용한 정보를 얻으며, 동료 네티즌들과 논의와 논쟁을 벌이기도 하는 사이트는 인터넷상에 존재하는 'DVD 프라임'이라는 커뮤니티이다. 영상과 오디오를 주요한 논의의 주제로 삼고 영화와 DVD에 대한 매우 상세한 리뷰가 제공되는 이 특정한 커뮤니티를 발견하고 지난 수년 간 거의 매일 오고가면서, 필자는 이 사이트에 대한 일정한 호기심과 끌림 그리고 관심을 느끼게 되었다. 또한 회원으로 '본격적으로' 활동하게 되면서, 필자는 일정한 '내부자적인 정체성'을 경험하게도 되었다고 생각한다.[5] 질적인

5 이러한 과정은 통상적으로 특정한 아이디를 고르고 회원으로 등록하며, 접하는 게시글에 댓글이나 덧플reply을 달거나, 특정한 주제를 담은 발제글을 올림으로써 공식화된다.

그림 1: DVD 프라임의 '프라임 차한잔'

방법론의 측면에서 이러한 필자 자신의 참여와 체험을 통해서 아마도 부분적으로는 '참여관찰자'의 모습을 일정하게 지니게 되었다고 말해도 무방할 것이다.

'DVD 프라임'이라는 사이트의 특징은 크게 다음의 몇 가지 관찰로 풀어낼 수 있다. 첫째, 이 사이트는 불특정 다수의 '회원'과 방문자들이 찾아오는 일종의 '취향과 취미의 공동체'로서 특징적인 역할을 수행한다. 앞서 언급했듯이 이 사이트는 영상과 영화에 관한 활발한 논의와 입장의 개진, 그리고 평가와 리뷰 등이 꾸준히 이뤄져 왔으며, 현재는 재생의 매체로서 사회적으로는 상당한 정체를 겪고 있는 DVD나 차세대 매체인 블루레이의 수집과 수용을 둘러싼 일련의 활동이 그럼에도 여전히 상대적으로 매우 활발하게 진행 중인 공간이기도 하다. 부연하면 '자기/조직화'의 측면에서, 이 사이트는 상당한 수준의 활성화된 측면과 공유되는 관심사를 발현하고 있다.

예컨대, 이 사이트 내의 주요한 메뉴들로는 'DVD 포럼, 영화 이야기, 재개봉관과 극장 이야기' 등의 메뉴를 보여주는 '소프트 포럼'과 이 사이

그림 2: DVD 프라임의 회원들이 촛불집회 기간에 만든 이미지

트의 일부 구성원이 주목하는 블루레이 DVD와 관련된 '블루레이 포럼' 등을 포함한다. 한편 게시되고 논의되는 콘텐츠의 측면에서 접근하면 특정한 영화나 영상물에 대한 아마추어들의 의견만으로 간주하기에는 비교적 상세하고, 일정한 전문성과 만만치 않은 지식과 정보력이 엿보이며, 자신의 경험과 주관 혹은 관점이 개진된 일련의 글들을 이곳에서 접하는 일은 매우 통상적이다.

두 번째로 얼핏 보면 대중 문화와 관련된 특정한 취향과 취미에 초점을 맞춘 사이트인 DVD 프라임은 동시에 매우 활발한 대화와 교감, 그리고 소통과 논쟁의 문화를 발현하기도 한다. 종종 '디피'라는 애칭으로 불리는 이 사이트에는 프라모델 제작, 음악 감상, 지역모임, 자동차 동호회, 여행, 책, 봉사모임, 그리고 사진 관련 소모임 등 다수의 소모임이 존재한다. 그리고 소수가 참여하기는 하지만 종종 회원들 간의 (부)정기적인 오프라인 모임이 마련되기도 한다. 특히 이 사이트의 회원들이 가장 많이 참여하며, 거의 모든 유형의 주제와 소재들을 다루는 '프라임 차한잔'(프차)은 가장 활성화된 커뮤니티 내의 또 다른 작은 '소우주적인' 존재이다. 프라임 차한잔은 이 사이트의 명칭이나 여유로움을 뜻하는 차 마시기와 관련된 제목이 시사해주듯이, 다채로운 일상사나 논점들이나 네티즌들의 관찰과 의견이 다수 등장하는, 이 사이트 내에서 가장 찾는 이가 많고 횟

hit 수가 가장 높은 공간이자, 디피의 대표적인 '얼굴'이라고도 간주할 수 있다.

예컨대 프차에는 다수의 소소한 일상적인 혹은 개인적인 관심사와 회원들의 체험과 고민 혹은 애환을 다루는 이야기들이 올라오며, 이러한 게시글들에 대한 반응과 답변은 상당히 활발하게 전개된다. 회원들이 향유하는 취미와 먹거리, 대중문화 현상과 관련된 글들, 일상 속의 소소한 이야기들과 사연들, 이른바 '지름신'이라 통칭되는 소비 욕구와 수집문화에 관한 자세한 경험과 의견들, 스포츠와 관계된 논의들 등은 상당수의 회원이 관심을 표명하고, 공감하거나 집단적인 논의나 논쟁의 물꼬를 풀어가는 단골 소재들이다.

한편 '등업'이나 일정 기간 회원으로 활동한 이후에 본격적으로 게시글을 올릴 수 있는 비교적 까다로운 자격 요건 등이 강조되는 인터넷상의 다른 사이트와 비교할 때, 디피의 경우는 이러한 제약을 크게 두지 않으며 상대적으로 개방적인 편이다. 예컨대 '참여개방성'의 측면에서 일단 디피와 같은 온라인 공동체의 회원이 되는 문지방은 높지 않은 편이다.[6] 한편 활동하는 상당수의 회원이 30~40대의 남성층이라는 측면에서, 청년세대나 여성 주체가 주가 되는 커뮤니티와는 일정한 차이를 드러낸다.

황주성(2012)이 조명하듯이, 온라인에서 활발하게 활동을 펼치는 사이트와 주체들은 다수가 '취향'과 '친밀성'의 공동체들이며 비교적 높은 수준의 토론과 참여의 문화를 보여준다.[7] 즉, 특정한 주제나 취미 등에 관심

6 디피와 종종 비교되는 이른바 "삼국연합"의 경우, 비교적 까다로운 회원제를 시행한다. 즉, 정회원이 되지 않으면 게시글 올리기와 읽기의 측면에서 상당한 제약을 받게 된다.

7 하단에서 논하겠지만, 물론 이러한 현실의 명 외에 암도 존재한다. 예를 들면 특정 사안과 관련된 열띤 논의와 감정적인 대응은 인신 공격 수준의 거친 표현이나 분노를 생성하기도 하고, 치열함이 이런 대응과 결합하면서 특정 회원이 커뮤니티를 탈퇴하는 사안으로 번지기도 한다. 한편 의도적으로 부정적인 대응을 끌어내거나 – 넷상의 표현으로 "어그로를 끄는" – 특정한 정치적인 메시지를 전파하고 커뮤니티의 반응을 떠보기 위한 낯선 '내방객'의 방문도 주기적으로 이뤄진다.

을 가진 이들의 자발적인 참여와 일정한 소속감을 기반으로 형성된 이들 공동체는 인터넷 이용자들의 절반 가까이가 상시적으로 활용하는 넷을 기반으로 이뤄지는 커뮤니케이션의 주요한 매개체이다.

필자가 비교적 장기간에 걸친 참여와 관찰을 했던 디피의 사례로 이러한 논의들을 조금 더 상세하게 풀어보자. 디피에서 주로 관찰되는 활동들은 다음과 같은 유형의 행동으로 크게 나뉠 수 있다.

정보의 공유와 나눔

이 측면은 거의 대부분의 온라인 공동체나 카페의 회원들이 실천하고 있는 주요한 행위이자 일종의 관습적인 의례ritual이며, 디피 또한 예외는 아니다. 예시를 들면 생활정보에서 특정한 전자기기나 음향과 영상기기와 관련된 정보나 신형 스마트 기기에 대한 소개와 평가 등에 이르기까지 매우 다양하며 유용한 정보와 사용기使用記들이 자주 소개된다.

또한 이러한 정보의 제공과 기여 그리고 나눔은 비상업적인 차원의 정보 및 지식의 공유와 수평적인 소비를 통해 확산되며, 여기서 공통적으로 논할 수 있는 관심사는 광의의 정보에 대한 소구와 '소비자 주권'에 대한 논의들이 주종을 이룬다. 한편 정보를 게시하는 이들에게 주어지는 동료 회원들의 칭찬이나 고마움 등의 표시는 회원 상호 간의 유대와 친밀감을 형성하고 상징적인 보상을 주고받는 관습적인 그리고 의례화된 과정을 반영한다.

동시에 이 과정에서 댓글과 '덧플'을 통해 다수의 회원이 참여하고 자신들의 의견을 발화하는 일련의 말의 흐름들이 만들어지며, 특히 '프로슈머'라는 표현이 적용될 수 있는 수준의 고급 정보나 깊이가 있는 리뷰들이 종종 제공되기도 한다.[8] 한편 정보의 갈무리와 나눔은 신입 회원들이 검색이나 타인들의 소개를 받아 이 사이트로 찾아오게 하는 동인으로 작용하기도 한다.

퍼오기와 공감, 그리고 담화와 논쟁의 형성과 심화

온라인에서 주목을 받은 특정한 동영상이나 사회정치적인 관심사를 끌어낸 사건과 이슈들과 관련된 자료나 이미지 혹은 링크를 가져와서 논의와 논쟁을 생성하는 일도 디피에서 일상적으로 관찰된다. 예컨대, 다른 매체나 온라인 사이트가 다룬 특정한 사안이나, 화제를 불러일으키는 동영상이나 합성된 이미지 등의 자료를 가져와서 게시하는 행위 역시 관습적으로 커뮤니티 내의 관심과 공감을 끌어내며, 사안에 따라 즐거움이나 공감과 분노를 공유하는 주요한 그리고 반복되는 양식이다.

예시를 들자면, 특히 대중의 분노를 불러올 만한 범죄나 정치적인 스캔들, 그리고 사회적인 문제점이나 난맥상을 다루는 게시글에 대한 커뮤니티 구성원들의 관심과 정서적인 참여는 상당히 높은 편이다. 한편 웃음과 유머가 발현되는 자료나 일상 속의 여유나 소소한 해프닝들을 가볍게 엮어내는 사례들도 종종 찾아볼 수 있다. 이러한 방식으로 전개되는 온라인 커뮤니티 속 대화와 담론들의 부상은, 때로는 치열한 논쟁과 공방이 생성되고, 때로는 유쾌한 담화나 소란스러운 불협화음이 감지되기도 하는 말의 다기하고 변화무쌍한 흐름을 만들어낸다. 이러한 결과 공간적인 은유를 사용하면, 온라인 커뮤니티의 회원들이 참여하는 수많은 이야기와 대화로 엮이는 '놀이터'나 '공원' 혹은 담화들의 '장터'나 '난장wild publics'과도 흡사한 효과와 활성화되는 공간(성)이 제공되기도 한다.

8 온라인 커뮤니티가 제공한 정보 중 기성 언론의 주목을 받거나 이들 중 일부가 무단으로 정보를 전유하는 사례들도 발생한다.

한편 선거나 특정한 정치적인 사안의 쟁점화와 관련해서 디피를 포함한 다수의 온라인 공동체들이 발휘했던 토론과 논쟁의 문화와 여기서 이어지는 오프라인으로의 결집과 영향은 이미 상당한 주목을 받은 바 있다. 또한 인터넷상에서 주기적으로 발현되는 권력이나 사회적인 강자에 대한 패러디와 풍자, 그리고 희화는 다수의 네티즌이 공유하고 교감하는, 동시에 즐거움과 놀이문화, 그리고 정치성의 표출을 결합시킨 주요한 현상이다. 주지하다시피 이러한 즐거움과 대안적인 문화적 수용과 전파는 1990년대 말에서 2000년대 중반에 뚜렷한 문화 현상으로 부상했던 'DC인사이드'나 '딴지일보'식의 유머와 패러디, 그리고 비판적인 풍자와 희화 등의 흐름이 인터넷을 가로지르며 학습되고 확산된 측면으로 해석되기도 한다.

그간에 관찰한 디피에서 주요한 논쟁적인 말의 풍경을 생성한 대표적인 사례들을 돌아보면, 특히 아동을 대상으로 한 성범죄와 추행, 외국인 노동자나 체류자들이 저지르는 범죄나 내국인들과의 갈등, 정치 권력의 비리나 무리수 등과 관련된 이 사이트에 올라온 글들은 종종 매우 강한 비평과 비판, 그리고 때로는 과도하고 날이 선 감정과 분노가 동반되는 격론과 '이전투구'의 상황을 매개한다. 또한 이러한 사례가 발생하면, 비교적 단순하고 간단한 주장이나 관찰점 외에, 자신(들)의 논지를 강화하고 설득을 배가하기 위해 필요한 자료와 링크나 전문가들의 관점을—예컨대 언론의 기사와 보고서, 칼럼이나 비평문 등의 자원들—달고, 계속해서 이어지는 댓글과 덧플로 단시간에 매우 활성화되고 대립상을 표출하는 독특한 말의 흐름들이 형성된다.

한편 이러한 사안과 쟁점이 부상한 경우, 다른 회원들은 촉발된 흐름에 일종의 '관전평'을 달거나 지지와 비판, 유보나 대안적인 사고 등의 방식을 표출하고 논쟁에 가세함으로써, 종종 활기차고 열기를 띠는 발화와 각축하는 담론의 형성을 돕기도 한다. 동시에 하단에서 논하겠지만, 걸러지지 않은 공격적이고 단정적인 표현이나 상징적인 폭력에 준할 수준의 거친 반응과 야유, 그리고 냉랭하고 공격적인 톤의 발화들이 등장하는 사례도 있다. 특히 특정 정책이나 정치적인 사안에 다분히 의도적이거나 단선적인 의견을 표할 경우, 흔히 온라인상에서 종종 접하게 되는 표현은 '알바'이다. 알바는 아르바이트의 준말로, 글을 게시하거나 댓글을 다는 이가 특정한 정치 세력의 이해 관계를 반영하는 대리인의 역할이나 그 비슷한 활동을 한다는 의미의 단정적이고 상징적인 표현법으로 종종 사용된다.[9]

또 다른 측면에서는 퍼오는 자료가 어떤 성격이나 파급 효과를 지니는가에 따라, 퍼온 게시물에 대한 반응은 상당한 편차를 보이게도 된다. 특히 논쟁적인 주제가 포함된 특정 게시글에 대한 공감과 공분의 발현에서 다뤄진 사안에 관한 보완적 설명이나 이견과 대안의 등장에 이르기까지, 비교적 다양한 스펙트럼으로 분류될 수 있는 논의와 의견들, 그리고 주장과 해석들이 등장하며 한동안 논의와 열기가 이어지기도 한다. 이 과정에서 해당 주제와 관련된 작업을 하거나, 상대적으로 심도 있는 관찰점을 제시하는 이들이 출현하고, 때로는 주제와 관련한 전문가들이 가세하기도 한다.

황주성(2012: 84)이 관찰하듯이, "인터넷 커뮤니티가 갖는 가장 큰 가능성은 단순한 인맥 관리가 아니라 사회적 관심사에 대한 공유와 공감, 그리고 그것이 강화됨으로써 파생되는 창발적인 현상이다"라는 진단은

9 알바라는 표현 외에, 온라인 사이트에서 통상적으로 얼마 받고 이런 글을 올리거나 댓글을 다느냐는 힐난이나 매우 단정적이고 공격적인 표현도 종종 등장한다. 물론 그간에 특정한 상업성을 추구하는 이들이나 정당 관련자들이 고용하는 이들이 여론에 영향을 미치려는 게시글이나 댓글달기를 수행한 사례들이 존재한다. 예컨대 전모가 아직 제대로 조명되고 있지 못한 이른바 '국정원녀' 사건에서도 문제의 직원이 수십여 개의 아이디로 정권에게 유리한 그리고 야당 인사들을 원색적으로 비난하는 일련의 댓글을 단 사실이 부분적으로 밝혀지기도 했다.

디피와 같은 사이트에도 상당 부분 적용할 수 있는 것이다.

위로와 위안, 그리고 감정적인 교류와 연대의 형성

주요 온라인 커뮤니티의 회원들이 상당한 반응과 관심을 보이는 사안들에는 정치사회적인 논란이나 문제만이 아닌 일상 속에서 다수가 경험하거나 공유하는 주제들이 포함된다. 특히 특정 회원이 현업과 집안에서 겪는 고민거리, 직장이나 거리에서 겪은 해프닝 혹은 우발적인 사건과 사연 등을 담은 게시글을 올리거나 도움을 요청하는 경우, 그 목적은 주로 자신이 처해 있는 상황에 대한 조언과 공감의 표출 혹은 당한 '만행'이나 겪게 된 사안을 상징적인 층위에서 지적 · 호소하고 화답과 상징적인 지원이나 위안을 기대하는 방식을 취한다.

예컨대 상사나 동료와의 갈등, 혼수 문제, 실직 혹은 이직과 관련된 조언의 요청, 특정 장소에서 접한 무례한 이들에 대한 경험과 관찰담 등이 종종 온라인 공동체의 공간 속에서 접할 수 있는 논의의 소재로 등장하는 것이다. 또한 이러한 유형의 글은 회원들의 공감이나 호응과 위로를 기대하고 끌어내는 방향으로 이야기와 반응들의 흐름이 주로 진행된다. 조금 다르게는 주로 '느슨하고 정서적인 연대감'을 표출하는 커뮤니티의 '상상적인 공동체성'이 이러한 사안들을 매개로 형성 혹은 강화된다고 판단할 수 있다.

인지도가 서로 있는 '단골 회원'들—이른바 사이트 내부에서 '네임드named'라 불리는 이들—사이의 유대나 설혹 신입 회원이나 잘 모르는 타인이라 해도 일정한 화답을 주고받으며 조언과 충고를 제공하고 대화를 교환하면서, 가상 공간 속의 연결망이나 관계망이 생성되고 유지되는 단면을 디피와 같은 사이트들에서 어렵지 않게 목격할 수 있다. 이러한 다수의 온라인 공동체에서 재현되는 관습적인 행위는, 온라인 사이트의 회원들 간에 이뤄지는 상호간의 관계망과 공감의 확인, 그리고 주고받은 위안과 위로 그리고 상징적인 연대의 단면들이기도 하다. 이는 조금 다르게는 온라인 공동체가 일상적으로 구현하는 상징적인 수준의 '세라피' 작용therapeutic function 혹은 배려와 호응, 그리고 공감의 느슨한 연대라고도 부를 수 있을 것이다.

갈등적인 사안들의 등장과 점화

일상적인 소재들을 다루는 글들이 관습적으로 그리고 암묵적으로 올라오는 공간이기는 하지만, 상당수의 온라인 공동체의 경우, 정치적인 논의와 사안들을 다루는 글들이 주기적으로 등장하며 열띤 논쟁과 갈등을 생성하기도 한다. 예컨대 정치 권력의 오만하고 무리한 행태나 우리 사회 '지도층' 인사들이 보여주는 문제적인 언행이 논의되는 글들의 경우, 상당히 강한 정서적인 반응과 비판이나 동조, 그리고 경우에 따라서는 매우 치열하고 간극을 좁히기 어려운 이견과 갈등을 견인한다. 디피의 프차나 시사 게시판과 같은 온라인 공동체 속의 특정한 사안을 중심으로 한 논의와 논쟁의 경우에도, 비교적 합리적이고 논점이 명확한 대화와 논쟁이 진행될 경우 소통의 흐름들이 활성화되고, 다루는 이슈에 대한 문제 의식과 의견의 교환이 진전 · 고양되며, 그 과정에서 상대적으로 다양한 입장과 견해들이 개진되며 수용되기도 한다.

한정된 사례일 수 있지만 조금 더 이 과정에 대해 논해 보자. 디피에서 주도적으로 글을 게시하고 일정한 여론의 형성과 특정한 정치사회적인 의제의 담론화를 시도하는 이들이나 이러한 게시글에 대한 반응을 댓글과 덧플로 작성하는 이들의 주류적인 성향은 주로 반새누리당적인 측면을 보이며, 친민주당 혹은 범야당 지지 성향의 너른 범주의 '진보적인' 성향의 네티즌들이 상당수를 차지하는 것으로 판단된다. 특히 이명박 정부 기간에는, 상당수의 프차와 정치시사 게시판에서 활동하는 이들이 정치 권력에 대한 비판을 숨기지 않았으며, 촛불집회 등의 국면에서는 회원들 중 일부가 오프라인에서 결집하는 결집력을 보이기도 했다.

이러한 측면은 먼저 미시적인 차원에서 작동하는 '공론장'이나 '담론 공중'의 면모와 역할이 부분적으로 활성화되면서 특정 글쓰기의 흐름 속에서 체감되는 사례로 판단할 수 있다. 이는 현실과 오프라인 속에서 크게 접하기 어렵거나 흔히 생성되지 않는 복수의 주체들이 참여하는 소통과 집합적인 논의가 주목을 받고 상당 부분 활성화되고 생산적인 결과를 낳게 되는 사례들이다. 특히 DVD 프라임이나 MLB파크와 같은 사이트를 포함한 온라인의 주요 커뮤니티들은 중요한 정치적인 국면에서 일정한 여론 환기력과 파급력을 발휘한 바 있으며, 정당과 제도 언론도 이러한 역할을 주시하는 상황이다.[10]

그럼에도, 하단에서 다시 다루겠지만, 특정한 가치나 입장을 표출하는 이들이 벌이는 이러한 논쟁이 합리적인 정론과 대화를 지향하기보다는, 예단된 입장들 간의 충돌이나 과잉된 정서적인 투하와 더불어 과도한 인신 공격과 다툼 등으로 전환 혹은 확산되는 사례들도 주기적으로 벌어진

10 "정치권은 2008년 촛불 정국 이후 일부 취미 동호회 인터넷 커뮤니티 사이트가 인터넷 여론 형성에 거점이 되고 있는 것으로 파악하고 있다. 주부들이 많이 이용하는 요리 카페 '82쿡닷컴', SLR카메라 동호인들이 모인 'slrclub', 메이저리그 등 야구 애호가들이 모인 'MLB파크', DVD 애호가들이 모인 'DVD프라임' 등이 네티즌 여론 형성에 큰 영향을 주는 사이트로 정치권은 평가하고 있다. 이러한 사이트들에는 정치 현안 토론 게시판이 개설돼 있고 용산 참사, 미디어법 통과, 4대강 사업, 세종시 수정 문제 등 주요 사안이 있을 때는 카페 회원들이 집회에 참석하는 등 직접 행동을 보이기도 했다. 2010년 '6 · 2 지방선거', '4 · 27 재 · 보궐선거', '8 · 24 주민투표' 등 선거와 투표에서도 이들 사이트의 위력이 발휘된 것으로 파악되고 있다. 민주당의 한 관계자는 "8월 24일 주민투표 때 이들 사이트에 올라오는 글을 보면서 결과를 어느 정도 예측할 수 있었다"며 "주요 커뮤니티 사이트의 여론은 단순한 의견 표명을 넘어 네티즌 민심을 측정하는 하나의 잣대가 됐다고 할 수 있다"고 말했다. 여야는 인터넷 민심이 선거에 미치는 영향이 더 커질 것으로 보고 대응에 나섰다." 문화일보, 2011년 9월 16일자 기사 참고.

다. 부연하자면 온라인의 대화와 담화 구조는 불안정한 요소들을 포함하며, 특정 사안에 참여하는 주체들의 역량과 문제 의식, 그리고 균형성의 발휘 등에 의해 소통의 결과 질서가 유지되기도 하고 그러하지 못하기도 하다(나은경 · 이준웅, 2008 참고). 이러한 상황에서 정치 토론과 숙성된 논의가 활성화되고 온라인상의 미시적인 공론과 토론의 장으로서의 요건이 발동되기보다는, '정치 담론의 양극화나 분극화'가 초래되기도 한다(이원태, 2012 참고).

나아가서 이러한 현실은 온라인 커뮤니티 외에 최근 수 년간 많은 관심을 받고 있는 SNS상에서도 비슷하게 관찰된다. 또한 논란과 갈등이 생겨나는 온라인상의 대화와 관련해서 일정한 수준의 '자정 작용'이나 해법의 모색이 시도되기도 하지만, 토론의 룰과 균형성이 지켜지지 못하고, 논쟁에 가세한 회원들 간의 반목이나 공격적인 논쟁의 과정에서 감정의 골이 깊어지고 극단적인 경우에는 일부 회원의 탈퇴 등으로 사안이 전화轉化되거나 퇴행하는 경우도 주기적으로 벌어진다. 이러한 상황이 전개되면, 회원 상호간의 불신이나 갈등이 커지기도 하고, 자성이나 반성 외에 정치 · 시사 관련 게시글의 역할이나 효과에 대한 일부 회원의 냉소주의와 무관심이 고개를 들기도 한다.

이러한 앞에서 논한 특징들을 정리하자면 온라인 커뮤니티가 매개 · 촉발하는 토론과 논쟁의 과정 속에서 종종 날이 선 그리고 각자의 정치적인 판단과 주관이 강하게 개입되고 대립하는 댓글과 덧플들이 추가되고 사안을 뜨겁게 점화시키면서, 특정한 게시글은 매우 능동적으로 혹은 공격적인 방식으로 회원들의 공감이나 정서적인 대응과 분노를 끌어낸다. 이러한 결과 이견과 갈등이나 논점과 (대항)담론이 적절하게 교차하고 충돌하는 미시적인 차원의 '공론장'이 생성되기도 하고, 사안과 국면에 따라서는 논리가 상실되고 감정의 파고가 올라가면서 서로에게 적대적인

공방의 '싸움터' 혹은 생산적이지 못한 '게토ghetto'로 변모하는 기능을 발휘하기도 한다.[11]

즉, 온라인상의 담화와 대화의 과정에서 중요한 정치사회적인 사안에 대한 비교적 상세한 정보가 제시되고, 이어지는 토론과 논쟁을 통한 정치적인 학습 혹은 교육의 기회와 기능이 활성화되기도 한다. 또한 이미 특정한 정치적인 관점이나 의견을 지닌 이들이 커뮤니티 속에서 일정한 '오피니언 리더'의 역할을 하게 되는 경우도 상당하다. 반면에 담론과 가치 측면의 성숙된 '시민성'을 고양하는 정치적인 대화와 학습의 기회를 얻는 사례 외에, 날이 선 대화나 상호 비방, 그리고 비판을 위한 비판과 공격적인 공방 등이 개진되면서, 회원들이 느끼는 피로감과 분노 혹은 냉소와 무력감이 커지는 사례도 존재한다. 한편 이러한 사안에서 얼굴을 마주보고 면 대 면으로 진행되는 커뮤니케이션의 형식으로 논의가 개진되는 것이 아니기 때문에, 다루는 내용이나 논점의 진행도 중요하지만, 상대방을 무시하는 톤이나 반말과 비아냥 혹은 과도한 조롱은, 온라인 커뮤니티 속의 소통의 문제와 관련하여, 오히려 정파성이나 논리의 문제보다도 더 공격적이고 부정적인 반응들을 생성해내는 기제로 작용하기도 한다.

예시를 들자면 디피의 프차 또한 이러한 상황들을 주기적으로 겪게 되었고, 회원들 간의 이견과 충돌이 상당히 빈번하게 발생하면서, 정치나 사회적인 이슈 그리고 종교와 관련된 글들을 '시사정치종교 게시판'으로 옮기자는—즉 프차를 지키자는—의견이 우세해지면서, 논쟁적이거나

11 온라인 담화 혹은 토론문화 속에서 일정한 갈등이나 감정적인 반응들이 유발되는 것은 당연하며, 그 자체가 부정적인 것은 아니다. 이러한 상황은 현실 정치 속의 토론문화나 말의 풍경과 비교해도, 온라인의 상황이 더 열악하거나 문제적이라고 판단하기는 어렵다. 그럼에도 종종 유발되는 지나친 감정의 표출과 극단적으로 흐르는 공방전, 그리고 불통이 소통을 대치하는 상황은 여러모로 문제가 있으며 또한 비생산적이라고 할 수 있다.

잠재적으로 그러한 글들을 앞서 언급한 게시판에서 논하자는 암묵적인 동의가 이뤄지기도 했다. 또한 이런 갈등적인 사안이 발생하면, 중재와 매개의 노력을 하려는 회원들이 일부 등장하며, 논쟁이 지나치게 가열된 경우 조용히 지켜보고 있던 운영자가 그러한 역할을 개입적으로 수행하는 사례도 발생한다.

그럼에도 간간이 이 느슨한 동의 혹은 암묵적인 규약을 지키지 않은 글들이 여전히 출몰하기도 한다. 이른바 '정치적인' 쟁점이나 주제를 어떻게 규정 혹은 정의할 것인가의 문제는 취향의 공동체들도 최근 수 년간에 상당한 고민과 논쟁을 하게 된 매우 첨예하고 쟁점적인 사안이다. 특정한 사회적인 그리고 갈등적인 사건이나 이슈가 제기될 때, 다수의 회원이 참여하거나 혹은 환영하는 상황은 아니지만, 불특정 소수에 의해 논의의 방향성이 일탈되거나, 이 과정에서 치열하고 감정이 섞인 논쟁들이 유발되면서 애초의 문제 의식이 사라지고 개방된 소통이 아닌 완강한 불통의 벽을 실감하는 사례도 때로는 발생한다. 디피의 경우에도, 이 재연되는 문제를 두고 회원들 간에 상당한 고민과 해결책을 모색하려는 시도는 있었지만, 아직까지 첨예한 논쟁의 사례가 불러온 극단적이거나 부정적인 기류를 유의미한 수준에서 해결하거나 방어할 수 있는 장기적인 방안을 도출하는 데까지 이르고 있지는 못하다.

디피와 같은 사이트에서 간헐적으로 발생하는 또 다른 갈등적인 사안들이 있다. 특히 가입한 지 얼마 안 되는 상대적으로 아이디와 면모가 낯선 이들 중에 종종 혹은 일관되게 논쟁적인 글을 올리거나, 커뮤니티 회원 전체를 대상으로 매우 공격적인 글을 게시함으로써, 일종의 내방객 대 다수 회원이라는 갈등의 선이 명확하게 그어지는 사례들도 발생한다(이길호, 2012 참고). 디피와 같은 인터넷상에서 주로 '진보적인' 사이트로 분류되는 커뮤니티의 경우, 의도적으로 회원들과 대립하고, 특정한 메시지를 완강하게 전파하려 하거나, 갈등을 불러일으키는 글을 계속해서 자극적으로 게시하는 '내방객'들이 주기적으로 찾아온다. 이러한 사례들이 부상하는 경우, 기존 회원에 의한 방어막이 만들어지거나, 게시글에 대한 무시하기에서 공격적인 대응에 이르기까지 비판과 반박, 그리고 비난이 단시간 내에 집중되기도 한다. 또한 이러한 글에 대해 기존 회원들이 강한 반응이나 반감을 표출하게 되는 경우, 상당한 논란과 더불어 소통의 노력들이 결국에는 실종되며 후유증과 반발이 뒤따르는 사례들도 생겨난다. 한편 내부자들이 시도하는 자정 노력이 이런 돌발적인 사안이 발생하거나 한동안 지속되면 제대로 작동하지 못하는 상황이 벌어지기도 한다.

'인터넷 자경단'과 출렁이는 인터넷 공간

온라인이 특정한 사회적인 쟁점이나 갈등에 관한 상이한 관점들의 등장으로 휘둘리게 되고, 또한 지명도가 있는 사이트들이 이러한 논쟁과 담론들의 주요한 전파의 채널이 되면서 온라인 커뮤니티들이 그러한 흐름을 타고 요동치는 순간이 있다.

예시를 들어보자. 대중가수 타블로의 스탠퍼드 졸업이 사실이 아니라는 의혹이 불거지고 확산되면서, 인터넷상에서 '진실'을 요구하는 목소리가 높아지게 되었고, 조직적으로 여론을 결집시키려는 노력과, 자료를 퍼나르는 행동이 본격적으로 시도되었다. 예컨대 많은 논란과 쟁점을 유발했던 '타진요'[타블로에게 진실을 요구합니다] 사건의 경우, 특정 연예인의 '학력 위조 의혹'이 불거지면서 다수의 온라인 커뮤니티들이 이 사안의 영향권 안에 들어가거나, 이 사안을 밝히겠다는 주체들이 온라인 사이트들 속에서 집단적으로 등장한 바 있다.

필자가 일상적으로 활용하던 디피 역시 이 흐름과 크게 무관하지만은 못했다. 타블로와 관련된 언론의 보도나, 새로운 쟁점이 제기될 때마다 관련 기사와 링크를 퍼오고 논란을 우발적으로 그리고 의도적으로 증폭시키는 이들이 존재했으며, 이러한 유형의 게시글이 등장하면서 상당한 논란과 대립상, 그리고 갈등을 체감할 수 있었다. 아직 기다려보거나 타블로 쪽의 발언을 믿는다는 이들도 상당수 있었지만, 일군의 회원이 타블로의 학력 의혹을 '사실'로 간주하는 상황이 벌어졌고, 지지자와 비판자들 간에 치열한 논쟁과 설전이 오가면서 분위기는 상당히 경색되었다. 시간이 지나면서 제도 언론이 취재를 하고, 점차 타블로 쪽의 사실 제시가 설득력을 얻는 가운데에도, 일련의 '음모론'에 의지하면서 여전히 '진실'을 규명해야 하고, 타블로는 부당한 이익을 누렸으니 대가를 치러야 한다는 입장을 고수하는 소수의 의견이나 자성적이지 못한 완강함이 나타나기도 했다.

최태섭(2012) 등이 지적한 이러한 인터넷상의 '자경단自警團'이나 일정한 정파성의 표출을 넘어서서 매우 공격적이고 왜곡된 담론들의 예시로는 몇 해 전 영화 〈D-War〉에 대한 평가를 둘러싼 국면에서나 '황우석 박사' 사건 등의 매우 활기찼지만 갈등적인 사안에서도 돌출한 사례들이 있다. '인터넷 자경단'은 상징적인 차원에서 자신들이 관심을 갖는 사안에 대한 제도나 법적인 실행과 판단의 과정과는 상관없이, 즉각적이고 개입적인 행동을 원하고 심판을 요구한다. 이들은 이러한 요구를 표출하는 과정에서 몰려다니며 포털과 주요 웹사이트에서 일련의 '여론전'과 강한 의제화의 노력들을 수행하기도 한다. 또한 자신들과 동의하지 않는 이들과 '상징적인 배틀' 혹은 싸움을 집요하게 감행한다. 불특정 다수의 주체들로 구성되는 인터넷상의 자경단은 '정의'와 '심판' 그리고 '진실'을 추구한다는 명분으로 선정된 목표나 대상에 대한 완강하고 날이 선 비난과 공세를 가하고, 국면적으로 넷상의 여론과 분위기를 일정 부분 끌고가는 역량과 위력을 발휘하기도 하는 것이다.

디피의 경우에도, '타진요'에 올라온 게시물을 가져와서 일종의 '여론전'을 펼친 이들이 있었으며, 이로 인해 치열한 논쟁과 싸움이 벌어지기도 했다. 최태섭(2012: 66)은 이러한 현상의 함의를 논하면서 "이들은 반反MB를 외치며 한미 FTA를 반대하고, 동시에 불법체류자와 이주노동자들을 추방해야 한다고 말한다. 이들은 버스 무릎녀와 된장녀와 김여사를 욕하면서, 동시에 '나꼼수'를 듣고 그들의 발목을 잡는 진보 지식인과 언론들에 야유를 보낸다"라고 진단하면서, 인터넷상에서 최근 수 년간 부상했고 현재도 징후를 느낄 수 있는 네트워크화된 '폭주'와 공격적인 주체성의 형성에 대한 비판을 개진한다.

한편 최근에는 사회적으로 상당한 논란을 낳고 있는 '일베'와 같은 공격적인, 그리고 보수적인 성향을 드러내는 인터넷상의 움직임 역시 확연하게 감지되고 있다. 일베는 주로 진보 진영을 비판하고, 전직 대통령들을 강하게 그리고 저급하게 희화하는 이미지들의 유포와 일련의 신조어의 생산지로 최근 들어 언론과 네티즌들에게 상당한 관심과 더불어 우려와 비판의 대상이 되고 있다. 언론이나 전문가집단에 의해 이 사이트는 일종의 '넷우익'의 성향을 지니고, 특히 여성과 특정 지역과 관련된 반사회적인 감정과 적대감을 확산시키며, 역사적인 사실의 왜곡에도 적극적으로 간여한다는 진단과 비판을 받고도 있다. 부분적으로는 패러디와 풍자를 공유하면서도 정치적인 성향을 감추지 않고 강하고 공격적으로 제시하는 하위 문화의 변형으로도 볼 수 있지만, 일베 현상이 내포하는 매우 조직적이며 강한 상징적인 연대와 자신들이 설정한 '타깃'에 대한 도를 넘는 수준의 희화화와 공격성의 표출, 여성과 특정 지역, 그리고 사회적인 소수자들에 대한 폄하와 비난은 온라인과 대중적인 영역을 가로지르며 또 다른 부정적인 단면들을 드러낸다.

이렇듯 인터넷상의 자경단 활동이나 일베 현상과 같은 과도하게 공격적인 흐름들은 디피와 같은 인터넷 커뮤니티에도 일정한 영향을 끼치고 있다. 전자의 경우, 앞서 논했듯이 토론과 담화의 룰이 비교적 선호되는 디피와 같은 인터넷 사이트에도 부정적인 영향력을 발휘했으며, 회원 간에 반목과 상징적인 차원의 갈등과 충돌이 재연되기도 한다. 한편 후자의 경우에는 무시하기 어려운 수준으로 부상한 넷상의 공격적인 편가르기와 우경화 현상에 대한 집합적인 차원의 비판과 비난 그리고 대응을 생성하고도 있다.

온라인 공동체와 '젠더정치적인' 함의와 차이들

디피와 같은 명백하게 '남초' 사이트에서 비교적 용이하게 관찰할 수 있는 현상은 남성 중심의 관심사와 욕망을 투사하는 대중문화물의 게시와 소비를 들 수 있을 것이다. 이 사이트에 일상적으로 올라오는 다수의 여성 연예인이나 아이돌 그룹 등과 관련된 논의는 상당 부분 전형적인 남성적인 시각성과 훔쳐보기를 활성화하고 여성 주체들의 외모와 몸을 대상화하고 차별짓는 경향을 보인다. 예컨대 이른바 'XX녀 사건'이나 '김여사 시리즈' 등으로 명칭을 받아온 특정 여성 주체들에 관한 비판 혹은 폄하를 담아내는 게시글과 이런 글에 거의 관행적으로 그리고 종종 등장하는 조롱과 비판은 디피와 같은 온라인 공동체의 공간에서 목격된다.[12]

12 한 전문가는 이러한 온라인상에 퍼져 있는 현상에 대해 "온라인에서 이슈가 됐던 용어를 사용하지 않으면 자신이 유행에 뒤처진다거나 속보성을 따라가지 못한다고 느끼는 네티즌들이 무분별하게 사용하는 경우도 많다"는 해석을 내린 바 있다. 여성신문, 2012년 7월 6일자 기사 참고.

정치적인 현안이나 사회적인 쟁점을 논할 경우에는 비교적 정돈되고, 관점이 선명하며, 설득력이 깃든 논리와 이를 풀어내는 상대적으로 호흡이 긴 글쓰기가 종종 발현되지만, 여성들에 관한 논의의 차원에서는 때로는 '정치적인 올바름'도 지켜지지 않거나 젠더 코드에 대한 자성이나 심화된 이해가 부족한 글과 반응들이 상당수 등장하기도 한다.[13] 나아가서 이러한 남성중심주의가 발현되는 경향성은 일종의 관습화된 놀이문화의 한 유형이자, 남성 주체들 간의 밀담과 느슨한 연대를 매개하고 강화하는 기회로 종종 활용 · 구현되기도 한다. 극단적인 경우에는, 지나친 남성 중심의 성적인 혹은 여성 폄하적인 내용에 대한 비판이나 문제적인 이미지의 제시와 소비가 이뤄지는 측면을 비판하는 목소리에 대해 '선비질'이라는—온라인상의 조어이자—비하적인 표현을 쓰는 회원들도 등장한다. 디피가 보여주는 이러한 집합적인 자화상은 디피만의 문제라고 보기 어렵고, 대다수의 남성 주체가 주가 되는 온라인 커뮤니티들에서 어렵지 않게 찾아볼 수 있다.[14]

한편 최근에 벌어졌던 젠더정치적인 쟁점의 예시를 들자면, 정치시사 분야의 대표적인 팟캐스트인 '나꼼수'와 같은 새로운 커뮤니케이션 양식이 등장하고 비교적 단시간 내에 '돌풍'을 일으키면서, 디피와 같은 커뮤니티에서도 이 프로그램이 제기한 쟁점과 효과에 대한 다양한 의견과 관

13 디피에는 또한 특이하게도 '어른들 이야기'라는 이름을 가진, 성인 인증을 통해서 접할 수 있는 연성 포르노그라피를 접할 수 있는 게시판도 따로 마련되어 있다.

14 온라인 공간의 주요 커뮤니티들은 대체적으로 정치적 성향에 따라 '진보 대 보수'성향 커뮤니티로 구분됨과 동시에 커뮤니티 이용자의 젠더에 따라 '남성 대 여성' 주도 커뮤니티로 분류되기도 한다. 특히 커뮤니티 내 주요 게시판에 젠더 코드가 반영된 대표적인 쟁점 사안으로서 '군대 또는 출산'과 관련된 게시글이 올라오면 남성 이용자와 여성 이용자 간의 열띤 논쟁과 치열한 공방이 빈번하게 벌어지곤 한다. 이와 관련해 "『우리는 디씨』의 저자 이길호는 "인터넷에서 '남녀'는 '보수 대 진보'보다 훨씬 더 센 대결 구도"라고 평가하면서, "남성 중심 사이트에서 여성에 대해 강렬한 거부감을 보이는 것은 그 내용의 옳고 그름과는 별개로 커뮤니티를 유지하는 수단"이라는 해석을 제시했다. 경향신문, 2012년 9월 7일자 기사 참고.

심들이 발현된 바 있다. 특히 2012년 초의 '나꼼수'가 관련되고 상당한 논쟁을 유발했던 이른바 '비키니 시위' 건과 관련해서, 디피의 구성원들 중 일부는 상당히 대조되거나 상반된 태도를 보였다. '나꼼수'가 언론장이 훼손되고 정치 권력의 개입과 무리수가 현존하는 상황에서 현실 비판적인 혹은 대안 미디어로서, 그리고 정치적인 담화의 매개체로서 수행한 역할에 방점을 두는 이들은 이 사안이 국지적이거나 일정한 반성과 주의는 필요하되 크게 비판받을 사안은 아니라는 입장을 표명했다. 반면에 일부는 '나꼼수'의 한계와 젠더 문제를 대하는 커뮤니티 내 무성찰적인 경향성에 관한 비판과 책임의 문제를 제기했다. 또한 디피에서의 반응은 여성 주체들이 참여하는 온라인 공동체들이 이 사건에 대해 표방하고 전개한 비판이나 공방과는 매우 상이한 면모를 드러내기도 했다.

온라인 공동체의 정치 참여와 젠더성과의 관계에서 접근했을 때, '비키니 시위' 사건을 둘러싼 남성 주체와 여성 주체들 간의 일정한 대립 양상은 2008년 촛불 국면에서는 적극적으로 등장하지 않았던 젠더정치적인 측면의 문제 의식과 갈등이 강하게 표출된 사례로서 주목해 볼 필요가 있다.

이 지점에서 잠시 복기를 하자면 그동안 온라인 공간에서는 4대강 문제나 미디어법 혹은 민간인 사찰 등의 첨예한 사회정치적인 사안과 관련하여 숱한 논쟁과 쟁점을 낳았던 의제들을 중심으로, 네티즌들 간의 치열한 공방과 토론이 오고가는 흐름의 과정에서 주로 30~40대 남성들이 능동적인 역할을 해 왔으며, 이들은 특정 온라인 커뮤니티를 기반으로 활동하면서 주도적인 담론의 생산을 견인하며 정치적인 주체로서 역할을 실천해 왔다(강원택, 2004 ; 송경재, 2005 ; 윤성이, 2009 참조).

이에 반해 여성들은 소비자본주의 사회의 주요한 '소비 주체'로 호명되면서, 온라인 커뮤니티를 매개로 일상적인 관심사—패션, 미용, 성형, 요리, 인테리어, 육아 등—에 관한 정보와 공통된 취향과 취미를 공유하며 동질감과 유대감을 형성해 왔다는 측면에서, 이들은 일정 부분 '탈정치적인' 대상으로 간주되기도 했다.[15] 부연하자면, 온라인 여성 커뮤니티는 사적인 취향이나 취미와 소비 등에 대한 관심과 정보 공유 등의 이른바 '라이프스타일'과 관련된 주요한 소비와 발언의 주체인 여성들의 사적인 결연과 정보 공유 공간으로서의 특징을 주로 발현했으며, 이들이 사회정치적인 이슈들에 대해 활발하게 발언하고 접속하는 활동상을 크게 보여주지는 않았기 때문으로 보인다.

온라인 공간에서의 주체적 역할과 위상과 관련해 2008년 촛불집회 이전까지는 특정한 정치사회적 사안에 대한 주도적인 담론 생성과 참여를 이끌었던 주체로서 여성보다는 남성의 역할이 더 큰 주목과 관심을 받았다면, 2008년 촛불집회에서 현재에 이르기까지 온라인을 매개로 한 정치적 장의 새로운 참여와 활동의 대상으로서 여성 주체들의 역할이 새롭게 조명받기 시작한 바 있다. 온라인 여성 주도 커뮤니티의 공간은 탈정치적인 영역에서 정치적인 대화와 각성이 활발하게 생성되는 공간으로 재정의되었으며, 커뮤니티에 속한 여성들은 그동안 자신의 삶과는 관계없다고 느끼거나 낯설게 여겨지던 정치적 이슈와 사회적인 쟁점들에 대해 새롭게 자각하기 시작했고, 자발적 동원과 더불어 자유롭고 유쾌한 방식으로 오프라인으로의 정치적 참여까지 집합적인 참여의 폭을 발현하기도 했다.[16]

15 "'소울드레서' 회원들은 "너는 배운 여자인가"라는 문구를 쓴 플래카드를 들고 촛불집회에 참가하기도 했다. 여기서 '배운 여자'란 단순히 많이 배운 고학력이 아니라 배운 지식을 사회에 도움이 되도록 (정치적으로) 올바르게 활용하는 2030 여성을 지칭한다. 그들은 된장녀, 신상녀 등 여성들에게 덧씌워진 소비 지향적인 이미지를 거부하고, 온라인 커뮤니티 회원들을 중심으로 정부와 보수 언론의 억지에 합리적 · 논리적 대응을 펼친다"(박원석 외, 2008: 62).

16 예컨대 플래시몹, 광고(정부정책 반대 신문광고 게재, 언론사 후원 광고 게재), 조중동 절독 캠페인, 선택적 제품불매운동(조중동 광고기업 압박 및 불매운동), 광우병 쇠고기 수입 반대 현수막 걸기, 집회 현장과 파업 중인 언론사 구성원들에 대한 간식과 기금 지원 등을 통해 이들은 더 많은 대중의 관심

특히 온·오프라인이 결합된 공간에서 새로운 정치적 주체로 등장한 여성들 다수는 특정 온라인 커뮤니티를 중심으로 활동상을 보였는데, 대표적인 커뮤니티로는 '소울드레서', '쌍화차코코아(이하 쌍코)', '화장발', '레몬테라스', '82쿡닷컴' 등을 들 수 있다. 이 중 이른바 '삼국카페'로 불리는 '소울드레서', '쌍코', '화장발'은 세 커뮤니티 간의 연합을 통해 촛불집회 이후 4대강 반대나 언론 파업 등의 특정하고 첨예한 정치사회적인 국면에서 커뮤니티 내 여성 회원들이 그들만의 방식으로 일상적인 영역에서 지속적인 정치적 참여와 실천을 만들어내면서, 정치적인 수행성과 발화의 주체로서 현실 개입적인 실천의 양상을 보인 것이다.[17]

이와 관련해 다수의 언론 매체와 학자들은 '촛불 소녀'로 불리는 10대 여중생부터 20~30대 여성들과 '유모차 부대'로 지칭되는 주부들에 이르기까지 촛불 국면에서 보여준 여성들의 유쾌하면서도 재기발랄한 새로운 저항 방식에 크게 주목했으며, 이들의 정치적 주체성과 실천에 관한 특성을 살펴봄으로써 이들 주체가 새롭고 대안적인 정치적 실천을 수행하면서 사회적인 참여와 정치적 변화의 주요한 역할을 담당할 것이라는 긍정적인 진단을 하기도 했다(김영옥, 2009; 김예란, 2010; 조화순, 2008). 한편 일각에서는 촛불 정국에 관한 여성들의 정치적인 의사 표출과 참여에 대한 이유를 좁게 설정된 젠더적인 측면에 가치를 두면서 여성들의 사적 영역의 주요한 관심사인 '먹거리'와 직결된 식생활 문제와 밀접한 관련이 있기 때문이라고 평가하기도 했지만, 이러한 평가에 대해 적극적인 반박과 대안적인 해석을 제시하는 입장들이 개진되기도 했다(김수진 외, 2012; 박창식·정일권, 2011; 윤보라, 2011). 예컨대, "이를

과 참여를 이끌어내는 데 상당한 역할을 수행했다. 경향신문, 2008년 7월 8일자 기사 참고.

17 '소울드레서', '화장발', '쌍화차코코아' 등 소위 '여성삼국카페'는 이후 YTN·MBC 낙하산 사장 문제, 한·미 자유무역협정(FTA) 체결, '나꼼수 비키니 발언' 등에 적극적으로 의견을 내놓으며 '진보 성향 여성'의 목소리를 내는 대표적 창구 역할을 하고 있다. 경향신문, 2012년 9월 7일자 기사 참고.

단순히 '먹거리'라는 여성 영역, 사적 영역의 이슈이므로 여성들도 참여했다고 이해하는 것은 온라인 공간에서의 여성 참여에 대해 폄하하는 일이 될 수 있다"(김수아, 2012: 204)는 반론이 제기되기도 했다.[18] 한편 촛불집회를 매개로 여성들의 정치적 참여를 해석하는 상당수의 분석 작업들은 젠더적인 측면에만 가치와 의의를 부여하기보다는, 젠더를 넘어서서 세대와 계층을 아우르며 등장한 주체들이나 다중이 온라인과 오프라인을 통해 공유된 감정과 분노를 표출하는 주체성의 구성과 역할을 (재)평가한 바 있다.[19]

그러나 2012년 초 발생한 '나꼼수' 관련 '비키니 시위' 사건 국면의 경우, 젠더정치적인 측면에서의 문제 의식과 이견들이 뜨거운 논쟁거리를 제공하게 된다.[20] 이 사건을 계기로 당시 '나꼼수'에 대해 지지와 응원을 보내왔던 진보 매체와 온라인 커뮤니티를 비롯해 다양한 사회적 주체들의 반응과 태도에 변화가 생기면서, '나꼼수'에 대한 지지와 비판이 분화 혹은 양분되었음을 기억하는 이들이 많을 것이다. 이 과정에서 대표적인 온라인 여성 커뮤니티 '삼국카페'는 '나꼼수'에 대해 그동안의 지지를 철회하는 성명서를 발표했고, 이를 기존의 정파성을 떠나서 제도화된 언론 매체들이 적극적으로 보도하면서 이 사건에 대한 입장과 해석을 달리하

18 "여성들의 정치 참여가 촛불 시위는 물론 이후 4대강 반대나 한미 FTA 반대운동 등과 같은 '공적' 사안에도 제한되지 않았다는 점에서 그러한 의제적인 접근은 곧바로 반박되었다"(김수진 외, 2012: 242).

19 오히려 여성 특유의 감성을 연대로 시위 현장에 간식을 지원하고, 주요한 소비 주체로서 특정 언론사에 광고를 게재하는 기업들에게 압박과 불매운동을 가하는 등의 일상에서 자신들이 실천 가능한 방식을 통해 다른 주체들의 결집을 공고히 하는 데 더 큰 의미를 부여했다고 볼 수 있다.

20 요약하자면 나꼼수 진행자 중 한 명인 정봉주 전 의원이 BBK 관련 허위 사실 유포 혐의와 관련해 대법원 최종 판결에서 실형을 선고받고 구속 수감되었다. 이후 정 전 의원의 석방 촉구를 위해 한 여성 지지자가 인터넷 게시판에 비키니를 입고 가슴 부위에 '가슴이 터지도록 나와라 정봉주'라는 시위 말을 쓴 사진을 게재한 후, 이에 대해 나꼼수 진행자들이 던진 성적인 표현들이 문제되면서 불거진 사건을 말한다(이기형 · 이영주 외, 2012). 약 2주간에 걸쳐 온라인과 언론 매체의 한 이슈로서 입장과 해석을 달리하는 다양한 주체들 간의 논쟁이 지속되다가 정봉주 전 의원이 '삼국카페'에 사과 편지를 보내오고, 이후 나꼼수 봉주 5회차 방송분에서 김어준이 대표로 이 사건에 대한 입장을 표명하는 것으로 사건은 봉합되었다.

는 주체들 간의 공방과 담론적인 대립이 더욱 거세지게 되었고, 이 복잡하게 얽힌 국면에서 온·오프라인의 담론장을 뜨겁게 달군 바 있다.

'비키니 시위' 사건을 둘러싼 서로 다른 입장과 논리를 펴는 주체들—'나꼼수'의 진행자들, 삼국카페, '정봉주와 미래 권력들'과 같은 팬카페, '나와라 정봉주 국민운동본부', 진보 매체와 보수 매체들, 여성운동단체, 페미니스트 지식인, 학자와 평론가 그리고 네티즌들 등—간의 논쟁 구도에 따른 주요 쟁점을 정리하자면, 우선 '비키니 시위' 사건을 성희롱으로 규정할 수 있는지에 대한 문제 의식을 먼저 들 수 있다. 이와 관련해 최초로 인증 샷을 올린 여성이 "나꼼수 듣고 비키니 시위한 거 아니다. 나꼼수가 사과하는 건 나의 뜨거운 가슴으로부터의 진실된 외침을 모욕하는 것"이라는 항의의 글을 올리면서 '나꼼수'에 대한 변함없는 지지를 표명하면서 성희롱으로 쟁점이 정의되고 확장되는 측면을 정면으로 반박했다. 반면, 온라인 공간에서 제기된 이러한 강한 비판성 글과 더불어 '한국여성단체협의회'에서는 이 사안에 대해 "표현의 자유와 단순한 유머 코드를 넘어선 명백한 성희롱적 발언"이라는 성명서를 발표하고 이 사건을 성희롱의 문제로 규정함으로써, 여성 주체들과 범진보 진영 내부에 이견과 더불어 상당한 관점의 차이가 부상하기도 한 것이다.

또 다른 관련 사안으로는 '비키니 인증 샷'을 올린 행위와 이를 소비하는 방식을 구분해야 한다는 쟁점을 들 수 있다. 이와 관련해 진중권 교수를 비롯한 일군의 지식인과 학자들은 트위터와 언론 매체 인터뷰를 통해 비키니 사진을 올리는 행위 자체는 개인의 자유 의지에 따른 행동으로 볼 수 있지만, 문제는 이 사안에 대한 '나꼼수' 진행자들의 성찰적이지 못한 반응과 이를 소비하는 과정에서 불거진 '마초적인 소비의 방식'이라고 지적하면서, 이 사건을 통해 불쾌감을 느낀 여성들에게 사과해야 한다는 논지를 펼쳤다. 마지막으로 이 사건이 자칫 그동안 '나꼼수'가 보여준 비판 언론으로서의 역할과 가치에 공격을 가하는 근거이자, 이를 지지하는 여성 주체의 자발적인 정치적 발화 행위 자체가 내포하고 있는 의미를 배제한 채, 단지 이를 진보 진영 흠집내기를 위한 정치적인 공세와 선동 프레임의 근거로써 이용되는 측면에 대한 우려 및 경계의 목소리가 등장하기도 했다.

결과적으로 '비키니 시위' 사건의 주요 국면에서 촛불 정국에서 정치적 주체로서 여성의 역할에 관한 평가가 등장했던 방식과는 달리, 다수의 행위자 집단은 주요한 논쟁의 틀을 전형적인 그리고 단선적인 '꼴페미 대 마초' 혹은 '진보 대 보수'의 정치적인 대립 구도로 대비하고 확장해 가면서, 이 사안을 매개로 재현된 젠더 코드를 입장과 해석을 달리하는 주체들의 정당성 확보의 기제이자 비판과 방어의 근거로 삼는 복수의 입장이 개진되고, 동시에 각축을 벌인 것이다. 이와 관련해 '비키니 시위' 사건이 봉합되어 가던 시점에서 한 여성연구소의 긴급간담회를 통해 페미니스트 4인이 발표한 글에서 발췌한 아래의 입장은 여성들의 정치적 참여와 실천 방식을 다면적으로 진단하는 데 일정한 함의와 더불어 대안적인 해석의 방향성을 시사해준다(김수진 외, 2012).

> '비키니 시위'는 개별 남성들에게 보내는 성적 향응의 메시지가 아니라, '성적 대상화'를 공적인 장으로 들여와 일종의 코스프레로 활용한 정치적 행동이었다고 판단한다(김수진 외, 2012: 238). ……여성들의 커뮤니티 문화나 팬덤 안에서 자신들의 솔직한 욕망을 몸이나 성적 코드를 활용한 놀이로 만들어내는 실험을 벌이고, 지배(가부장제) 담론을 유머와 웃음으로 희화화했던 담론과 실천의 형식이, B급 마초라는 정체성으로 유쾌하게 저항하는 나꼼수의 정치 형식과 잘 결합되어 있었다는 점이다. 따라서 이번 '비키니 시위'는 단지 몇몇 여성의 돌출 행동으로 이해하기보다는 이러한 '여성적' 정치

형태의 연장에서 볼 필요가 있다(김수진 외, 2012: 242).

정리하자면 온라인 커뮤니티들이 2008년 촛불집회를 시작으로 2012년 '나꼼수' 관련 '비키니 시위' 사건에 이르기까지 주요한 정치적인 국면에서 자신들의 삶에 영향을 미치는 특정한 정치적 사안이나 사건에 대한 문제 의식을 기반으로 주요 온라인 커뮤니티들의 담론적인 성격을 다층적으로 구성하고, 일상적 공간과 정치적 공간의 경계를 허물면서 "정치-놀이-팬덤-인터넷 공동체 문화" 간의 연계되고 역동적인 결합을 시도해왔다고 판단할 수 있는 것이다.

이러한 변화상은 여성 주체들이 현실 속의 첨예한 갈등적인 사안을 두고 관망하기보다는, 다양한 상상력과 창의력을 발휘하는 기회로 삼음으로써, 엄숙할 수 있는 정치적인 의제를 의례화되고 상징적인 즐거움과 놀이, 그리고 정치성이 개진된 이벤트로 '전유'하면서 재기발랄한 참여와 실천의 방식들로 풀어내는 면모를 포함한다. 또한 이러한 활동상은 관습화된 젠더적인 위계 질서와 규범에 대한 비판적인 도전과 변화를 지향하는 모색을 통해, 온라인과 사회적으로 발현되는 여성성과 남성성의 이분법적인 구분과 역할론에 일정한 균열을 내면서, 다양한 사회 내 주체들에게 비판적인 성찰의 기회를 제공했다고도 사료된다.

앞 절까지 기술한 남성 주도 온라인 커뮤니티의 활동상과 대비할 때, 지난 몇 년간 매우 활성화된 면모와 차이를 보여주는 여성 주도 온라인 커뮤니티들의 활동은 당대 한국 사회의 네트워크화된 삶 속에 젠더정치의 가능성과 상당한 자율적인 역량을 보여주고 있지만, 동시에 이 사안이 현실 속에서는 여전히 상당한 난점과 관점의 차이 그리고 (잠재적인) 갈등과 대립의 단면들을 내포하고 있음을 시사해주기도 한다. 분석의 주요 사례로 삼은 남성 주도 사이트인 DVD 프라임의 경우에도, 그간에 긴요한 사회정치적인 사안들에 관한 상당히 활동적이고 능동적인 발언과 대응을 표출해 왔지만, 젠더와 성적인 차이들과 관련한 사안에서는 좀 더 체화된 문제 의식의 결여나 감성의 한계를 종종 발현하기도 한다. 이러한 측면은 온라인과 특히 남성 주도 온라인 사이트들에서 향후 좀 더 심각하고 성찰적인 방식으로 논쟁과 토론을 통해 대면해야 할 쟁점으로 판단된다.

취향의 공동체, 사회정치적인 사안에 발언하고 광장으로 나가다: '디지털 행동주의'의 점화와 이 현상의 명과 암

미국산 쇠고기 수입을 반대하는 시민들의 촛불집회가 한 달째 이어지면서 각종 취미 활동을 위해 모인 다양한 동호회들도 대열에 참여하고 있어 눈길을 끌고 있다. 이들 동호회는 깃발까지 만들어 조직적으로 집회에 참석하는가 하면 동호회 특성을 적극 활용해 시위 현장의 경찰 진압 과정을 사진으로 찍거나 성금을 모아 신문 광고를 내는 등 웬만한 단체 못지않은 활동을 펴고 있는 것. [2008년 6월] 4일 디지털카메라 동호회 사이트 'slrclub'에 따르면 이 동호회는 회원들의 성금을 모아 신문 광고를 내는가 하면 사진동호회의 특성을 활용해 회원들이 시위 현장에서 벌어지는 상황을 실시간으로 찍어 인터넷에 올리는 '시민기자단' 활동도 적극 벌이고 있다. '소울드레서 souldresser'라는 패션 관련 카페 회원 50여 명은 1일 세종로 사거리에서 열린 집회에서 경찰의 물대포 공세에 맞서기 위해 우비까지 미리 입고 참석했다. 또한 회원들의 성금을 모아 "정부가 지켜주지 않는 국민의 생존권을 지키기 위해 우리는 촛불을 들었습니다"라는 내용의 신문 광고를 내기도 했다. 비디오동호회인 DVD프라임(dvdprime.com)에서는 회원들이 깃발까지

> 제작해서 조직적으로 촛불집회에 참여했으며, 국내 최대의 클래식 음악 동호 사이트 '고클래식(goclassic.co.kr)'에서도 동호회 이름을 딴 깃발을 제작하기로 했다. 국민 주거 안정을 걱정하는 시민들이 모인 '아파트값 거품내리기 모임'은 '미국산 쇠고기 수입 반대' 신문 광고를 내기 위해 모금 활동을 펴고 있고, 인터넷 사이트 디시인사이드의 '음식(기타) 갤러리' 이용자들은 촛불집회 참가자들에게 '우리가 여러분의 배후 세력입니다. 맛있게 드시고 조심해서 귀가하십시오'라는 스티커를 붙인 김밥을 제공했다. 또 오토바이 동호회인 디시인사이드 '라이더스 갤러리' 회원들은 거리 시위가 벌어질 때면 집회 대열의 후미에서 오토바이로 생수와 김밥을 사 날라 시민들에게 나눠주기도 했다.[21]

앞에서 언급한 기사는 2008년 한국 사회를 뜨겁게 타오르게 했던 촛불 정국에서 일련의 온라인 공동체들이 수행한 주목할 만한 역할을 짚고 있다. 기사 속에서 미국산 쇠고기 수입 반대 광고를 주요 신문에 게재하고, 온라인을 벗어나 광장으로 진출한 다양한 온라인 공동체들의 이력이 제공되고 있다.

특히 매우 강렬했고 상당한 갈등을 생성했던 촛불 국면에서 다수의 취향과 취미의 공동체들이 참여했던 사실은 여러모로 특이하며 매우 이례적이다(박원석 외, 2008). 왜냐하면 이들 사이트와 정치적인 담론의 생산, 그리고 광장으로의 진출과 같은 사안들을 과거에 기대하기란 매우 어려웠을 것이기 때문이다. 2000년대 초반에 일종의 '정치 팬덤'인 노사모의 부상이 예시하듯이 다양한 사회적인 주체들이 자발적으로 참가하는 정치적인 네트워크의 가능성이 현실로 드러났지만, 사적인 개인들의

21 연합뉴스, 2008년 6월 4일자 기사 참고.

모임인 인터넷상의 커뮤니티들이 이러한 참여와 동원의 매개체로서 새로운 역할을 수행하고 촉발하리라고 예측한 이들은 과거에는 그리 많지 않았다.[22]

참여하는 주체들의 면모로 보아도, 카메라와 비디오, 음악 동호회에서 음식과 패션, 화장 관련 카페들에 이르기까지 참여한 온라인 커뮤니티들의 성격은 매우 다양한 편이었다. 이미 다수의 기사와 소수의 학술 작업들이 이러한 '자기 동원화'의 함의를 다룬 바 있다(홍성태, 2009). 문화비평가 문강형준(2012)은 '언어 문법, 대화 방식, 의상 스타일' 등의 문화적 · 상징적인 자원을 동원하면서, 새로운 정치적인 차이와 참여적인 운동문화를 구현한 촛불집회의 특성과 새로움을 주목한 바 있다. 다수의 연구자와 지식인들이 이러한 새롭게 발화되고 점화한 넷상의 흐름을 '디지털 행동주의digital activism'와 자유롭지만 결집된 스타일과 상상력의 정치를 실천으로 옮긴 '문화 행동cultural action' 등으로 정의한 바 있다.

이러한 첨예하게 의견이 맞섰던 특정한 사회정치적인 사안에 대한 논의와 자발적인 참여는 일정하게 공유되는 숙의와 조직화의 문법을 보여준다. DVD 프라임을 포함한 주요 온라인 공동체들의 경우, 먼저 전체 커뮤니티 구성원들의 합의라고 볼 수는 없겠지만, 다수의 지명도가 있거나 혹은 무명의 회원들이 이명박 정부에 의해 갑작스럽게 추진된 미국산 쇠고기의 수입 확대에 대해 상당한 비판과 불만을 제기하게 되었고, 이 과정에서 쟁점과 의견들이 게시글과 댓글 그리고 덧플의 양식을 매개로 매우 활발하게 교환되었다. 나아가서 이러한 능동적인 의제화에 특정 온라인 커뮤니티들의 일부 구성원이 가세했고 직접 행동으로 나섰던 일은 앞

22 물론 2000년대 초반 이후 '효순 · 미선' 사건 등을 통해 온라인상의 항의를 광장에서의 집회와 참여로 변환시킨 대표적인 사례가 있다.

서 언급된 다수의 온라인 커뮤니티에서 거의 공통적으로 찾아볼 수 있는 사례였다. 이러한 논의와 쟁점이 촉발되는 강한 담론 작용과 정서적인 연대가 가능했던 이유로는, 이미 상당 기간 동안 각 커뮤니티의 구성원들이 특정 현안이나 사회정치적인 쟁점을 중심으로 꾸준히 진행해 온 논의와 논쟁의 문화, 그리고 이런 토론과 담화의 학습 효과가 준 교육과 상호 연대의 측면을 지적할 수 있을 것이다.

특히 이러한 온·오프라인의 결합이 기존의 정당이나 사회단체 등의 조직을 경유하지 않은 느슨한 개인들의 자발적인 연대로 이뤄졌다는 측면은 매우 이채롭다. 또한 광장이라는 물리적·사회적인 공간으로의 참여가 만들어지기까지 심각한 측면이 아닌 비교적 유쾌하고 발랄한 톤과 논의로 이러한 집합 행동을 끌어낸 상상력의 발현 또한 기억할 만한 요소이다.

전규찬(2012: 43)이 조망하듯이, 온라인상의 네트워크나 1인 미디어와 다양한 광학 장치 등을 활용하면서 "정권의 통제에 맞서 물리적으로 결집하고 언어적으로 소통하는 여성과 청소년, 노동자 대중들이 새롭게 주목을 받고 있다. [이들은 긍정적인 차원에서는] 동적이면서 이성적이고 감상적이면서 합리적인 대중교통의 주체, 정치적인 수행의 주체로 부각되고 있다." 일군의 학자와 비평가들은 이러한 온라인 공동체가 부상한 이유를 다음과 같이 논한다.

> 전문가들은 "정치 공론의 장이 부재하기 때문에 벌어지는 것"이라고 말한다. 포털 사이트 다음의 토론장인 '아고라'를 비롯한 각종 게시판들은 기업과 정당 홍보의 장으로 퇴색한데다 인터넷 실명제 등 규제가 강화되면서 자유로운 토론이 어려워진 반면 특정 관심사를 다루는 커뮤니티 공간에서는 자유로운 토론이 가능하기 때문이라는 분석이다. 강명구 서울대 언론정보학과 교수는 "각종 커뮤니티에서 정치 관련 글들이 이슈가 되는 현상은 친목을 위한 술

> 자리에서 정치 얘기가 빠지지 않는 것처럼 자연스러운 일"이라며 "주목할 점은 관심과 함께 불만의 목소리가 높아지는 반면 정치 참여는 오히려 줄어들고 있다는 점"이라고 말했다. 강 교수는 "정권과 언론에 대한 불신이 팽배할수록 소규모 커뮤니티들을 중심으로 의혹을 제기하는 글은 늘어날 수밖에 없다는 점에 주목해야 한다"[라고 말했다].[23]

온라인 커뮤니티들과 SNS를 매개로 활발하게 소통과 대중적인 교통을 수행하면서 정치적인 의식과 참여를 끌어오는 데 상당한 공헌을 한 주체들의 경우, 이들이 보여준 가능성과 잠재성은 언론과 연구자들에 의해 긍정적인 평가와 상찬을 받아왔다. 오만하고 불통인 정치 권력과 대면하고, 언론장의 훼손과 제도 정당의 무능을 목도하면서, 이들은 불안하고 불온한 현실에 대해 정치적인 발화를 제기하기 시작했고, 온라인의 경계를 넘어서는 행동력과 결집력을 발현하기도 했다.

그럼에도 전규찬과 최태섭 등의 학자들은 지난 수 년간 중요한 정치사회적인 국면에서 부상했고 상당한 사회적인 그리고 학술적인 주목을 받아온 '디지털 행동주의'의 한계 또한 지적하고 있다. 이와 관련하여 주요 온라인 사이트를 매개로 부상하는 행위자성은 전복적이고 현실을 바꾸려는 욕망과 실천을 보여주긴 했지만, 여전히 가변적이며 '불확정적'인 측면들을 포함하기도 한다. 우선 이들 '개념을 탑재하고' '행동하는' 그리고 '소비하면서 생산하고 놀이하면서 발언하는' 주체들은 상당히 이질적인 사회경제적인 배경과 세대적인 차이를 내장한다. 때로는 '진보의 새로운 주자'라는 기대감을 투사받기도 하지만, 이들 부유하는 주체들은 '먹거리의 안전성'이나 특정 정부 정책에 대한 반대와 항의와 같은 여전히

23 한국일보, 2011년 9월 22일자 기사 참고.

한정적인—혹은 주로 중산층 시민들이 주목하는—의제에 집중하고, 빠르고 자발적인 결연을 보이는 만큼 지속적인 운동성과 장기간에 걸쳐 작동하는 연대나 결연을 보여주지는 않는다. 물론 직·간접적으로 발휘되는 정치 권력의 개입과 압박, 그리고 물리력의 동원 등이 이들 주체의 활동에 상당한 제약과 영향을 행사해 왔으며, 장기간에 걸친 촛불집회의 경우에도, 불통의 권력을 근본적으로 바꾸는 데는 크게 성공적이지 못했다고 볼 수 있다. 물론 보는 관점에 따라 이러한 디지털 행동주의가 발휘한 '양가성兩價性'에 대한 판단은 향후 좀 더 조직적으로 이뤄질 필요가 크며, 이 현상이 갖고 있는 복잡한 단면들은 여전히 상당한 성취와 더불어 한계를 포함하기도 한다.

이런 측면에서 마지막으로 거론할 수 있는 주제는 온라인 커뮤니티들의 담화와 토론문화의 명이 아닌 암과 관련된 이슈이다. 온라인 커뮤니티의 공간은 시사·문화비평가 박권일(2012: 54)이 재치있게 동시에 다소 단정적으로 논하듯이 '동물원'적인 그리고 '반상회'적인 특징과 면모를 상당 부분 보여준다. 박권일은 이들 표현을 트위터의 특징과 문화를 포착하는 과정에서 강조하고 있지만, 이 논의는 소셜 미디어의 '원조'라고 칭할 수 있는 온라인 공동체들에도 상당 부분 적용 가능해 보인다. 먼저 그의 관찰점을 활용하면 온라인 공동체의 동물원적인 특성은 "온갖 군상이 모여…… 자기 전시를 보이며……인간들이 동물원을 만들고 그 속에 스스로 들어가서 구경의 대상이 되고 또 역할을 바꿔 자신이 다른 인간의 구경꾼이 되는 과정"을 발현한다. 한편 '반상회적인' 풍경은 "누구나 자신이 원하는 걸 떠들어대면서도 합리적인 토론이 불가능하다"는 측면을 다소 냉소적으로 지적하는 과정에서 나오는 표현이다.

박권일의 이러한 온라인이 보여주는 정경에 대한 상당히 냉소적이고 냉정한 관점을 전적으로 수용하거나 동의하지는 않지만, 그가 제시한 징후적인 해석은 동시에 무시할 수만은 없는 온라인에서 전개되는 소통의 한계나, 성찰성이 부족하고 정제되지 못한 담론화의 현실, 그리고 특정한 사안을 중심으로 결집하고 때로는 과도하게 공격성과 분노를 표출하는 네티즌들의 활동상에 관한 날카로운 관찰을 담고 있다고 생각한다. 디피의 경우에도, 경험상 상대적으로 나이가 있고 학력 자산이나 문화적인 자원이 비교적 높은 이들이 주류를 형성한다는 판단이 들지만, 특정한 주제를 중심으로 벌어지는 논의의 흐름과 말의 풍경은 때로는 소통을 진작시키기보다는 방해하고, 생산적이지 못한 비판과 제기된 논점에 대한 깊이 있는 사고의 표출이 아닌, 과도한 비난과 논점의 이탈로 빠지는 경우들도 주기적으로 관찰할 수 있다.

온라인 커뮤니티의 이러한 공론장적인 측면의 취약성과 복합적인 담론의 질서와 관련해서, 이 한정된 지면에서 어떤 명쾌하고 균형이 실린 그리고 진중한 논의를 제공하기는 어렵다. 그럼에도 혹자는 네트워크화와 회원 상호간의 논의가 상당한 수준에서 벌어지는 온라인의 공간이 미시적인 차원에서나 특정한 국면에서 공론장적인 역할을 수행하기도 하고, 그러하다고 판단하기 어려운 상황이나 징후를 또 다른 상황에서 주기적으로 대면하게 되는 양가적인 측면을 지적할 수 있을 것이다.

한편 이러한 입장은 온라인이 현실 속에서 실현된 공론장이라고 기대하거나 혹은 과잉으로 해석하는 입장과는 일정한 거리를 두며, 동시에 온라인에서 생성되는 담화와 (대항)담론들의 문제점과 한계를 비판을 넘어서 의도적으로 확장하면서 공론장의 성격을 애써 혹은 전적으로 부정하려는 일군의 제도 언론이나 특정 사회 주체들의 의견에는 동의하지 않음을 의미한다. 일정한 문제와 한계가 있으되 동시에 상당한 자정 작용과 더불어 문제가 있는 현실의 변화를 갈망하는 복수의 주체들이 온라인을 매개로 생성한 발화와 활동들은 여전히 미완의 진행형이며, 나름의

의의와 상당한 가치를 지닌다고 조심스럽게 판단하기 때문이다.

조금 다르게는 SNS와 모바일 기술의 빠른 성장으로 온라인 공동체들의 역할이나 활동에 대한 사회적인 그리고 학술적인 관심이 오히려 다소 정체되거나, 이들이 발휘하는 현실 개입의 역량에 대한 기대가 일정 부분 축소된 징후도 발견할 수 있다. 한편 제도 정치와 정당의 역할이나 시민들과 사회적 약자들이 참여하는 오프라인에서의 조직화와 네트워크화에 더 큰 정치적인 방점이나 당위성을 두는 학자와 지식인들의 목소리도 들려온다.

그럼에도 2000년대 초반부터 매우 탈전통적인 양식의 새로운 결집과 접속, 그리고 참여와 활발한 토론으로 현실에 대한 논점과 관심을 체화해 온 온라인의 커뮤니티들이 지난 수 년간 보여준 활동들은 암暗보다는 명明이 크며, 문제적인 현실 속에서 일정한 대안성과 변화를 위한 움직임을 형성하기 위한 노력을 시도해 왔다고 판단한다.

향후 좀 더 장기적인 관찰과 전망, 그리고 다면적인 분석을 제시할 수 있는 온라인과 네트워크화된 삶과 관련된 다수의 심도 있고 관성을 뛰어넘는 정치한 진단과 상상력이 발휘되는 작업들이 등장하기를 기대한다.

참고 문헌

강상현 외 (2011). 『한국 사회의 디지털 미디어와 문화』. 서울: 커뮤니케이션북스.

강원택(2004). 인터넷 정치집단의 형성과 참여: 노사모를 중심으로, 『담론201』, 20(3): 161-184.

강준만 (2006). 『대중 문화의 겉과 속 3』. 서울: 인물과사상.

고경민 · 송효진 (2010). 인터넷 항의와 정치참여, 그리고 민주적 함의. 『민주주의와 인권』, 10(3): 233-269.

권규상 (2012). 정보사회의 권력관계와 대항권력의 형성: '나는 꼼수다'를 사례로. 『정보와 사회』, 23: 35-79.

김상배 엮음 (2008). 『인터넷 권력의 해부』. 서울: 한울.

김수아 (2012). 디지털 테크놀로지의 발전과 새로운 여성 정치 주체의 가능성. 『페미니즘연구』, 12(1): 193-217.

김수진 · 엄혜진 · 윤보라 · 김원정 (2012). 농담과 비키니, 나꼼수 사건을 바라보는 조금 다른 시선. 『페미니즘연구』, 12(1): 219-253.

김영옥 (2009). 여성주의 관점에서 본 촛불집회와 여성의 정치적 주체성. 『아시아여성연구』, 48(2): 7-34.

김예란 (2010). 감성공론장. 『언론과 사회』, 18(3): 146-191.

나은경 · 이준웅 (2008). 『댓글문화연구』. 서울: 한국언론재단.

문강형준 (2012). 양날의 칼: 포퓰리즘, 민주주의, 문화행동. 『문화과학』, 71: 106-124.

박권일 (2012). 『소수의견』. 서울: 자음과모음.

박원석 외 (2008). 『촛불이 민주주의다』. 서울: 해피스토리.

박창식 · 정일권 (2011). 정치적 소통의 새로운 전망. 『한국언론학회보』, 55(4): 219-244.

송경재 (2005). 네트워크 시대의 인터넷 정치참여: 탄핵정국 디시인사이드 정치토론 게시판을 중심으로. 『담론201』, 8(3): 123-160.

____ (2009). 네트워크 시대의 시민운동 연구: 2008 촛불집회를 중심으로. 『현대정치연구』, 2(1): 55-83.

____ (2011). 소셜 네트워크 세대의 정치 참여. 『한국과 국제정치』, 27(2): 57-88.

윤보라 (2011). 온라인 외모관리 커뮤니티와 20~30대 여성의 정치주체화. 서울대 여성학협동과정 석사학위 논문.

윤성이 (2009). 2008년 촛불과 정치참여 특성의 변화: 행위자, 구조, 제도를 중심으로, 『세계지역연구논총』, 27(1): 315-334.

이광석 (2012). 디지털 세대와 소셜미디어 문화정치, 『동향과 전망』, 84: 102-129.

이길호 (2012). 『우리는 디씨』. 서울: 이매진.

이동후 (2012). 미디어 리터러시와 정치훈련. 『황해문화』, 75: 85-104.

이동후 · 김예란 외 (2006). 『모바일소녀@디지털 아시아』. 서울: 한울.

이소영 (2012). 4 · 11총선과 시민사회의 선거 참여. 『선거연구』, 2(2): 7-50.

이원태 (2012). 소셜 미디어에서 온라인 정치담론의 가능성과 한계. 조화순 엮음, 『SNS와 정치변동』: 287-323.

전규찬 (2012). 열광과 낙담 사이의 대중 미디어 문화정치학. 『황해문화』, 75: 28-47.

조화순 (2008). 온라인 세대의 인터넷 네트워크와 정치참여. 『21세기정치학회보』, 18(3): 85-102.

조화순 엮음 (2012). 『소셜 네트워크와 정치변동』. 서울: 한울.

조희정 · 강장묵 (2008). 네트워크 정치와 온라인 사회운동: 2008년 '미국산 쇠고기 수입반대 촛불집회' 사례를 중심으로. 『한국정치학회보』, 42(3): 311-332.

주창윤 (2010). 『대한민국 컬처코드』. 서울: 21세기북스.

최양수 외 (2005). 『한국의 문화변동과 미디어』. 서울: 민음사.

최태섭 (2012). 전자정의의 탄생. 『황해문화』, 75: 48-67.

한국언론정보학회 엮음 (2012). 『디지털, 테크놀로지, 문화』. 서울: 한울.

한국언론학회 (2011). 『한국 사회의 소통위기』. 서울: 커뮤니케이션북스.

_____ (2012). 『정치적 소통과 SNS』. 서울: 나남.

홍성태 (2009). 『한국 사회와 촛불집회』. 서울: 문화과학사.

황주성 (2012). 소셜 네트워크의 원조, 인터넷 커뮤니티는 자기조직화하는가?, 조화순 엮음, 『SNS와 정치변동』: 50-84.

소셜 웹의 신자유주의적 포스트페미니즘
: 유명인 현상과 대중의 자기통치성*

김예란

소셜 웹과 포스트페미니즘

오늘날 소셜 웹social web에서 문화정치는 정책과 정당 중심으로 추진되고 공중이 참여하는 전통적인 민주주의 형태와는 매우 다른 방식으로 진행되는 양상을 보인다. 스타와 팬으로 구분된 위계 영역 간 절대적인 흠모와 숭배로 진행되던 연예 문화와도 차별적이다. 신성한 종교와 세속적인 일상이라는 구분이 뚜렷하던 이전의 정신 문화와도 구별된다. 정치와 생활, 일상과 제도, 정치인과 유명인, 여론과 인기, 시민과 소비자를 구분하던 전통적인 경계선이 흐려지는 탈근대적 양상이 언어의 형태로 가시화되는 공간이 소셜 웹인 것이다. 이것은 한편으로는 탈정치화, 탈문화화, 탈종교화의 현상이라고 말할 수 있지만, 다른 한편으로는 정치와

* 이 글은 『한국언론정보』 2013년 62호(pp.5–29)에 '소셜 웹 대중 문화: 페미니즘의 반동인가, 포획인가'의 제목으로 실린 글을 부분적으로 재구성했음을 밝힌다.

문화와 종교가, 우리말로 번역되기 어려운 특별한 뉘앙스를 띠며, '소셜 social'이라고 불리게 된 광범한 사회 영역으로 흡수되고 결합하는 양상으로 읽을 수 있다(Couldry, 2010).

이 연구는 유명인을 중심으로 하는 소셜 웹 현상에서 대중적으로 발현되는 문화 실천의 성격을 규명하는 것을 목적으로 한다. 언어적 · 매체적 · 사회적 성격으로 인해, 소셜 웹에서는 전통적으로 '여성적'이라 여겨졌던 커뮤니케이션 요소들, 즉 사적이고 대화적인 요소들이 번성하고 있다. 따라서 이러한 미디어 환경에서는 적극성, 능동성, 자기 중심적이고 자율적인 선택과 자유 등의 가치가 강조되면서(김예란, 2009), 마찬가지로 이러한 가치를 강조하는 포스트페미니즘의 주장과 맞닿고 양자는 하나가 다른 하나를 지지하고 부흥시키는 상호 강화의 효과를 낳는다(Gill, 2011).

이 연구가 주목하는 지점은 소셜 웹 공간에서 페미니즘의 가치가 신자유주의적인 지배 질서와 유착하면서 진정한 성정치의 가치를 왜곡하는 '신자유주의적 포스트페미니즘'[1]의 경향이다. 핵심 질문은 이 현상이 과연 여성적 문화의 건강한 발전인지, 혹은 신자유주의에 의한 여성적 문화의 포획은 아닌지를 판단하고, 전자에 의한 후자의 극복을 지향하는 시각을 여는 것이다.

소셜 웹 문화의 성격

우리가 유명인과 대중의 관계의 관점에서 소셜 웹 문화에 접근할 때 소

1 이 표현은 로잘린드 질Rosalind Gill의 '포스트페미니즘적 신자유주의postfeminsit neoliberalism'라는 표현을 응용한 것이다(Gill, 2011).

셜 웹의 일반적 성격은 이렇게 전제될 수 있다.

첫째, 참여 방식에서 소셜 미디어의 확산에 따라 사회적 참여와 개입이 일상적 · 대중적으로 행해지는 경향이 강하다. 과거에 선거 또는 주요 언론에 개입하는 식의, 매우 정규적이고 드문 계기들이 가시적 정치 참여의 유일한 기회였다고 할 수 있다면 오늘날에는 (비록 그 효과에 대해서는 엄밀한 분석이 필요하겠으나) 크고 작은 여론의 다양한 방향으로의 가시적 표출이 소셜 미디어의 매개를 통해 일상적으로 이뤄지고 있다(김은미 · 이주현, 2011). 물론 다수 대중이 쏟아내는 소셜 웹에서의 말들은 대부분의 경우 수다나 가십(흥미 본위의 뜬소문)의 일부로 간주되며 흘려버려지기 십상이지만, 때로는 예기치 않았던 중요한 사건으로 돌출하며 정국에 급작스러운 변화를 낳기도 한다. 이처럼 대중의 일상적 소통 활동이 곧 정치 참여로—크고 작은 영향력을 누적하거나 교환하며—이어질 수 있는 가능성이 넓어졌다.

둘째, 주제면에서 정치적 사안과 문화적 관심, 사적인 것과 공적인 것, 신성한 것과 세속적인 것 등, 과거에 구별 · 대립되던 가치와 영역들이 서로 섞이고 상호작용을 하는 정도가 무척 빈번해졌다(김은미 외, 2011). 예컨대 이 연구의 사례 분석들 중 하나로 다뤄질 '나꼼수'의 비키니 논쟁은 전통적인 관점에서 보면 젠더와 섹슈얼리티의 문제를 품고 있는 여성주의 사안으로서 문화 관점에서 다뤄질 만한 사안이었다. 그러나 그 논쟁이 나꼼수에 대한 보수 · 진보 정치권 및 시민단체들의 태도에 영향을 미치면서 당시 정국에 적잖은 직 · 간접적인 영향을 끼쳤다. 이전 같으면 비정치적인 사안이라고 간주되었던 일이 정치적인 것으로 전환되고 융합되는 경향은 점차 강화되고 있다. 예를 들어 개인의 별난 식습관의 하나라고 손가락질당해 오던 채식이 환경운동이나 생활정치의 중요 사안으로 발전하는 모습들을 생각해 볼 수 있다.

셋째, 참여의 태도에서도 변화가 발견된다. 예컨대 전통적인 사고 방식으로 본다면 정치는 심각하고 중요하며 진지한 것, 그래서 남성 중심의 공민적 활동의 영역으로 상징화되었다. 그러나 소셜 웹에서 정치의 문화화 환경에서는 오히려 재미와 즐거움이라는 감정적 요소가 정치 활동을 이끌어내는 요소로 중시되는 것이다(김예란, 2010, 박창식 · 정일권, 2011). 어쩌면 정치는 신념을 가지고 투신하거나 지지하는 것이 아니라, 관심을 가지고 즐기는 것으로 변모하고 있다.

넷째, 대상에도 변화가 생긴다. 정책 대신 정치인이 상징적 의미를 지니는 경향은 텔레비전 정치 시대 이후에 계속적으로 강화된 바이지만, 이 경향이 더욱 강해져서 정치인 실체를 훨씬 뛰어넘는 영향력을 정치인 '이미지'가 발휘하고 있다. 이에 상응하여 정치인의 이미지가 중요해질 뿐 아니라, 이미지로 존재하던 유명인과 스타가 오히려 정치인보다도 더 강력한 사회적 영향을 지닌다. 정치가 이미지 소비 문화와 겹쳐지고 있는 것이다(Littler, 2008).

다섯째, 이미지 소비의 확산은 찬미와 숭배의 수사, 즉 마케팅과 PR이 삶의 원리로 전면화하는 현상을 이끈다(정준희 · 김예란, 2010). 기성의 마케팅과 PR 영역뿐 아니라 일상적인 소셜 웹의 대화가 홍보와 광고의 논리를 지니게 되고, 이것은 자기 브랜드화self-branding의 경향을 추동한다. 데인(Thayne, 2012)이 지적하듯 페이스북의 상징인 '좋아요'는 타인을 위해, 그리고 궁극적으로는 나를 위해 타인을 칭찬하고 부추겨주는 소셜 웹의 기본 논리를 이룬다. 이것은 그가 '좋아요 경제Like economy'라고 부르는 이미지 소비문화의 논리이기도 하다.

마지막으로 주목을 매개로 구축되는 도덕 경제의 측면이 있다(Goldhaber, 1997). 소셜 웹에서 유명인의 긍정적인 이미지나 부정적인 이미지들이 소비의 대상으로 전면화하면서, 주목과 감시의 행위가 역시 강렬하며 지속적으로 일상에서 행해진다. 유명인 못지않게 일반인도 작게는 자신의 지인 집단으로부터, 잠재적으로는 전 사회적으로 익명화된 시선에 노출되는 상황에 있다. 이때 시선은 감시의 시선이기도 하지만 인기와 사랑의 가치를 획득하는 것으로서의 시선일 수도 있다.

이러한 소셜 미디어의 성격은 포스트페미니즘의 정향과 매우 유사하다. 포스트페미니즘의 의미는 다양하며 논쟁적이다. 여성과 남성의 정치적 평등을 주장하던 이전 세대 페미니즘과 달리, 포스트페미니즘에서는 제도적인 평등이 어느 정도 완수되었다는 전제 위에 다양한 정체성과 문화적 다양성을 추구하는 입장이 표명된다(McRobbie, 2007). 이렇게 전통 페미니즘과 일정 정도 구분선을 유지하지만, 그것이 전통 페미니즘의 강화인지 부정인지에 대해서는 논자마다 다른 평가가 내려지고 있다. 포스트페미니즘이 전통 페미니즘을 선택적으로 수용하기에 때로는 그것을 계승하기도 하지만, 때로는 그에 반박할 뿐 아니라 남성 중심적인 성차별주의에도 결탁하고 서구－중산층－이성애 지배적인 가치관에 포섭되는 모습을 보이는 식으로 다면적인 모습을 띠기 때문이다(Gill, 2011). 특히 후기자본주의 사회의 맥락에서 포스트페미니즘에서는 개인의 능동성 · 자유 · 젊음이 찬미되고, 개인주의 · 소비주의 · 경쟁주의가 추구되며, 이것을 구현하기 위한 '성애화의 기술technologies of sexiness'(Gill, 2011)로서 자기 훈육과 자기 감시 및 통제의 실행이 촉구된다. 이런 점에서 질(Gill, 2011)에게 포스트페미니즘이란 페미니즘과 소비주의의 '순응적 접합'의 결과물에 다름아니다. 포스트페미니즘이 '신자유주의의 감성sensibility'으로 기능한다는 것이다(Gill, 2007). 포스트페미니즘에는 자기 성찰성 심화라는 탈근대적 사회적 경향과 육체 관리, 자기 혁신과 개선의 욕망을 추구하기 위한 후기자본주의적 소비주의 경향이 결합되어 있다는 것이다(Gill, 2007).

이 글의 관점인 신자유주의적 포스트페미니즘 비판은 오늘날 포스트페미니즘이 성정치적 급진성을 상실하거나 거부하고, 신자유주의적 이념을 강화하는 방식으로 전개되었다고 보고, 그것을 문제화하는 입장을 취한다. 이 지점에서, 개인적 차이와 자율, 책임성, 자유와 같은 주체적 윤리는 신자유주의의 '기업가적 주체self as enterprise'를 형성하기 위한 훈육과 통치의 원리에 저항하기는커녕 오히려 그것과 편안하게 결합하게 된다(McNay, 2009). 한편 소셜 웹은 단순히 중립적인 미디어 테크놀로지가 아니다. 클로우Patricia Clough가 디지털 정보 기술에 대해 논했듯이, 이러한 기술은 개인성, 능동성, 참여, 자유와 같은 이념적 가치들을 함축하고, 그것의 실행이 우리의 몸과 정서에 형성적인 영향을 미치는 '삶 테크놀로지biotechnology'이며 '감정 테크놀로지affective technology'이다(Clough, 2007).

이렇게 이념적인 차원과 기술적인 차원이 수렴되며 신자유주의적인 포스트페미니즘이 강화되는 방식을, 소셜 웹의 담론 분석의 방법을 이용해서 탐구할 것이다. 신자유주의 상황에서 번성하는 두 영역, 즉 소셜 웹의 문화와 포스트페미니즘의 문화를 맞대어놓고 교차적으로 살핌으로써, 소셜 웹의 대중적 실천에서 찬미되고 발달하는 문화적 특성—능동성, 자유, 자율성—이, 포스트페미니즘의 문제적 속성인 소비주의와 개인주의의 가치와 결합하는 경향을 비판적으로 해석할 것이다. 이를 통해 급진적 정치성의 잠재력을 지닌 (포스트) 페미니즘과 미디어의 민주적 실천이 지향되어야 할 소셜 웹이 신자유주의적인 이념에 포획되는 경향을 비판적으로 논하려 한다. 이것은 신자유주의 이념이 사회·문화적으로 팽배하는 상황에서 '여성적인 것'의 진정한 가치와 의미를 도출하기 위한 노력으로서 반드시 검토되어야 할 문제이기도 하다.

연구 방법

소셜 웹에서 유명인을 중심으로 한 문화 소비의 양상을 파악하기 위해 네 명의 유명인과 그를 상징하는 키워드 중심으로 트위터를 분석했다. 우선 선정된 유명인은 공지영, 안철수, 이효리, 혜민스님이다. 각 인물은 문학/문화, 기업/교육/정치, 연예/생활정치, 종교/문화 등 주요한 사회적 융합 지점을 대표하는 대변자이며 모두 영향력 있는 트위테리언으로 손꼽힌다. 이들은 모두 현 사회 질서에 문제를 제기하고 대안적인 삶의 방식을 주장하는 발언을 소셜 웹에서 생산함으로써 한편으로는 대중적 진보지식인으로, 다른 한편으로는 청춘세대의 멘토로서 자리매김했다. 이 네 명의 유명인의 중요한 공통점으로, 소셜 미디어 환경에서 개별 분야에서의 성공을 넘어 공적인 영역에서 영향력을 확보했다는 점이 주목된다. 이효리는 연예 · 오락산업 부문으로부터 생활정치의 영역으로, 공지영은 소설가로부터 정치 의식이 강한 여성 지식인의 위치로 진입했으며, 안철수는 의학도, 기업인으로부터 교육자를 거치며 대통령 후보자로 출마했다. 마지막으로 혜민스님은 종교인이자 문화계의 주요 인사로 자리잡았다. 이들은 각 영역에서 인정을 획득한 후 전통적으로 공인公人이나 여론지도자가 담당하던 문화 · 정치 활동을 행하며 중요한 사회적 영향력을 발휘하고 있다.

이 문제를 논하기 위해 각 인물의 특징을 구체적으로 살펴보는 일이 도움이 될 것이다. 공지영은 자칭 우리 시대의 '가장 잘 나가는 작가'로서, 소위 재능과 미모를 겸비했으며 의식 있는 소설가로서 정평이 나 있다. 그녀의 소설들은 사형(『우리들의 행복한 시간』)과 장애아동 성범죄(『도가니』) 등 논쟁적 사안을 다뤘다. 그중 영화화된 작품들은 사회적 이슈를 다룬 여느 영화들과는 달리 대중적 인기를 획득하는 데에도 성공했다. 최근 들어 그녀는 정치 및 사회적 사안에서 소신 있는 발언을 하면서, 진보적 여성 지식인으로 자리매김했다. 이 연구가 그녀의 다면적인 이미지들 중에서 특히 집중한 부분은, 그녀의 지성인으로서의 면모와 어긋나는 소비 성향이 드러나면서 네티즌 사이에서 논란이 되었던 '샤넬백' 사건과, 정봉수 의원의 출감을 지지하는 여성들이 벌인 '비키니' 트윗에 반대하는 발언을 해서 주목을 받았던 '비키니' 논쟁이다. 샤넬백 사건은 공지영이 나꼼수 출연팀과 미국 공연을 위해 출국하는 공항에서 고가의 '명품백'인 샤넬백을 들고 있는 사진이 인터넷에 유통됨으로써 불거졌다. 이에 대해 그녀의 정치적 입장과 위배되는 과소비 행위로서 비난하는 목소리가 거세었다면, 모든 것을 다 갖춘 성공한 소설가로서 충분히 누릴 만한 소비라고 두둔하는 목소리도 있었다. 공지영을 둘러싼 두 개의 논쟁은 '잘 나가는' 여성 지식인으로서의 면모와 진보성을 담보로 맺어진 정치 동맹이 상충한 사례로 이해할 수 있다. 이와 유사한 맥락에서 전통적인 정치적 태도("진보는 자본주의적 소비문화를 거부해야 한다")와 포스트페미니즘적인 여성주의("전통적 성정치의 노선을 해체하며 자신의 현실적 욕망과 필요에 충실하고 그것을 누릴 능력을 갖춘 여성성에 대한 지지")가 충돌한 사건으로도 해석될 수 있을 것이다.

안철수는 의학도, CEO, 대학교수를 거치며 대통령 후보로도 출마했다. 그는 사회의 엘리트 코스를 두루 거친 탁월한 커리어와 능력을 지녔음에도 겸손하고 수수한 인상, 뛰어난 선행과 도덕심의 발휘, 진보적 정치 이념 등의 요소를 내세우면서 젊은 세대의 대표적인 '멘토'로 부상했다. 그의 키워드로 '힐링'을 선택했다. 그 이유는 출마설이 계속 나오지만 정치 행로는 미정인 상태에서 그는 저서 『안철수의 생각』을 출간했고, 이에 발맞춰 인기 텔레비전 프로그램인 〈힐링 캠프〉에 출연하며 세간의 주목을 사로잡는 데 성공했기 때문이다. 안철수라는 정치인이 이념이나 정책 대결이 아닌 '힐링'을 키워드로 하는 프로그램에 등장한 것은 정치가 대중문화 정서와 결합한 현상으로 볼 수 있다. 또한 '힐링'은 신자유주의 시대, 자가 발전 및 자기 치유를 추구하는 개인주의 문화의 키워드이기도 하다. 오늘날 대중 심리서나 자기 계발서가 주요 서점가의 베스트셀러 1위로 떠오르면서 텔레비전 방송에서도 '힐링'을 강조하는 프로그램과 미디어 담론이 대폭 증가했다. '힐링healing'이라는 단어는 '치료cure'와 달리 원천적인 문제 근절 대신 현 상태에서 달래고 어르는 '위로'(이 또한 우리 시대 키워드 중의 하나이다)의 어감을 지니고 있다.[2] 힐링의 유행 경향은 신자유주의적 소비 사회에서 욕망과 불안에 점철된 개인이 그 문제를 개인의 틀 안에서 자율적으로 해결하는 태도(이희은, 2012)와 연결된다. 즉, 정치문화의 연성화 경향이 신자유주의적 대중 감정인 긍정주의 혹은 순응주의와 만나는 지점으로서 안철수에 주목했다.

이효리는 연예 스타와 생활정치의 접점으로 선정되었다. 아이돌의 원조이자 관능적인 육체적 매력을 지닌 '섹스 심벌'로서 이름이 높았던 그녀가, 시간이 흐르면서 생활정치적인 이슈를 지지하는 경향을 보였다. 현재는 소위 개념 있는 '소셜테이너'의 한 명으로 활동하면서 진보적 연예인 및 유명 인사들과 우정을 보이며, 사회적 이슈에도 참여적인 발언을 하는 모습을 보인다.[3] 유기 동물 보호 캠페인이나 선거 참여 독려 운동을 한다든가 김제동과 같이 정치적 활동이 활발한 연예인과 동행한다든가 하는 일이 그러한 사례들 중 일부이다. 이효리의 키워드는 '채식'으로 정했다. 채식은 환경 문제, 동물 보호 문제처럼 생활정치의 이슈로도 중요하지만, 몸매 관리 문화와도 밀접한 관련을 지닌다. 생활정치의 진지성과

2 힐링healing은 치료가 끝난 후에 한결 좋아졌다고 느끼도록 만드는 것을 뜻한다. 원천적인 질병 치료cure와는 달리, 심리적이고 감정적인 차원의 효과를 가리키는 것이다(Cambridge Dictionaries Online: http://dictionary.cambridge.org/dictionary/british/heal)

3 http://news.khan.co.kr/kh_news/khan_art_view.html?artid=201112272114125&code=210000

몸매 관리에 치중하는 대중적 소비문화의 욕망이 만나는 지점에서 어떠한 담론들이 형성되는지를 살펴보고자 했다.

혜민스님은 『멈추면, 비로소 보이는 것들: 혜민스님과 함께하는 내 마음 다시 보기』라는 제목의 베스트 셀러 1위 에세이집의 작가이다. 단지 종교인이나 인기 작가로서가 아니라, '한국인 승려 최초로 미국 대학 교수라는 특별한 인생'을 살며 '국내에서 '차세대 리더 300인'으로 선정'되는 한편 『월스트리트저널』의 극찬까지 받은 인물로 칭송되고 있다(교보문고 책소개 인용). 그는 한국에서 고등학교를 졸업하고 영화를 공부하기 위해 미국 유학을 떠났으나 전공을 바꿔 미국의 유명 대학교에서 종교학 석·박사학위를 취득했다. 현재 미국 매사추세츠 주의 햄프셔대학교의 종교학 교수로 재직 중이다. 특출난 인생 경력과 수려한 이미지와 어우러지며 그의 저서 『멈추면, 비로소 보이는 것들』은 2012년 1월 출간 이래 장기간 해당 분야 베스트셀러 1위의 자리를 지켜왔다. 그뿐만 아니라 혜님스님 자신은 강력한 트위테리언이자 텔레비전 방송에도 여러 번 출연하며 '영혼의 멘토, 청춘의 도반'으로 자리매김하고 있다. 앞에서도 언급된 바 있는 '힐링' 치유의 논법의 전범이라 할 수 있는 그의 저서와 그를 중심으로 행해진 트윗의 대중적 담론들에 접근함으로써 종교의 세속화 및 대중적으로 확산되는 '행복론'의 성격을 알아보고자 한다.

이 네 명은 시민/소비자가 구분되며 정치/경제, 공적/사적 공간이 뚜렷이 구분되었던 근대 사회 질서와 달리, 소비자로서 시민의 역할을 겸하고, 연예인이 정치가의 역할을 수행하며 정치가가 소비자의 취향과 감정 상태에 호응하는 혼종 현상을 집약적으로 보여주는 인물들이다. 이효리는 먹기와 식단이라는 사적인 사항이 생활정치라는 사회적 사안으로 확장해 가는 경향을 대변한다. 공지영은 여성적인 것/남성적인 것, 소비 욕망/정치 이념이 충돌적으로 접합하는 경계에 있다. 안철수는 기업 · 교육 · 정치가 혼합된 대중의 성공에 대한 욕망의 구조 안에서 하나의 영웅상을 체현한다. 혜민스님은 종교와 자기 계발적 처세 기술이 결합하며 자기 중심적이고 개인주의적인 행복론이 형성되는 담론화 과정을 보여준다. 뒤에서 상술되듯이 네 인물을 중심으로 구성된 담론들은 공통적으로 세상이 어렵고 각박하지만, 그럴수록 건강하고 자유롭게 자기 자신을 위한 삶의 방식을 선택하고 수행함으로써 자기 만족을 느끼며 성공과 행복을 성취하라고 조언한다. 이렇게 개인주의적이고 자기 중심적인 삶의 가치와 태도는 신자유주의 도덕의 근간을 이룬다(McNay, 2009). 네 인물은 서로 다르게 그러나 연관된 방식으로 신자유주의 도덕을 현현한다. 대중들은 소셜 웹에서 자신의 다양한 욕망과 상상들을 결합하고 체화하는 대상으로 유명인과 관계를 맺고, 그 관계를 소비한다.

구체적인 데이터 수집을 위해 여러 경로의 방법을 병행해야 했다. 아직까지 트위터가 통합적 온라인 데이터로 체계화되지 않은 상황이기에 여러 경로를 때로는 중첩적으로 밟아 나가야 했다. 우선 트위터 본 사이트의 키워드 검색은 최근 한 달여를 기준으로 검색된 자료들을 보여준다. 그래서 트위터 검색은 오래된 데이터는 수집할 수 없다는 단점이 있으며, 해쉬태그 검색(예: #이효리) 역시 아직 활용성에는 한계가 있는 듯하다.

따라서 2차적으로 포털 사이트에 수집된 트위터 포스팅을 검색했다. 우선 구글google의 경우 키워드 중심으로 트위터의 기간 검색이 가능하다(때로는 날짜 간 오차가 나타나기도 했음). 구글 데이터 수집은 '이효리 채식'과 같은 방식으로 검색했다. 구글이 트위터 사이트의 데이터를 수집한 내용 중 '이효리'와 '채식'이 포함된 내용을 찾는다는 검색 연산자이다. 네이버naver도 수집된 날짜를 기준으로 검색이 가능하므로 구글과 같은 검색 연산자로 검색했다. 수집된 링크가 구글보다는 조금 정확한 내용으로 연결되었으나 양이 적었다. 수집된 내용을 정확히 보기 위해 수집된 링크를 연결해야 하는데 그 글이 정확히 나오는 것이 아니라 해당 이용자의 트위터 멘션이 나오기 때문에 데이터를 정확하게 수집하기 어렵다. 따라서 수집된 링크가 정확한 내용이 나오지 않을 경우에는 트위터 이용자의 멘션으로 연결해가며 그 글을 하나씩 찾아내야 했다. 다음daum은 트위터 실시간/정확도의 구분으로 검색 기능이 따로 존재한다. 다음에서 수집하는 기준은 아직 알 수 없지만 트윗한 내용이 그대로 나왔기 때문에 정확했다.

마지막으로 분석 대상인 유명인의 트위터 자체를 살펴보았다. 절필을 선언했던 공지영과 비공개인 안철수를 제외하고, 각 유명인의 사이트에서 그가 올린 트윗의 내용을 키워드 중심으로 찾아볼 수 있었다.

이렇게 하여, 1인당 적게는 수십 개에서 많게는 수백 개에 이르는 트윗 자료들이 검색되었는데 그 개수를 정확히 계산하기 어려운 이유는 위에서 설명한 것처럼 사이트별로 비체계적인 변수가 많은 데다가 트윗과 리트윗을 거치면서 같은 내용이 중복적으로 파생되기 때문이다. 예컨대 네이버와 다음에서 중복된 내용이 매우 많은데, 이는 독자들이 유명인으로부터 받은 트윗의 내용이, 해당 유명인의 트윗 사이트에서도 검색이 되는 동시에 그것을 받은 수신인의 트윗에서도 검색이 되었기 때문이다.

유명인과 키워드를 기준으로 할 때, 각 해당 유명인과 해당 주제 트윗 수집량은 다음과 같다(괄호 안은 키워드, 중복 수집).

* 이효리(채식): 구글 36, 다음 122, 네이버 26
* 공지영(비키니): 구글 23, 다음 57, 네이버 12
  (샤넬): 구글 61, 다음 118, 네이버 4
* 안철수(힐링캠프): 구글 464, 다음 55, 네이버 1,868

* 혜민스님(행복): 구글 57, 다음 257, 네이버 67

트위터 수집 기간은 네 인물의 키워드에서 각각 구글 트렌드를 검색하여 소통량이 절정에 이른 날짜를 중심으로 전후 한 달을 정했다.

이효리-채식 2012.2.15. ~ 3.15
공지영-비키니 2012.1.15. ~ 2.15 (중단 기간 2012.2.8. ~ 2012.2.13)
공지영-샤넬백 2012.1.1. ~ 1.30.
안철수-힐링캠프 2012.7.7. ~ 8.7.
혜민스님-행복 2012.4.1. ~ 2012.4.30

정리하면 분석 대상이 된 텍스트의 모집합은 구글 트렌드에서 제시된 절정기에 포함된 트윗 포스팅으로서, 키워드에 관련된 유명인 자신 및 대중의 언설들이라고 요약할 수 있겠다.

해석 작업은 언어적 차원과 담론적 차원으로 구분되었다. 언어적 차원은 유명인과 대중의 관계 및 표현 양식에 주목한다. 담론적 차원은 유명인과 대중이 펼친 담론 수행에 담긴 정서와 이념을 읽어내는 작업이다. '언어적 차원'과 '의미론적 차원'은 서로 불가분의 연관성을 지니며 '사회의 맥락성'과 접합된다. 이는, 할리데이Michael Alexander Kirkwood Halliday의 체계적 기능언어학을 참조한다면, 텍스트의 의미를 가리키는 '관념적 메타 기능ideational metafunctions'과 대화자들의 관계성인 '대인적 메타 기능interpersonal metafunctions'과 맥락 적절성을 유지하는 차원인 '텍스트적 메타 기능textual metafunctions'은 서로 연동하면서 담론의 사회적 의미를 창출하기 때문이다(Halliday, 2009). 이를 이 연구에 적용한다면, 소셜 웹에서 유명인과 대중의 관계에 주목하는 언어적 차원(대인적 메타 기능)과 의미를 해석하는 담론적 차원(관념적 메타 기능)을 결합적으로 살펴봄으로써 신자유주의적 포스트페미니즘의 이념이 대중적으로 수행되는 사회적 정경(텍스트적 메타 기능)을 이해하는 일이 가능할 것이다.

소셜 웹의 언어와 담론

여기에 제시된 분석 내용은 언어적 차원과 담론적 차원으로 구성된다. 언어적 차원은 유명인에게 직접 말을 하는 직접적 대상화와, 유명인을 매개로 자신의 발언을 하는 매개적 재귀로 구분된다. 담론적 차원은 신자유주의적 포스트페미니즘의 주체와 신자유주의적 포스트페미니즘의 자기통치성의 차원으로 구분된다.

언어적 특징

트위터에서 유명인이 보낸 메시지를 소비하고, 그에 대해 반응한 트윗들을 수렴한 결과, 다음과 같이 주요 언어 양식들을 도출할 수 있었다. 소비되는 대상인 유명인을 향한 직접적인 대상화 언어 유형으로서 ① 찬미, ② 감사, ③ 비난, ④ 응원, ⑤ 분석, ⑥ 부탁을 들 수 있다. 한편 언뜻 유명인에 대해 언급하고 있지만, 실제로 어떠한 유명인을 우회하여 자기 자신을 드러내거나 자신의 주장을 내세우기 위한 간접적 매개 유형으로서 ① 고백, ② 모방, ③ 홍보, ④ 사회 비평이 있다. 이러한 언어 양식은 단지 수사적 스타일로 그치는 것이 아니라, 유명인과 자신의 사회적 관계맺기의 특정한 방식들로 이해될 수 있다. 그 관계의 성격과 의미를 이해한다면, 오늘날 유명인에 대한 소비 행위가 지니는 사회적 함의를 더

깊게 읽어낼 수 있을 것이다.

직접적 대상화

가. 찬미

찬미는 스타에게 대중이 보내는 가장 전형적인 행위 양식이다. 대중과는 다른 특별한 존재로서 스타가 인식될 때 나타난다. 이 연구에서 찬미가 드러난 사례는 이효리의 채식에서 주로 발견된다. 그리고 그 찬미의 주된 내용은 환경이나 동물 보호 차원의 생활정치의 관점에서보다는 채식과 '날씬해진 몸'을 연관시킨 논의로 집중되는 경향을 띤다. 대중적 생활정치에서의 정치적인 올바름과 이미지 몸문화의 소비주의적 행태가 모순적으로 교차하는 지점이다.

> 이하늬도 채식하고 이효리도 채식하고 요즘 의식있는 사람은 다 채식하는데 누가 그런 후진 말을 해요?

> 이효리 채식한다고 하더니…… 살 많이 빠졌네. 예전이랑 다른 느낌……

이효리가 섹시한 아이돌 스타로부터 '소셜테이너'로 이행해 갔다고 하지만, 그녀에 대한 대중 선호의 적지 않은 부분이 육체적 특성에 있음을 시사한다. 이렇듯 이효리의 채식 담론에서는 먹거리나 환경 문제에 대한 진지한 생각과 혼합되어 몸문화에 대한 대중의 욕망이 드러났다.

나. 감사

감사는 스타에게 그가 베풀어준 사랑과 관심에 고마움을 표하는 경우를 가리킨다. 특히 이 분석에서는 혜민스님에 대한 감사 내용이 매우 많았다. 생활 세계에서 전통적인 삶의 준거와 지표가 허물어지고 난 후 미디어가 중요한 정보와 판단의 준거로서 작동하고 있다.

이러한 상황에서 치유의 방법을 알려주는 멘토의 존재가 (전통적인 교육, 종교기관과 달리) 문화 소비의 대상으로 부상하는 일은 결코 우연이 아니다. 제도로서 학교나 종교가 감당하지 못하는 민중 교양교육의 역할을, 유명인으로서의 '대중적 지식인'(최선정, 2012)이 개별적으로 수행하는 기능을 담당하게 되는 것이다. 이 가르침을 받아 시민 각자는 스스로를 치유하고 개선하려는 의지를 기르게 된다. 종교와 교육이 대중문화의 영역으로 세속화되고 수렴되면서 나타나는 개인주의적 소비문화 양상이라고 볼 수 있다. 소비의 대상은 '행복'이라는 도덕적 감정이다. 치유, 능동적, 선택 등이 자주 등장하는 어휘이며, 이를 통해 행복에 이를 수 있는 방법을 알려준 혜민스님에게 감사를 보내는 대중의 트윗이 대다수를 이룬다.

> 혜민스님~ 저 SBS 지식나눔 콘서트에 혜민스님 뵈러 와 있어요~ 행복에 대한 말씀 듣기도 전인데 벌써 완전 행복합니다. ^^

> 혜민: 제 말을 좋아해주시고 인정해주시고 따뜻하게 들어주시는 트친님들이 계셔서 항상 위로가 되고 행복합니다. 정말로 고맙습니다. 꾸벅~

이렇게 감사의 대화는 서로 간의 인정과 겸양의 논리를 따라 진행된다. 이 안에서 갈등적인 관계는 거의 보이지 않고 긍정의 태도가 지배적이다. 이렇듯 유명인과 조화로운 관계맺기를 한다는 것이, 일반 대중에게는 인정 획득과 도덕적 성취의 기쁨을 주는 듯하다.

다. 비난

비난은 정치적이거나 도덕적인 결함 및 실수를 범한 유명인에 대해 대중들이 꾸짖고 탓을 하거나, 심한 경우에는 지나친 욕설이 나오는 경우를 가리킨다. 이 분석 대상에서 비난의 주요 사례로는 공지영이 해당되었다. 물론 이 사건에 대한 찬반 논쟁이 치열했다. 비난하는 쪽에서는 공지영이 진보적 지성인으로서는 적절하지 않은 과잉 소비를 한 것으로 보았고 그녀의 남성 비하적인 태도를 지적했다. 더불어 나꼼수, 나아가 진보 세력의 정치적 영향력에 위해를 주는 행위라는 비난도 가해졌다.

> 김어준의 주택, 비행기 좌석, 공지영 가방으로 허물지 못했던 나꼼수. 결국 비키니로 갈라서더니 삼국지 지지 철회, 미권스 살생부로 분열. 그런데 아직도 모르겠니? 좆중동이 원하는 프레임이라는 것을.

> 공지영 작가의 필살기는 같이 놀다 놀 만한 품위가 떨어지면 등에 칼꽂기이다. 나꼼수랑 미국여행 신나게 다녀와 비키니 사태에 필살기 작렬. 이정희 팔며 놀다가 또 필살기 작렬!

> 비키니 시위에 쏟아진 나꼼수 일원의 발언들에 공지영 작가가 사과를 요구한 적이 있는데 그런 시각이라면 공 작가가 먼저 사과해야 하지 않나? 김어준 총수의 열애 사실이 드러나자 소장품인지 애장품인지 목록에서 김 총수를 빼겠다고 하지 않았나?

물론 한 유명인에 긍정적인 발언만 나오고 다른 유명인에 대해서는 비판적인 발언만 나오는 식으로 양분된 것은 아니다. 흥미롭게도 긍정적인 반응이 지배적이었던 혜민스님을 제외하고는 어느 인물이든 찬반 양론이 공존했다. 그래서 공지영에 대한 찬성 발언이 비판을 뚫고 등장하기도 했으며, 마찬가지로 이효리의 채식에 대해서도 강요성, 허위성 등에 관한 비판적 발언이 꽤 나타났다. 안철수에게서는 그의 미적지근한 정치적 태도와 함께, 책 출간 및 방송 출연을 통해 대중주의적 인기몰이를 하는 양상을 비판하는 담론이 관찰되었다.

> 이효리 채식드립 고만 치지……
>
> 이효리의 채식 사랑으로 인한 드립은 가끔 너무 지나쳐서 역겨울 때가 있다.

일반인이 유명인에게 가하는 비난에서는 자연화된 위계적 권력 구조에 일시적으로 변화를 가하고자 하는 대중의 욕망이 표출된다. 유명인의 몰락으로부터 쾌감을 느끼는 샤덴프로이데schadenfreude 현상은 자본과 권력의 신자유주의적 배치 구도 및 능력주의가 팽배하는 상황에서 평등을 꾀하고 새로운 구별 질서를 창출하고자 하는 '문화 경제cultural economy'의 한 속성이다(Cross & Litter, 2010).

그러나 이러한 심리 작용이 권력적 위계 질서에 근본적인 변혁을 가져오는 급진성을 지니기는 어렵다. 외면적으로는 탈계급적인 모습을 지녔지만, 누구나 되고 싶고 취하고자 하는 가치를 역으로 명시화한다는 점에서 종국적으로는 기존의 가치 위계 질서를 재강화하는 역설적 효과가 있다는 것이다.

지금 우리가 다루는 유명인에 대한 비난 사례에 적용한다면, 그를 질시하고 비판하는 태도와 함께 유명인의 성공에 관심과 부러움을 보이는 대중들의 이중적인 모습이 발견된다.

라. 응원

응원은 유명인의 특정 행위를 두둔하고 지원하면서 힘을 실어주는 경우를 가리킨다. 찬미와 유사하게 긍정적인 태도를 견지하지만, 찬미가 수직적 위계(찬미하는 자와 찬미를 받는 자)를 전제로 한다면, 응원은 동격인 사람들끼리의 수평적인 연합체를 전제로 한다.

> 나꼼수의 비키니 가슴 시위 사건 매우 불쾌하며 당연히 사과를 기다립니다. 한 미권스 회원의 글. "우리는 진보의 치어리더가 아니다."

> 안철수의 힐링캠프를 보고나니 궁굼해졌다 과연 저 사람이 이끄는 대한민국은 어떨지 소통과 화합으로 이뤄지는 복지사회 여당 야당을 누가 좀 흔들어서 혼내줬음 좋겠다 안철수는 그래줄 수 있을 듯한데~~암튼 무한 지지

이효리나 공지영을 응원할 때 그들을 비판하는 세력(다른 일반인 또는 언론)에 대한 비판이나 조롱이 가해지기도 했다. 마치 일반인들이 그들이 좋아하는 유명인을 보호하는 역할을 하는 셈이다. 때로는 앞의 공지영 사례에서 나타나듯, 잠재적으로나마 지배적인 담론 권력 질서에 협력적으로 도전하는 시도로 보이기도 한다.

마. 분석

유명인에 대해 자신의 태도나 의견을 드러내는 대신 객관적 분석과 평가를 시도하는 내용의 글들이 특히 안철수와 관련한 트윗들에서 다수 발견된다. 그가 힐링캠프에 출연한 이후 생성된 트윗에서는 안철수의 대권 후보로서 영향력 및 지지도를 점치고 그의 능력과 도덕성을 평가하려는 내용의 트윗들이 많이 올라왔다.

분석 내용은 긍정적인 것과 부정적인 것이 공존한다. 긍정적인 것은 그의 훌륭한 경력과 깨끗한 도덕성을 근거로 대권 후보로서의 적합성을 논하는 내용이 많다.

> CBS의 여론조사 결과. 안철수 돌풍에 박근혜 대세론 '빨간 불' 안철수 43.2%〉박근혜 40.6% 힐링캠프 이후 안철수 50%로 수직 상승할 기세!

반대로 부정적인 내용에서는 갓 출간된 자신의 저서를 홍보하려 한다고 비난하거나, 그의 미적지근한 태도나 이중성을 탓하려는 태도가 관찰되었다.

> 힐링캠프 안철수 편. 안철수의 무남독녀 안설희 양(2010년) 미국에서 중학교, 고등학교, 대학교, 대학원까지 나온 대한민국 99% 청년과는 다른 딸 ㅋ

분석가들의 심리에는 유명인을 평가하면서 보상 심리를 느끼는 듯하다. 이 계기에서만큼은 자신이 지식과 정보를 더 갖추고 있고, 도덕적으로 우월해지는 만족감을 느낄 수 있기 때문이다.

바. 부탁

부탁은 실시간 마이크로 소통이 가능한 소셜 웹에서 특히 두드러지는 유명인과 대중의 관계이다. 이효리의 경우에 유실견을 도와달라는 트윗을 보내고 리트윗을 부탁하거나, 자기 가족의 안위를 응원해달라는 식의 트윗을 혜민스님에게 보내는 식이다.

"……ACT, 동물/고양이(코숏 2마리와 함께 살아가는 중), Coffee, 채식(Pesco). Seou……그쪽 사시는 분들 좀 도와주세요." 이효리 언니 보세요.

아주 희소하지만 유명인이 빨리 응대하지 않을 경우에 재촉하는 트윗을 보낼 정도로 '당당한' 부탁도 있다. 부탁을 매개로 하는 유명인과 대중의 상호 의존 관계가 형성되는 것을 알 수 있다.

매개적 재귀

가. 고백

종종 사람들이 유명인의 트윗을 매개로 자신의 이야기를 털어놓는다. 유명인의 트윗이 자신을 비추고, 자신의 정체성을 구축할 수 있는 거울처럼 사용되는 것이다. 이런 모습은 청춘의 멘토인 혜민스님의 트윗에서 자주 발견되었다. 고백을 통해, 역시 치유 담론의 핵심인 위로와 격려를 받는 듯하다.

혜민스님. 너무 힘들어요……폭력적인 아빠 밑에서 사는게 너무 힘들어요. 생각해보니까 24년 평생 동안 행복했던 순간은 없었던 것 같아요. 나는 늘 왜 이렇게 살까라는 원망밖에 안 들어요…….

오늘 힐링캠프…… 나 오늘 정말 치유된 것 같아~ 뭐지? 이 오묘한 기분은? 입가에 미소가 지어지고, 마음이 차분해진다. …… 당신이 존경스럽습니다. 당신이라면 무조건 지지하겠습니다.

유명인은 나의 이야기를 들어주는 청자로 상상되기도 하며, 나 혼자 고백하기 위한 준거로 인용되기도 한다. 푸코(Foucault, 1978)는 고백을 자기 테크놀로지의 중요한 실천 기제로 보았다. 고백이라는 담론 형식은 자신을 관찰하고 탐구하며 인식하고 언어화함으로써 자기의 진실을 생성하고 획득하는 주체 형성의 과정이다. 고백을 듣는 청자는 주체의 진실 형성과 언어화의 과정을 지배하는 대타자로서 존재한다. 그가 현존하는 인물이든, 혹은 고백자의 내면에서 설정된 상징적 존재이든, 주체의 진실을 규정하고 승인하는 권위를 지니게 된다. 이런 점에서 일반인이 유명인에게 보내는 트윗에서는 전자가 고백하는 주체로, 후자가 진실 승인의 권력체權力體로 그려진다.

그렇다면 유명인이 고백하고 일반 대중이 그것을 듣게 되는 경우는 어떠할까? 이효리의 채식 후 '민감해진 몸'을 고백하는 경우나 공지영의 '샤넬백'이 짝퉁이었음을 고백하는 사례에서, 유명인은 자신의 약점을 드러냄으로써 일반인의 용서 내지 지지를 구하고자 한다. 유명인의 고백에서 유명인과 일반인 사이의 신뢰가 한층 더 돈독해질 뿐 아니라, 일시적으로나마 유명인을 통제하고 판정하며 이해하고 용서해주는 권위가 소수의 유명인으로부터 다수의 대중으로 이행하는 계기를 이룬다. 유명인의 고백이 그가 의도한 대로 성공하는지의 여부는 구체적인 사안에 따라 달라지지만, 성공하는 경우 유명인의 권위와 인기는 한층 더 강화되는 효과를 누리게 된다. 특히 그 성공은 스타의 보통성과 친밀감을 높이는 효과를 낳는다(Turner, 2009).

이처럼 소셜 웹에서 유명인과 일반인은 지극히 상호 형성적이며 상호 의존적이다. 자기 유지를 위해 타인 앞에 서야 하며 그에게 말을 걸고 그의 말소리를 들어야 한다. 그 과정에서 그물처럼 만들어진 자신의 모습을 자기로서 인지하고 인정받고자 하는 것이다. 이런 '관계적 자아'(임영호 · 김은미, 2011)라는 입장에서 유명인은 일반인에게, 그리고 일반인은 유명인에게 자아상을 엮고 비추고 판결하는 거울과 같다.

나. 모방

모방은 일반인이 유명인을 따라하는 행위를 의미한다. 넓게 본다면 유명인의 트윗을 리트윗하는 분산 행위는 그의 언어를 복제한다는 의미에서—리트윗이란 자신의 이름으로 타인의 언어를 반복하는 행위에 다름 아니다—소극적인 모방이다. 적극적인 모방은 유명인이 트윗에서 밝히거나 주장하는 내용에 맞춰 스스로를 변화시키는 행위이다. 이와 같은 자기 변화는 정신적인 차원과 육체적인 차원을 관통하며, 상징적 또는 물리적으로 진행된다. 혜민스님의 트윗의 '내 마음 다시 보기'와 '치유'의 담론이 정신적 변화를 주장하는 대표적인 사례라면, 이효리의 채식은 육체적 차원에서 추동된다. 변화의 과정은 유명인의 주장에 스스로 설득되고 자기 변화의 결심을 선언하는 방식으로 이뤄진다. 트윗에서의 담론적 실천이 실질적인 주체 형성 과정으로 이어지는 것이다. 우리가 접하는 유명인의 트윗에서 변화란 공적이거나 이타적인 것으로 나타나기보다는 개인의 소소하고 사적인 일상의 것으로 축소, 대체된다.

> "다른 사람의 고통이 치유가 되었으면 하는 선한 마음은 내 마음의 고통부터 치유해요. 길 가다가 불행하게 보이는 분을 보면 그분이 행복해지시길 하고 속으로 기도해 보세요." 혜민스님 고마워요. (리트윗의 사례)

> 이효리의 에세이집 『가까이』를 읽고난 후, 우선 왜 이효리가 채식을 하게 되었는지를 조금이나마 이해하게 되었다. 『슬로라이프를 위한 슬로플랜』도 함께 읽으니 내 삶의 방식을 조금 바꿔보고 싶은 생각도 든다.

다. 사회 비평

유명인에 대해 직접적으로 논하는 대신, 유명인을 소재로 빗대어 사회 현상을 비평하거나 트윗을 보는 상상적 독자들에게 자신의 주장을 펴는 사례도 관찰된다. 예를 들어 유명인을 다루는 미디어 습성에 주목하여 미디어 비평을 행하는 일이 전자에 해당한다면, 상상적 독자에게 특정한 내용을 설득, 제안하거나 경고하는 일은 후자에 속한다.

> [안철수 힐링캠프 관전 포인트] 간만에 서점가 베스트셀러 안철수의 생각이 날개 돋친 듯 팔리는데 대형서점만 재미본다네요. 중소형 서점 사장님들도 돈 벌게 마구 찍어 뿌리삼~ ㅋ:

> 비키니 관련 논란에 휩싸였던 공지영 작가가 결국 트위터 절필을 선언했군요. 어느 누구의 잘잘못을 따지기에 앞서 이런 결과는 안타깝습니다. congjee의 멘션을 다시 볼 수 있기를…….

라. 홍보

인기 유명인을 매개로 하여, 특정 상품이나 서비스를 광고하는 내용의 트윗들도 종종 관찰된다. 여기에는 상품 광고와 같은 직접적인 형태도 있지만, 유명인과 대중을 불문하고 자기를 브랜드화하여 스스로를 널리 알리고자 하는 넓은 의미에서의 홍보의 형태(Page, 2012)도 포함된다.

> 비건베이킹이란 달걀 · 우유 · 버터 등을 사용하지 않는 채식 베이킹입니다 일반 베이킹에 비해 더 가볍고 부담이 없습당 요즘에 이효리도 채식하는거 유명해서 골든12에서도 비건베이킹 소개한 적이 살짝 있었는데 앞으로 비건 베이킹을 찾는 사람들이 더 많아질 것 같습당.

씨네21 No. 853. 윌 스미스 표지호의 디스토피아로부터의 이효리 칼럼 사랑하세요 한번 읽어보세요. 점점 멋지게 나이 들어가는 이효리의 채식에 대한 쿨한 생각을 읽을 수 있습니다.

앞에서 보듯이 상품 광고는 아니지만 이미지나 브랜드 홍보로 직 · 간접 연결되는 경우도 있다. 혜민스님의 책으로부터 시작된 인기가 그의 방송 출연으로까지 확대되고 이야기되거나 이효리의 활동 전반이 묶어져 소개되는 식이다. 이러한 직 · 간접 홍보 사례들은 소셜 웹에서 작동하는 정치경제학적 논리를 암시하는 것으로 담론 소비가 물질적인 상품 소비로 연계되는 회로가 되고 있음을 알려준다.

현재까지 분석된 내용을 기초로 잠정적으로 도출된 특성을 살펴보면 다음과 같다.

첫째, 젠더화의 현상이 나타난다. 트위터의 필자의 실제 성별을 알 수 없지만, 구체적인 트윗 내용으로부터 추론이 가능한 부분이 있다. 예를 들어 '효리 언니'라는 표현이 대표적이다. 그러나 실제 성별을 가늠하는 것보다 더 중요한 것은 소셜 웹의 담론에 바탕을 두어 상징 질서의 젠더화가 드러났다는 점이다. 즉, 실제 해당 트위터리언이 남성이냐 여성이냐를 떠나서, 담론의 젠더성을 비판적으로 분석할 수 있다. 이는 수사학적인 차원과 이념 차원에서 모두 그러하다(김수정 · 김예란, 2008). 수사학적인 차원은 언어 양식 및 사용법 자체가 여성성과 남성성을 드러내는 경우를 가리킨다. 이념적인 차원에서도 젠더화 성격은 나타났다. 젠더성이 확연히 드러나는 트위터 유명인은 여성인 이효리와 공지영이다. 반면 종교인 및 지성인, 혹은 기업가, 교육자, 정치인인 혜민스님과 안철수의 경우는 그를 둘러싼 트위터 담론들에서 성별이 뚜렷이 드러나지 않는다. 오로지 여성 유명인의 경우에서 여성적인 담론 내지는 마초적인 담론이 대별된다는 사실에서, 남성은 드러나지 않음으로써 보편으로 전제되는 기호인 무표식의 기호unmarked sign로 존재한다. 이것은 여성 유명인에게 젠더 갈등이 첨예화되었다는 사실과 연관된다. 이효리의 채식의 경우는 날씬한 몸이라는 소비문화의 주제로뿐만 아니라 먹기가 전통적인 여성적 소재라는 점(가사, 육아 등), 그리고 건강이나 환경 문제 등 여성주의적 생활정치의 주요 사안으로서 여성성과 연관된다. 이에 비해 공지영에게는 비판과 지지가 대립하는 논쟁성이 젠더의 축을 중심으로 강하게 나타난다. 나꼼수에서 진보적 정치 이념이 남성적 어조를 띠면서 공지영을 응원하는 여성 중심적 목소리가 대립했다. 그 입장들을 다소 단순화하여 요약한다면, 공지영 때문에 나꼼수가 지향하는 진보 정치가 힘을 잃었다는 남성적 유감과 비난이 전자에, 공지영이 여성 육체를 대상화하는 가부장적 정치 논리에 일격을 가했다는 여성적 주장이 후자에 해당된다. 공지영의 샤넬백 논쟁에서도, 공지영의 헛된 소비 욕구와 이중성을 비난하는 남성적 목소리가 한편에 자리잡고 있다면 공지영 정도의 사회적 입지를 갖춘 여성이라면 샤넬백 정도는 가져도 된다는 여성적 어조의 두둔이 다른 한편에 자리 잡고 있다. 요약한다면 개인주의적이고 소비주의적인 탈근대적 정념이 여성적 목소리에 주로 실려 있다면, 남성적 목소리는 집단적이고 전통적인 가부장적 어조를 띤다.

둘째, 유명인과 대중 간에 형성된 관계에 주목할 수 있다. 이미 감사와 찬미, 그리고 모방으로 이어지는 담론의 흐름에서 감지할 수 있었듯이 소셜 웹에서 유명인의 향유란 단지 그의 이용 가치나 상징적 가치를 관람하는 것으로 끝나지 않는다. 담론의 수행을 통해 그 또는 그녀가 나와 맺는 '관계'가 중요해지고, 나아가 그 관계가 타인들의 눈에 가시화되는 것이 중시된다는 점을 의미하기 때문이다. 특정 인물과의 관계와 그에 관한 담론의 소비란, 그 여느 상품의 소비와 달리 수용자의 주체 형성 및 생활 양식 실천 과정에 자연스럽고 직접적으로 개입한다. 이처럼 소셜 웹에서 상호작용적으로 실행되는 담론과 관계의 소비 양상은 삶의 양식과 주체 형성에 직접적으로 힘을 미치는, '부드러운 생권력soft biopower'을 발휘한다(Cheney-Lippold, 2011). 나아가 주체의 희망, 실망, 분노, 신념을 선언하는 담론의 수행적 실천을 유도함으로써 주체의 윤리적 기획에 면밀히 연관된다.

이러한 관계 소비 행위에 빠져드는 형태에서도 유의미한 특징들이 나타난다. 유명인을 대상화하는 직접적인 향유는 유명인을 주연으로 취하고 그를 찬미, 비난, 모방, 희원하면서 자신이 그/그녀의 세계로 끌어당겨지는 원심적 방향성을 띤다. 이에 비해 간접적인 방식은 소비자가 유명인을 우회함으로써 다시 자신으로 돌아오는 재귀적 경로를 취한다. 이것은 유명인을 소비자 자신의 세계로 끌어들이는 구심적 방향성을 띤다. 그리하여 직접적인 경우나 간접적인 경우에 원심적이거나 구심적인 것으로의 방향성의 차이는 있지만, 양자 모두 관계 자체가 소비의 중요한 축을 이루며 트윗 이용자의 자기의 (구심적) 강화 및 (원심적) 확장을 이룬다는 점이 중요하다. 이처럼 이용자가 담론 관계 유지를 통해 유명인이 상징하는 가치를 소비하며 재생산함으로써 자아 및 관계 확장의 욕망 충족이라는 쾌락이 지속적으로 추구된다는 점에서, 소셜 웹에서는 인간 '관계'와 '소통'이 가치화되는 '커뮤니케이션 자본주의communicative capitalism'(Dean, 2010)의 모습이 나타난다.

담론적 특성

앞에서 소셜 웹에서 이뤄지는 언어적 양식의 특징을 분석했다면, 여기에서는 그 내용적 특성 및 그들이 사회적 맥락 안에서 지니는 의미를 해석해 보고자 한다. 신자유주의적 포스트페미니즘의 주체와 신자유주의적 포스트페미니즘의 통치성 등 두 개 영역으로 구분해 서술하겠다.

신자유주의적 포스트페미니즘의 주체

포스트모던 사회에서는 절대적인 규범과 금지의 원리가 해체된다. 이에 따라 주체에게 항상적으로 요구되어 오던 신뢰와 책임의 차원이 흔들린다(Žižek, 1999: 414). 이는 대타자the big Other, 즉 사회적 규범과 금지의 원칙의 해체, 즉 '상징적 효력symbolic efficacy'의 소실을 의미한다. 지젝Slavoj Žižek은 현대 사회에서 '대타자'가 상실된 후 아슬아슬하게 흔들리는 '삐딱한 주체ticklish subject'에 대해 논한다. 이념적이고 정치적 옳음이라는 기준이 사라지고 포스트모던 다양성이 지배적으로 자리 잡은 상황에서는 전적으로 따라야 하는 규범이 사라지는 것과 마찬가지로 절대적으로 하면 안 되는 금지 대상도 소멸된다. 대타자가 사라진 자리에 자기애적인 표상인 상상적 이상imaginary ideals의 변양들이 만개한다.

포스트모던 상황에서 아버지의 법칙-가부장적 권위의 해체는 두 개 양상으로 나타난다. 하나는 상징적인 금지 규범이 갈수록 상상적 이상으로 대체되는 것이고, 다른 하나는 상징적 금지의 결여가 '거대한 초자아超自我'로 나타나는 것이다(Žižek, 1999: 451). 초자아는 '법이 억압하는 것을 자양분으로 삼는 법의 이면'이다. 따라서 '법이 향락의 포기로서, 우리가 할 수 없는 것을 요구'하는 식으로 표명된다면, 초자아는 '우리가 할 수 있는 것을 즐기라고 명령'한다. 초자아는 '허가된' 향락, 향락에 대한 자유가 향락에 대한 '의무'로 전도되는 지점을 가리킨다(Myers, 2003/2005: 109). '~을 해야 한다' 혹은 '~을 해서는 안 된다'와 같은 규범 대신, '네가 하는 것을 즐겨라', 혹은 '즐거운 일을 해라'와 같은 자기애적이고 재귀적인 향락의 원리가 지배한다. 사회적 성공, 육체적 미와 같이 현실적인 가치들이 상상적 이상의 주된 내용들이며 이러한 가치에 매혹된 나르시시스트적 자아가 형성된다. 현실적인 자기애를 추구하면서 강력한 자기관리의 절대 기준으로서 초자아가 발달하는 이중 현상이 생겨나는 것도 이러한 이유에서이다(지젝이 종종 드는 사례로서, 강력한 금식 다이어트를 하는 식으로 현재적으로는 자기를 체벌하면서 동시에 미래의 아름다운 자아상을 꿈꾸는 주체).

나르시시스트적 주체들은 구조적으로 진행되는 자본주의적 폭력에 대해서는 못 본 체하면서 자기 정당화를 위해 안위적이고 실행(소비) 가능한 사회적 실천에만 열정을 보인다. 이처럼 기만적이고 허구적인 행위들이 즐겁고 조화롭게 펼쳐지는 곳이 현대 지구적 자본주의의 공간이다. 지젝은 '물신주의적 부인'이라고 말하는 제스처를 이렇게 묘사한다. "'나는 안다, 하지만 내가 안다는 것을 알고 싶지 않다, 그러므로 나는 알지 못한다." "나는 알지만, 그것을 알게 됨으로써 따라오는 당연한 결과들을 완전히 떠맡기를 거부한다. 그래야만 마치 모르는 것처럼 계속 행동할 수 있으니까"(Žižek, 2008/2011: 89).—마치 우리의 일상적 태도와 너무 유사한 모습이다: 정치에 대한 거대 서사가 붕괴되고 난 후, 우리는 소소하고 안락한 '동물적 행복론'에 몰두한다. 심보선이 아렌트Hannah Arendt를 원용하여 주장하듯이 '공적 영역이 파괴되어버린 근대 사회가 사적인 욕구 충족의 필요성에 예속된 노동 사회로 전락한 이후'에, "이 사회에서는 노동의 고통으로부터 해방된 유기체의 사적 안녕이 가장 중요한 공적 목표로 설정"된다. 이렇게 볼 때 '행복에 대한 보편적 요구'는 '우리 사회의 광범위한 불행'의 이면일 따름이다(심보선, n.d.).

여기서 우리의 논제로 돌아온다면, 소셜 웹의 유명인들은 신자유주의의 상상적 이상이다. 이들은 '부유, 인정, 건강'의 가치를 상징한다(김홍중, 2009). 김홍중(2009)의 해석을 빌려온다면, 소셜 웹에서 유명인은

'생존자 모델'로 기능한다. 그들은 '탁월한 직무 수행 능력과 열정, 사교성, 신체적 · 정신적 건강을 모두 갖춘 채 사회적 · 경제적 · 문화적 삶에서 일정한 성치와 성공을 획득한 존재'로 그려지며 '신자유주의적 시스템이 우상화하는 영웅'으로 조형된다. 이에 대해, 대중은 경제적 생존, 사회적 생존, 생물학적 생존의 필요와 욕구에 시달리는 '생존 추구자'이다. 대중은 자신의 환상과 죄책감을 유명 인사의 이미지에 통째로 투입시키고 투영한다. 심지어 소셜 웹에서는 생존자 모델이 생존 추구자들을 위해 단지 '표상'되는 것에 머물지 않는다. 유명인들을 추종하고 추적하며 기회가 닿는다면 메시지를 교환하는 일들을 직접 행할 수 있는 쾌락을 안겨준다. 이제 소셜 웹에서 대중(생존 추구자)이 유명인(생존자 모델)과 소통(을 시도)하는 행위가 가져다주는 쾌락이 무엇인지 짐작할 수 있게 된다.

인터넷, 블로그, 소셜 웹에 대중이 투신하는 행위를 지젝의 의미에서 쾌락의 일종으로 이해할 수 있다. 지젝을 원용한 딘Jodi Dean의 해석에 따르면, 오늘날의 인터넷 대중문화는 과잉과 집중과 반복의 문제인 육동drive에 의해 행해지는 것이다(Dean, 2010: 30).[4] 끊임없이 클릭하고 키보드를 두들기고 페이스북에 빠져들며 트위터의 타임라인에 몸을 맡기는 것은 '즐겨라'라는 명령에 충실한 쾌락을 낳는다. 쾌락은 끊임없는 반복을 통해 지속적으로, 과잉되게 운행되는 무한의 회로 속에서 넘실댄다. '금지'로부터 자유로워진 우리는 끊임없이, 지칠 새 없이, 그들을 향해 클릭하면서 충족의 환상을, 그리고 충족 실패의 현실까지도 사랑하고 즐긴다—게다가 유명인을 향한 트위터의 문은 항상, 영원히 열려 있지 않은가! 그에 대한 접근을 막는 금지는 없다. 주체는 자기와 자기를 둘러싼

4 이렇게 과잉과 반복으로 나타난다는 점에서 육동drive은 금지와 결핍, 상실의 주제와 연관되는 욕망desire과 대비된다. 욕망이 화살표와 같다면, 그칠 줄 모르고 실패마저도 즐기는 육동은 부메랑과 같은 것이다(Dean, 2010: 40).

사람들이 배출한 감정의 네트워크 속에서 자기의 상상적 이상들을 형성하고 소비하며 사랑하거나 배신한다. 소셜 웹에 비춰진 유명인이란 주체의 거울 이미지와 같다. 그 거울에 비춰진 표면 효과로서 주체가 존재할 수 있다. 상황이 이러하기에 소셜 미디어 이용자는 타인과의 관계맺기에 열심히, 열정적으로 투신할 수밖에 없다.

이로써 정치와 이념이라는 거대 서사가 붕괴된 후, 사회의 근본적인 문제는 외면시되고 부인된다. 대신 오로지 먹기, 쉬기, 소비하기와 같은 신변잡기적인 행위에 집중되고 자기애와 행복이 목적시되는 개인주의적 미시 서사들이 형성되고 몸으로 실천된다. 지구환경 문제가 걱정된다면 채식을 하고, 위험 사회가 두렵다면 자기 힐링에 힘쓰며, 사회적 빈곤이 두렵다면 쇼핑을 하는 것으로 달래면 된다. 그조차도 어렵다면 채식, 힐링, 쇼핑에 '관한' 말과 이미지라도 읽고 쓰면 된다. 그것이 말과 글을 통한 담론적 실천이든 혹은 몸으로 실행하는 행위적 실천이든 나는 내가 즐길 수 있는 것을 행하고 즐길 만한 것을 행할 뿐이다! 이러한 기류 속에서 삶의 본연적인 가치(Terranova, 2009)—생명력, 창발성, 조화로운 결집력—는 주변화된다. 대신 개인 중심적인 건강주의와 무사안일주의, 중산층적인 순응주의와 소비 문화, 집단적인 경쟁주의가 지배적으로 강화된다.

신자유주의적 포스트페미니즘의 자기통치성

앞에서 살펴본 언어적 차원의 내용을 근거로 삼아, 유명인을 매개로 하는 담론 내용의 성격을 살펴보기로 한다. 찬미, 감사, 비난, 응원, 분석, 부탁과 같은 직접적 형식, 그리고 고백, 모방, 사회 비평, 홍보와 같은 간접적 형식들이 시사하는 바는 유명인의 소셜 웹 담론들이 멘토링의 구조를 띠고 있다는 사실이다. 소셜 웹에서 지식인과 대중의 만남, 종교인과 대중의 만남이 활발해지고, 과거에 구분이 명확했던 지식의 장과 일상생활의 장, 종교의 장과 대중문화의 장이 서로 융해되면서, 유명인은 전국민에게 가르침을 전해주는 스승이자 친구로서 멘토화했다. 이와 더불어 대중의 멘티화가 진행되었다. 유명인은 대중의 고백을 듣고 그에 대해 일정한 대응, 진단, 처치의 언설을 전하는 권력을 지녔다. 유명인의 말은 꾸짖거나 진지하게 주장하는 대신 위로하고 지지해주며 희망을 전해주는 어조—역시 인터넷에서 애용되는 표현을 따르면 '도닥도닥'—를 띤다. 실상 트위터에서 유명인의 가르침은 대부분 '빈말'이다. 허구나 과장이라는 의미에서가 아니라, 지극히 보편적이고 추상적인 내용이기에 구체적이고 실제적인 기의記意는 부재하는 점에서 그러하다. 예컨대 "나를 사랑하세요", "내 삶에 주인이 되세요", "항상 긍정적인 마음을 가지세요"와 같은 내용이 맞아떨어지지 않는 상황이 있겠는가? 어느 내용이든 이렇게 빈말에는 구체적인 내용을 끼워맞출 수 있다. 예를 들어 길가에 핀 꽃을 보고 웃는 일과 같이 지극히 소소한 즐거움은 나를 사랑하고 긍정적인 마음을 가지며 내 삶의 가치를 키우는 일로 대번 의미화된다. 대중은 이런 식의 '멘토링'을 받아들이고 재전파하면서 자신의 삶을 주도하고 변화시킬 것을 꿈꾼다. 그리고 행복을 맹세하듯 선언한다. 이러한 '멘토링'이라는 양식으로 확산되는 가르침의 언설은, 그 부드러움의 성질 때문에, 자기 계발의 강압적 훈육으로서의 특징은 약하다. 대신 멘토링의 안락과 편안함이 추구되며, 멘티가 특정한 담론을 스스로 선택하고 실천한다는 식의 자유의 가치가 강조된다.

이어 담론적 소통 관계의 특징을 생각해 볼 수 있다. 찬미, 감사, 응원, 부탁 같은 직접적인 양식에서는 물론이고 고백, 모방과 같은 간접적인 양식에서도, 소셜 웹의 공간은 지극히 정교한 상호 의존 관계에 기반을 둔 도덕 경제에 의해 운용되고 있음을 알 수 있다. 우선 유명인에 의존하는 다수 대중이 있다. 개인 팔로어는 자신을 비추고 자신의 준거로 삼을 수 있는 존재로 유명인에 기댄다. 나아가 타인과의 관계에서 혼자 힘으로 닿을 수 없는 정도의 다수 대중에게 자신의 말을 전할 수 있는 '마이크'로서 유명인을 이용한다. 자신의 소셜 웹에서의 인기를 유지하기 위해 유명인은 대중의 부탁과 의존으로부터 결코 자유로울 수 없다. 다수 대중을 연대하고 때로는 폭발적인 효과를 파생시키는 평판 시스템이 자리하고 있기 때문이다. 한 명의 부탁이나 언술이라도 잘못, 무성의하게 다뤘을 경우 이러한 실수가 낳을 악평의 폐해를 막기 위해서라도 유명인은 대중의 요구에 성실히 응대해야 한다(적어도 응대하는 모습을 보여야 한다). 소셜 웹의 기술적 장치는 유명인과 대중이 동등하게 상호 연결되도록 구축된 중립적인 형태를 띠기 때문에, 질적인 면에서 유명인과 대중 사이에 존재하는 권력의 격차는 외면적으로 사라지게 된다. 따라서 평등하고 독립적이며 자율적인 개인들 간의 관계로 신비화되어 나타나는 것이다. 이처럼 유명인과 대중은 '봉사적 노동'(Marazzi, 2011)이라는 관계로 묶여 있다. 대중이 직접적인 요구와 부탁의 형태로 유명인에게 의존한다면 유명인은 그것을 들어주는 허용과 승낙의 방식으로 대중의 의존에 응대한다. 이러한 소통적 의존 관계는 유명인과 대중 사이에 현실적으로 불평등하게 배치된 경제적, 사회적, 문화적 자본들의 불균등성을 가리거나 위장하는 효과를 낳는다. 구조적인 불평등에도 불구하고 구체적인 매순간 대중이 유명인을 대등하게 부르고 답하고 이용할 수 있는 기술적 가능성이 열려 있으므로, 사회적으로 현존하는 구조적 불평등의 문제는 가려지게 된다. 오히려 이러한 상호작용에 자발적으로 참여하는 대중은 더욱더 능동적이고 자유로운 주체로 그려지게 된다. 나아가 이러한 평등성의 기술적 기제는 주체에게 더욱 열심히, 자발적으로 행하고 그에 상응하는 쾌락을 획득하기를, 끊임없이 유도하고 추동한다.

또한 소셜 웹의 담론 실천의 효과로서 형성되는 주체성의 문제가 있다. 지금까지 서술된 멘토링의 담론 형식과 봉사적 노동으로서 소통의 관계성을 감안할 때, 소셜 웹에서는 자유롭고 능동적이며 적극적인 주체성이 추동된다. 이 바탕 위에서 소셜 웹에서는 개인주의와 자유주의에 근거한 자기통치성self-government의 원리가 발달한다. 그리고 자기통치성의 원리가 '자아의 기술technologies of the self'의 일상적 계발과 수행으로 구체화되며 실용적인 삶의 방식들로 구체화된다. 이것은 신변잡기적 행위에서부터 심신의 쾌락, 욕망, 도덕심, 지식, 가치관, 나아가 정치 문제에 이르기까지 개인의 자기 통치의 원리가 삶에 전면적으로 투입되는 '삶의 정치'의 현실로 나타난다(Foucault, 2008). 소셜 웹 유명인 현상에서 특히 유념할 점은 흔히 언급되는 외모 중심의 연예인 스타와 달리 이 유명인들은, 소비가 아닌 소비의 '윤리'를 논하고 육체가 아닌 육체적 삶의 '미학'을 주장하고, 단순한 오락 대신 '의식'과 '배움'의 문제를 논하고, 사회적 관심사를 불러일으키며, 정치적 이념과 실천의 중요성을 깨닫도록 하는 등 도덕성을 확보하고 개인의 윤리적 기획에 직접적으로 개입하는 식으로 다양한 도덕 담론을 형성한다는 사실이다. 즉, 대중으로 하여금 육체적 건강과 쾌락의 추구에서부터 사회 참여와 정치 활동에 관한 진지한 주제에 이르기까지, 심신을 아우르고 사적인 영역과 공적인 영역을 통괄하면서 '아름다운 자아'의 완성이라는 희원을 열망하고 추구하게끔, 자극하고 독려한다(Burchell, 1993; Lemke, 2001). 즉, 단순히 육체 소비에 집중한 말초적 쾌락주의나 전적으로 사치적이고 낭비적인 소비주의에 비해, 이렇듯 자기 정당성에 근거한 개인주의적 도덕론은 그 영향력이 전면적이며 강력하다.

위의 문제와 연관하여, 오늘날 한국 사회에서 대중의 자아의 기술 수행에 반드시 요청되는 전문가로서 유명인들이 기능한다. 이 글에서 다룬 유명인들은 공적인 대표자로 행동하는 것은 아니다. 대신 사적인 개인으로서, 그의 개인적인 풍모와 행동에서 구축된 권위를 행사하는 것이다. 이들은 대중들에게 심신과 생활에 모범이 되고, 무엇을 생각하고 어떻게 처신해야 하는지에 관해 지침을 주며, 광범한 사회적인 영역에 위치하고 그것과 관계맺는 방법들을 알려준다. 강압적인 지도자나 권위적인 스승과의 관계에서와 달리, 전문가로서 유명인은 대중으로 하여금 자신이 유명인들과 평등하며 유명인의 조언을 주체적으로 선택하는 자율적이고 독립적인 위치에 있는 것으로 느끼도록 해준다.

로즈(Rose, 2006)의 분석에 따르면, 자유주의로부터 신자유주의 시대에 이르는 동안 진리와 주체의 관계에 개입하는 통치 권력의 형태와 성격은 유의미하게 변화해 왔다. 우선 근대 자유주의는 자유방임주의 국가의 환경에서 발전했고, 시민 사회는 국가로부터 독립적인 통치의 질서를 지키고 있었다. 실증적인 학문이 진실의 준거가 되었고, 영역 전문가는 진실을 제공하고 판단하는 권위를 확보하고 있었다. 이어 복지국가 환경에서는 전문가의 역할을 국가가 담당한다. 국가는 다양한 정책을 개진하여 사회의 각 영역에 통치력을 파급시킨다. 경제적 성장, 산업적 조직화, 사회적 조화와 개인적 웰빙의 과제를 결합적으로 성취하기 위한 정책과 프로그램들이 개발되고 운영된다. 실행적이고 실용적인 통치의 장치들이 복지국가 정책의 주요 위치를 차지하게 되면서 근대 자유주의가 해결하지 못했던 도시화·산업화의 문제 및 사회의 파편화와 개인화라는 문제에 대응하기 위한 방책들이 국가 차원에서 모색된다. 이 과정에서 국가에 의해 사회가 통치되는 '사회의 사회화socialisation of society'가 진행되었다(Rose, 2006: 293-294). 마지막으로 복지국가의 통치력이 자본의 경영, 관리의 체제로 대체되는 단계가 도래했고 이것이 현재 상황에 해당된다. 이 단계는 로즈의 입장에서 볼 때 기존의 자유주의와 대별되는 '새로운' 것이 아니라, 전자가 더 강성해진 결과이다. 이런 점에서 로즈는 이 단계를 '선진 자유주의advanced liberalism'라고 부른다. 선진 자유주의는 전문가들이 회계와 관리의 원리에 의해 인간 주체의 삶에 개입하고 그것을 통제하는 계산적인 체계를 이루고 있다. 상호적인 신뢰 대신 서비스와 소비의 선택에 근거한 전문가적 관계가 지배적으로 된다. 그리고 학교, 병원, 기업과 같은 민간 · 사적 단위가 정부를 대신하여 개인의 삶의 방식을 이끄는 '탈정치화'와 '기술화technologization'가 개진된다. 이 환경에서 대중은 가능성 · 위험 · 책임 전부를 사적인 관심사로 끌어들여 신중하게 계산, 부담, 관리하는 무사주의無事主義, prudentialism에 충실해진다. 자유 시장의 주체 혹은 복지국가의 시민으로 정체화되었던 근대적 시민이었지만, 이제 선진 자유주의에서는 자기 통치의 능동적 행위자로 변화하는 것이다. 한쪽에서는 헌신적인 서비스와 투자가, 다른 한쪽에서는 경쟁주의와 소비자의 요구가 사회 작동의 원리로 작용하면서, 사회에는 무수한 자기 통치 테크놀로지의 네트워크가 번성한다. 정부는 이러한 민간 조직들과 적당한 관계와 거리를 유지하는 것으로 그 책임을 다한다.

우리가 소셜 웹 공간에서 감지했듯이, 오늘날 우리 사회에서는 연예, 문화, 정치, 종교에서 산출된 유명인들이 전문가 역할을 담당한다. 특히 서구의 단계적 이행과는 달리 압축 성장적인 방식으로 신자유주의 상황에 직면했고 공공의 복지 기반이 허약한 위험 사회의 상황에서, 한국의 대중은 개인의 건강에 대한 염려에서부터 교육, 노동 같은 사회 문제 및 정치 문제에 이르기까지, 개인이 삶의 문제를 스스로 책임지고 돌봐야 하는 부담을 홀로 짊어지고 있다. 이 혼란스러움과 막막함을 정리해주고 이정표를 알려주는 개인 교사로서 유명인 전문가들이 기능한다. 이들은 사회의 근본적인 문제에 대응하기보다는 그것을 개인적 차원의 문제로 환원하도록 이끈다. 건강하기 위해 몸무게를 빼고 노화를 막는 방법을,

무엇을 먹고 입고 발라야 하는지, 걸음은 얼마나 빠르거나 늦게 걸어야 하며 몇 시에 자고 깨면 좋은지, 친구는 어떻게 사귀고, 무엇을 읽고 보며, 인기를 얻기 위해 무엇을 보고 듣고 말해야 하는지, 또한 조금이라도 마음이 불안하거나 슬프다면, 애초에 그런 상태가 오는 것을 어떻게 예방해야 하며 행여 자신을 삐끗 잘못 관리하여 이런 불운의 상태에 빠졌을 경우 어떻게 벗어나야 하는지, 앞으로의 성공을 위해 무엇을 희망하고 욕망하고 투자해야 하며 무엇을 버려야 하는지와 같이, 삶의 전면, 모든 영역에 유명인들은 개입하고 지도한다. 이처럼 삶의 계산화와 기술화를 이끄는 전문가로서 유명인들이 하는 역할은 매우 다양하고 복잡하다. 이 과정에서 '오늘 무엇을 먹을까'와 같이 사소한 문제는 사회적 건강과 도덕적 규범 성취의 수준을 넘어 지구적 환경을 보존하는 문제로까지 수월하게 격상되며 자연스럽게 그 나름의 정당성을 확보하게 된다. 역으로 양극화와 빈곤과 같은 사회적 문제들은 주식 투자나 기부와 같은 개인적 실천의 문제로 편리하게 축소되기도 한다.

이러한 담론의 사회적 실천 결과, 개인주의와 긍정주의에 충만한 시민이 형성된다. 긍정주의는 사회의 복잡하고 불편한 문제들에 비판적으로 바라보고 인식할 수 있는 감각을 무디게 만든다. 거시적인 사회적 문제가 개인적인 범위 안에서 책임지고 다뤄야 할 사적인 문제로 축소되고 개인적으로 관리하고 개선시킬 자기 프로젝트로 변모한다. 그 과정에서 중요한 정치적 사안이 지극히 개인주의적이고 소비주의적인 차원에서 편리하게 관리할 수 있는 사안으로 편안하게 처리되는 것이다. 통치의 원리가 국가로부터 사회로, 사회로부터 개인으로 '원자화되고 다수화'되는 가운데, 이러한 사회적 통치 기술의 분산 경향은 능동적이고 자율적으로 자기 통치를 기획하고 실천하는 신자유주의적 자아로의 형성을 이끈다(Rose, 1993). 이러한 움직임은 행복하고 건강하며 스스로를 책임지는 시민 주체의 이상적인 모습으로 인식되고, 이것이 또한 신자유주의적 주체의 자기 존중 준거로서 끊임없이 상기되고 회귀하는 것이다(Cruikshank, 1993).

페미니즘의 반등인가, 포획인가

문제는 신자유주의적인 자기 통치의 윤리가, 포스트페미니즘이 상업적으로 창궐해 나가는 양상과 무척 닮아 있다는 점이다. 포스트페미니즘의 주장은 대중문화의 영역에서, 개인주의, 경쟁주의, 소비주의와 결합하면서, 애초에 그것에 잠재하고 있던 문화정치적 급진성을 상실하고 있다(McRobbie, 2007). 대신 신자유주의적 통치 양식을 수용하고 실천하는 하나의 '감성sensibility'으로 축소, 변질되고 있다(Gill, 2011). 소셜 웹에서 드러나는 양상이 포스트페미니즘의 신자유주의화의 문제를 상기시키는 이유는 여러 지점에서 찾을 수 있다. 우선 소셜 미디어가 연상시키는 그것의 대화적 구어체 문화는 전통적으로 전형화된 여성적 수사와 무척 닮아 있다. 또한 소셜 미디어를 구현하는 첨단 디지털 미디어의 기술에 부여된 사회적 함축 의미 작용도 무시할 수 없다. 그 기술적 특성인 '상호작용성'에 능동성과 적극성과 같은 사회적 의미가 추가된다. 그뿐만 아니라, 소위 자유롭고 활동적이며 유연한 여성, 자기 통제력과 자기 계발 능력이 뛰어난, 앞서가고 세련된, 한마디로 '포스트페미니즘적 여성의 이상'의 체화라는, 환영적인 젠더화의 굴절 작용까지 일어난다(Scott, 2010).

전문가로서 유명인들이 펼치는 담론의 내용에도 주목할 필요가 있다. 이 연구에서 살펴본 소셜 웹 문화는 소녀성에서부터 관능적인 매력, 소비문화에서부터 자기 계발 및 자아 개선을 포괄적으로 제공하는 '포스트페미니즘 라이프스타일 산업postfeminist lifestyle industries'을 전파한다

(Winch, 2011). 여기에서는 사회적 · 문화적 자본의 증진을 통한 삶의 개선이 중시된다. 음식과 소비 생활에 종교적이고 도덕적인 의미를 부여하며, 마음과 몸의 건강을 우선으로 삼는 건강주의를 내세운다. 단지 개인주의적 소비주의만 자극하는 것이 아니다. 한국 사회의 특수성 안에서, 유명인은 개인화된 삶에 도덕적 정당성을 안겨줌으로써 심리적 안도감을 부여하며, 사회적인 문제와 정치 활동에 관심을 가지고 일정 정도 참여하고 때로는 그러한 문화를 소비할 수 있는 정보와 식견을 알려준다. 신자유주의적인 통치성 안에서 굴절된 페미니즘의 가치를 자유의 이름으로 수행하는 적극적이고 능동적인 여성형 기업가적 자아가 구성되는 것이다.

또한 유명인을 중심으로 한 담론 질서는 근본적으로 젠더화되고 계급화된 것이다. 물론 현존하는 유명인은 대중의 일방적인 찬미와 모방의 대상이 될 뿐만 아니라, 때로는 사적인 이야기를 주고받는 친구의 역할을 겸하기도 한다. 그러나 그들은 종국에는 그 가치를 실현할 수 있는 '경제력'과 육체 자본을 가진 '특별한 사람'이다. 그럼에도 대중이 스타에게 지니는 친밀감, 동질감, 흠모, 질투의 감정들은 그 복합성 자체로서 스타 시스템이 유지, 소비되고 재강화할 수 있도록 만드는 구성 요소가 된다(Evans & Riley, 2012). 또한 스타의 이미지란, 이분법적 가치 질서를 함축한 것으로서 화려하고 건강하며 관리가 잘된 심신의 상태를 아름다운 것으로 내세우는 반면, 빈곤하고 빈약하며 인위적으로 보정되지 않은 자연스러운 상태는 게으르고 무능력한 것으로 부정한다. 이 원리는 대중적 주체들에게 담론적 또는 실질적으로, 몸과 마음을 아우르며 내재화되고 체현되는 것을 알 수 있다.

이처럼 탈이데올로기 시대에 이데올로기의 힘은 우리의 이념을 지배하는 것에 멈추지 않는다. 이데올로기는 몸으로 현존하고, 행위로서 구현된다(Žižek, 2005). 주체의 자유는 '튀어라'라는 '개성'의 이름으로, 주체의 의지는 '밀어붙이라'라는 투기의 이름으로, 주체의 광기는 '미쳐라'라는 '열정'의 이름으로 이데올로기화되어 상품화되고 광고된다. 한때 '저항적 즐거움'과 여성의 권능감empowerment이라는 여성주의적 가치가 무조건적으로 그 정치적 잠재성을 보증받기 어려운 이유도 여기에 있다. 저항적 즐거움을 배태한 다양성 · 타자성 · 주변성의 원리들은, 그 웬만한 것들은 이미 신자유주의적 문화 시장의 상품으로 가공되어 구비되고 전시 · 소비되기 때문이다. 그리고 대중은 '즐겨라'라는 신자유주의적 요구에 기꺼이 호응한다. 그 대가로 신자유주의적 도덕에 순응적이되 도구적 성찰성이 과잉 발달한, 비윤리적 존재들로 번성한다(Žižek, 2002).

이처럼 미디어 환경이 부여하는 '스마트함'(세련, 첨단, 활동적, 자유로움, 유연함, 적극적, 능동적), 신자유주의적 이데올로기가 전파하는 경쟁주의 및 개인주의, 긍정주의와 순응주의, 포스트페미니즘 라이프스타일 문화산업이 제공하는 환상과 욕망 질서가 결합하여 오늘날 소셜 웹의 대중문화의 심성 구조를 이루고 있다. 여기에는 자기 통치의 자율적 주체라는 신자유주의적 포스트페미니즘의 환상이 자리하고 있음을 유념해야 한다. 더욱이 소셜 웹 환경에서 대중은 단순히 매스미디어에 의해 재현된 것을 보는 대신 소셜 미디어에 직접 참여하고 이용하는 위치에 있는 것이다. 소셜 웹 이용자로서의 대중은 신자유주의적인 이념을 각자 자신이 자유롭게 생성했고, 자기 선택에 의해 신봉하고 자신의 언어로 듣고 말하고 자신의 몸과 행위로 따르며 실천하는 것이라고 더욱 강하게 믿게 된다. 이처럼 한편으로는 신자유주의적 자기통치성이 지배적인 사회적 상황과 다른 한편으로는 이용자 능동성과 적극성이 강조되는 소셜 웹 미디어라는 기술환경적 요인들이 접합하며 신자유주의적 포스트페미니즘의 효과가 더욱 직접적이고 강대하게 행사되도록 이끈다. 이제 그 효과의 강대함만큼이나 비판과 대안적 전망의 필요성 역시 절실하게 요구된다.

참고 문헌

김수정 · 김예란 (2008). 사이버 공론장들의 젠더성과 담론 구성의 특징. 『미디어, 젠더&문화』, 10: 5-36.

김예란 (2009). '참여'의 디지털 문화산업적 형성에 대한 연구: UCC 생산자를 중심으로. 『한국언론학보』, 53(5): 406-428.

____ (2012). '스마트' 체제에 대한 이론적 고찰. 『언론과 사회』, 20(1): 178-226.

김은미 · 이동후 · 임영호 · 정일권 (2011). 『SNS 혁명의 신화와 실제』. 서울: 나남.

김은미 · 이주현 (2011). 뉴스 미디어로서의 트위터: 뉴스 의제와 뉴스에 대한 대화를 중심으로, 『한국언론학보』, 55(6): 152-180.

김홍중 (2009). 육화된 신자유주의의 윤리적 해체. 『사회와 이론』, 14: 173-212.

박창식 · 정일권 (2011). 정치적 소통의 새로운 전망. 『한국언론학보』, 55(1): 219-244.

이고은 (2011). 최신 기사[e-세상 속 이 세상]희망버스 응원하고, 'FTA 촛불' 키우고, 소셜 선거시대 열고. 『경향신문』 (2011. 12. 27). http://news.khan.co.kr/kh_news/khan_art_view.html?artid=201112272114125&code=210000.

이희은 (2012). 문화적 시민권과 미디어. 『디지털, 테크놀로지, 문화: 탈현대 시대의 커뮤니케이션 연구』. 서울: 한울아카데미.

임영호 · 김은미 (2011). 소셜 미디어형 소통 방식과 인간관계의 변화. 한국언론학회 엮음. 『한국 사회의 디지털 미디어와 문화』. 서울: 커뮤니케이션북스.

정준희 · 김예란 (2010). 컨버전스의 현실화: 다중 미디어 실천에 관한 인간, 문화, 사회적 관점. 『언론정보연구』, 47(1): 5-42.

최선정 (2012). 미네르바 신드롬과 '시민 지성'의 조건. 『언론정보연구』, 49(1): 145-177.

Agamben, G. (2009). *What is an apparatus? and other essays*. Stanford University Press.

Burchell, G. (2006). Liberal government and techniques of the self. *Economy and Society*, 22(3): 267-282.

Clough, P. (2007). Biotechnology and digital information. *Theory, Culture & Society*, 24(7-8): 312-314.

Couldry, N. (2010). *Why voice matters: culture and politics after neoliberalism*. Sage.

Cross, S. & Litter, J. (2010). Celebrity and schadenfreude: The cultural economy of fame in freefall. *Cultural Studies*, 24(3): 395-417.

Cruikshank, B. (1993). Revolution within: Self-government and self-esteem. *Economy and Society*, 22(3): 327-344.

Dean, J. (2010). *Blog theory: Feedback and capture in the circuits of drive*. Polity.

Evans, A. & Riley, S. (2012). Immaculate consumption: Negotiating the sex symbol in postfeminist celebrity culture. *Journal of Gender Studies*. iFirst Article. 1-14.

Foucault, M. (1978). *History of sexuality*, vol. 1. Random House.

____ (2008). *The birth of biopolitics*. Palgrave.

Gill, R. (2007). Postfeminist media culture: elements of a sensibility. *European Journal of Cultural Studies*, 10(2): 147-166.

____ (2011). Sexism reloaded, or, its time to get angry again! *Feminist Media Studies*, 11(1): 61-71.

Goldhaber, M. (1997). The attention economy and the net. *First Monday*, 2: 4-7.

Halliday, M. A. K. (2009). *The essential Halliday*, London: Continuum.

Lemke, T. (2001). "The birth of biopolitics": Michel Foucault's lecture at the College de France on neo-liberal governmentality.' *Economy and Society*, 30(2): 190-207.

Littler, J. (2008). "I feel your pain" : Cosmopolitan charity and the public fashioning of the celebrity soul. *Social Semiotics*, 18(2): 237-251.

Marazzi, C. (2011). *Capital and affects: the politics of the language economy*. Semiotext(e).

McNay, L. (2009). Self as enterprise: dilemmas of control and resistance in Foucault's the birth of biopolitics. *Theory, Culture & Society*, 26(6): 55-77.

McRobbie, A. (2007). Post-feminism and popular culture. *Feminist Media Studies,* 4(3): 255-264.

Myers, T. (2003). *Slavoj Žižek*. 박정수 옮김 (2005). 『누가 슬로보예 지젝을 미워하는가』. 서울: 앨피.

Page, R. (2012). The linguistics of self-branding and micro-celebrity in Twitter: The role of hashtags, *Discourse and Communication*, 6(2): 181-201.

Rose, N. (1993). Government, authority and expertise in advanced liberalism. *Economy and Society*, 22(3): 283-299.

Scott, D. T. (2010). The postfeminist user. *Feminist Media Studies*, 10(4): 457-475.

Terranova, T. (2009). Another life: The nature of political economy in Foucualt's genealogy of biopolitics. *Theory, Culture & Society*, 26(6): 234-

262.

Thayne, M. (2012). Friends like mine: The production of socialised subjectivity in the attention economy. *Culture Machine*, 13. retrieved from http://www.culturemachine.net/index.php/cm/article/view/471.

Winch, A. (2011). Your new smart-mouthed girlfriend: postfeminist conduct books. *Journal of Gender Studies*. 20(4): 359-370.

Žižek, S. (1994). *The metastases of enjoyment,* 이만우 옮김 (2001). 『향락의 전이』. 서울: 인간사랑.

____ (2005). 『탈이데올로기 시대의 이데올로기』. 김상환 외 편역 (2005). 서울: 철학과현실사.

찾아보기

[ㄱ]

가부장제 79, 83, 185, 198, 218, 278, 332

가부장제 이데올로기 79

가잘라Radhika Gajjala 281

가정중심성 49, 80, 83

가족 로망스 157, 163

가타리Felix Guattari 125

감성 정치 266, 267

감시의 시선 243, 257, 349

감시적 특성 259

감정노동 48, 53

감정 테크놀로지 350

개인주의 85, 215, 350, 353, 382, 384

개화된 성차별주의 179

거부감 187, 188, 266

〈거짓말〉 149, 152, 155

고령화 사회 208

공론장 245, 287, 288, 291, 296, 303, 305, 306, 318, 319, 340, 398

관리노동 48, 51

광고 9, 85, 99, 101, 157, 163, 208, 214, 215, 217–219, 221–223, 225, 228, 328

교복 24, 152, 153, 156, 167–169

〈구성애의 아우성〉 158

구술 커뮤니케이션 87

그레이 쓰나미 216

그룹 인터뷰 248

기러기가족 34

기업 식품 109, 110, 116, 117

길버트Joanne R. Gilbert 180

[ㄴ]

나꼼수 249, 252, 253, 324, 326, 327, 329–331, 333, 342, 347, 352, 361, 370, 398

나꼼수와 비키니 시위 249, 253, 324, 327, 330, 333, 347, 352, 361

남성 역차별 14, 174, 183, 185, 196, 198
남성연대 8, 18–24, 26, 36, 37
남성우월주의 187, 198, 200
네트워크 포퓰리즘 249, 250, 269
네트워크화된 공중 239
네트워크 확장성 238, 240, 257
넷우익 29, 30, 324
넷파워net power 301
노년 10, 14, 141, 208–212, 214, 215, 217, 219–225, 227, 228
노년 여성 208, 212, 214, 217, 219, 223–225
노동시장의 양극화 58, 60
노인 차별 213, 216
노화 55, 209, 211–216, 222, 225

[ㄷ]

담론 공중 318
담화들의 난장 313
대안 경제공동체 130, 131
대안 먹거리운동 115, 116
대안문화운동 117
대중 11, 29, 67, 71, 85, 118, 127, 131, 145, 147, 150, 153, 161, 171, 279, 310, 325, 341, 343, 345, 353, 359, 360, 370, 374, 376, 377, 382, 384
대중적 지식인 360
the grrls 운동 279
돌봄 8, 46–48, 50, 55, 61, 80, 92, 214
돌봄노동 8, 46, 53, 63, 69, 81, 124
두레생협 119, 120
드볼트Marjorie De Vault 81
DVD 프라임 303, 308, 309, 333, 336
디지털 감성 세대 242
디지털 행동주의 11, 334, 338
딘Jodi Dean 374

[ㄹ]

라이프스타일lifestyle 53, 121, 183, 216, 328, 382, 384, 397
랑시에르Jaques Rancière 283, 293
로슨Nigella L. Lawson 95
로컬local 129, 131, 133, 134
로컬 푸드local food 133
리얼리즘 187, 190
리트윗 246, 258, 367

[ㅁ]

만Thomas Mann 209
맞벌이 46, 47, 50–55, 64–66, 68, 69, 71, 73, 104, 175, 199
맞벌이 가구 46, 47, 69, 175
맞벌이 가족 46, 51, 52
먹거리 시민권 112, 115
먹거리 정치 109, 110
메이어Catherin Mayer 216
모성 이데올로기 127
몸 55, 57, 62, 102, 109, 145, 155, 165, 215, 280, 359, 366, 398
〈몽정기 2〉 157, 160, 163
무페Chantal Mouffe 293
문화 경제 362
문화정치 10, 15, 229, 235, 269, 306, 343, 382, 394
문화 행동 336
미디어 5, 7, 9, 10, 12, 14, 19, 51, 53–55, 61, 77, 85–87, 94, 112, 127, 141, 151, 164, 172, 174–176, 186, 188, 195, 229, 237–244, 269, 272, 274, 281, 337, 343, 346, 350, 351, 353, 360, 368, 375, 384, 385, 395–398
미디어 재현 10, 14, 141
미성년 9, 14, 141, 143–167, 169–173

미성년 여성 9, 14, 144-146, 148, 149, 151, 152, 156, 162, 164, 166, 167, 171
미성년자 24, 144, 149, 150, 153, 154, 157
미성년자 성매매 153
미시 유명인 97
미시족 55
미학적 시각주의 85
미학화美學化된 레저 활동 95

[ㅂ]
바쁨 8, 43, 45, 61, 72
반페미니즘 17, 19, 22, 25
발화 79, 266, 296, 307, 315, 329, 332, 338
버틀러Robert Butler 213
버틀러J. Butler 79
벤하비브Seyla Benhabib 285, 287, 290
변신 프로그램make-over program 55
보르샤이트Peter Borscheid 45
보부아르Simone de Beauvoir 210, 211, 218, 226-228
보살핌노동 124
봉사적 노동 377
부르디외Pierre Bourdieu 113
부르주아 여성성 56
브로코Sarah Brokaw 209, 228
블로그blog 9, 14, 41, 57, 75, 77, 78, 80, 82-87, 89, 91-97, 99, 100-104, 247, 374, 398
비릴리오Paul Virilio 44
비키니 논쟁(사건) 253, 347
비키니 시위 327, 330-333
〈빨간 마후라〉 148, 153, 154, 155

[ㅅ]
사이드Edward W. Said 210
사이버 세대 242
사이버커뮤니케이션 15, 235, 272, 274, 276-278, 281, 282, 284, 294
사이버 판매원 77, 99
사이버 항의 306
사이보그cyborg 280
사회의 사회화 379
사회적 가사노동 49
사회적 주부 123, 125
살림노동 124, 126
삶의 정치 306, 378
삶 테크놀로지 350
삼국카페 329-331
상상 영역 267
상상적 이상 372
상상적인 공동체성 316
생명공동체운동 119, 122
생산 주체의 평등성 238, 240
생존자 모델 374
생존 추구자 374
생협운동 115, 117, 122
생활협동조합 9, 117
샤덴프로이데schadenfreude 현상 362
서벌턴subaltern 282, 296
서태지 세대 67
선비질 326
선진 자유주의 380
성교육 158, 159, 162
성역할 70, 91, 137, 196, 200, 291
성의 민주화 159
성정체성 79, 82, 101, 147, 279, 281
성찰적 성적 주체 164
성찰적 주체 166
세네카Lucius Annaeus Seneca 211
세라피 작용therapeutic function 317
섹슈얼리티 109, 143, 145, 148, 150, 151, 172,

204, 307, 347, 395
소노 아야코浦知壽子 210, 228
소셜 웹social web 11, 235, 345, 346, 358, 375, 378, 380, 382, 384
슈미트Carl Schmitt 292
스노비즘snobbism 62
스놉snob 63, 65, 66
스타일 53, 89, 135, 202, 248, 288, 336
스타일 소비 135
스톤Lawrence Stone 290
시간 부족감 8, 43, 45
시민성 320
시장 중심적인 라이프스타일 58
신노년 문화 224
신세대 53, 54, 67, 68
신자유주의 6, 10, 17, 19, 31, 34, 40, 52, 55, 62, 64–66, 70, 71, 81, 83, 103, 136, 178, 242, 244, 266, 269, 350, 353, 355, 379, 380
신자유주의적 감성 349
신자유주의적 모성 52
신자유주의적 욕망 61, 64, 69
신자유주의적 주체 61
신자유주의적 포스트페미니즘 11, 15, 235, 345, 346, 349, 372, 375
심층 인터뷰 116, 245, 247

[ㅇ]

아동청소년성보호법 24, 168
아렌트Hannah Arendt 285, 286, 292, 294, 373
아리스토텔레스Aristoteles 282, 286
IMF 경제 위기 46, 57, 61, 62, 68
IMF 구제금융 18, 31, 34
아이쿱생협 119, 120, 124, 129
아이쿱생협연합회 119
알튀세르Louis Althusser 33
야스다 고이치安田浩一 29, 30
양극화된 노동 시장 58
어모털amortal족 216
SNS 10, 15, 57, 235, 237, 238, 241, 243, 245, 247, 253, 256, 259, 260, 265, 267–269, 341, 343, 385, 397
SNS의 정치성 238
X세대 67
MLB파크 302, 303, 318
여론전 323, 324
여성 공론장 245
여성 네트워크 115, 128
여성대통령론 37
여성주의 6, 7, 38, 40, 78, 122, 124, 126, 150, 342, 347, 352
여성 특권 40
연령주의 144, 155, 163, 170
오미Michael Omi 180
오이코스oikos 286, 294
오피니언 리더 249, 320
온라인 공동체 317, 325
온라인을 매개로 한 삶 303
온라인 커뮤니티 11, 304, 313, 319, 320, 328
올리버Jamie Oliver 95
와이프로거wifelogger 9, 76, 77, 89, 95, 99
요리 블로그 80, 83, 86, 87, 95, 96, 102
우경화 7, 14, 17, 19, 40, 325
우연적 계기 240, 254, 265, 267
원조 교제 146, 153, 156, 162
유교 사상 198
유명인 15, 78, 215, 222, 235, 249, 345, 348, 351, 357, 370, 374, 378, 380
윤리적 소비 115, 121, 135
〈은교〉 168, 209
음식문화 114

음식 시민 9, 108, 111, 116, 121, 129, 134
이미지 소비문화 348
이중 부담 46, 48, 64, 69
익숙한 타자 227
익숙함 96
인간 공동체 126
인터넷 18, 23, 28, 54, 76, 78-80, 82, 85-87, 101, 121, 151, 168, 193, 237, 242-244, 246, 261, 277, 279, 281, 302-307, 312, 315, 318, 322, 323, 325, 330, 333, 335, 337, 341-344, 374, 397
인터넷 문화 305
인터넷 자경단 322, 323
일베 8, 26, 27, 29, 37, 303, 324, 325
일상 8, 14, 41, 44, 45, 52, 56, 76, 79, 84, 93, 94, 103, 157, 211, 214, 220, 238, 250, 268, 294, 296, 299, 303, 307, 308, 311, 313, 316, 323, 376
일상성 295, 299

[ㅈ]
자기 계발에의 의지 62
자기동원화 305, 336
자기통치성 15, 235, 345, 358, 375, 378, 384
자본주의 세대 68
전문 주부 49, 128
정보 메시지의 변형성 238
정보 확장성 239
정체성 6, 9, 108, 122, 147, 238, 268, 277, 280, 308, 394, 397
정치 38, 109, 110, 134, 220, 238, 240-246, 248-256, 258, 261-269, 273, 275, 283, 285-287, 289-295, 297, 302, 303, 306-308, 314, 315, 317-320, 327, 330, 332, 333, 335, 337-339, 342, 347, 348, 351-355, 370, 378, 380, 383, 389, 390, 398
정치 담론 소비 248, 250, 254, 267
정치성 238, 267, 276, 277, 296
정치적 성향 246, 255, 265
정치적 이미지 254, 259
정치적 참여 243, 244, 265
정형화 184, 213, 217, 226, 227
제2의 성 218, 228
제3혁명the third shift 50
젠더gender 5, 6, 7, 9, 11, 14, 41, 70, 71, 75, 78, 80, 82-84, 90, 93, 102-104, 108, 109, 115, 127, 129, 147, 151, 155, 170, 172-175, 177, 179-181, 184, 185, 187, 188, 191-196, 198-200, 202-204, 267, 272, 275-277, 279-281, 291, 293, 307, 326, 327, 332, 369, 370, 385
젠더 불평등 71
젠더 스테레오타입 79, 179
젠더 유머 179
젠더 정체성 147
젠더정치적인 함의 325
좋아요 경제 348
주변화 36, 101, 222, 375
중산층 14, 41, 43, 48-50, 56, 61-64, 68, 69, 104, 113, 160, 161, 171, 339, 349, 375
중산층 여성성 56
지젝Slavoj Žižek 372, 374, 384
질Rosalind Gill 177, 346, 349, 382
집단 도덕의 강제 56, 57, 69

[ㅊ]
채식 347, 353, 355-357, 359, 362, 365, 366, 368, 375
청소년 24, 122, 125, 144, 146-149, 151, 153, 154, 168-170, 173, 242, 337
청소년 성매매 146, 153

촛불 세대 10, 241, 242
촛불 소녀 242, 244, 245, 265, 268, 329
촛불집회 125, 244, 270, 310, 318, 328, 329, 334, 343, 344
취향과 연대의 공동체 308
친밀감 265, 312, 366, 383
친밀성 239, 241, 290, 311

[ㅋ]
카운터페미니즘counter-feminism 17
카프Anne Karpf 216, 225
커뮤니케이션 자본주의 371
커뮤니티 사이트 303
코미디 9, 10, 14, 160, 174-176, 180, 181, 185, 188, 191, 196, 202, 204
클로우Patricia Clough 350

[ㅌ]
타자(성) 218, 227, 384
타진요 322, 324
탈식민주의적 페미니스트 281
텔레비전 광고 208, 214
톰슨Edward Palmer Thompson 44
투르니에Paul Tournier 211, 229
트위기 효과 215
트위터 15, 235, 237, 246, 247, 251, 256, 258, 269, 270, 355-357, 368, 369, 385

[ㅍ]
파워블로거 77, 85, 93, 99
페미니즘 19, 21, 31, 82, 171, 178, 382
〈페스티벌〉 164, 165
페이스북 15, 57, 235, 237, 240, 246, 247, 257
포스트페미니즘 10, 15, 174, 176, 183, 202, 204, 235, 345, 346, 349, 382, 384
포스트페미니즘 라이프스타일 산업 382
폴리스polis 286
푸드 마일food miles 133
푸코Michel Foucault 366, 378
풀뿌리 자치운동 122
프라임 차한잔 309, 310
프레이저Nancy Fraser 289
프로슈머 312
프로 주부 49, 52, 128
플라톤Platon 286

[ㅎ]
하버마스Jürgen Habermas 287, 296
하비David Harvey 44, 59
하층민화 31
한국여성민우회생협 118, 127
한살림생협 120, 128, 130
할리데이Michael Alexander Kirkwood Halliday 357
합리성 54, 263
해러웨이Donna J. Haraway 280
행복 20, 38, 84, 219, 355, 357, 360, 376
혹실드Arlie Russell Hochschild 47, 50
희화화 38, 180, 192, 210, 217, 220, 226, 227, 303, 332
힐링healing 352-354, 375

저자 소개

유선영

이화여자대학교 신문방송학과를 졸업하고, 고려대학교 대학원에서 「한국 대중문화의 근대적 구성 과정」으로 박사학위를 받았다. 한국언론재단 연구위원을 거쳐 현재 성공회대학교 동아시아연구소 HK교수로 재직 중이다. 주요 저서로는 『한국 미디어문화사』(2007, 편저)가 있으며, 「홑눈정체성」, 「한국의 초기 영화 관람과 문화적 수용」, 「식민지 대중가요(신민요)의 잡종화」, 「초기 영화 관객성」, 「식민지 외화 관람과 문화적 실천」, 「근대적 대중의 형성」, 「근대 주체의 형성」, 「아메리카나이제이션」, 「식민지 미국의 헤게모니」, 「편쌈소멸의 문화사」 등 다수의 논문이 있다.

박지영

한국외국어대학교 영어학과를 졸업하고, 미국 노스캐롤라이나대학교 채플힐 캠퍼스(University of North Carolina at Chapel Hill)에서 커뮤니케이션 연구로 석사학위를, 서울대학교에서 언론정보학 박사학위를 받았다. 현재 서울대학교 언론정보연구소 객원연구원으로 있다. 저서로는 『디지털 시대의 사회적 소통, 매체,

그리고 문화적 실천』(공저)이 있고, 주요 논문으로는 「가속화 사회의 시간 경험에 대한 연구: 전문직 여성들의 생애시간, 일상적 시간, ICT가 생성한 시간을 중심으로」, 「초국가적 미디어 생산물 소비의 즐거움과 전지구화 시대의 젠더정치학: 위기의 주부들 수용자들을 중심으로」 등이 있다.

이동후

서울대학교 종교학과를 졸업하고 미국 뉴스쿨포소셜리서치(New School For Social Research)에서 석사학위를 받은 후 뉴욕대학교의 미디어 생태학 프로그램에서 박사학위를 받았다. 현재 인천대학교 신문방송학과 교수로 재직 중이다. 관심 분야는 미디어 생태학, 모바일 미디어 문화, 영상문화 등으로 미디어와 문화의 관계를 주로 탐구하고 있다. 주요 저서로 『미디어생태이론』, 『미디어생태학사상』(역서), 『TV 이후의 텔레비전』(공저), 『SNS 혁명의 신화와 실제』(공저), 『컨버전스와 다중미디어 이용』(공저), 『모바일 소녀 @ 디지털 아시아』(공저)가 있고, 「휴대전화 모바일 인터넷 이용과 공간 경험」, 「사이버 대중으로서의 청년세대에 대한 고찰」 등의 논문을 썼다.

한선

전남대학교 사범대학(과학교육과)을 졸업하고 동 대학원 신문방송학과에서 석사 및 박사학위를 받았다. 현재 전남대학교 5 · 18 연구소 연구교수로 재직 중이다. 주요 논문으로는 「네트워크 시대 '경제적인 것' 되기의 통치술」, 「블로그 이용자의 지역 공론장 참여에 대한 질적 연구」, 「지역방송의 지역성 개념과 지역성 구현의 문제」, 「지역신문 장의 작동 원리에 대한 비판적 연구」 등이 있다.

김유리

서울대학교 사회학과를 졸업하고 현재 중앙대학교 사회학과에서 석사학위 논문 「섹슈얼리티, 1990년대 검열 반대 담론의 역설: 영화잡지 〈키노〉에 드러난 표현의 자유와 선택의 자유 담론에 대한 비판적 담론 분석」(가제)을 쓰는 중이며, 한국독립영화협회 비평분과에서 활동하고 있다. 논문으로는 「'한국 야동', 구성적 조건과 의미화의 맥락(공저)」이 있다.

이신혜

고려대학교 언론학과를 졸업하고 동 대학원에서 석사학위를 받았다. 현재 미국 텍사스 오스틴대학교 Radio-Television-Film과에서 박사과정 중이다. 위성DMB 방송국 TU MEDIA와 인터넷 포털 NAVER에서 2년여 간의 직장 경력이 있다. 대표 논문으로는 'We need a committee for men's rights': reactions of male and female viewers to reverse gender discrimination in Korean comedy가 있다.

박지훈

연세대학교 신문방송학과를 졸업하고 캐나다 사이먼프레이저대학교에서 커뮤니케이션 석사학위를, 미국 펜실베이니아대학교에서 박사학위를 받았다. 현재 고려대학교 미디어학부 교수로 재직 중이다. 편저로는 *Reel Politics: Reality Television as a Platform for Political Discourse*가 있으며, *Journal of Communication*, *Continuum: Journal of Media and Cultural Studies*, *Asian Journal of Communication*, 『언론과 사회』, 『커뮤니케이션이론』 등의 학술지에 다수의 논문을 게재했다.

윤현선

이화여자대학교 영어영문학과를 졸업하고 영국 카디프대학교에서 저널리즘으로 석사학위를, 광고문화연구로 박사학위를 받았다. 현재 영국 이스트런던대학교 미디어광고학과 교수로 재직중이다. 주요 저서 및 논문으로는 *Representation of Older People in Korean Advertising*, *Lynx: The Challenges of Lad Culture* (Advertising Handbook, 3rd ed. Routledge), 「BBC의 미래 전략: '창조적 미래' 전략과 중간 점검을 중심으로」, 「해외 언론의 한류 보도 분석」, 「Older Consumers and Celebrity Advertising」 등이 있다.

이설희

성균관대학교 영어영문학과를 졸업하고 동 대학원 신방과에서 석사학위, 연세대학교 커뮤니케이션대학원에서 영상학으로 박사학위를 받았다. 현재 연세대, 용인대 등에서 강의 중이다. 미디어와 라이프스타일, 정체성, 영상 문화와 같은 미디어와 문화와의 관계에 관심을 가지고 있다. 저 · 역서로는 『커뮤니케이션의 이해, 이해와 사상』(공역), 『TV 이후의 텔레비전』(공저), 『게임 포비아』(공저) 등이 있다.

김숙현

연세대학교 철학과 및 사회학과를 졸업하고 영상커뮤니케이션으로 석사학위를 받았다. 미국 시라큐스대학교에서 영화 전공으로 제작석사학위(MFA)를 받은 후, 현재 연세대학교 영상커뮤니케이션 박사과정에 재학하면서 영상작업과 논문 쓰기를 상보적으로 발돋움하려 노력 중에 있다.

김수미

고려대학교 신문방송학과를 졸업하고, 미국 미네소타대학교에서 석사학위를 마친 후, 「지구화시대의 재현의 정치학: 정체성 구성과 한국에서의 결혼이주 여성」이라는 논문으로 매스컴 박사학위를 받았다. 현재 인하대학교 BK연구교수로 재직 중이다. *Asian Journal of Communication*, *Feminist Media Studies* 등에 논문을 실었으며, 저서로는 『한국사회 미디어와 소수자 문화정치』(공저)가 있다.

이기형

연세대학교 영어영문학과를 졸업하고 미국 일리노이대학교에서 사회학 석사와 동 대학원 커뮤니케이션학 박사학위를 받았다. 현재 경희대학교 언론정보학과 교수로 재직 중이다. 전공 분야는 미디어연구와 문화연구, 민속지학과 공간분석 등이다. 주요 저서로는 『TV 이후의 텔레비전』(공저), 『한국사회의 소통 위기』(공저), *Asian Media Studies*(공저), 『미디어 문화연구와 문화정치학으로의 초대』 등이 있다. 논문으로는 「현장 혹은 민속지학적 저널리즘과 내러티브의 재발견」, 「담론분석과 담론의 정치학」, 「사극의 변화하는 풍경과 역사를 재현하는 관점들을 맥락화하기」 등이 있다.

황경아

가톨릭대학교 경영학부를 졸업하고 경희대학교에서 석사학위를 받았다. 현재 경희대학교 언론정보학과 대학원 박사과정에 있으며, 국민대학교, 경희대 언론정보대학원에서 강의하고 있다. 주요 논문으로는 「다문화 공익광고의 메시지 유형이 수용자의 신념과 태도에 미치는 효과」, 「TV매체에 재현된 한국 사회의 모성 실천」 등이 있으며, 「"나꼼수 현상"이 그려내는 문화정치의 명암」, 「다문화 관련 미디어 보도 프레임 연구에 대한 메타분석」 등의 연구 논문에 참여했다.

김예란

서울대학교 언론정보학과를 졸업하고 영국 런던대학교 골드스미스 칼리지(Goldsmiths College, University of London)에서 석사 및 박사학위를 취득했다. 현재 광운대학교 미디어영상학부 부교수이며, 현대 미디어환경에서 벌어지는 커뮤니케이션 문화와 사회 현상에 대해 가르치고 있다. 주요 논문으로 「불안: 그 느낌, 표정, 말들에 관하여」, 「'스마트' 체제에 대한 이론적 고찰: '장치'와 '주체의 윤리학'의 관점에서」 등이 있다.

이희은

이화여자대학교 신문방송학과를 졸업하고 서울대학교에서 석사학위, 미국 아이오와대학교에서 커뮤니케이션학으로 박사학위를 받았다. 현재 조선대학교 신문방송학과 조교수로 재직 중이다. 저 · 역서로는 *Medi@sia: Global Media/ation in and out of Context*(공저), 『한국 사회 미디어와 소수자 문화 정치』(공저), 『디지털, 테크놀로지, 문화: 탈현대 시대의 커뮤니케이션 연구』(공저), 『인간의 인간적 활용: 사이버네틱스와 사회』(공역), 『마르크스, TV를 켜다』(공역), 『테크놀로지의 몸』(역서) 등이 있다.

지금, 여기, 여성적 삶과 문화

위태로운 시대와 그녀들의 일상적 응전

펴낸날 초판 1쇄 2013년 11월 1일
지은이 유선영 · 박지영 · 이동후 · 한선 · 김유리 · 이신혜 · 박지훈 · 윤현선 · 이설희 · 김숙현 · 김수미 · 이기형 · 황경아 · 김예란 · 이희은
펴낸이 김훈순
펴낸곳 이화여자대학교출판부
주소 서울특별시 서대문구 이화여대길 52(우120-750)
등록 1954년 7월 6일 제9-61호
전화 02) 3277-2965(편집), 02) 362-6076(마케팅)
팩스 02) 312-4312
전자우편 press@ewha.ac.kr
홈페이지 www.ewhapress.com
디자인 정혜진
찍은곳 스크린그래픽

ISBN 978-89-7300-992-3 93300

값 22,000원

이 도서의 국립중앙도서관 출판시도서목록(CIP)은 서지정보유통지원시스템 홈페이지(http://seoji.nl.go.kr)와 국가자료공동목록시스템(http://www.nl.go.kr/kolisnet)에서 이용하실 수 있습니다. (CIP제어번호 : CIP2013021254)